HEYNE <

Das Buch

»Dieses Buch erzählt die Geschichten von Menschen, die mithilfe der uralten schamanischen Methoden nach Antworten suchten und auf himmlische Gefilde stießen, in denen nur darauf gewartet wurde, ihnen behilflich zu sein. Hier fanden sie eine neue spirituelle Freiheit, nämlich die Freiheit zu *wissen* und nicht mehr nur zu *glauben*.«

Michael Harner bündelt die Essenz aus über 50 Jahren Forschungstätigkeit und praktischer Erfahrung und entwirft eine faszinierende Kartografie der unsichtbaren Wirklichkeit. Auf der Grundlage tausender Berichte von Menschen, die schamanische Reisen in diese verborgenen Sphären unternommen haben, führt Harner die universelle Natur dieser Erlebnisse vor Augen. Er zeigt, welch lebenstransformierendes Potenzial diesen Reisen innewohnt und gibt seinen Leserinnen und Lesern praktische Anleitungen an die Hand, um selbst in die Welt der schamanischen Erfahrung einzutauchen.

Der Autor

Michael Harner, promovierter Anthropologe, gilt als einer der weltweit renommiertesten Experten zum Thema Schamanismus. Über 50 Jahre lang betrieb er ausgiebige Feldforschungen, die Essenz seiner vergleichenden Studien wird als »Core-Schamanismus« bezeichnet. Dr. Harner ist Gründer und Leiter der *Foundation for Shamanic Studies*, die sich der Bewahrung, der Erforschung und der Vermittlung des schamanischen Wissens widmet.
www.shamanicstudies.net

Michael Harner

DIE WIRKLICHKEIT DES SCHAMANEN

Ein Wegweiser in
verborgene Welten und
Bewusstseinsräume

Aus dem Englischen übertragen
von Karin Weingart

WILHELM HEYNE VERLAG
MÜNCHEN

**Die deutsche Erstausgabe erschien 2013 unter dem Titel
»Höhle und Kosmos. Schamanische Begegnungen mit der verborgenen Wirklichkeit«
im Ansata Verlag, München, in der Verlagsgruppe Random House GmbH.**

Die amerikanische Originalausgabe erschien 2013 unter dem Titel
»Cave and Cosmos. Shamanic Encounters with Another Reality«
bei North Atlantic Books, Berkeley, CA, USA.

MIX
Papier aus verantwortungsvollen Quellen
FSC® C014496

Verlagsgruppe Random House FSC® N001967

2. Auflage
Taschenbucherstausgabe 04/2016

Redaktion: Paul Uccusic
Umschlaggestaltung: Guter Punkt, München
Umschlagmotive: © egal / iStock (Adler) / © Andreas Zerndl / iStock (Landschaft)
Satz: EDV-Fotosatz Huber / Verlagsservice G. Pfeifer, Germering
Druck und Bindung: GGP Media GmbH, Pößneck
ISBN 978-3-453-70293-6

www.heyne.de

Für meine Frau,
Sandra Harner,
A Rose Constant and True.

Für meine Kinder.

Für alle, die das Alte Wissen bewahren.

Und in Erinnerung an Paul Uccusic, 1937–2013.

Alle Honorare aus dem Verkauf dieses Buches gehen an die Foundation for Shamanic Studies, eine gemeinnützige Bildungseinrichtung, die sich der Bewahrung, dem Studium und der Verbreitung schamanischen Wissens zum Besten unseres Planeten und seiner Bewohner widmet.

Inhalt

Einleitung

Seit mein Buch *Der Weg des Schamanen* erschienen ist, gebe ich mein Wissen gemäß der uralten Tradition des Schamanismus vor allem mündlich weiter. Jetzt aber scheint es mir an der Zeit, bestimmte Fragen, die in der heutigen Welt erheblich mehr Aufmerksamkeit verlangen, auch für eine größere Öffentlichkeit anzusprechen. Zwei grundsätzliche Fragen sind: Gibt es mehr als eine Wirklichkeit? Und: Müssen wir die existenziellen Probleme des Lebens tatsächlich alleine lösen?

Dieses Buch erzählt die Geschichten einiger der nach Tausenden zählenden Westler, die mithilfe der uralten schamanischen Methoden, zu denen auch das Trommeln »über dem Regenbogen« gehört, nach Antworten suchten und auf staunenswerte himmlische Gefilde stießen, in denen nur darauf gewartet wurde, ihnen behilflich zu sein. Auch fanden sie eine neue spirituelle Freiheit, nämlich die Freiheit, zu *wissen* und nicht mehr nur zu *glauben* beziehungsweise *nicht* zu glauben.

Der verstorbene berühmte Religionswissenschaftler Mircea Eliade wies darauf hin, dass Schamanen in allen spirituellen Traditionen die Einzigen sind, die die Fähigkeit besitzen, in andere Welten fliegen zu können, auch in den Himmel.

Dies gelang ihnen in einem veränderten Bewusstseinszustand, den Eliade »Ekstase« nannte. In ihn gelangten sie, wie er sagte, »durch den musikalischen Zauber der Trommel«, die es dem Schamanen ermöglichte, »den höchsten Himmel«

zu erreichen.[1] Allerdings äußerte er sich nicht weiter über die Natur dieses »musikalischen Zaubers«.

Auf Fotos von sibirischen Schamanen, die für ihre Flüge außerhalb dieser Welt besonders berühmt sind, finden sich allenthalben Trommeln. Viele Forscher behaupteten, sie würden nur des »theatralischen Effekts« wegen in schamanischen Sitzungen verwendet. Manche meinten sogar, dass die Schamanen ihren Bewusstseinszustand überhaupt nicht veränderten. Andere wiederum schlossen sich der Ansicht des Mykologen Gordon Wasson an, es läge an der Einnahme des psychoaktiven Pilzes *Amanita muscaria*, dass die sibirischen Schamanen glaubten, sie flögen in andere Welten.

Mich machte die Allgegenwart der Trommel auf diesen Fotos neugierig, und so begann ich Ende der Neunzehnhundertsechzigerjahre damit zu experimentieren, um herauszufinden, ob und gegebenenfalls wie sich das Trommeln auf diese magischen Flüge auswirkt. Schließlich kam ich zu dem Ergebnis, dass ein gleichbleibender Rhythmus von 205 bis 220 Schlägen pro Minute ideal ist, um in einen veränderten Bewusstseinszustand einzutreten und – mit schamanischem Wissen ausgestattet – in die Welt der Spirits zu fliegen beziehungsweise zu reisen.[2] Dabei sprechen wir von »auditory« oder auch »sonic« *driving*, dem akustischen Antrieb, einer klassischen schamanischen Methode, die gänzlich ohne Drogen auskommt.

Auf vielfachen Wunsch begann ich meine persönlichen Trommel-Erfahrungen an kleine Gruppen von Interessierten weiterzugeben und ihnen beizubringen, wie sie das bewusstseinsverändernde Trommeln nicht nur für Reisen in andere Welten einsetzen konnten, sondern auch, um schamanische Hilfe und Heilung für den Alltag bereitzustellen. Dieses Wissen war so gefragt, dass meine Frau Sandra Harner und ich als Plattform für die Lehrtätigkeiten 1979 das Center for Shamanic Studies (die heutige Foundation for Shamanic Studies) gründeten. Zur selben Zeit experimentierte ich auch mit Tonaufnahmen schamanischen Trommelns, damit man reisen konnte, ohne auf Live-Begleitung angewiesen zu sein. (An dieser Stelle ist zu sagen, dass einen das schamanische Reisen als solches noch nicht zum Schamanen macht; allerdings ist es sehr nützlich, um den Schamanismus zu erlernen und sich darin zu üben, weil man dabei unmittelbar und schnell von den Spirits lernen kann.) 1980 veröffentlichte ich dann *Der Weg des Schamanen*, und das Buch löste weltweit eine Renaissance des Schamanismus aus.[3]

Meine Feldforschungen und die Ausbildung bei überlebenden Stammesschamanen, mit denen ich vor mehr als einem halben Jahrhundert begonnen habe, sowie meine eigene schamanische Praxis und die Lektüre von Berichten über Hunderte von Kulturen haben dazu geführt, dass ich eine Vielzahl schamanischer Praktiken entdeckte, erlernte und sie wiederbelebte. Daraus entwickelte ich den »Core-Schamanismus« – jene universellen oder quasi-universellen und weitverbreiteten Prinzipien und Techniken des Schamanismus zusammen mit den Reisen in andere Welten, einem besonders charakteristischen Merkmal des Schamanismus – als Lehrmethode, um den Schamanismus in unser heutiges Leben zu bringen. Er beruht auf der unausgesprochenen, wenn nicht gar expliziten Anerkennung zweier Wirklichkeiten, der alltäglichen und der nichtalltäglichen Wirklichkeit; in die Letztere tritt man im Allgemeinen durch das ein, was ich den Schamanischen Bewusstseinszustand (SBZ; engl. Shamanic State of Counsciousness, SSC) nenne. Diesen zu erreichen ist erlernbar. Er kann von unterschiedlicher Intensität sein.

Heutzutage sind mithilfe des Core-Schamanismus und mit akustischen Hilfsmitteln Zehntausende von Menschen auf der ganzen Welt in der Lage, wie die traditionellen sibirischen Schamanen Zugang zu einer anderen Realität zu finden, andere Welten zu bereisen und auch in der alltäglichen Wirklichkeit schamanisch zu heilen und zu helfen. (Wer mit dem Core-Schamanismus noch nicht vertraut ist, findet in Anhang D detailliertere Informationen darüber.)

Seit mehr als einem Vierteljahrhundert unterstützt die Foundation for Shamanic Studies nun schon ein Projekt, das es sich zum Ziel gesetzt hat, schamanisches Wissen zusammenzutragen und zu archivieren. Dazu gehören unter anderem an die fünftausend Berichte von Westlern über ihre Erfahrungen auf schamanischen Reisen in die nichtalltägliche Wirklichkeit – den »Reisen außerhalb der Zeit«, wie sie auch genannt werden. Wobei das Wort Westler einfach als Sammelbegriff für die heutigen Amerikaner (von denen die meisten der unveröffentlichten Berichte in den Archiven der Stiftung stammen), Kanadier und Europäer verwendet wird.

Diese »westliche« Sammlung, der die meisten Erfahrungsberichte in diesem Buch entnommen sind, sucht weltweit ihresgleichen. Sie ist Teil des Projekts »Mapping of Nonordinary Reality« (MONOR – Kartierung der nichtalltäglichen Wirklichkeit) und gehört zum Shamanic Knowledge Conservatory (SKC – Speicher Schamanischen Wissens) der Foundation for Shamanic Studies in Nordkalifornien, das auch im Besitz einer Sammlung von Veröffentlichungen über den indigenen Schamanismus in Hunderten von Gesellschaften weltweit ist.[4]

Jahrelang war ich nicht bereit, dieses Wissen zu veröffentlichen. Ich befürchtete, dass es, wenn es einmal losgelassen war, neuen Interessenten und anderen Westlern verunmöglichen könnte, unvoreingenommen eigene Erfahrungen zu machen. Inzwischen ist es aber passiert; Informationen sind längst durchgesickert – nicht zuletzt durch die Seminare, die die Foundation selbst anbietet. Um sicherzustellen, dass die

Erfahrungen nicht durch Vorwissen über das, was andere erlebt haben, »kontaminiert« wurden (was wirklich neuartige, spontane Reisen ins Unbekannte erheblich erschweren würde), nimmt das SKC mittlerweile keine neuen Erfahrungsberichte von Westlern mehr an. Zugleich scheint es an der Zeit, eine kleine Auswahl der gemachten Entdeckungen zu veröffentlichen.

Die Westler, deren Erfahrungen in diesem Buch wiedergegeben werden, sind sowohl in die Obere Welt aufgestiegen, wie viele Schamanismusforscher das nennen, als auch in die Untere Welt hinabgestiegen – im Gegensatz zu jener, in der wir leben und die als Mittlere Welt bezeichnet wird.

Die Obere Welt und die Untere Welt gehören vollständig der nichtalltäglichen Wirklichkeit an; sie sind das Reich der Geister. Im Gegensatz dazu hat die Welt, in der wir leben, die Mittlere Welt, nicht nur einen alltäglichen Aspekt – den, in dem wir uns normalerweise bewegen –, sondern auch einen nichtalltäglichen. Dieser ist ebenfalls ein Reich der Geister und ohne schamanische Ausbildung eher schwer wahrzunehmen.

Von den Phänomenen, die sich in der alltäglichen Wirklichkeit oberhalb der Erde abspielen, also den Dingen, die die Astronomen beobachten, unterscheidet sich die Obere Welt grundsätzlich. Nicht einmal die am weitesten entfernten Galaxien unseres Universums sind Teil der Oberen Welt der Schamanen. Ebenso wenig haben sich die Westler, die in die Untere Welt abgestiegen sind, in die Felsschichten der Geologen-Welt begeben, sondern vielmehr in das rein spirituelle Reich unter uns, in dem es keinerlei irdische Begrenzungen gibt.

In diesem Buch werden Beispiele für die nichtalltäglichen Erfahrungen von Westlern in allen drei Welten vorgestellt; der Schwerpunkt liegt allerdings auf der Oberen Welt, zum Teil deshalb, weil der Westen heutzutage sehr neugierig auf das zu sein scheint, was es – wenn überhaupt – spirituell »da oben« geben mag. Anders ausgedrückt lauten die Fragen, die viele sich stellen: Gibt es wirklich einen Himmel, oder ist das alles Fantasie? Oder ist es als Gleichnis zu verstehen?

Die Antwort hängt offenbar ganz davon ab, von welcher der beiden Wirklichkeiten man spricht, von der alltäglichen oder der nichtalltäglichen. In der nichtalltäglichen Wirklichkeit – zu der man mithilfe der klassischen schamanischen Methoden Zugang findet, zu denen auch der akustische Antrieb gehört – scheint kein Zweifel an der Existenz der Himmel, der himmlischen Chöre, von Gottheiten und Wesenheiten beziehungsweise Geistern in der Oberen Welt mehr möglich. Und auch für die Existenz von Geistern in unserer eigenen Welt, der Mittleren, gibt es Beweise.

Die Erfahrungen in der Oberen Welt, über die in diesem Buch berichtet wird, widersprechen der Behauptung, es gebe nur einen einzigen Himmel, den nach Wunsch zu bereisen nur ein paar wenigen längst verstorbenen Propheten, Heiligen und den Begründern der großen Religionen vorbehalten sei. Unparteiisch, wie sie sind, erteilen die Berichte zugleich auch den Atheisten und »säkularen Fundamentalisten« eine Abfuhr, die den Himmel für eine reine Ausgeburt der Fantasie halten. Dabei gehen heutzutage selbst einige Mitglieder des christlichen Klerus schon davon aus, dass der Himmel eher ein Gefühl ist als ein Ort.

In *Der Weg des Schamanen* habe ich den Lesern im Westen eine Anleitung für schamanische Reisen in die Untere Welt an die Hand gegeben, der in den vergangenen drei Jahrzehnten viele gefolgt sind. Das ist ein weiterer Grund, warum ich mich in diesem Buch mehr auf die Obere als auf die Untere Welt konzentriere. Im letzten Kapitel informiere ich jedoch auch über neue, sehr überraschende Erfahrungen, die einige Westler in der Unteren Welt gemacht haben.

Da die kosmografischen Berichte in diesem Buch schon für sich genommen einen bedeutenden Beitrag zum schamanischen Wissen darstellen, versuche ich auf dem beschränkten Platz, der zur Verfügung steht, gar nicht erst, sie mit Schilderungen von Nahtoderfahrungen oder mit den Reiseberichten indigener Schamanen zu vergleichen (von denen es übrigens ausgesprochen wenige gibt). Ich finde derartige vergleichende Studien jedoch sehr wichtig und plädiere nachdrücklich dafür, dass sie gemacht werden. Die Arbeit, die Sie gerade in den Händen halten, verfolgt nicht zuletzt den Zweck, Anregungen für derartige Untersuchungen zu geben.

Hinzufügen möchte ich, dass ich mit diesem Buch nicht versuche, eine Brücke zwischen den verschiedenen Wissenschaftsdisziplinen zu schlagen. Ich bin Anthropologe, Schamanismusforscher, ein Praktizierender des Schamanismus und in diesem Buch auch der Berichterstatter über die schamanischen Erfahrungen von Westlern. Mehr aber nicht. Wer den Schamanismus mit anderen Wissenschaftszweigen – zum Beispiel der Psychologie – unter einen Hut bringen will, sollte der naheliegenden Versuchung, die »üblichen Verdächtigen« zu verhaften, wie es in *Casablanca* heißt, zu widerstehen versuchen und die Standardwerkzeuge des Reduktionismus in der Tasche lassen. Gegen den Reduktionismus per se habe ich gar nichts einzuwenden, bin aber der Meinung, dass man es auf jedem Gebiet, das man »reduzieren« möchte, zunächst einmal zu wirklicher Meisterschaft gebracht haben sollte. Was in unserem Fall bedeutet, dass man den Schamanismus aus erster Hand erlebt, praktiziert und ihn ausgiebig studiert haben müsste. Hinzu kommen die entsprechenden Kenntnisse und Fähigkeiten auf dem jeweiligen Wissensgebiet, mit dem man ihn vergleichen möchte. Das ist zugegebenermaßen keine einfache Aufgabe … aber wann war seriöse Wissenschaft je einmal leicht?[5]

In den Ausbildungskursen für Westler, die den Core-Schamanismus studieren, legen wir von Anfang an großen Wert darauf, dass die Kursteilnehmer nur die allernötigsten Anweisungen erhalten, um Zutritt zu den anderen Welten zu finden. Diese können Sie in den Anhängen A und B nachlesen. *Dort werden Sie eingeladen, sich derselben Methoden zu bedienen, um sich auf schamanische Reisen zu begeben und Ihre Erfahrungen mit denen aus diesem Buch zu vergleichen.* Diese Anhänge sollen aber kein »Rezeptbuch« sein, sondern Ihnen die Möglichkeit geben, die Erfahrungen zu überprüfen, die die Westler, von denen die Berichte in diesem Buch stammen, in der Oberen (sowie in einem geringeren Maße auch in der Unteren) Welt gemacht haben.

Nach der Lektüre dieses Buches werden Sie Ihre Naivität hinsichtlich dessen, was Sie in der Oberen oder Unteren Welt erwartet, wohl leider verloren haben. Dennoch: Wenn Sie der Einladung, die ich gerade ausgesprochen habe, Folge leisten, können Sie sich auf Erstaunliches gefasst machen – und dazu gehört auch, dass Sie nicht mehr auf die Berichte anderer angewiesen sind, um beurteilen zu können, was existiert und was nicht. Der Core-Schamanismus kann dazu führen, dass einige der eisernen kosmologischen Dogmen von Kirche, Staat und Wissenschaft beginnen, Rost anzusetzen.

Ich schreibe dies in meinem vierundachtzigsten Lebensjahr. Vieles von dem, was ich im vergangenen halben Jahrhundert über den Schamanismus gelernt habe, hat sich bei mir schon vor langer Zeit zu einem persönlichen Wissensschatz kondensiert, den ich in vielen Gesprächen weiterzugeben versucht habe zusammen mit Anmerkungen, wie sie meiner Erinnerung entstammen, die jedoch im Treibsand der Zeiten verblasst sind. Passagen dieses Buches beruhen auch auf Reden, die ich im Laufe von mehr als drei Jahrzehnten vor meinen Studenten und anderen Interessierten gehalten habe.

Das Gute daran: Die meisten meiner Behauptungen können ernsthaft Interessierte anhand ihrer eigenen schamanischen Arbeit empirisch nachprüfen. Im Mittelpunkt dessen, was ich in diesem Buch präsentiere, stehen neue Materialien sowie Methoden, mit denen man sie überprüfen kann. Seien Sie aber nicht überrascht, wenn es Sie in Teilen an irgendetwas erinnert, was Sie schon an anderer Stelle gelesen oder gehört haben. Ich persönlich habe Tausende von Studenten in die Grundlagen und Methoden des Schamanismus und der schamanischen Reise eingeführt. Und da ließ es sich wohl kaum vermeiden, dass einige meiner mündlich übermittelten Lehrinhalte veröffentlicht wurden.[6] Dies gilt jedoch nicht für die Materialien, die ich hier vorlege – die sind neu.

Den Schamanismus (wieder) in den Westen zu bringen heißt auch, Sie, die Leserin oder den Leser, zu ermutigen, größeres Vertrauen in Ihre eigene spirituelle Autorität zu setzen. Und das betrifft ausdrücklich auch die Lektüre dieses Buches. Zwar konnte ich mir, was die Berichte der Westler betrifft, einen kleinen persönlichen Kommentar nicht immer verkneifen, doch die anderen sind absichtlich nur mit ganz wenigen oder überhaupt keinen Kommentaren versehen, um Sie in der Unabhängigkeit Ihres eigenen Denkens zu unterstützen.

Es gab und gibt genug Leute, die von der Kanzel herab beziehungsweise vor den Versammlungen der verschiedenen kirchlichen Gemeinden bis zum Gehtnichtmehr immer dieselben alten Geschichten über die Erfahrungen der großen Religionsgründer wiederkäuen. Jetzt haben Sie die Gelegenheit, selbst solche Erfahrungen zu machen. In dieser Hinsicht stellen die Berichte hier, so interessant sie sein mögen, keinen Ersatz für das Eigentliche dar: Ihr persönliches Erleben. Auch soll dieses Werk kein traditionelles Lehrbuch sein, das sich in erster Linie an ein akademisches Publikum richtet; vielmehr ist es der Versuch, die Leser zu inspirieren, in buchstäblich größere Höhen vorzudringen, indem es sie mit neuen Materialien und Gedanken konfrontiert.

Als wichtigste Aufgabe und meinen eigentlichen Beitrag zu diesem Buch betrachte ich die Vorstellung dieser neuen Informationen – also die Berichte der Menschen und die Inspiration, die von ihnen ausgehen kann. Die Archive der Foundation wurden nach Beispielen für ein breites Spektrum von Erfahrungen durchforstet, die zwar nichtalltäglich sind, aber doch im Rahmen der Möglichkeiten und des Potenzials von uns allen liegen. Zusammen mit den Grundsätzen des Core-Schamanismus, die ich gerade kurz umrissen habe, stellen diese Zeugenaussagen – lebendige Ausblicke auf die *condition humaine* – ein Gesamtpaket dar, das in der Lage ist, den Horizont einer interessierten Leserschaft zu erweitern.

Ich habe beschlossen, meine beschränkte Zeit darauf zu verwenden, in diesem Buch Informationen weiterzugeben, von denen ich denke, dass sie für unsere zänkische und gefahrvolle Welt, die auf der Basis des Glaubens an alte Geschichten unaufhörlich über spirituelle Dinge streitet, nicht nur wichtig, sondern dringend erforderlich sind. Der Weg des Schamanen ist der des Wissens aus erster Hand und keiner von Geschichten (auch nicht den meinen!); denn es hat schon seinen Grund, dass der Schamane in vielen indigenen Kulturen als »einer, der weiß« gilt.

Ich hoffe, dass die Leser dieses Buch nützlich finden, weil es ihre Abhängigkeit von den kosmologischen Dogmen der organisierten Religion und Wissenschaft verringert. Ferner hoffe ich, dass es Sie in Ihren eigenen schamanischen Begegnungen mit einer anderen Realität bestärkt, denn darin finden wir unglaubliches Mitgefühl, Hilfe und Heilung, die wir in unserer Alltagswelt so dringend brauchen. In gewisser Hinsicht ist dieses Buch also eine tatsachengestützte spirituelle Unabhängigkeitserklärung und die Einladung, dieses Wissen und die Freiheit zu nutzen, um mehr Weisheit, Mitgefühl in Ihr Leben und das Ihrer Mitmenschen zu bringen.

Michael Harner
Herbst 2012

1

Spirituelle Kraft und die Höhle

Kraft

Im Februar 1957 verlief ich mich mit einem Grüppchen männlicher Shuar (Jívaro), nachdem wir wochenlang durch den gebirgigen Regenwald des oberen Amazonasbeckens gewandert waren. Müde, desorientiert und hungrig trafen wir schließlich auf ein paar freundliche Jäger, von denen wir erfuhren, dass wir in der falschen Richtung unterwegs waren. Sie gaben uns etwas von ihrer Verpflegung ab und zeigten uns den Weg in das Dorf, das wir suchten.

Nachdem wir uns von den Jägern verabschiedet hatten, kamen wir bald an einen kleinen, aufgrund schwerer Regenfälle in den Anden im Westen aber reißenden Fluss. Wir warteten mehrere Tage, dass das Wasser endlich nachließ, jedoch vergeblich. Während meine Weggefährten die Ruhe bewahrten, verlor ich schnell die Geduld, wusste ich doch, dass wir uns aus Balsastämmen Flöße bauen und Guadua-Bambus als improvisierte Paddel nutzen konnten, um den Fluss zu überqueren. Mehrfach schlug ich das den Männern vor, sie lehnten jedoch immer wieder ab.

Schließlich provozierte ich sie, indem ich ihnen vorhielt, sie bezeichneten sich doch stets als große Krieger, seien jetzt aber nicht einmal bereit, das Flüsschen zu überqueren. Ohne darauf zu antworten, bauten sie kurzerhand drei Flöße und bereiteten alles für die Überfahrt vor. Der Fluss war ungefähr 45 Meter breit, und das erste Floß, auf dem sich zwei der Indianer sowie ein Teil unseres Gepäcks befanden, schaffte es wohlbehalten ans andere Ufer. Mit weiteren zwei Männern bestieg ich das nächste Floß. Wir hatten den Fluss bereits zu drei Vierteln überquert, als wir in eine Stromschnelle gerieten. Das Floß kippte um und wir fielen in das Wildwasser. Nur mit größter Anstrengung konnten wir uns ans andere Ufer retten. Das dritte Floß passierte den Fluss dann wieder problemlos.

Als wir uns etwas ausruhten, bevor wir unseren Weg fortsetzen wollten, meinte ich zu den Männern: »Das war ziemlich knapp. Wir können von Glück sagen, dass wir noch am Leben sind.«

Ich hatte damit gerechnet, dass sie mir, vielleicht auch nur stillschweigend, zustimmen würden, aber meine Begleiter standen einfach da, wie man sich den typischen Indianerkrieger so vorstellt. Als wäre das alles gar nichts gewesen. Sie wirkten völlig unbeeindruckt.

Ihre Haltung verblüffte mich. Schließlich waren es dieselben Männer, die zuvor trotz meines Drängens so lange gezögert hatten, den Fluss zu überqueren. Und jetzt taten sie, als wäre das alles ein Spaziergang gewesen. Dabei hatten sie vorher Angst gehabt.

Sie wechselten Blicke, sagten aber nichts. Dann endlich rückte einer der Männer, den ich besonders gut kannte, mit der Sprache heraus. Er sagte: »Na ja, weißt du, wir hatten nicht wirklich Angst, den Fluss zu überqueren, denn wir können nicht sterben. Aber bei dir waren wir uns da nicht so sicher!«

Für mich öffnete die gefährliche Flussüberquerung in diesem Moment eine Tür zu wichtigem spirituellen Wissen. Nach und nach erfuhr ich von den Shuar, dass sie gegen alle

Todesursachen mit der Ausnahme von Epidemien durch die Kraft der Geister geschützt sind. Ich erfuhr aber auch, dass einen diese Kraft verlassen kann und dass man derart ungeschützt dann tatsächlich stirbt. Deshalb achteten die Shuar, bevor sie zu einer gefährlichen Mission aufbrachen, auf die Zeichen, die ihnen verrieten, ob sie noch über die Kräfte verfügten, die ihnen ihre Schutzgeister verliehen. Waren diese Zeichen negativ, bliesen sie die Mission ab, insbesondere wenn es dabei um den Angriff auf einen Gegner ging.

Wie die Shuar wissen auch die anderen indigenen Schamanen weltweit, dass Geisterkraft die Grundlage für Gesundheit, Überleben und die Fähigkeit, andere zu heilen, ist. Ohne diese Kraft ist man Krankheiten oder Unglücksfällen schutzlos ausgeliefert. Dieses Wissen durchdringt in traditionell schamanischen Kulturen den Alltag von nahezu jedem.

Jaime de Angulo, der Anfang des zwanzigsten Jahrhunderts eine Zeit lang bei den Atsugewe in Nordkalifornien gelebt hatte, brachte es auf den Punkt, als er schrieb: »Ohne die Kraft kann man nichts Außergewöhnliches tun. Mit ihr ist alles möglich.«[1]

Sie ist wie ein Feld, das den Schamanen durchdringt und ihm oder ihr ermöglicht, anderen zu helfen und sie zu heilen. Die schamanische Vorstellung von Kraft ähnelt unserer von Energie, nur dass sie umfassender ist und sich nicht allein auf Energie bezieht, sondern auch auf Intelligenz und Selbstvertrauen. Spirituelle Kraft bedeutet nicht politische Macht oder Macht über andere. Vielmehr handelt es sich um die Kraft, die essenziell ist, um gesund bleiben und überleben zu können.

Geister

An dieser Stelle sollte ich vielleicht erklären, was ich eigentlich unter einem »Geist« oder »Spirit« verstehe. An anderer Stelle habe ich ihn einmal als »belebte Essenz« definiert, »die über Intelligenz und in unterschiedlichem Maße über Kraft verfügt, die man in vollständiger Dunkelheit am besten und sehr viel seltener im Hellen sehen kann und in einem veränderten Bewusstseinszustand eher als im Normalzustand. Es gibt sogar Anlass zu der Frage, ob man sie in einem gewöhnlichen Bewusstseinszustand überhaupt wahrnehmen kann.«[2]

Mit anderen Worten: Nicht alle Geister verfügen über bedeutende Kraft. Und die, die es tun, werden bei schamanischen Völkern oft einfach als »Kräfte« bezeichnet. In indigenen Kulturen besonders wichtig sind die Schutzgeister, die die Menschen, die sie lieben, mit einer behütenden Kraft ausstatten.[3] Von einem Schamanen, der aufgrund seiner Erfahrung gelernt hat, welche Geister besonders machtvoll sind, richtig angerufen, kann eine solche Kraft auch eine aktive Unterstützung bei der Heilung seiner Patienten darstellen.

Die Kraft lässt sich auf verschiedene Art erwerben. In Sibirien, aber auch in Teilen Südamerikas war es üblich, dass man seine persönliche Kraft nach einer lebensbedrohlichen Krankheit gewann. Wurde die betreffende Person plötzlich auf wundersame Weise geheilt, schlossen die Bewohner der Gegend daraus, dass ein Geist Mitgefühl mit ihr hatte und eingeschritten war, um sie von ihrer Krankheit zu befreien. In einem solchen Fall statteten die Nachbarn ihr häufig einen Besuch ab, um herauszufinden, ob die heilende Kraft sich auch nutzen ließ, um einem anderen Kranken (der im Allgemeinen ein ähnliches Leiden hatte) zu helfen. Mit anderen Worten: Das Leiden der erkrankten Person konnte das Mitleid eines Geistes hervorrufen. Nicht wenige wurden auf diese Weise zu Schamanen.

Auf der Suche nach der Kraft der Geister

Wenn man diese Kraft empfangen möchte, sollte man idealerweise nicht warten, bis man schwer erkrankt. Dies war auch den Angehörigen der traditionell schamanischen Kulturen bewusst. Deshalb ermutigten sie gesunde junge Leute, freiwillig Leiden auf sich zu nehmen, damit die Geister der Ahnen auf den Plan traten, um ihnen zu helfen, indem sie ihnen ihre Kraft übermittelten. Diese Kraft war nicht allein eine heilende Energie, sondern viel mehr noch ein Mittel, das die Menschen in ihrem Alltag unterstützte, ihnen half, Unglück und Elend zu verhindern und für einen guten Ausgang der Dinge zu sorgen.

Die bekannteste Form des Kraft-Erwerbs war die Kraftsuche, besser bekannt unter der Bezeichnung »Vision quest« – Visionssuche. Wobei man hinzufügen sollte, dass nicht jede erfolgreiche Kraftsuche auch mit einer Vision einherging. Bei den südlichen Okanagan etwa sieht der Suchende den Geist nicht unbedingt, sondern empfängt seine Kraft stattdessen durch eine Hör-Erfahrung in Form eines Liedes und von Wörtern.[4]

Auf Kraftsuche gingen nur selten Kranke, sondern meistens gesunde und noch relativ junge Menschen. Es handelte sich also gewissermaßen um eine spirituelle Lebensversicherung, mit der man seine Erfolgs- und Überlebenschancen verbesserte.

Praktisch jeder konnte losziehen und die Kraft an einsamen Orten suchen, von denen man wusste, dass sich dort die Spirits vieler Ahnen und andere Schutzgeister aufhielten. Dabei konnte es sich um Berggipfel, tiefe Höhlen, einen abgelegenen Wasserfall, die Wildnis der Arktis, bestimmte Schluchten, Begräbnisstätten, Ruinen, einen entfernten Pfad oder auch andere Örtlichkeiten handeln. Entscheidend war immer nur: Die Geister mussten davon überzeugt sein, dass der die Kraft suchende Besucher ihres Lebensraums auch wirklich Hilfe verdient hatte. Sobald er einen solchen Ort erreicht hatte, stimmte der Suchende gewöhnlich ein Lied an oder wendete sich gedanklich an die anwesenden Geister, um ihre Unterstützung zu erbitten.

Freiwillig leiden, um mitfühlende Hilfsbereitschaft zu erwecken

Die Suche nahm unterschiedliche Formen an. Unabhängig von der spezifischen Kultur sah sie gewöhnlich vor, dass sich der Suchende bewies, indem er freiwillig Leiden auf sich nahm, zum Beispiel Angst, Hunger, Durst, extreme Hitze oder Kälte und Erschöpfung. Wobei man wissen muss: Im Schamanismus dient Leiden nicht dazu, irgendwelche »Sünden« abzubüßen, sondern soll die Hilfe mächtiger Geister anziehen.

Unter einigen Inuit der Arktis bestand eine Möglichkeit für eine erfolgreiche Kraftsuche darin, mitten im tiefsten Winter vier oder fünf Tage ohne Essen und Wasser in einem besonders isolierten Iglu zu verbringen. Sobald sich die festgelegte Zeit ihrem Ende näherte, kam ein Dorfältester, in aller Regel ein Schamane, öffnete den Iglu und brachte die betreffende Person nach Hause. Der Iglu verfügte nicht einmal über ein

Wärme spendendes Öllämpchen, sodass mehrere Leiden zusammenkamen: nicht nur der Mangel an Essen und Trinken, sondern auch die extreme Kälte. Wie berichtet wird, war der Kraftsuchende mitunter sogar nackt. Ein weniger lebensbedrohliches Beispiel ist meine eigene Kraftsuche bei den Shuar, zu der eine strapaziöse Bergbesteigung an den bewaldeten östlichen Hängen der Anden ebenso gehörte wie das eiskalte Bad am Fuße eines Wasserfalls und der Nahrungsentzug vor dem Erhalt einer Vision, zu der in einem nicht unerheblichen Maße die überwältigende Kraft von Engelstrompetensaft (*Brugmansia* sp.) beigetragen hatte.[5]

Solch freiwilliges Leiden auf der Suche nach Kraft findet man heute noch bei indigenen Völkern der Großen Ebenen (»Great Plains«) Nordamerikas, wo der Person, die sich auf die Suche nach Vision und Kraft begibt, üblicherweise zunächst in der Reinigungs- oder »Schwitz«hütte Körperwasser entzogen wird.

Dort setzt sie sich freiwillig extremer Hitze aus und nimmt womöglich bereits die ersten Geistererscheinungen wahr. Danach begibt sie sich in Begleitung eines Schamanen-Priesters (Medizinmannes) und/oder anderer Stammesältesten auf den Gipfel eines abgelegenen Berges. Dort hält sie sich eine bestimmte Anzahl von Tagen auf, bevor sie wieder abgeholt wird.

In der extremeren Form der Visions- beziehungsweise Kraftsuche der Plains wurde der Kandidat in ein Tuch oder eine Decke gehüllt und zusammen mit seiner heiligen Pfeife auf den Grund eines L-förmigen Erdlochs befördert, das bereits zu einem früheren Zeitpunkt gegraben und auch schon benutzt worden war. Die Öffnung bedeckte man dann mit Zweigen oder Häuten, um das einfallende Licht zu minimieren und es dem Suchenden dadurch zu erleichtern, nicht nur bei Nacht, sondern auch tagsüber visionäre Erlebnisse zu bekommen. Sein Leiden bestand also aus Isolation, Reizentzug und großer Kälte, verstärkt durch das Verbot, während der ganzen Zeit nach Verlassen der Schwitzhütte Wasser zu sich zu nehmen.

Begleitet waren die Leiden üblicherweise von Gebeten zu den Ahnen – »habt bitte Mitleid mit mir« –, wobei diese in aller Regel als »Großväter« angesprochen wurden, da die indigenen Völker des oberen Amazonasbeckens und der nordamerikanischen Ebenen (wie viele andere schamanische Kulturen auch) kein spezielles Wort für »Vorfahren« kennen. Auch hier geht es wieder darum, durch Leiden das Mitgefühl der Ahnengeister zu erregen, damit sie dem Bittsteller visionäre Erlebnisse ermöglichen, die ihm spirituelle Kraft verleihen. Wenn sie sich zeigen, dann entweder in Form eines Tieres oder einer menschenähnlichen Gestalt.

Warum aber sollten die Geister der Ahnen überhaupt bereit sein zu helfen? Ganz einfach: Nach dem Verlassen der alltäglichen Wirklichkeit zum Zeitpunkt ihres Todes haben sie sich dafür entschieden, in der Mittleren Welt zu verbleiben, um ihre Nachkommen oder deren Verbündete zu unterstützen. Wenn sie adäquat angerufen werden und zu der Überzeugung gelangen, dass der Besucher ihre Hilfe tatsächlich verdient hat, offenbaren sich diese Geister in einer ihnen genehmen Form, sie sprechen zu dem Pilger und geben ihm Kraft, damit er die Schwierigkeiten und Gefahren des Lebens bewältigen kann. Ich nenne sie oft »quasi-mitfühlende ethnozentrische« oder einfach »ethnozentrische Geister«.

Ihr schützendes Mitgefühl geht im Wesentlichen in zwei Richtungen: 1. Oft helfen sie ihren Nachkommen so lange, wie sie selbst in Erinnerung gehalten und geehrt werden. 2. können sie gegenüber allen, die ihre Nachkommen oder deren Verbündete bedrohen, äußerst rachsüchtig sein.

Eine andere Form der Kraftsuche: sich für Geister anziehend machen

Es gibt noch eine Art, die Kraft der Geister zu erwerben, und bei der geht es weder um Leiden noch um das Erregen von Mitgefühl. Ich bezeichne sie als »sich für Geister attraktiv machen«. Beim Anrufen der und dem Arbeiten mit den Geistern nehmen Schamanen häufig Nahrungsmittel oder Getränke zu sich, die bei ihrem Volk oder auch bei bestimmten Tieren besonders beliebt sind. Der schamanische Zweck besteht darin, einen hilfreichen Geist und seine Kraft anzuziehen und nach Möglichkeit mit ihr zu verschmelzen. So trinken etwa sibirische und mongolische Schamanen beim Beten Wodka, um Geister, die diesen Schnaps lieben (oft die von verstorbenen schamanischen Verwandten), dazu zu bewegen, sich mit ihnen zu verbinden. Bei den Schamanen der US-Nordwestküste ist es der Lachs, den sie beim Beten verzehren, um die Geister des Bären, des Weißkopfseeadlers oder des »Indianers« anzulocken. (Auf dieses Thema kommen wir später noch zurück.)

Walter Cline und der Hinweis auf die Okanagan

Ende der Neunzehnhundertzwanzigerjahre sprang ein junger Amerikaner, der sich das Geld für sein Anthropologiestudium auf einem Frachtdampfer verdiente, vor der Küste Nordafrikas von Bord. Sein Name war Walter Cline. In der Hoffnung, bei den Berbern leben zu können (was ihm auch gelingen sollte), schwamm er an Land. Er lernte fließend Arabisch, lebte in Marokko, Syrien, Äthiopien sowie im heutigen Saudi-Arabien und half bei archäologischen Ausgrabungen im ägyptischen Theben. 1936 schloss er sein Studium in Harvard mit dem Titel eines Doktors der Anthropologie ab. In den Jahren der Großen Depression hatte er eine Teilzeitstelle bei der Works Progress Administration im Staate Washington. Seine Aufgabe bestand darin, Interviews mit den Ältesten der Okanagan-Indianer zu führen. Er befragte sie zum traditionellen Wissen ihrer untergehenden Kultur, wozu auch der von ihnen früher geübte Vision Quest in Höhlen gehörte.

Anfang der Neunzehnhundertfünfzigerjahre war Cline in Berkeley Lehrbeauftragter für »primitive Religion«. Ich habe ihn als begeisterten, inspirierenden Dozenten in Erinnerung und empfand es als Ehre, in seinen letzten beiden Lebensjahren, als er unter einer schweren Krebserkrankung litt, die ihn bereits einen Arm gekostet hatte, sein Student sein zu dürfen.

Mit dem Verkauf gebrauchter anthropologischer Fachliteratur kamen er und seine bemerkenswerte Frau Marjorie gerade so über die Runden. Trotz ihrer geringen finanziellen Mittel besuchten die beiden häufig die Indianervölker im Westen Nordamerikas. Und immer, wenn sie zurückkamen, hatte Cline seinen Studenten unglaubliche Geschichten zu erzählen, in denen es oft auch um Schamanen ging. Im Unterschied zu den meisten seiner Fachkollegen zur damaligen Zeit versuchte er nie, den Schamanismus psychologisch wegzuerklären. Die Studenten liebten, ja verehrten ihn geradezu, denn er strahlte eine unvergleichliche Freundlichkeit, Offenheit und Begeisterung für die Anthropologie aus, was umso bemerkenswerter war, als er sich auf der Schwelle zum Tod bewegte. Cline war es auch, der mein Interesse für den Schamanismus weckte.

Da Walter Cline ein sehr bescheidener Mann war, erfuhr ich erst zwei Jahrzehnte nach seinem Tod, zu einer Zeit, als ich selbst schon lange Anthropologie lehrte, von einer wenig bekannten Publikation über die Sinkaietk beziehungsweise das Volk der südlichen Okanagan-Indianer der Hochebene am Columbia River, an der er mitgearbeitet hatte.[6] Nach einigen Schwierigkeiten gelang es mir schließlich, ein Exemplar davon aufzutreiben. Es enthielt sehr spezielle, aber wichtige Informationen über die Kraftsuche, die ihm Stammesälteste anvertraut hatten.

Cline konzentrierte sich auf den Power Quest von Kindern, insbesondere kleinen Jungen, die die Kraft für ihr späteres Leben suchten.[7] In diesem Zusammenhang erfuhr er auch von einem Fall, in dem ein Vater seinen kleinen Sohn in einer Höhle zurückließ, damit er dort die Nacht verbrachte, um die Kraft zu erwerben.[8]

Willard Park und die Kraftsuche der Paviotso

Abgesehen von den Hinweisen, die ich in Walter Clines Berichten über die Okanagan gefunden hatte, fand ich auch die Schriften des Ethnologen Willard Park sehr wertvoll. Park hatte herausgefunden, dass bei den Schamanen der Paviotso (Northern Paiute) in Nevada, die er Anfang, Mitte der Neunzehnhundertdreißigerjahre interviewt hatte, die Kraftsuche in Höhlen von großer Bedeutung war.[9]

Wie Park berichtet, bestanden die Paviotso-Ältesten strikt auf der Einhaltung bestimmter traditioneller Methoden, wenn eine solche Suche von Erfolg gekrönt sein sollte.[10] Er sagte, dass die Paviotso-Schamanen Essen mit in die Höhle nahmen, um bestimmte zusätzliche Kräfte zu erhalten, zum Beispiel die Verbesserung ihrer Heilerfolge.[11] Dies steht in Einklang mit der oben erwähnten Verwendung von Lebensmitteln bei der Anziehung der Spirits zum Erwerb der Kraft.[12] Park schrieb:

Es gibt keine Vorbereitungen auf die Kraftsuche. Der Visionssuchende fastet weder vorher noch während seines Aufenthalts in der Höhle. Ebenso wenig wird die Suche nach der Kraft von Selbstquälerei oder größeren körperlichen Strapazen begleitet.
Am späten Nachmittag begibt sich der Mann in eine Höhle, von der er gehört hat, dass es dort möglich sei, die Kraft zu finden. Verpflegung für eine mitternächtliche Mahlzeit und ein Frühstück darf er mitnehmen.[13]

Eine spirituelle Begründung für die Mitnahme von Proviant nannte Park nicht, mein Wissen um die Anziehung der Geister veranlasste mich aber, die Methoden der Paviotso äußerst ernst zu nehmen. Als ich für meine eigene Suche nach einer geeigneten Höhle Ausschau hielt, nahm ich mir deshalb vor, ein Sandwich mit mehreren Zutaten mitzunehmen, die verschiedenen Tierarten schmecken würden.

Manchmal scheinen die Geister der Ahnen bereit zu sein, auch Menschen zu helfen, die nicht von ihnen abstammen, ja sogar einer anderen Kultur oder Rasse angehören, falls sie der Meinung sind, diese Person habe ihre Nachfahren unterstützt oder würde es in Zukunft tun. Das wusste ich sowohl von den Shuar als auch von den Conibo-Völkern Südamerikas. Und ich hatte viele Jahre lang auf verschiedenerlei Art versucht, den Ureinwohnern in Nordamerika helfend zur Seite zu stehen, unter anderem 1973 in Wounded Knee.[14] Das, hoffte ich, würde in der Höhle vielleicht zu meinen Gunsten ausgelegt werden.

Die Höhle

Zwei Jahre nachdem ich *Der Weg des Schamanen* geschrieben hatte, erfuhr ich von einer vielversprechenden Höhle im Shenandoah Valley in Virginia. In der Hoffnung, über genügend Informationen zu verfügen, beschloss ich, mich dort auf die Suche nach einer speziellen schamanischen Heilkraft zu begeben und zu schauen, ob und wie dies auch ohne die Hilfe bewusstseinsverändernder Pflanzen oder akustischen Antrieb gehen würde, denn davon hatte ich weder bei Park noch bei Cline etwas gelesen.

1982 begab ich mich schließlich eines Abends allein zum Eingang der Höhle. Stumm rief ich die Geister an, um sie zu bitten, Mitgefühl für mich zu haben und mir größere Kraft zu verleihen, damit sich meine Heilarbeit verbessere. Mithilfe einer Taschenlampe fand ich den Weg in die Höhle hinab und drang bis zu einer Nische tief in ihrem Inneren vor. Dies dauerte ungefähr eine Viertelstunde. An meinem Ziel angekommen schaltete ich die Taschenlampe aus. Die Dunkelheit wirkte schwer, und es war vollkommen still. Nach allem, was ich wusste, musste ich jetzt bis Mitternacht schlafen, dann aufwachen, einen Happen essen und durfte nicht wieder einschlafen, bevor nicht irgendetwas geschehen war.

Nachdem ich eine Weile auf dem kalten Felsboden gesessen hatte, drückte ich auf das Knöpfchen an meiner Armbanduhr, um das schwache Leuchten des Ziffernblattes erkennen zu können. Es war neun Uhr abends. Ich befand mich seit zwei Stunden in der Höhle. Meinen Informationen zufolge durfte ich meine Taschenlampe erst wieder einschalten, nachdem die Nacht vorüber war. Dann konnte ich die Höhle verlassen, denn eine der alten Regeln besagte, dass der Suchende erst nach Beginn der Morgendämmerung wieder ins

Freie sollte. Anderenfalls wäre es besser, die Höhle gar nicht erst zu betreten. Es gab auch noch andere Dinge, die ich bis zum Ende der Nacht erledigen musste.

In der tiefen Dunkelheit fühlte ich mich vollkommen vom Reich der Lebenden abgeschnitten. Zwei Arten von Angst rangen in mir. Die kleinere bestand darin, dass in dieser einsamen Nacht unter dem Erdboden überhaupt nichts geschehen könnte. Schließlich war ich kein Angehöriger jenes indigenen nordamerikanischen Volkes westlich der Rocky Mountains, das diese alte Methode der speziellen spirituellen Kraftsuche praktiziert hatte. Vielleicht war es ja vermessen von mir, darauf zu hoffen, dass ich eine ähnliche Erfahrung machen könnte wie sie – ohne den entsprechenden kulturellen Hintergrund und ohne die starken Halluzinogene der Shuar (Jívaro), die ich bei meinen früheren Erfahrungen verwendet hatte. Außerdem dachte ich, was konnte das schon für eine Visions- beziehungsweise Kraftsuche sein, bei der man nicht einmal vorher fastete und sogar noch einen Mitternachtssnack zu sich nahm? Anders gefragt: Ob die Anziehung der Geister wohl überhaupt funktionieren würde?

Die Dunkelheit, die jetzt leicht rötlich wirkte, fühlte sich an wie der Tod, der stumm und geduldig meiner harrte. Dies war die Schlimmere meiner Ängste: dass ich sterben könnte, mutterseelenallein in diesem riesigen Felsengrab, als Opfer meiner Vermessenheit. Von meiner Visionssuche an einem Wasserfall im Amazonasbecken einige Jahre zuvor wusste ich, dass die Geister womöglich ihr Äußerstes geben würden, um mir Angst einzujagen und mein Vertrauen in sie auf die Probe zu stellen. Aber dort waren wenigstens meine Shuar-Begleiter zugegen gewesen, um mich gegebenenfalls vor verhängnisvollen Fehlern zu bewahren. Hier in der Höhle jedoch konnte mir kein lebender Mensch beistehen. Ich war vollkommen allein und konnte nur darauf vertrauen, dass ich mich gut genug informiert hatte und dass die Geister zugegen sein würden, um mir zu helfen.

Irgendwann kroch ich in meinen Schlafsack und versuchte zu schlafen – der nächste Schritt, den ich in der Höhle zu befolgen hatte. Auf dem Felsboden neben mir lag das Sandwich, das ich mitgenommen hatte, um es später zu verzehren. Ich schärfte mir ein, gegen Mitternacht unbedingt wieder aufzuwachen, und konnte nur hoffen, dass ich nicht bis zum Morgen durchschlief.

Allmählich nahm meine Müdigkeit zu. Da chronische Rückenbeschwerden mir den Weg in die Höhle zu einem mühseligen, schmerzhaften Unterfangen gemacht hatten, wollte sich mein Körper jetzt ausruhen. Trotz meiner Befürchtung, nicht rechtzeitig wieder wach zu werden, schlief ich irgendwann ein.

Meine Furcht zu verschlafen sollte sich als grundlos erweisen. Ich wurde schlagartig wach, als ein gefiederter Flügel sanft über mein Gesicht strich. Die plötzliche Aufregung trieb mir das Adrenalin durch den Leib. Ich drückte wieder auf das Knöpfchen an meiner Armbanduhr. Die schwach zu erkennenden Zeiger verrieten mir, dass es zwei Minuten vor zwölf war. Zu meiner Überraschung über die sanfte Berührung des Flügels gesellte sich nun die Erleichterung, dass sie genau rechtzeitig gekommen war, sodass ich den Anweisungen für Mitternacht Folge leisten konnte. Ich tastete nach meinem Sandwich, fand es auch bald und aß es. Jetzt, nahm ich mir vor, bleibst du wach, bis irgendwas Entscheidendes passiert.

Ich saß da, ausgeruht und voll konzentriert, bereit für alles, was geschehen mochte. Es vergingen fünfzehn Minuten, schließlich war eine halbe Stunde vorbei. Enttäuschung begann sich in mir breitzumachen. Womöglich war das schon alles gewesen.[15]

Plötzlich vernahm ich Hufgetrappel. Es näherte sich vom weit entfernten Eingang der Höhle her und wurde immer lauter. Ganz eindeutig handelte es sich um eine Tierherde. Ich fasste es nicht.

Das Galoppieren kam näher und näher. Wie war so etwas möglich? Die Geräusche wurden mit der Zeit so laut, dass ich mir die Ohren zuhalten musste. Würde ich etwa zu Tode getrampelt werden? Ich kauerte mich zusammen. Dann donnerten die Hufe rechts und links an mir vorbei, tiefer in die Höhle hinein und darüber hinaus. Ich konnte die Tiere, zu denen sie gehörten, zwar nicht sehen, hörte sie aber schnauben, während sie an mir vorbeigaloppierten. »Wir sind Pferd«, sagten sie, wobei die Art, in der sie mit mir kommunizierten, an Telepathie erinnerte, aber irgendwie stärker war.

Ihnen auf dem Fuß folgte eine weitere, kleinere Herde. Schnaufen und Hufgetrappel dieser Tiere waren weniger laut. »Wir sind Bison«, sagten sie zu mir.

Und dann waren sie fort. In der Höhle war es wieder vollkommen still. Ich war ekstatisch, wirklich und wahrhaftig ekstatisch. Tränen der Freude und Dankbarkeit rannen mir die Wangen hinab. Es war wie ein Wunder. Und mit Sicherheit kein Traum, denn ich war immer noch hellwach.

Und dann, als ich nur so dasaß, kam plötzlich eine gewaltige, unbeschreibliche Kraft auf mich zu, genau aus derselben Richtung, aus der zuvor die Herden gekommen waren. Diesmal aber gab es vorher keinerlei Geräusch, nicht den geringsten Hinweis. Es war so überwältigend, als wäre ich von einem Güterzug erfasst worden. Eine Welle ungeheurer Energie erfüllte meinen ganzen Körper. Ich konnte nur staunen. Die Kraft war tatsächlich gekommen! Dann verschwand das Tier.

Während es lautlos die Dunkelheit jenseits der Nische der Höhle durchquerte, wandte es sich noch einmal zu mir um und rief mir zu: »Ich bin XXX, XXX, XXX! Ich bin eins und alles. Du und ich sind eins.« Dann war alles still.

Ich empfand unbeschreibliche Ehrfurcht und Dankbarkeit.

Nach ein paar Minuten gelang es mir mit einiger Anstrengung, mich der schamanischen Tradition zu entsinnen und darauf zu konzentrieren, was ich nun zu tun hatte und was nicht. Zunächst sollte ich wieder einschlafen, um einen Traum zu empfangen, der mir zeigte, wie ich die neu erhaltene Kraft nutzen konnte. Was ich dagegen nicht durfte, war, die Identität des Tieres, das mich durchdrungen hatte, zu enthüllen, bevor ich sehr, sehr alt sein würde.

Vor lauter Aufregung war ich alles andere als schläfrig, trotzdem kroch ich in meinen Schlafsack zurück und döste nach etwa einer Stunde tatsächlich wieder ein. Irgendwann wachte ich auf. Von meinem Schlafsack aus schaute ich mich um. Ich spürte, dass ich nicht allein in der Höhle war. Obwohl nach wie vor undurchdringliche, rötlich wirkende Dunkelheit herrschte, hatte ich jetzt das Gefühl, die höchste Wand der Höhle sehen zu können. Ganz oben entstand allmählich das lebensgroße Bild einer menschlichen Gestalt, als würde es auf eine Kinoleinwand projiziert. Das Bild wurde immer heller, bis ich schließlich eine schlanke, lächelnde junge Frau mit langen dunklen Haaren erkannte. Irgendwie schien sie mir vertraut.

Ich war perplex. Wer konnte das sein? Gleichsam als Antwort auf diese Frage wurde mir ganz leise der Name der Frau übermittelt. Zunächst dachte ich, er sei englisch, doch dann, als ich ihn lauter vernahm, hörte er sich zwar immer noch ähnlich an, doch schien er aus einer mir unbekannten Sprache zu stammen. Da er mir nicht wie ein richtiger Name vorkam, jedenfalls wie keiner, den ich kannte, erwartete ich, dass er sich ein weiteres Mal verändern würde. Doch das tat er nicht. Es sei wirklich und definitiv ihr Name, ließ mich die Frau wissen.

Eine oder zwei Minuten lang räkelte sie sich langsam, sinnlich und aufreizend. Irgendwie war ich ihrer unausgesprochenen Einladung gegenüber skeptisch, denn es ging etwas Bedrohliches von ihr aus, sodass ich nicht reagierte. Noch einmal lächelte die Frau und dann verschwand sie. Ich war wieder allein. Dieses Erlebnis war so eindrücklich gewesen, dass ich mir den seltsamen Namen, den sie mir genannt hatte, Elieth, sorgsam einprägte, obwohl er mir nichts sagte.

Ich wartete noch eine Weile, aber es geschah nichts mehr. Ein weiteres Mal drückte ich auf das Knöpfchen an meiner Uhr. Es war halb sieben Uhr morgens, draußen ging wahrscheinlich schon die Sonne auf.

Trotzdem blieb ich noch etwas sitzen, um die Höhle nicht vorzeitig zu verlassen. Ich wollte keinesfalls das Risiko eingehen, gegen die Regeln der Kraftsuche zu verstoßen und dadurch der Tierkraft, die mir übertragen worden war, wieder verlustig zu gehen. Während ich wartete, empfand ich die Dunkelheit eigentlich gar nicht mehr als so unangenehm, jedenfalls kaum der Rede wert, fast wie eine Selbsttäuschung.

Ich suchte nach meiner Taschenlampe und schaltete sie nun zum ersten Mal ein, seit ich mich im Inneren der Höhle befand. Dann rollte ich den Schlafsack auf und ging auf den Eingang zu. Meine Rückenschmerzen vom Vortag waren wie weggeblasen.

Nach einem viertelstündigen Aufstieg kam ich am Eingang der Höhle an, sah das Tageslicht und das Grün der Bäume. Ich trat in den Sonnenschein, der mich blendete. Wie gut es sich anfühlte, wieder zu Hause zu sein, wo die Sonne alles am Leben hält.

Während ich den Abhang hinunterging, unter der sich die Höhle befand, streckte ich verschiedentlich die Hand nach den schönen Blättern der Pflanzen und Büsche aus. Wieder an die Oberfläche unseres Planeten mit seinem lebendigen

Grün und dem wunderbaren Sonnenschein treten zu dürfen, erschien mir wie ein großes Geschenk. Ich bedankte mich bei den Geistern für ihre Hilfe und dafür, dass sie es mir gestattet hatten, in diese Welt zurückzukehren.

Ich hatte eine Transformation erfahren, denn die Kraft dieses XXX war buchstäblich eins mit mir geworden.

Postskriptum. Meine Kraftsuche in der Höhle war zwar von Erfolg gekrönt gewesen, doch die Bedeutung der Frau namens Elieth, die mir erschienen war und versucht hatte, mich zu verführen, konnte ich mir lange nicht erklären. Aus Büchern und Artikeln, die ich in den folgenden Jahren las, schloss ich, dass es sich womöglich um die alte jüdische Göttin Lilith handelte, obwohl der Name nicht ganz gleich war.

Interessanterweise fand ich heraus, dass Lilith mehreren nachbiblischen jüdischen Quellen zufolge in einer Höhle zu Hause ist; sie ist die Herrin aller Tiere, tötet Babys und war bekannt dafür, Männer, die allein im Bett lagen, zu verführen.

Verschiedene Traditionen der Kraftsuche gehen davon aus, dass sich der Begegnung mit einer Tierkraft kurz darauf ein Traum anschließt. Genau das hatte ich in der Höhle erlebt, aber ein Nachttraum, kann ich Ihnen versichern, war es nicht. In diesem Traum oder bei dieser Begegnung, heißt es, tritt der Helfer des Suchenden zumeist in der menschlichen Gestalt eines Ahnen auf. In seltenen Fällen kann es aber auch sein, dass es sich nicht um ein hilfreiches Wesen handelt, sondern um einen Widersacher, der versucht, die Suche des Betreffenden zu vereiteln.[16]

Ich ging lange davon aus, dass es sich bei Elieth möglicherweise um eine derartige störende Kraft gehandelt hatte, die meine Offenheit in der Höhle auszunutzen versuchte. Deshalb forderte ich sie bereits vor einigen Jahrzehnten auf, sich zu entfernen, und habe sie nie um Hilfe gebeten. In diesem Buch gebe ich ihre Identität deshalb preis, weil ich meine Trennung von ihr endgültig und unwiderruflich machen will. Denn im Schamanismus herrscht allgemein die Vorstellung, dass eine solche öffentliche Bekanntgabe mit der festen Absicht, die Verbindung zu lösen, den betreffenden persönlichen Geist ein für alle Mal vertreibt.

Das Vertrauensverhältnis zwischen XXX und mir dagegen habe ich immer in Ehren gehalten. Aber jetzt bin ich alt und wer weiß, wie lange XXX noch bei mir bleibt.

Eine letzte Bemerkung: Diese meine Erzählung ist vielleicht der erste von einem Westler dokumentierte Bericht einer erfolgreichen Kraftsuche in einer Höhle seit denen der alten Europäer vor vielen Jahrtausenden. Nur dass diese sie früher veröffentlichten – an den Felswänden! (Vgl. Abb. 1)

2

Es gibt uns! Die Geister rufen nach Anerkennung

Einige Leser werden sich fragen, ob das, was ich in der Höhle erlebt habe, nicht vielleicht nur meiner Fantasie entspringt. Das ist verständlich, schließlich gab es dabei keine Zeugen, die meine Erfahrungen bestätigen könnten. Manchmal offenbaren die Geister sich und ihre Kraft aber auch mehreren Menschen, mitunter sogar ganzen Gruppen. Solche öffentlichen Demonstrationen werden dann oft als Wunder bezeichnet.

Für Schamanen, die eng mit den helfenden Spirits zusammenarbeiten, gehören Wunder schon fast zum Alltag. Die von Geistern bewirkten Wunderheilungen sind vielleicht sogar das berühmteste Charakteristikum der Schamanen in indigenen Gesellschaften. Aber auch unabhängig davon, dass sie Schamanen bei deren Heilarbeit zur Seite stehen, demonstrieren die Geister ihre Existenz oft durch Wunder oder »Miniwunder«. Diese »Weckrufe«, die die Spirits – oft mithilfe von Schamanen beziehungsweise schamanisch Praktizierenden – aussenden, versteht man wahrscheinlich am besten als Versuch, die Menschen über ihre Existenz zu informieren. Von ein paar dieser Wunder, an denen ich selbst beteiligt war, werde ich jetzt berichten.

Erstes Wunder: Die neuen Zehncentstücke

Im August 1993 war ich eingeladen, im Rahmen der Jahresversammlung der Transpersonal Psychology Association, die im Asilomar Konferenzzentrum von Pacific Grove in Kalifornien stattfand, zwei Vorträge zu halten. Die Konferenz stand unter dem Thema »Neue Paradigmen in der Psychologie«. Als Beispiel für ein solches neues Paradigma sollte es auf Wunsch der Veranstalter bei einem meiner Auftritte darum gehen, ein nach Hunderten zählendes Publikum in den Schamanismus einzuführen.

Ich hatte mir vorgenommen, nicht nur über den Schamanismus zu *sprechen*, sondern wollte auch allen Anwesenden die Gelegenheit geben, eine schamanische Reise in die Obere Welt zu unternehmen, damit sie sich selbst ein Bild von der wahren Kraft der schamanischen Arbeit machen konnten. Offen gestanden war ich mir gar nicht sicher, ob die Hundertschaften in ihren Sitzreihen Erfolg haben würden, einen Versuch aber, fand ich, war es allemal wert.

Ohne ein Wort zu sagen, bat ich meine Geister, mir dabei zu helfen, das Publikum mit ihrer Existenz zu beeindrucken. Sie antworteten, ich solle das Licht im Auditorium löschen lassen und dann zwei große Bergkristalle aus der Tasche holen. Aus meiner schamanischen Erfahrung wusste ich, dass Bergkristall, sofern er sachgerecht verwendet wird, die Eigenschaft hat, die Kraft jedes Spirits, die in ihn hineingelegt wird, zu verstärken.

Als es vollkommen dunkel war, rief ich, wiederum wortlos, die Geister zu Hilfe und aktivierte die Steine auf althergebrachte Weise. Ganz kurz gaben sie einen schwachen Lichtschein ab. Und genau in diesem Moment ertönte ein Schrei im Publikum. Ich ließ das Licht wieder einschalten. Und sah, dass eine Frau von ihrem Sitz aufgesprungen war und ihre rechte Hand vorstreckte.

Ich bat sie, an eines der Standmikrofone in den Gängen zu treten und zu erzählen, was sie erlebt hatte. Dabei ging ich davon aus, dass sie nur ein paar Worte über die Erfahrung, die sie persönlich gemacht hatte, verlieren und sich dann wieder setzen würde. Aber ich sollte überrascht werden.

Als die Frau am Mikrofon stand, hielt sie ihre Hand hoch und berichtete, dass sie geschrien hätte, weil sich darin plötzlich zwei Zehncentstücke (engl. »dimes«) materialisiert hätten.

Ich war verblüfft und erfreut zugleich, hätte ich mit einem Ereignis dieser Größenordnung doch nie gerechnet. Ich bat die Frau, der ich nie zuvor begegnet war, auf die Bühne. Unter großem Beifall zeigte sie mir und dem Publikum die beiden Münzen. Wie ich den Zuschauern berichtete, glänzten die Zehncentstücke so, als wären sie ganz frisch geprägt.

Ich dankte der Frau und muss zugeben, dass ich recht zufrieden mit mir war. Doch während sie von der Bühne ging, rief ein Mann aus dem Auditorium plötzlich etwas, was ich vollkommen übersehen hatte, nämlich: »Ein Paar neuer Münzen!« (engl. »New pair of dimes«!) Er hatte erkannt, dass es sich nicht nur um eine Materialisierung gehandelt hatte, sondern dass damit auch eine Botschaft einherging, eine Botschaft, die das Thema der Konferenz – »neue Paradigmen« (engl. »new paradigms« – sprachlich gleich klingend wie »new pair of dimes«) – aufgriff.[1]

Vor einigen Jahren begegnete ich der Frau bei einer Veranstaltung wieder. Sie rief mir in Erinnerung, wer sie war, und zeigte mir die beiden Münzen, die sie, wie sie sagte, stets im Portemonnaie bei sich trug. Sie glänzten immer noch und sahen aus wie neu.

Zweites Wunder: Eine »unmögliche« Heilung und Sprechen auf Hawaiianisch

Wenn sich die Geister einschalten, sind Erfolge in der schamanischen Heilarbeit beinahe schon an der Tagesordnung. Besonders gern helfen sie Schamanen, die direkt von ihnen abstammen, und noch hilfreicher sind sie, wenn auch der Patient auf irgendeine Weise dem Schamanen zur Seite steht. Ein weiteres, aber nicht unbedingt erforderliches Plus kommt hinzu, falls auch der Kranke unmittelbar mit den Geistern verwandt ist.

Unabhängig voneinander diagnostizierten Anfang der Neunzehnhundertneunzigerjahre verschiedene Ärzte bei mir eine irreversible Makuladegeneration. Kurz vor der Jahrtausendwende teilten sie mir mit, dass die Erkrankung immer schlimmer wurde und sie nichts dagegen tun konnten.

Da meine Frau Sandra und ich ohnehin eine Ferienreise nach Hawaii planten, schlug mir eine Studentin vor, einen älteren hawaiianischen Schamanen-Priester an der Kona-Küste um Hilfe zu bitten, einen spirituellen Kahuna (»Kahuna« heißt auf Hawaiianisch »Experte«; zumeist ist damit ein Bootsbauer oder ein Fischer gemeint. Ein Schamane oder ein Schamanenpriester würde entweder als solcher oder als »spiritueller Kahuna« bezeichnet werden, Anm. d. Ü.), mit dem sie bekannt war. Eine gute Idee, fand ich. Ich war auch neugierig auf diesen Mann, Lanakila Brandt, der, obwohl zur Hälfte deutscher Abstammung, zur hawaiianischen Religion konvertiert war und dem Vernehmen nach zu den letzten fünf der Inselgruppe verbliebenen authentischen spirituellen Kahunas gehörte.

Er wohnte in der kleinen Gemeinde Captain Cook, die ihren Namen dem Umstand verdankte, dass sie nur wenige Kilometer von der Kealakakua Bay entfernt ist, an der der berühmte britische Seefahrer und Eroberer im 18. Jahrhundert an Land ging und später auch getötet wurde.

Freundlicherweise zeigte sich Lanakila bereit, mein Augenleiden zu behandeln, sofern ich mich an einen bestimmten Tagesplan hielt. Und so lag ich dann fünf Tage lang jeden Morgen und Abend still auf dem Rücken, während er vor einem Altar aus mit Blättern und Blumen geschmückten Holzbildnissen traditioneller hawaiianischer Götter für mich betete.

Zunächst schien nichts Nennenswertes zu geschehen. Am fünften und damit letzten Abend aber spürte ich plötzlich, wie der Geist eines Verstorbenen in mein Bewusstsein eindrang und mir eine farbige Szene zeigte. Wir (der mit mir verschmolzene Geist und ich) blickten in südlicher Richtung auf eine Bucht. Ich nahm an, dass es sich dabei um die nahe Kealakakua Bay handelte und dass wir uns auf halber Höhe der Klippe befanden, die sie überragte. Vor mir im Wasser lagen zwei Rahsegler vor Anker. Zu der Zeit wusste ich nicht, dass Captain Cook mit zwei Schiffen hier angekommen war, trotzdem dachte ich *Captain Cook!* und fragte mich, ob es sich bei dem Geist wohl um den eines britischen Seemanns oder gar um Cook selbst handelte. Oder war es doch eher ein Hawaiianer? Ich weiß es bis heute nicht.

Als Nächstes geschah etwas sehr Merkwürdiges: Der Geist begann ganz deutlich in einer Sprache mit mir zu sprechen, die ich nicht verstand. Ich hätte nicht einmal sagen können, ob es sich dabei um Hawaiianisch handelte, denn wie alle Besucher der Inseln kannte auch ich nur die zwei Worte »Aloha« und »Mahalo« (danke). Doch der Geist, der für mich eindeutig männlichen Geschlechts war, wiederholte seine Worte immer wieder; offenbar war ihm sehr daran gelegen, dass ich sie nicht vergaß. Nach und nach versuchte ich mir die Botschaft einzuprägen, was gar nicht so einfach war, da ich mich auf Lanakilas Gebete im Hintergrund konzentrieren musste. Ich sprach die Worte wieder und wieder stumm vor mich hin, während ich mit geschlossenen Augen auf dem Rücken lag, und hoffte, dass mir Lanakila nach Beendigung des Rituals würde sagen können, ob sie hawaiianisch waren oder nicht. Sobald Lanakila sein Heilwerk vollendet hatte, schrieb ich die Worte auf, erklärte ihm, was geschehen war, und las sie ihm vor. Sie lauteten:

Hele hele aku i ka pono.

Er lächelte über das ganze Gesicht und sagte: »Das ist ein gutes Zeichen. Du hast gerade hawaiianisch gesprochen. Dem Wortlaut nach hast du gesagt: *Auf! Auf! Vorwärts zu allem Positiven.* Diese Botschaft bedeutet: ›Mach weiter mit ganzer Kraft; alles ist gut, denn du bist auf dem geraden Weg.‹«

Unlängst schickte ich die Worte, die der Geist mir eingegeben hatte, zusammen mit Lanakilas Interpretation an einen Professor der hawaiianischen Sprache an der Universität von Hawaii (Hilo) und bat ihn, den Satz, den ich erhalten hatte, sowie die Interpretation des Schamanen zu überprüfen. »… Das Hawaiianisch ist korrekt und enthält sogar die adäquate richtungsweisende Partikel, *aku*«, antwortete er mir. Allerdings schlug er vor, »nach dem ersten *hele* ein Komma zu setzen«. Das hatte mir der Geist natürlich nicht diktiert![2]

»Was hat es mit dem geraden Weg auf sich?«, erkundigte ich mich bei Lanakila, denn diese Formulierung war mir unbekannt.

»Damit ist der moralische, der richtige Weg gemeint«, sagte er und fügte hinzu: »Du bist mit Unterstützung für dein

Leben gesegnet worden, und die Prognose für deine Augen dürfte gut sein. Aber denk daran, dass es ein paar Monate dauern kann, bis die vollständige Heilung eingetreten ist.«

Und tatsächlich. Als ich die Ärzte einige Monate später bat, meine Augen erneut zu untersuchen, fanden sie keinerlei Anzeichen mehr für eine Makuladegeneration. Da eine solche drastische Veränderung zum Positiven nicht möglich sei, meinten sie, müsse wohl die vorherige Diagnose falsch gewesen sein (obwohl sie fast ein ganzes Jahrzehnt lang immer wieder bestätigt wurde!).[3]

Etwa drei Jahre später stieß ich auf ein neues Buch von Richard Katz über Fidschi (eine andere pazifische Inselkultur). Es trägt den Titel *The Straight Path of the Spirit*. Da ich seit meinem Aufenthalt bei Lanakila nie wieder auf eine Erwähnung des »geraden Weges« gestoßen war, sprach mich der Titel natürlich sofort an. Aus Katz' Buch erfuhr ich, dass die Worte, die der Geist an mich gerichtet hatte, in Einklang mit dem Wissen der Inselbewohner im Pazifik standen und dass die Vorstellung vom geraden Weg in ihrer spirituellen Kultur eine zentrale Rolle spielte.

Drittes Wunder: Finnisch sprechen

Wenn Schamanen mit einem helfenden Geist verschmelzen beziehungsweise ihn »inkorporieren«, ist es nur natürlich, dass sie sich auch in dessen Sprache äußern. Für bemerkenswert aber halte ich das, was bei mir in Hawaii auch der Fall war: Die Worte des Geistes lassen sich übersetzen, wenn sich jemand findet, der dieser Sprache mächtig ist.

Hier ein weiteres Beispiel, das ich selbst erlebt habe. In einem meiner Kurse werden helfende Geister eingeladen, mit den Teilnehmern zu verschmelzen, um sie mit Heilkraft zu versorgen. Dabei warten sie zum Schlag der Trommeln einzeln, bis sich ein heilender Geist mit ihnen verbindet und sie zum Singen und Tanzen veranlasst, um ihre Kraft, anderen Menschen heilend beistehen zu können, zu verstärken. So machen sie es einer nach dem anderen.

In dieser speziellen Sitzung verschmolz ein helfender Geist mit mir. Wie üblich, wenn ich seine Heilkraft verspürte, begann ich (»wir«) in dem Kreis, den die Teilnehmer um mich gebildet hatten, spontan zu singen und zu tanzen. Dabei traten Worte aus meinem Mund, die ich nicht verstand; sie wiederholten sich mit Nachdruck, bis ich schließlich aufhörte zu tanzen und wieder Platz nahm.

Am Ende der Sitzung machten wir eine Feedback-Runde. Eine Teilnehmerin, eine Finnin, hob die Hand und fragte mich, ob ich wisse, was ich da gesungen hatte. »Keine Ahnung«, gab ich zurück. Ich hätte auf Finnisch gesungen, erklärte sie mir, und immer wieder den Satz »Keine Universität mehr« von mir gegeben. Dies erregte großes Erstaunen, brachte aber auch alle zum Lachen, weil die Studenten wussten, dass ich dem Hochschulleben kurz zuvor den Rücken gekehrt hatte.

Und natürlich konnte ich kein Finnisch.[4]

Viertes Wunder: Altnorwegisch

Wie für das letzte Beispiel gilt ganz allgemein: Das, was Nicht-Schamanen für ausgeschlossen halten oder ihnen wie ein Wunder erscheint, ist im Grunde ganz einfach und beinahe eine Selbstverständlichkeit, sobald man weiß, dass 1. Geister tatsächlich existieren und 2. dass sie sich, wenn sie es wollen, durch den Schamanen ausdrücken können. 2008 in einem Initiationsseminar für Fortgeschrittene ersuchte ich, dass sich jemand freiwillig für eine Demonstration melde. Amanda Foulger, eine Angehörige unserer Fakultät, war gern dazu bereit.

Ich fragte sie nach der Nationalität ihrer Vorfahren. Es handele sich vorwiegend um Engländer, aber ein paar Schotten und einige entfernt verwandte Norweger seien auch darunter, erklärte sie. Sie selbst kam aus Kalifornien und sprach nur Englisch, aber kein Norwegisch.

Ich bat sie, begleitet vom monotonen Trommeln in den schamanischen Bewusstseinszustand überzutreten, mit einem ihrer Vorfahren aus dem 16. Jahrhundert oder früher zu verschmelzen und diesen unbekannten Ahnen dazu bewegen, durch sie zu sprechen. Dies alles in Gegenwart von mehr als vierzig Personen.

Nach ein paar Minuten stand Amanda auf, und das Trommeln verebbte. Sie begann laut zu sprechen und bewegte dabei die Arme langsam vor und zurück. Als sie sich anschließend wieder setzte, warfen die Studenten einander verwirrte Blicke zu, denn Amandas Worte waren völlig unverständlich gewesen.

Eine Studentin aber, die sich in den skandinavischen Sprachen auskannte, meldete sich und sagte, Amanda habe sich einer sehr alten Form des Norwegischen bedient. Weiterhin erklärte sie, der Geist, der aus Amanda gesprochen habe, sei offenbar auf der Jagd gewesen und habe sich mit einem anderen über die Richtung unterhalten, die sie am besten einschlagen sollten. Das erstaunte uns alle, auch Amanda, die kein einziges Wort Norwegisch konnte.[5]

Fünftes Wunder: Eine Heilung, die der Arzt nie hätte vollbringen können

Der folgende Bericht stammt von Ken Emerson, der sich als Versuchsperson in einer Gruppenübung zur Verfügung gestellt hatte, die als »Geistboot« bekannt ist. In der einen oder anderen Form wurde sie lange bei den Völkern der Nordwestküste Nordamerikas, im nordwestlichen Amazonasgebiet, in Australien und Indonesien praktiziert. Emerson sagt:

> *Anfang 2004 wurde bei mir ein Alfa-1-Antitrypsin-Mangel diagnostiziert. Das A-1-AT wird in der Leber synthetisiert; bei Mangel an A-1-AT kommt es zu einem Lungenemphysem. Auch ein Schaden in der Leber ist möglich, der sich zu einer Zirrhose auswachsen kann. Die Ersatztherapie besteht aus wöchentlichen Infusionen mit dem A-1-AT-Protein. Obwohl ich diese Infusionen bereits seit einigen Monaten erhielt, ließ meine Lungenfunktion immer mehr nach.*
>
> *Im April 2011 nahm ich an einem zweiwöchigen Intensivkurs der Foundation bei Alicia Gates und Amanda Foulger teil. Ich war dazu ausersehen, im Geistboot der Patient zu sein. Schon unmittelbar nach der Sitzung wusste ich, dass ich Heilung erfahren hatte. Meine Lungen waren wieder frei, das Atmen fiel mir nicht im Geringsten schwer, und mein Herz schlug stark und regelmäßig.*
>
> *Als ich wieder zu Hause war, hatte ich einen Termin bei meinem Lungenfacharzt. Er führte die Tests durch, die immer gemacht wurden, inklusive Röntgenaufnahmen des Brustkorbs, Messung des Lungenvolumens und Blutuntersuchungen. Über die Resultate war er so*

überrascht, dass er sie sich nur mit einem technischen Versagen erklären konnte. Also wiederholte er die Tests – mit denselben Ergebnissen. Auf dem Röntgenbild zeigten sich zwar noch einige Gewebeschäden, aber nichts deutete mehr auf ein Lungenemphysem hin. Die Auswertung der Lungenuntersuchung ergab, dass meine Lungenfunktion bei 82 Prozent des Normalwerts lag (vorher waren es 77 Prozent gewesen). Und der A-1-AT-Proteinspiegel hatte sich von 74 auf 77 erhöht (normal liegt er bei 90 bis 200).

Mein Arzt konnte sich diese drastischen Verbesserungen beim besten Willen nicht erklären. Als ich ihn wortlos angrinste, fragte er mich, was denn sei.

Ohne in Einzelheiten zu gehen, erklärte ich ihm die Heilarbeit der liebevollen, mitfühlenden Geister. Er schüttelte nur den Kopf und sagte, dass ich da wohl etwas bekommen hätte, was er nie im Leben hinkriegen würde. Wir beendeten die Infusionstherapie und vereinbarten einen weiteren Untersuchungstermin ein halbes Jahr später.

Die Ergebnisse der neuen Tests: kein Hinweis auf ein Emphysem, Lungenfunktion 112 Prozent der Normalwerte (!), und der A-1-AT-Spiegel lag bei 80. Wir verabredeten einen weiteren Test in einem halben Jahr. Und als ich danach die Praxis verließ, strahlten wir beide übers ganze Gesicht![6]

* * *

In den Beispielen dieses Kapitels haben die Geister nicht nur über ihre Existenz informiert, sondern auch ihre Fähigkeit demonstriert, uns zu helfen und zu heilen. Ich erinnere mich an ein beliebtes Buch, das vor einigen Jahren herausgekommen ist und den Titel *Ein Kurs in Wundern* trägt. Doch ich habe der Versuchung, diesem Kapitel die Überschrift »Natürlich sind es Wunder!« zu geben, dann doch widerstanden (obwohl sie genau der schamanischen Sichtweise entsprochen hätte).

3

Die Suche

Schamanen sind geistesgestört und wahrscheinlich sogar schizophren, habe ich Anfang der Neunzehnhundertfünfzigerjahre an der University of California in Berkeley gelernt. Als Beweis wurde angeführt, dass die Schamanen behaupteten, Geister sehen, mit ihnen sprechen und sie sogar für die Heilarbeit einsetzen zu können. Doch da sie dabei mitunter sogar erfolgreich zu sein schienen, hieß es, müsse man sich schon mit ihnen befassen – allerdings unter rein psychologischen Aspekten. (Walter Cline sah das, wie bereits erwähnt, anders.)

Schamanen unter diesem Gesichtswinkel zu betrachten, ist ein Erbe der abendländischen Vorurteile, die vor allem auf die Inquisition zurückgehen, als Schamaninnen und Schamanen, die in Europa damals als »Hexen« bezeichnet wurden (was im Norden Finnlands auch heute noch der Fall ist), verspottet und verfolgt wurden. Im Laufe der Zeit traten an die Stelle der Methoden der Inquisition – Folter und Hinrichtung – die subtileren Repressalien des Säkularismus, der den Aufstieg der Naturwissenschaften im 18. Jahrhundert, dem Zeitalter der »Aufklärung«, begleitete.

Die letzten Reste des europäischen Schamanismus, seine Visualisierungsmethoden, existierten zu jener Zeit in der Volksmedizin unter der Bezeichnung »Seelenreisen« mehr oder weniger weiter. Allerdings erklärten die Akademiker des 18. Jahrhunderts, es gebe keinerlei wissenschaftlichen

Beweis für die Existenz der Seele. Dies führte dazu, dass das entstehende medizinische Establishment ein Verbot jeglicher Visualisierungen zu Heilzwecken forderte. Erst als Sigmund Freud Ende des 19. Jahrhunderts einen Patienten bat, sich »vorzustellen«, er fahre in der Eisenbahn durch eine ländliche Gegend, und ihn aufforderte, zu beschreiben, was er da sah, kehrte die »Häresie« einer visualisierten Reise in die europäische Medizin zurück.

An den Universitäten wird die Seele, werden Geister und Schamanen auch heute noch nur widerstrebend ernst genommen – wenn überhaupt.[1] Da sie die schamanischen Methoden nur vom Hörensagen kennen, betrachten selbst wohlwollende Anthropologen den Schamanismus nicht aus dem Blickwinkel eigener Erfahrungen, sondern im Rahmen der westlichen Vorurteile beziehungsweise Paradigmen.

Und obwohl sie vielleicht keine Ethnozentriker mehr sind, neigen die meisten dieser Gelehrten doch immer noch dazu, die Schamanen durch die Linse des Kognizentrismus zu sehen, das heißt, sie beurteilen die Erfahrungen, die andere Menschen in einem veränderten Bewusstseinszustand machen, ohne diesen Zustand selbst je erlebt zu haben.[2]

Ohne die geeignete teilnehmende Beobachtung versuchten diese Gelehrten, die Schamanen und den Schamanismus nach Belieben in die jeweils gerade modernen theoretischen Schubladen zu stopfen. Zwar bekannte sich die Anthropologie halbherzig zur »teilnehmenden Beobachtung« als der erwünschten Methode der Feldforschung zum Zwecke eines adäquaten Verständnisses des Verhaltens und der Gepflogenheiten indigener Völker, doch was den Schamanismus betraf, wurde dies erst in der zweiten Hälfte des zwanzigsten Jahrhunderts praktiziert.

Zur gleichen Zeit waren die westlichen Gelehrten von den Heilerfolgen der Schamanen und ihren unglaublichen Reisen in andere Welten ebenso fasziniert wie verblüfft. In seinem Anfang des 20. Jahrhunderts erschienenen Buch *Les fonctions mentales dans les sociétés inférieures* behauptete der französische *armchair anthropologist* (»Lehnstuhlethnologe«) Lucien Lévy-Bruhl, die Berichte der »Eingeborenen« über ihre unwahrscheinlichen Erlebnisse seien zwar authentisch, doch zeugten sie vom prärationalen Geist dieser Völker.[3] Dass diese Auffassung noch lange weiterexistierte, zeigt das Buch Julian Jaynes', eines anderen einflussreichen Lehnstuhlgelehrten, der sich des Langen und Breiten über das Bewusstsein präagrarwirtschaftlicher Völker ausließ, ohne sich mit den heute noch existierenden »präagrarwirtschaftlichen« Völkern, den Jägern und Sammlern, auseinanderzusetzen.[4]

Dabei war Lévy-Bruhls Meinung über Stammesvölker und Schamanen sogar noch recht freundlich, verglichen mit den Auffassungen, die im 20. Jahrhundert von den meisten Repräsentanten der psychoanalytischen Gemeinde vertreten wurden, denen zufolge die Erfahrungen der Schamanen nichts als »Halluzinationen« waren und die Schamanen selbst akut psychotisch oder Psychotiker »mit partieller Remission«.[5] Der stark unter dem Einfluss der freudschen psychoanalytischen Theorie stehende Anthropologe Weston La Barre behauptete sogar, bei praktisch allen mystischen Erfahrungen, auch denen der Schamanen, handle es sich um Manifestationen einer Neurose oder Psychose.[6]

Von dieser Auffassung und von Freud grenzte sich Carl Gustav Jung ab, indem er auf »Reisen« (wie er es selbst nannte) in eine untere Welt ging[7] und sich dort von Elias über die Existenz der Geister unterrichten ließ. Elias sagte ihm: »Wir sind wirklich und keine Symbole« und: »Du magst uns Symbole nennen, mit dem gleichen Recht, mit dem du auch deine Mitmenschen Symbole nennen kannst, wenn du Lust dazu hast. Aber wir sind ebenso wirklich wie deine Mitmenschen.

Du entkräftest nichts und lösest nichts dadurch, dass du uns Symbole nennst.«[8]

Hinzuzufügen ist, dass Jung diese Worte nur heimlich in sein *Rotes Buch* schrieb, das erst 2009 veröffentlicht werden sollte, fast ein halbes Jahrhundert nach seinem Tod.

Die im 20. Jahrhundert für die Rehabilitation des Schamanismus und seine Anerkennung als praktisch allgemein-menschliches Phänomen in der akademischen Welt wichtigste Person war zweifellos Mircea Eliade, dessen Klassiker *Schamanismus und archaische Ekstasetechnik* zunächst 1951 auf Französisch erschienen war. Darin stellte Eliade fest, dass es zwar regionale Unterschiede gab, die schamanische Reise in andere Welten im Zustand der Trance (»Ekstase«) aber durchgängig vorkam.

In seinem Buch, das auch heute noch als *das* Standardwerk über den Schamanismus gilt, bezeichnet Eliade den Schamanismus als Vorläufer aller späteren spirituellen Systeme und Religionen – wobei er klarstellte, dass der Schamanismus selbst keine Religion ist, sondern eine Methodik.

Allerdings war nicht einmal er vor der Geisteskrankheitsthese in Bezug auf die Schamanen gefeit. Noch 1950, also nur sechs Jahre bevor ich meine Feldforschungen im Amazonasbecken aufnahm, vertrat er die Position, dass »die Mehrheit aller Schamanen Psychopathen« sei (»oder war«).[9]

Aus dem »psychologischen« Blickwinkel der Gelehrten heraus betrachtet waren die Schamanen also keine »Lügner und Scharlatane«, sondern einfach nur verrückt! Aber immerhin hatten sie das Glück, in eine »verrückte« Gesellschaft hineingeboren worden zu sein, in der sie akzeptiert wurden. Und dadurch, dass sie als Schamanen auftraten, konnten sie von ihrem Irrsinn sogar profitieren, indem sie auf die Wahnvorstellungen ihrer Zeitgenossen eingingen.

Mit diesen »verrückten« Kulturen sind natürlich die »primitiven« Stammesgesellschaften gemeint – im Gegensatz zu unserer eigenen »zivilisierten« westlichen Kultur, deren vermeintliche geistige Gesundheit zwei Weltkriege, den Holocaust und andere Völkermorde großen Stils hervorgebracht hat, ganz abgesehen einmal von der Gewalt in den Städten und der zunehmenden Zerstörung der Lebensgrundlagen unseres Planeten.

Was ich als Doktorand der Anthropologie sonst noch gelernt habe – allerdings nicht von Walter Cline! –, war, dass sich die Feldforscher bei der Arbeit vor Ort skeptischer »Objektivität« befleißigen müssten. Aus paternalistischer Höflichkeit oder vielleicht auch praktischeren Gründen – etwa um ihre Informanten nicht zu vergraulen – brachten die Anthropologen ihre Skepsis aber nicht direkt gegenüber den Angehörigen der indigenen Völker zum Ausdruck, sondern erst, wenn sie wieder zu Hause waren, in der akademischen Welt, wo dann die Hebel der westlichen psychologischen und soziologischen Vermutungen angesetzt wurden, um zu erklären, was sich in diesen Kulturen »wirklich« abspielte. Das Heuchlerische dieses Ansatzes galt als vollkommen angemessen. Die Grundlage war die angebliche Überlegenheit des modernen westlichen Wissens sowie die Haltung, in den Angehörigen der indigenen Völker reine Studienobjekte zu sehen und keine Menschen, von denen wir hier im Westen noch vieles lernen können.

Darüber hinaus bläute man mir die Gefahren einer möglichen »Anpassung« ein, eine Versuchung, der »ungefestigte Persönlichkeiten« anheimfallen konnten. Zu den Ethnologen beziehungsweise Kulturanthropologen, die »diese Grenze überschritten hatten«, gehörte auch Frank Cushing vom Bureau of American Ethnology der Smithsonian Institution. Nachdem Cushing formell in die Geheimgesellschaften der Zuñi initiiert worden war, stellte er Veröffentlichungen über deren Religion ein und enthielt der westlichen Welt von da an seine Erkenntnisse vor. Dadurch, dass er sich überdies zum First War Chief ernennen und es insgesamt an der »erforderlichen Distanz« fehlen ließ, womit er gegen seine akademischen Pflichten verstieß, wurde er für viele seiner Fachkollegen zu einem Stein des Anstoßes.[10]

Aus dem Elfenbeinturm direkt in den Regenwald des Amazonas

Mit diesem akademischen Hintergrund brach ich zu meiner ersten Forschungsarbeit vor Ort auf – 1956/57 im oberen Amazonasbecken. Ich hatte vor, die Grenzen der Kolonialisierung zu überschreiten und Zeuge einer davon noch unberührten Stammesgesellschaft zu werden. Da ich in Nordamerika diesbezüglich fast ein Jahrhundert zu spät dran war, entschied ich mich für den Süden des Kontinents, genauer gesagt für die Jívaro beziehungsweise Untsuri Shuar im Osten Ecuadors, die für ihren zähen Widerstand gegenüber jeglichen Eroberungsversuchen bekannt waren. Aus meinem anthropologischen Verantwortungsbewusstsein heraus nahm ich mir vor, eine exakte Ethnografie zu erstellen, ihre Kultur also genauestens zu beschreiben, denn die Schrumpfköpfe der Jívaro hatten dazu geführt, dass allerlei sensationsheischende, wirre und vorurteilsbehaftete Berichte über ihr Leben und Denken im Umlauf waren.[11]

Kurz nachdem ich bei den Shuar eingetroffen war, fiel mir ein Mann auf, der bei Tag und Nacht durch den Wald streifte, Geister sah und sich mit ihnen unterhielt. Dem Elfenbeinturm der Universität frisch entkommen, dachte ich sofort: *Ha! Hab ich dich!* Also fragte ich die Leute, ob es sich bei diesem Mann vielleicht um einen Schamanen handele. Aber nein, antworteten sie, der ist nur verrückt!

Sie hielten ihn zwar für verrückt, meinten aber nicht, dass ihn Halluzinationen umtrieben. Schließlich hatten in dieser Gesellschaft fast alle schon die heimischen halluzinogenen Pflanzen zu sich genommen und wussten, dass es Geister wirklich gibt, weil ihnen ja auch schon welche erschienen waren.

Den Mann, nach dem ich mich erkundigt hatte, hielten sie deshalb für verrückt, weil er nicht in der Lage war, den Kontakt mit den Geistern wieder abzubrechen. Aus diesem Grund nutzte er den Menschen auch nichts. Ihre Schamanen dagegen gingen gänzlich bewusst vor, wenn sie mit Geistern zu tun haben wollten, und sie taten dies mit der erklärten Absicht, anderen zu helfen. Dies war meine erste wirkliche Lektion in Sachen Schamanismus.

Bald wurde mir klar, dass diese Gesellschaft nicht nur aus Kriegern, sondern auch aus Schamanen bestand. Es gab Hunderte von ihnen, deren Heil- und andere Aktivitäten das gesamte Alltagsleben durchdrangen. Ich fand sie faszinierend. Die Vorstellungen von der Wirklichkeit, in die sie mich einführten, waren bei Weitem aufregender als alles, dem ich sonst je begegnet war.

Vieles davon schien mit den bewusstseinsverändernden Pflanzen oder deren Mischungen zusammenzuhängen, die sie zu sich nahmen. Nicht nur die Schamanen, sondern auch andere verwendeten eine Vielzahl von Halluzinogenen beziehungsweise Psychedelika, um die sonst unsichtbaren Geister in einer unsichtbaren anderen Welt wahrnehmen und mit ihnen interagieren zu können.

Vielleicht hat kein indigenes Volk je mehr verschiedene Psychedelika benutzt. Das Spektrum war überaus breit. Es gab sehr milde Varianten, die schon Babys verabreicht wurden, um sie in Kontakt mit den wohltätigen Geistern der verborgenen Wirklichkeit zu bringen, Zubereitungen für ältere Mädchen und Jungen sowie eine Mischung, die speziell für Jagdhunde verwendet wurde, damit auch sie der Gunst der Geister teilhaftig werden konnten. Darüber hinaus kannte man eigene Mixturen für Schamanen sowie solche für die Visionssuche. Wenn sich ein Bub schlecht benommen hatte, konnte es sein, dass seine Eltern ihn zwangen, ein Psychedelikum einzunehmen, damit sich sein Verhalten besserte. Dahinter stand der Gedanke, dass er die Autorität der Eltern eher anerkennen würde, sobald er herausfand, dass diese genau wussten, wovon die Rede war, wenn sie über Geister und die verborgene Wirklichkeit sprachen.[12]

Da meine Dissertation, für die ich ein Promotionsstipendium erhielt, weder mit Schamanismus noch mit Psychedelika zu tun hatte, musste ich mich auf andere Themen konzentrieren. Während dieses meines ersten Aufenthalts bei den Jívaro 1956/57 boten mir Schamanen zweimal die Chance, ihre bewusstseinsverändernden Getränke und Pflanzen zu mir zu nehmen. Aus Angst, auch nur die geringste Schädigung des Gehirns davonzutragen, widerstand ich der Versuchung. Denn ein klar denkender Geist war das Wichtigste, was ich hatte, um meine Doktorarbeit erfolgreich abschließen zu können.

Doch als die Monate verstrichen, veränderte sich meine spirituelle Orientierung allmählich. Ich übernahm ganz bewusst einige der Shuar-Auffassungen bezüglich der Wirklichkeit, zu denen auch die Existenz von Geistern gehörte. Nach den Ereignissen im Zuge der Flussüberquerung, von der ich schon berichtet habe, wurde mir die Wichtigkeit des Erwerbs von spiritueller Kraft in aller Deutlichkeit bewusst.[13] Von da an bat ich stumm um die Unterstützung der Schutzgeister, wann immer mich die ständigen Fehden, Überfälle,

Hinterhalte und Tötungen der Indianer in Lebensgefahr brachten. Ich spürte die Anwesenheit der Geister und empfand sie als tröstend, doch sehen konnte ich sie noch nicht.

In meinen Briefen an die Prüfungskommission der Universität erwähnte ich diese Veränderung meiner Weltanschauung natürlich mit keinem Wort. Im Gegenteil: Während meines ersten Jahres hielt ich mich sogar an die Regeln der »angemessenen Distanz« des Völkerkundlers und agierte mindestens so sehr als Beobachter wie als Teilnehmer. Als ich danach in die Vereinigten Staaten zurückkehrte, trat meine persönliche Wahrnehmung der Geister, die ich im Osten Ecuadors erlebt hatte, allmählich in den Hintergrund. Was blieb, war nur noch eine vage Erinnerung.

Endgültig überschritt ich die Schwelle dann vier Jahre später auf einer weiteren Expedition ins obere Amazonasbecken, die ich im Auftrag des American Museum of Natural History unternahm. In der Gesellschaft von Conibo-Indianern nahm ich eines schicksalshaften Abends 1961 im Osten Perus den schamanischen psychedelischen Pflanzentrunk Ayahuasca zu mir.[14] Die Conibo hatten es von mir verlangt, bevor sie bereit waren, mir von ihren spirituellen Erfahrungen und ihrer Religion zu erzählen. Fest entschlossen, nicht noch einmal zu versagen wie bei den Shuar, willigte ich ein, die Mixtur zu trinken.

Die Visionen, die ich haben sollte, waren nicht nur äußerst stark und lebendig, sondern ähnelten auch bis aufs Haar jenen, von denen die Conibo später sprachen. Mir wurde klar, dass die Theorien, die ich in meinem Anthropologiestudium gelernt hatte, völlig ungeeignet waren, die kulturübergreifende Übereinstimmung der Erfahrungen zu erklären.

Diese Erkenntnis veränderte mein westlich geprägtes Verständnis der Wirklichkeit von Grund auf und markierte den eigentlichen Beginn meiner ernsthaften Suche nach Wissen.

Diese bewog mich noch bei den Conibo dazu, mich in ihre Methoden des Schamanismus einführen zu lassen und sie zu erlernen; als nächtliche Katalysatoren der Reise in heilige Gefilde sowie der Arbeit mit den Geistern dienten dabei sowohl Ayahuasca als auch schamanischer Gesang. In meinem Leben herrschte plötzlich eine Begeisterung und Erfüllung, wie ich sie nie zuvor gekannt hatte, denn ich entdeckte und erkundete eine eigene, in sich geschlossene, parallele Wirklichkeit, die Existenz eines verborgenen Universums.

Noch im Jahr 1961 musste ich meine Conibo-Freunde leider wieder verlassen, um in die USA zurückzukehren und in Berkeley eine Stelle anzutreten. Dies war auch der Abschied von zwei US-amerikanischen Missionaren, die ihren Vorgesetzten mitgeteilt hatten, dass sie den Indianern keine Bibelstunden mehr erteilen und nur noch medizinische Hilfe leisten würden, weil sie erkannt hatten, dass die alltäglichen Offenbarungen der Indianer spirituell von größerer Autorität waren als die alten biblischen Geschichten. Bei den beiden handelte es sich um Dick und Dorothy Kendig, denen ich in *Der Weg des Schamanen* die Pseudonyme Bob und Millie gegeben habe.[15] Als ich den Dschungel verließ, um nach Hause zu fliegen, schaute ich bei ihnen in der Missionsstation vorbei, um mich zu verabschieden. Dick erzählte, er sei gerade in Pucallpa gewesen, wo er einen bärtigen »Beatnik« aus New York getroffen habe, der auch gerade Ayahuasca zu sich genommen hatte. Es handelte sich um Allen Ginsberg. Ich bedauerte, ihn verpasst zu haben, denn er war der einzige andere »Gringo«, von dem ich je gehört hatte, der die Mixtur ebenfalls getrunken hatte.[16] Ich fragte mich, ob er wohl ähnliche Erfahrungen gemacht hatte wie ich. Als ich dann wieder in San Francisco war, wollte ich ihn aufsuchen, aber er hatte das Land schon wieder verlassen – diesmal in Richtung Indien –, und es sollte eine Weile dauern, bis wir uns austauschen konnten.

In der San Francisco Bay Area fand ich mich unversehens in einem kleinen, aber schnell wachsenden Netzwerk abenteuerlustiger Psychologen, Dichter, Musiker, Botaniker, Chemiker und Bohemiens wieder, deren psychedelische Erfahrungen mit LSD, bestimmten mexikanischen Pilzen, Peyote und Meskalin für große Aufregung und viele Diskussionen sorgten. Plötzlich gab es da in der westlichen Kultur Leute, die eine Ahnung von dem bekamen, was die Schamanen schon immer wussten. Sie bildeten die Avantgarde dessen, was später auch als »die psychedelischen Sixties« bekannt werden sollte. Als Allen Ginsberg aus Indien zurückkam, überraschte er mich mit seinen langen Haaren – ein Vorgeschmack auf eine der charakteristischen Ausdrucksformen der amerikanischen Gegenkultur in den Sechzigerjahren. Als ich ihn und seine Freunde in der Gough Street besuchte, wo Ginsberg zu der Zeit wohnte, hatte ich das Gefühl, außerhalb der Alma Mater eine zweite Heimat gefunden zu haben.

Die meisten dieser Miterforscher des Bewusstseins und der verborgenen Wirklichkeiten Anfang der Sechzigerjahre waren gebildete, intelligente, kreative und wortgewandte Leute. Und die Region San Francisco, in der die meisten von ihnen lebten, stellte für sie ein ebenso fruchtbares Umfeld dar wie für die Beat Generation unmittelbar zuvor. Mit diesen Menschen Zeit zu verbringen und die schnelle Entwicklung der New-Age-Bewegung mitzuerleben, war ausgesprochen spannend.

Anfang 1963 hielt ich unter der Schirmherrschaft der University of California in Berkeley einen öffentlichen Vortrag über »Drogen und Wirklichkeit am oberen Amazonas«. Zu dieser Zeit waren Psychedelika beziehungsweise Halluzinogene an den Unis noch kein verfängliches Thema. In diesem Vortrag erklärte ich, dass die Shuar (die damals noch Jívaro hießen) als einzige Wirklichkeit diejenige anerkannten, die sie mithilfe des Halluzinogens Ayahuasca sehen konnten, während sie das gewöhnliche Alltagsleben als »Lüge« betrachteten. Ohne mein Wissen wurde der Inhalt dieses Vortrags zusammengefasst und als Flugblatt in der gesamten Uni verteilt.

Aufgrund dessen sprach mich im November 1963 während der Jahreskonferenz der American Anthropological Association in San Francisco ein untersetzter, gut gekleideter Herr an, der aussah wie ein Südamerikaner. Carlos Castaneda heiße er und studiere an der UCLA. Er wollte sich mit mir über den Vortrag unterhalten, den ich in Berkeley gehalten hatte. Wie er sagte, hatte er gewisse Schwierigkeiten, seine Aufzeichnungen über die Arbeit mit einem Yaqui-Indianer zu strukturieren, und interessierte sich für die Dichotomie der beiden Welten, über die ich gesprochen hatte.

Wir zogen uns in ein stilles Eck zurück. Carlos war der erste Anthropologe, dem ich begegnete, der meine Begeisterung für die Sphären teilte, die ich betreten hatte, und der dem Wissen der indigenen Völker denselben aufrichtigen Respekt zollte wie ich.

In den folgenden Wochen kam er oft von Los Angeles nach Berkeley, um mit mir über seine Gedanken und Erfahrungen zu sprechen. In unseren Diskussionen kristallisierte sich allmählich heraus, dass das Konzept zweier Realitäten auch für die Westler nützlich sein würde. In seinen späteren Büchern fasste Carlos deren Dichotomie in die beiden einfachen Begriffe »alltägliche« und »nichtalltägliche« Wirklichkeit; ich fügte diesem Konzept später die dieser Dichotomie entsprechenden Ausdrücke »alltäglicher Bewusstseinszustand« und »schamanischer Bewusstseinszustand« hinzu.[17] Die ermutigende Tatsache, dass ich nun endlich einen Anthropologen kannte, mit dem ich mich über meine Erfahrungen in Sachen Schamanismus und Halluzinogene austauschen konnte, veranlasste mich schließlich zu weiteren drei Besuchen bei den Shuar.[18]

Carlos hatte einen wunderbaren Sinn für Humor und erzählte mir herrliche Geschichten über seine Begegnungen mit Peyote und einem Yaqui-Indianer, einem Zauberer namens Don Juan. Sandra Harner und ich bestärkten ihn darin, diese Geschichten niederzuschreiben. Schon wenige Wochen später zeigte er uns die ersten Seiten. Es war ein so beeindruckender und wahrscheinlich auch präziser ethnografischer Bericht, dass wir ihn anspornten weiterzumachen.

Carlos schleppte immer neue Kapitel an, sodass schließlich ein ganzes Buch vor uns lag. Wir halfen ihm, Kontakt zu Grove Press in New York herzustellen, doch der Verlag lehnte das Manuskript ohne genauere Prüfung umgehend ab (was der Verleger später bitter bereute, wie es heißt). Aber natürlich wurde der Text, wie wir alle wissen, doch noch veröffentlicht, 1968 unter dem Titel *Die Lehren des Don Juan* von der University of California Press. Das ging zwar auch nicht ganz ohne Schwierigkeiten ab, aber das ist eine andere Geschichte. Eines war jedenfalls klar: Die allgemeine Gleichgültigkeit des Westens gegenüber dem spirituellen und philosophischen Wissen indigener Völker neigte sich dem Ende zu.

Aber auch schon vorher, und zwar seit Eliades Buch über den Schamanismus (1951) 1964 auf Englisch erschienen war, hatte das Interesse in den USA an diesem Thema zugenommen, besonders in Kalifornien. Erheblich verstärkt wurde es durch den in den Sechzigerjahren massiv gestiegenen Konsum von Psychedelika wie LSD.

Vor 1964 wusste kaum einer der Amerikaner, die mit solchen Drogen experimentierten, dass er sich damit auf ein Gebiet vorwagte, das für Schamanen seit Tausenden von Jahren vertrautes Terrain war. Wenig überraschend suchten sie den spirituellen Rahmen für ihre Erfahrungen deshalb in den wohlbekannten Traditionen Asiens, insbesondere im Hinduismus und im tibetischen Buddhismus. Statt von »Reisen« sprachen sie von »Trips«, und nur die wenigsten hatten überhaupt je von Schamanen und deren Traditionen gehört.

Zur selben Zeit, als Eliades Buch in den USA erschien, geschah etwas Merkwürdiges mit den »Hippies« im Stadtbezirk Haight-Asbury von San Francisco. Die Trips, die sie mit LSD und anderen bewusstseinsverändernden Drogen machten, brachten viele von ihnen dazu, sich für Reinkarnationen verstorbener Indianer zu halten. Entsprechend begannen sie sich mit Perlen, Tierhäuten und Federn zu schmücken. Vom schamanischen Standpunkt aus betrachtet waren wahrscheinlich viele von ihnen auf ihren Trips tatsächlich mit Geistern verschmolzen, insbesondere solchen, die nach Anerkennung verlangten.

Inzwischen wieder in Berkeley versuchte ich, meinen Anthropologen-Kollegen die schamanischen Erfahrungen, die ich unter anderem mit Ayahuasca gemacht hatte, näherzubringen. Sie gaben sich verständnisvoll und hochinteressiert, aber mir wurde schnell klar, dass meine Erlebnisse mit ihren säkularen Paradigmen ebenso heftig kollidierten, wie es mit den religiösen Ansichten der christlichen Missionare geschehen war. Folglich gab ich den Versuch, das Unbeschreibliche zu beschreiben, bald wieder auf und wendete mich stattdessen den Regalen der großen Universitätsbibliothek von Berkeley zu, in der Hoffnung, dort auf verwandte Geister (sowohl buchstäblich als auch im übertragenen Sinne) zu treffen.

Zunächst konzentrierte sich meine Suche auf Beweise für die Verwendung von Halluzinogenen in Stammesgesellschaften auf die starke Wirkung von Ayahuasca und später auch des Stechapfels. Meine eigenen Erfahrungen mit diesen Substanzen sowie die Verwendung anderer Pflanzen durch die indigene Bevölkerung Nord-, Mittel- und Südamerikas brachten mich zu der Überzeugung, dass die spirituellen Erfahrungen ihren Ursprung im Verzehr psychotroper Pflanzen haben mussten; mit anderen Worten: dass diese Pflanzen die eigentliche Quelle religiöser Erfahrungen und somit auch aller Religion und des Schamanismus darstellten. In der Überzeugung, dass die Studenten, die sich mit dem Ursprung der Religionen befassten, Verwendung und Wirkung solcher pflanzlicher Substanzen nicht ernst genug genommen hatten, stürzte ich mich voller Neugier und gespannter Erwartung kopfüber in die vergleichende ethnologische und historische Fachliteratur.

Ich fand zahlreiche Hinweise darauf, dass Schamanen in vielen Teilen der Welt tatsächlich psychedelische Pflanzen verwendet hatten, um eine andere Wirklichkeit zu erfahren. Solche Pflanzen schienen auch die Geschichten von fliegenden »Hexen«, von Werwölfen, Vampiren und Zombies zu erklären. Einige der Entdeckungen, die ich in diesem Zusammenhang machte, flossen auch in einen Artikel über die Verwendung psychoaktiver Pflanzen für das Überleben des Schamanismus (damals noch »Hexerei« genannt) im Europa des späten Mittelalters und der Renaissance ein,[19] der auch Eingang in den von mir herausgegebenen Sammelband *Hallucinogens and Shamanism* fand. Dieser bestand hauptsächlich aus Vorträgen, die 1965 bei einem Symposium im Rahmen der Jahresversammlung der American Anthropological Association gehalten worden waren. An diesem Symposion nahm auch Carlos Castaneda teil. Sein Vortrag wurde – auf seinen Wunsch hin – als Einziger nie veröffentlicht.

Zur selben Zeit waren auch andere auf einer ähnlichen Suche. Ausgelöst wurde sie vor allem von Gordon Wassons Erfahrungen mit den »Zauberpilzen« bei den Mazateken in Mexiko[20], sodann von Albert Hofmanns Texten über seine Entdeckung des LSDs[21], Aldous Huxleys Erfahrungsberichten mit Meskalin[22] und Timothy Learys Psilocybin-Leitfaden für die Harvard-Studenten.[23]

Anfang und Mitte der Sechzigerjahre gingen also viele davon aus, dass »die Drogen alles machten«. Entsprechend erschienen in dieser Zeit eine Menge Artikel, die die »religiöse Erfahrung« auf die Einnahme psychoaktiver Pflanzen in den alten Kulturen zurückführten.[24] Die immer zahlreicher werdenden Experimente mit LSD untermauerten die Auffassung, der »geheime« Schlüssel zum schamanischen Erleben anderer Wirklichkeiten liege in der Einnahme psychoaktiver Substanzen.

Weitere Nahrung erhielt diese Einschätzung 1968 von Castanedas ersten Büchern[25], wie es auch schon 1957 der Fall war, als die Wassons ihr Werk *Mushrooms, Russia, and History* veröffentlicht hatten, in dem sie die Visionen der sibirischen Schamanen mit dem Verzehr von Fliegenpilz (*Amanita muscaria*) erklärten.[26]

Meine kulturvergleichenden Studien ließen für mich Ende der Sechzigerjahre jedoch keinen anderen Schluss zu als den, dass in den meisten Kulturen der Welt die Schamanen ohne nennenswerte Unterstützung psychedelischer Substanzen auskamen. Was im globalen Maßstab viel weiter verbreitet war als der Konsum von Drogen, sind Schlaginstrumente, insbesondere Trommeln. Allerdings fiel es mir gar nicht so leicht, die Vorstellung zu akzeptieren, dass das Trommeln in der Lage sein könnte, den Bewusstseinszustand zu verändern.

Wie ich die Kraft der Trommel erkannte

Bereits 1948 in einem Zuñi-Pueblo in New Mexico flößte mir die Wirkung des monotonen rituellen Trommelns in einem heiligen Kontext große Ehrfurcht ein, und mir war dann dort sogar ein wirklich religiöses Erlebnis beschieden. Anfang der Neunzehnhundertfünfzigerjahre wurde ich Zeuge des verzaubernden Rasselns der Mohave und Cahuilla und erlebte auch den Einsatz hölzerner Bodentrommeln in den heiligen Zeremonien, wie sie in den indianischen Rundhäusern Nordkaliforniens stattfanden.[27]

In den Sechzigern fand ich dann heraus, dass bei den Coast Salish des Puget Sounds im Westen des Staates Washington bei schamanischen Heilzeremonien getrommelt wurde, allerdings nicht im Zusammenhang mit dem schamanischen Reisen. Nach und nach zwangen mich meine kulturübergreifenden Studien zu der Erkenntnis, dass die meisten Schamanen der Welt keine psychotropen Pflanzen verwendeten, um in einen anderen Bewusstseinszustand einzutreten.

Ebenfalls noch in den Sechzigern kaufte ich mir eine beidseits bespannte Trommel, wie sie in den Pueblo-Kulturen verbreitet ist. Zu meiner freudigen Überraschung fand ich heraus, dass sich mein Bewusstseinszustand durch gleichbleibendes monotones Trommeln sehr rasch veränderte. Jetzt konnte ich auch ohne Psychedelika schamanische Reisen unternehmen! Dabei hätte ich eigentlich nicht überrascht sein müssen. Wie üblich wussten die Schamanen ganz genau, was sie taten, schließlich konnten sie auf eine jahrtausendealte Tradition des Experimentierens zurückblicken.

Ich fand schnell heraus, dass sich für mich ein beständiger, monotoner Rhythmus von etwa 205 bis 220 Schlägen pro Minute besonders eignete, um auf die Reise zu gehen. Was ich aber zu der Zeit noch nicht wusste, war, ob auch die Schamanen in Sibirien in diesem Rhythmus trommelten. Ein paar Jahre später wurde mir aus der Sowjetunion, wo der Schamanismus verboten war, ein Tonband mit der vierminütigen Aufnahme sibirischer Trommeln »zugespielt« (vgl. Abb. 2). Und ich war begeistert, als ich herausfand, dass der Rhythmus derselbe war wie meiner.

Als ich wiederum einige Jahre später anlässlich meines ersten Besuchs in der UdSSR 1984 den russischen Ethnografen Juri Simtschenko traf, der sich zum Zwecke der Feldforschung achtundzwanzigmal in Sibirien aufgehalten hatte, erzählte er mir, dass die echten sibirischen Schamanen sich normalerweise nur mithilfe einer Trommel in einen anderen Bewusstseinszustand versetzten und auf den Verzehr des psychoaktiven Fliegenpilzes (*Amanita muscaria*) verzichteten. Dieser, fügte Simtschenko hinzu, werde hauptsächlich von Nicht-Schamanen benutzt, denen es nicht gelang, sich allein mithilfe der Trommel auf die Reise zu begeben. Auch sei es schwierig, erfuhr ich, die für die schamanische Arbeit nötige Disziplin aufrechtzuerhalten, sobald der Geist des Fliegenpilzes einmal die Herrschaft über den Körper an sich gerissen habe.

Von den ostsibirischen Tschuktschen weiß man, dass sie den Amanita-Pilz gelegentlich konsumieren. Doch der bedeutende russische Ethnologe Waldemar Bogoras schrieb bereits 1907 in seinem Standardwerk über die Tschuktschen: »Die einzigen Mittel, die die Tschuktschen, seien es Anfänger oder erfahrene Schamanen, verwenden, um mit den ›Geistern‹ zu kommunizieren, sind das Schlagen der Trommel und Gesang.«[28]

Zu Beginn ihrer Reisen ist der Trommelrhythmus der sibirischen Schamanen langsam und monoton. Unregelmäßig wird er, sobald sie mit bestimmten Geistern verschmelzen und in der nichtalltäglichen Wirklichkeit unterwegs sind.[29]

Ich kam sehr bald zu dem Schluss, dass ein monotoner Schlagrhythmus beziehungsweise der akustische Antrieb[30] in Verbindung mit schamanischen Methoden zu Ergebnissen führte, die denen, die mit Psychedelika erzielt wurden, in vielerlei Hinsicht ähnelten. Die Ayahuasca-gestützten schamanischen Extraktionsheilungen zum Beispiel, mit denen ich vom Amazonas her vertraut war, kamen bei den indianischen Völkern der Westküste Nordamerikas genauso vor, jedoch ausschließlich mithilfe von Schlaginstrumenten wie den hölzernen Klappern und den Stampfstäben in Nordkalifornien,[31] durch Trommeln wie in der Gegend der Puget-Bucht oder durch den monotonen Klang von Handglocken, wie man sie von den indianischen Shakern Oregons und Washingtons kennt.[32]

Für mich war diese Entdeckung von großer Bedeutung, weil sie bewies, dass die spirituellen Erfahrungen der Schamanen nicht länger als rein drogeninduziert abgetan werden konnten. Und mehr noch: Sie machte deutlich, dass Trommeln und Drogen einfach unterschiedliche Eintrittskarten in dieselben spirituellen Gefilde darstellten.

Was das schamanische Reisen in andere Welten betraf, hatte ich in Nordamerika noch niemanden gefunden, der die Trommel oder andere Schlaginstrumente zu diesem Zweck nutzte. Erst sehr viel später sollte ich erfahren, dass manche Athabasken Kanadas den schamanischen Aufstieg mithilfe von Trommeln bewerkstelligten.[33]

Im Weltmaßstab sah es ganz so aus, als sei das am weitesten verbreitete Hilfsmittel für die schamanische Reise der akustische Antrieb in Form einfacher Schlaginstrumente. Der stammte meist von Trommeln, doch wurden verschiedentlich auch andere Instrumente benutzt wie zum Beispiel die

Klanghölzer (Click Sticks), die bei fast allen Aborigines Australiens verwendet wurden. In den Feuchttropen Südostasiens dagegen setzten die Schamanen anstelle der Trommeln normalerweise Gongs und Handzimbeln aus Metall ein.

In manchen Regionen, zum Beispiel in Teilen Nordamerikas, in Mexiko, Südamerika und Sibirien[34], wurde der monotone Schlagrhythmus von der Rassel erzeugt und ging oft mit der Einnahme eines schwachen Psychedelikums wie Peyote beziehungsweise dem Schnupfen von *Anadenanthera peregrina* (Yopo) oder bestimmten Tabakarten einher.[35] Es gab also neben dem Trommeln noch zahlreiche andere Varianten des akustischen Antriebs.

Zu ihnen gehörten auch der Musikbogen (oder Mundbogen; ein einfaches Saiteninstrument) und – aus Metall – die Maultrommel, die beide ein monotones schlagendes Klirren hervorbringen. Mongolische und sibirische Schamanen geben heute im Allgemeinen der Maultrommel den Vorzug, während die Shuar vom Oberen Amazonasgebiet immer noch gern den Bogen verwenden (vgl. Abb. 3a). Der Schamane zupft den aus Fasern bestehenden Bogen vor seinen geöffneten Lippen, wobei die Mundhöhle als Resonanzraum dient.

Selbst Menschen, die ganz in der Nähe stehen, können den Musikbogen oft kaum hören, doch im Kopf des Schamanen wirkt dessen monotones Klirren so effektiv, dass es ihm möglich wird, in einen veränderten Bewusstseinszustand einzutreten. In der französischen Höhle Les Trois Frères aus dem Jungpaläolithikum gibt es eine berühmte Wandmalerei, die eine halbmenschliche Gestalt, vermutlich einen mit dem Bison-Geist verbundenen Schamanen, zeigt, von der die Archäologen meinen, sie spiele auf einem Musikbogen. Sollte diese Malerei tatsächlich die Aktivitäten eines Schamanen zeigen, so hatte er mit diesem sehr leisen Instrument eine gute Wahl getroffen. Beim Trommeln wäre die Gefahr, unversehens einen Stein aus der Felsdecke herauszulösen, viel größer gewesen.

Dass ich die Wirksamkeit des Trommelns für die schamanische Reise erkannte, war natürlich nur eine Wiederentdeckung dessen, was die Schamanen überall in der Welt schon seit langer Zeit wussten. Beim Volk der Tuwiner (früher Sojoten oder Sojonen) im äußersten Süden Sibiriens zum Beispiel heißt die Trommel »Schamanenpferd«, weil sie den Schamanen bei seinen Flügen in die Obere und Untere Welt begleitet[36] und ihr Schlag sich anhört wie das Getrappel von Pferdehufen.[37] Trommeln unterstützen aber nicht nur die schamanische Reise, sondern fördern auch das Entstehen visionärer Erfahrungen. Deshalb nennen die Samen (früher »Lappen«) im Norden Skandinaviens sie auch *gavados,* wörtlich: »Dinge, aus denen Bilder kommen«.[38]

Die mit dem Trommeln (und dem Konsum von Psychedelika) einhergehende Veränderung des Bewusstseins bezeichne ich als schamanischen Bewusstseinszustand (SBZ; engl. Shamanic State of Consciousness, SSC). Dieser Begriff bezieht sich nicht auf ein ahnungslos herbeigeführtes anderes Befinden, sondern umfasst ausdrücklich auch das Wissen um schamanische Absicht und Disziplin, die erforderlich sind, um anderen helfen und sie heilen zu können. Der schamanische Bewusstseinszustand kann von sehr unterschiedlicher Intensität sein und unterschiedliche Wirkungen haben, insbesondere wenn ein sachgerecht zubereitetes starkes Halluzinogen wie Ayahuasca (*yagé*) verwendet wird.[39] Vom schamanischen Standpunkt aus betrachtet haben derartige Pflanzen nicht nur Kraft, sondern auch ihre eigene Persönlichkeit und Botschaft, die die spirituelle Erfahrung entscheidend beeinflussen. Beim akustischen Antrieb ist dies nicht ganz so.

Als ich in den Siebzigerjahren die wissenschaftliche Literatur nach Erklärungen für die Wirkung des Trommelns auf den Menschen durchsuchte, fand ich in englischer Sprache gerade einmal drei seriöse Quellen, was mich nicht nur überraschte, sondern auch enttäuschte. Denn wie wir alle wissen, werden Trommeln auch heute noch vielfach verwendet, um den Bewusstseinszustand zu verändern, sei es zu Zwecken der Unterhaltung oder Erholung, bei Trauerfeierlichkeiten oder in der Militärmusik.

Zwei der drei Publikationen, auf die ich stieß, stammten von Andrew Neher, der Anfang der Sechziger ein Pionier auf dem Gebiet der Erforschung der Auswirkungen des Trommelns auf die Gehirnwellen war. Als Ergebnis seiner Labor-Untersuchungen kam er zu dem Schluss, dass trommeln außergewöhnliche Veränderungen im zentralen Nervensystem hervorruft. Er nannte das »auditory driving«[40] (»akustischen Antrieb«). Dabei scheinen Nehers Erkenntnissen zufolge insbesondere zwei Faktoren eine wichtige Rolle zu spielen: 1. Ein Trommelschlag besteht aus mehreren unterschiedlichen Frequenzen und stimuliert daher auf elektrischem Wege eine Vielzahl sensorischer und motorischer Regionen im Hirn gleichzeitig.

2. Trommeln bewegen sich überwiegend im niederen Frequenzbereich, sodass sie laut und energetisch sein können, ohne dass ihre Schläge im Ohr zu Schmerzen oder Schädigungen führen, wie es bei höherfrequenten Tönen mit vergleichbarer Intensität der Fall wäre. Darüber hinaus legte Neher auch eine Verbindung mit rituellen beziehungsweise religiösen Erfahrungen nahe.[41]

Autor der dritten Veröffentlichung war der Psychiater Wolfgang Jilek, der die therapeutische Wirkung des schamanischen Spirit Dance (Geistertanz oder Visionstanz) des Volkes der Salish in British Columbia und im Staate Washington studiert hatte. Zusammen mit einem Kollegen fand er heraus, dass die Salish bei Initiationsritualen zumeist in einem

Rhythmus von vier bis sieben Schlägen pro Sekunde auf ihre mit Tierhaut bezogenen Trommeln schlugen. Wie er schrieb, entspricht das dem Frequenzbereich der Theta-Wellen beim EEG, der »für die Induktion tranceartiger Zustände am effektivsten sein dürfte«.[42]

Das war zwar schneller als der Bereich, der sich für mich beim Reisen als wirksam erwiesen hatte, doch zeichneten sich beide Praktiken durch das laute monotone Schlagen der Trommel aus.

Trotz der Arbeiten von Neher und Jilek wird die Rolle, die das Trommeln für die Veränderung des Bewusstseins spielt, unter Akademikern heute kontrovers diskutiert. In letzter Zeit scheint es Mode geworden zu sein, an Nehers Erkenntnissen herumzudeuteln, wie es etwa Gilbert Rouget tut, der allerdings seinerseits sehr produktiv von Gabe Turow kritisiert wird.[43] Jüngere Forschungsergebnisse der Psychologinnen Melinda Maxfield und Sandra Harner geben jedenfalls der Auffassung, das schamanische Trommeln sei sowohl psychologisch als auch physiologisch von großer Bedeutung, neue Nahrung.[44]

Aber wie dem auch sei, wer schamanisch arbeiten möchte, muss nicht warten, bis die Wissenschaft zu einem eindeutigen Schluss gekommen ist, sondern braucht einfach nur dem Trommeln zu lauschen, wenn er sich auf die Reise begibt. So kann er sich selbst von der Bedeutung des Trommelschlags überzeugen. Das Wissen um die Wirksamkeit des akustischen Antriebs für den Zugang zu einer anderen Wirklichkeit ist nur eine von zahllosen Erkenntnissen, die Schamanen und indigene Völker gewonnen haben. Wir werden später noch einmal auf die Rolle des Trommelns für die schamanische Reise zurückkommen.

Der visuell-akustische Antrieb

Während seiner Reise bedient sich der Schamane mitunter auch eines anderen Hilfsmittels, das ich den sibirischen Augenvorhang nenne. In Sibirien selbst, aber auch in angrenzenden Gebieten verwenden die Schamanen Kronen oder anderen Kopfschmuck mit langen Fransen, die ihnen bis über die Augen hängen und es ihnen dadurch ermöglichen, beide Wirklichkeiten gleichzeitig wahrzunehmen. Bei der Arbeit schwenkt der Schamane, der den Augenvorhang trägt, typischerweise den Kopf von einer Seite zur anderen, sodass die Wahrnehmung der alltäglichen Wirklichkeit ständig von Momenten kurzer Dunkelheit unterbrochen wird.

Wie ich herausgefunden habe, verstärken diese Unterbrechungen des Sehens das regelmäßige Durchbrechen der Stille, das von der Trommel hervorgerufen wird.

Bezüglich der Auswirkungen auf das Bewusstsein insbesondere bei schamanischen Reisen stellt der hin und her schwingende Augenvorhang also eine Art visueller Parallele zu dem dar, was ich als akustischen Antrieb bezeichne. Beides zusammen könnte man »visuell-akustischen Antrieb« nennen. Das Schlagen der Trommel und das Schwenken der Fransen vor den Augen brechen die alltägliche Wirklichkeit sozusagen auf und helfen den Schamanen auf diese Weise, in andere Welten vorzudringen (vgl. Abb. 4). Dabei sollte das Licht, das von außen kommt, nur schwach sein, damit es die optischen Eindrücke, die die Schamanen erhalten, nicht stört.

Der Core-Schamanismus

In jahrzehntelangem Experimentieren, kulturübergreifender Recherche und Feldforschung arbeitete ich nach und nach die zugrunde liegenden universellen, beinahe-universellen und weitverbreiteten Prinzipien und Praktiken des Schamanismus heraus, zu dem auch der akustische Antrieb zur Veränderung des Bewusstseinszustands gehört. Um diese Grundsätze zu praktizieren und zu lehren, entwickelte ich vor allem in den Siebzigerjahren Methoden, die ich kontinuierlich verbesserte und verfeinerte. Diese Arbeit diente einerseits der Weiterentwicklung meiner persönlichen schamanischen Heil- und Divinationspraxis, andererseits entsprach sie dem Wunsch vieler Menschen, in den schamanischen Methoden unterrichtet zu werden.

Diese grundlegenden kulturübergreifenden Prinzipien der schamanischen Praxis bilden die Basis dessen, was ich als Core-Schamanismus bezeichne. Wie in der Einleitung erwähnt setzt er sich aus den universellen (oder beinahe-universellen) und weitverbreiteten Wesenszügen des Schamanismus sowie den Reisen in andere Welten zusammen, die ein charakteristisches Merkmal des Schamanismus darstellen. Für die meisten Westler ist es produktiver, den Core-Schamanismus inklusive des schamanischen Reisens zu erlernen als die schamanische Praxis einer einzelnen Kultur zu imitieren, denn jede Kultur verfügt über ihre eigene Symbolsprache, ihre spezifische Mythologie und Begriffswelt. Und wenn man der betreffenden Kultur nicht angehört, sind einem die entsprechenden Begriffe, Spezifika und Bedeutungen weniger leicht zugänglich als den Angehörigen des jeweiligen indigenen Volkes. In dieser Hinsicht unterschied die Anthropologin Joan Townsend sorgfältig zwischen Core-

und Neo-Schamanismus.[45] (Weitere Informationen finden Sie im Anhang D, »Die Grundlagen des Core-Schamanismus«.)

Die Anzahl der Westler, die sich danach sehnen, diesen lange verschollenen spirituellen Weg einschlagen zu können, ist enorm. Deshalb begann ich Mitte der Siebzigerjahre auf vielfachen Wunsch die praktische Anwendung des Core-Schamanismus zu lehren, vor allem in Nordamerika und Europa. Dabei legte ich besonderen Wert auf das schamanische Reisen mit der Trommel, weil ich es für zentral hielt, um die Westler mit den Geistern in Kontakt zu bringen, und das ist schließlich der Kern des Schamanismus und jeglichen schamanischen Heilens.

Im Laufe der Zeit wurden die Workshops, die ich abhielt, immer zahlreicher, komplexer und zeitaufwendiger. Um der steigenden Nachfrage entsprechen zu können, wurde ich in den letzten drei Jahrzehnten von ehemaligen Studenten unterstützt, die zu Mitgliedern der Fakultät der Foundation for Shamanic Studies ernannt wurden, einer gemeinnützigen Organisation, die wir gegründet haben, um den Schamanismus und das schamanische Heilen weltweit zu bewahren, zu studieren und zu lehren.

Unter dem Dach der internationalen Fakultät der Foundation for Shamanic Studies werden heute neben dem Reisen auch viele andere schamanische Praktiken unterrichtet, unter anderem die Rückholung des Krafttieres, Schamanische Extraktion, Divination, Seelenrückholung, Psychopomp (das Hinübergeleiten Verstorbener), Depossession (Befreiung von Besetzungen) sowie sehr fortgeschrittene schamanische Initiationen, zu denen eine Reihe weiterer Praktiken gehört. Sie alle werden im Rahmen des Core-Schamanismus gelehrt.

4

Schamanen und Geister

Schließ die Augen,
dann findest du den Weg.

AUS EINER LEGENDE DER PUYALLUP-INDIANER[1]

Ausgehend von den Erkenntnissen der Archäologie und der vergleichenden Ethnologie schätzen viele Forscher das Alter des Schamanismus auf mindestens 30.000 Jahre; wahrscheinlich ist er noch viel älter. Ohne Zweifel stellt er das am längsten praktizierte und damit am besten getestete Heilsystem auf der Basis einer zielgerichteten Anwendung mentaler, emotionaler und spiritueller Fähigkeiten dar. Das Wort »Schamane« stammt ursprünglich von den tungusisch sprechenden Völkern Sibiriens und Nordchinas; da die wesentlichen Praktiken einander weltweit jedoch stark ähneln, wird es mittlerweile in der Anthropologie allgemein verwendet.

Bis ins zwanzigste Jahrhundert hinein wurde der Schamanismus von den indigenen Völkern aller besiedelter Kontinente praktiziert, von so weit voneinander entfernten wie den Samen (früher: »Lappen«) im äußersten Norden Europas, den Aborigines Australiens, den Kung-Buschmännern (moderner Name »San« oder »Buschleute«) im südlichen Afrika und den indigenen Völkern Nord- und Südamerikas.

Aufgrund von Faktoren wie eingeschleppten Krankheiten, Kriegen, Missionierung und Verfolgung reduzierte sich die Zahl der indigenen Schamanen in den vergangenen fünf Jahrhunderten allerdings drastisch, was zumeist auch mit einer radikalen Aushöhlung des schamanischen Wissens ihrer jeweiligen Kultur einherging. Dies hat sich in den letzten Jahrzehnten zu verändern begonnen.

Schamanen

Definitionen sind vielfach umstritten, was insbesondere auch in Bezug auf Schamanen und den Schamanismus gilt. Im Folgenden umreiße ich, was sich für mich in der Zusammenarbeit mit Schamanen und innerhalb des Schamanismus seit mehr als einem halben Jahrhundert als nützlich erwiesen hat. Dabei geht es mir nicht darum, alle oder auch nur die meisten zufriedenzustellen; vielmehr möchte ich erklären, wovon ich in diesem Buch eigentlich spreche.

Obwohl die Arbeit von Schamanen nahezu die gesamte Bandbreite aller bekannten spirituellen Praktiken umfasst, wird er durchgängig als absichtsvolle Bewusstseinsveränderung (Eliades »Ekstase«) charakterisiert, die das Ziel verfolgt, in eine wechselseitige Interaktion mit Geistern einzutreten. Sein markantestes nicht allgemein verbreitetes Merkmal ist die außerkörperliche Reise in andere Welten.[2] An dieser Stelle sollte festgehalten werden, dass es indigene Gesellschaften gibt, in denen die Schamanen entweder überhaupt nicht reisen oder nur innerhalb der Mittleren Welt beziehungsweise entweder in die Obere oder in die Untere Welt. Was sie aber alle gemeinsam haben, ist die disziplinierte Interaktion mit den Geistern in der nichtalltäglichen Wirklichkeit mit der Absicht, anderen zu helfen und Heilung zu bringen.

Unabhängig davon, ob sie reisen oder nicht, sind Schamanen in hohem Maße auf die Unterstützung ihrer Schutz-Wesenheiten beziehungsweise ihrer helfenden Geister angewiesen, mit denen sie im veränderten Bewusstseinszustand kommunizieren; der wird weltweit am häufigsten mithilfe des akustischen Antriebs herbeigeführt. Sowohl im traditionell indigenen Umfeld als auch in der heutigen Gesellschaft arbeiten die Schamanen in einem ganzheitlichen Rahmen. Sie widmen sich der spirituellen Seite einer Erkrankung oder den Folgen eines Unfalls – spirituelle und nichtspirituelle Heilmethoden ergänzen einander also.

Sehr genau unterscheiden muss man die Schamanen von Zauberern. Zauberer verursachen in aller Regel Schmerz und Leid; sie sind keine Heiler.

Die zwei Wirklichkeiten

Der Schamanismus geht grundsätzlich von der Existenz zweier Wirklichkeiten aus, deren jeweilige Wahrnehmung von dem Bewusstseinszustand abhängt, in dem man sich befindet. Im Core-Schamanismus wird diese Annahme ausdrücklich herausgestellt, im indigenen Schamanismus, der sich im Allgemeinen nicht unbedingt für eine klare Unterscheidung der Realitäten interessiert, schwingt sie jedoch unterschwellig mit. Mehr noch, einige der indigenen Schamanen, die ich kennengelernt habe, schienen das Drama und die Romantik der Unschärfe zwischen den Wirklichkeiten richtiggehend zu genießen.

Wenn sich Schamanen in eine andere Wirklichkeit begeben, dann insbesondere, um in der Zusammenarbeit mit den helfenden Geistern zu heilen, Divination zu betreiben (Voraussagen zu treffen oder einfach: Eine Antwort auf eine Frage erhalten) oder andere Aufgaben für ihre Patienten beziehungsweise Klienten zu erfüllen. Zugang zu dieser anderen Realität finden sie, indem sie in den schamanischen Bewusstseinszustand gehen, wie ich es im *Weg des Schamanen* beschrieben habe.[3] Dieser schamanische Bewusstseinszustand ist vorübergehend, kann von unterschiedlicher Intensität sein und wird meistens mithilfe des akustischen Antriebs, also durch Trommeln und Rasseln, erreicht.

Wer sich im alltäglichen Bewusstseinszustand befindet, nimmt die alltägliche Wirklichkeit wahr; wer dagegen im schamanischen Bewusstseinszustand ist, kann in die nichtalltägliche Wirklichkeit eintreten und in dieser wahrnehmen. »Wirklichkeit« heißt es in beiden Fällen, weil jede dieser Realitäten empirisch erfahren werden kann, über einen eigenen Wissensschatz verfügt und eine jeweils spezifische Bedeutung für die menschliche Existenz besitzt.

Die »nichtalltägliche Wirklichkeit« wird nicht von allen akzeptiert; doch wäre das der Fall, hätten schamanisch Praktizierende auch keinerlei Funktion, denn ihre Verantwortung liegt ja gerade darin, das wahrzunehmen, was anderen verschlossen bleibt. Eines ihrer charakteristischen Merkmale besteht in der Fähigkeit, sich absichtsvoll zwischen diesen Realitäten zu bewegen, diszipliniert und mit dem Zweck, andere zu heilen und ihnen behilflich zu sein.

Das »Sehen« des Schamanen

Das »Sehen« ist ein wichtiger Aspekt des Schamanismus und der schamanischen Reise. Wie Eliade schreibt, ist das »›Sehen‹ eines Geists ein Zeichen dafür, dass man eine bestimmte

›spirituelle Verfassung‹ erreicht, also die profane *condition humaine* transzendiert hat«.[4] Das englische Wort »Seher« (»seer«) geht möglicherweise auf die alten europäischen Schamanen zurück, die »see-er« waren. Auch die Matsigenka-Indianer am oberen Amazonas nennen Schamanen Menschen, »die sehen«.[5] Zugleich umfasst der Begriff des Sehens im Schamanismus mehr als das Visuelle und erstreckt sich auch auf die anderen Sinneswahrnehmungen wie Hören, Fühlen, Tasten, Geruch und Geschmack.

Von Menschen, die an Geister lediglich glauben, unterscheiden sich Schamanen insofern, als sie aus eigener Erfahrung von deren Existenz wissen. Sie sehen die Spirits, sie berühren, hören, riechen sie und unterhalten sich mit ihnen. Deshalb wird der Schamane in vielen Stammesgesellschaften nicht nur als jemand, der »sieht«, bezeichnet, sondern auch als jemand, »der weiß« beziehungsweise als »Mensch von Wissen«. Schamanen glauben genauso wenig an die Existenz der Geister, wie Sie an die Existenz Ihrer Angehörigen, Freunde und Bekannten glauben. Sie wissen, dass Ihre Angehörigen, Freunde und Bekannten existieren, weil Sie täglich mit ihnen sprechen oder anderweitig mit ihnen Umgang haben. Und genauso wissen Schamanen, dass die Geister existieren, weil sie täglich beziehungsweise eher nächtlich mit ihnen umgehen. Üblicherweise sieht man Geister am besten in der Dunkelheit. Sie ist auch für die Identifikation der Geister wichtig, weil im Dunkeln, anders als bei Tageslicht, keine Verwechslungsgefahr mit Bildern des Alltags besteht.

Die aus der spirituellen Praxis des Ostens bekannte Vorstellung vom »dritten Auge« gibt es auch anderswo, zum Beispiel als »starkes Auge«, das ebenfalls in der Stirnmitte angenommen wird, bei den australischen Aborigines. Manchmal drückt man dem angehenden Schamanen einen Bergkristall (der Bergkristall ist im Schamanismus kulturübergreifend von einzigartiger Bedeutung) auf diese Stelle, um ihn dabei zu unterstützen, dass sein schamanisches Sehvermögen klarer wird.[6] In früheren Zeiten hatten viele Paviotso-Schamanen in Amerika Bergkristalle bei sich, wenn sie sich zum Power Quest in eine Höhle zurückzogen (vgl. 1. Kapitel), damit sie anschließend in der Lage waren, »durch alles hindurchzusehen«.[7] Das Sehen der Schamanen beschränkt sich aber nicht auf ihre Wahrnehmung im Dunkeln, sondern erstreckt sich auch auf den Durchblick in Angelegenheiten der alltäglichen Welt, die den meisten anderen schleierhaft bleiben. Bei der schamanischen Heilmethode des Extrahierens zum Beispiel sieht oder fühlt der Schamane die Krankheit im Patienten.[8]

Diese Fähigkeit des »Alles-durchschauen-Könnens« haben fast alle Schamanen. Einher geht sie mit einem eigenen Licht, das Dunkelheit und Materie durchdringt, wie Knud Rasmussen von den Inuit berichtet:

> *»Wenn ein junger Schamane dieses Licht zum ersten Mal erlebt, während er [im dunklen Iglu] auf der Bank sitzt und seine spirituellen Helfer ruft, ist es, als würde sich die Behausung, in der er sich aufhält, plötzlich vom Boden erheben; er sieht weit in die Ferne, durch die Berge hindurch, genau so, als wäre die Erde eine einzige Fläche und seine Augen könnten bis an ihren Rand sehen. Jetzt gibt es nichts mehr, was seinem Blick verborgen bleibt.«*[9]

Im Schamanismus umfasst »Sehen« auch das Sehen mit dem Herzen beziehungsweise das tiefe Wissen, dass das, was man wahrnimmt, auch Wahrheit ist. Diese emotionale Gewissheit ist für die Erfahrung, dass sich Geister dem Schamanen direkt offenbaren, unerlässlich. Es ist geradezu das Charakteristikum schamanischen Sehens.

1968 diskutierte ich mit dem französischen Ethnologen Jacques Lemoine, einem Spezialisten für den Schamanismus der Hmong in Laos, über das schamanische Sehen. Obwohl er ein herausragender Feldforscher war, hatte er die Schamanen nie gefragt, ob sie auch Bilder wahrnahmen, denn sie hatten ihm gesagt, sie würden »mit dem Herzen sehen«. Deshalb ging er davon aus, dass sie keine optischen Eindrücke bekamen. Ich bat ihn, einen seiner schamanischen Hmong-Freunde noch einmal gezielt danach zu fragen. Und natürlich berichtete er mir wenige Monate später, dass sie tatsächlich Bilder sahen, wenn sie mit geschlossenen oder bedeckten Augen auf die Reise gingen oder andere schamanische Arbeiten verrichteten. Trotzdem sprachen sie davon, dass sie mit dem Herzen sahen, und zwar einfach, weil die emotionale Gewissheit ein wichtiger Bestandteil ihrer Visionen war. Auch in den westlichen Ländern ist diese gefühlsmäßige Sicherheit für eine erfolgreiche schamanische Arbeit unerlässlich.

Wird man als Schamane geboren?

Westler gehen oft wie selbstverständlich davon aus, dass Schamanen ihre Tätigkeit quasi hauptberuflich ausüben. Tatsächlich ist es aber so, dass sie den Großteil ihrer Zeit mit gewöhnlichen Arbeiten zubringen, zum Beispiel mit Ackerbau oder auf der Jagd, dem Besorgen und Zubereiten von Lebensmitteln und mit Kindererziehung. Erst abends oder auf besonderen Wunsch gehen sie diszipliniert und kontrolliert auf die Reise oder erledigen schamanische Aufgaben. Spirituelle Arbeit in einem veränderten Bewusstseinszustand ist sehr intensiv, nicht einmal essen könnte man dabei. Regelmäßig den ganzen Tag über in diesem veränderten Bewusstseinszustand zu arbeiten, wäre daher unvorstellbar. Deshalb *kann* es nur Teilzeit-Schamanen geben.

Möglichkeiten, Schamane zu werden, gibt es verschiedene. In Sibirien werden die entsprechende Kraft und das Wissen überwiegend in der Familie weitervererbt[10]. In anderen Regionen Sibiriens sowie an manchen Orten in Südamerika kann es sein, dass ein Mensch, der von einer lebensbedrohlichen Krankheit befallen wird, zum Beispiel den Pocken, wie durch ein Wunder wieder gesund wird.[11] Mitunter handelte es sich auch um ein Unglück wie etwa einen Blitzschlag, den der Betreffende überlebt. Wenn so etwas geschah, ging die Gemeinschaft typischerweise davon aus, dass eine heilende Kraft die Person gerettet hatte. Dann baten sie die durch diese Kraft ausgezeichnete Person nach der Heilung, einem anderen Erkrankten beizustehen. Nun konnte man es natürlich schwer ablehnen, Angehörigen oder Freunden, die sich in Not befanden, zu helfen, selbst wenn man sich seiner Fähigkeiten alles andere als sicher war. Und wenn man Erfolg hatte, konnte das die Geburt eines neuen Schamanen sein.

In manchen indigenen Kulturen wurden die Kinder beobachtet, um herauszufinden, ob eines von ihnen direkt mit den Spirits in Verbindung stand. Bei den Pomo in Kalifornien wurde es zum Beispiel als Zeichen gewertet, wenn ein Kind aus heiterem Himmel ein Lied anstimmte, das ihm anscheinend von den Geistern eingegeben worden war. Trat solch ein Zeichen auf, stellten die Erwachsenen die Heilkräfte des Kindes auf die Probe.[12] Als voll entwickelter Schamane galt er jedoch auch in diesem Fall meistens erst im Erwachsenenalter. Weltweit waren die schamanisch Praktizierenden in der Regel ausgereifte Persönlichkeiten, die selbst schon Kinder hatten.

In bestimmten Kulturen war es üblich, gegen Entgelt bei einem anerkannten Schamanen in die Lehre zu gehen. Bei den Eskimo im Osten Grönlands zum Beispiel hatte man gleich mehrere Schamanen-Lehrer, die man bezahlte.[13] Bei den Shuar im Osten Ecuadors bestand die einzige bekannte Möglichkeit, Schamane zu werden, darin, einem anderen die Kraft in Form geistiger Helfer abzukaufen.[14] In den Neunzehnhundertfünfzigerjahren erfolgte die Bezahlung üblicherweise in *shuar kuit*, also »indianischen Wertsachen«. Um einen bekannten Schamanen für wochenlange Ausbildung und Kraftübertragung zu honorieren, musste man schon zwei oder drei Jahre sparen, um genug Federkopfschmuck, Curare-Blasrohre, vielleicht auch noch einen Jagdhund oder sogar einen Vorderlader zusammenzubringen. Bei den Shuar spielt der Schamanismus auch heute noch eine große Rolle, allerdings besteht die Bezahlung mittlerweile gewöhnlich aus größeren Geldbeträgen in ecuadorianischer Währung.

Aber es gibt noch weitere Möglichkeiten, zum Schamanen zu werden. Beim Stamm der Conibo im östlichen Peru beispielsweise lernen Anfänger unter der Anleitung eines Schamanen in erster Linie vom Geist eines großen heiligen Ceiba-Baumes (Bombacoideae aus der Familie der Malvengewächse).[15] Die Inuit der Arktis schätzten es in der alten Zeit besonders, wenn der Schamane von den Geistern in extremer Isolation initiiert wurde und dabei leiden musste. Zu diesem Zweck verbrachte der Lehrling unter Aufsicht eines Schamanen mitten im Winter mehrere Tage in einem winzigen Iglu, ohne Heizung, Licht, Essen und mit nur wenig oder gar keinem Wasser, bis schließlich die Geister kamen und ihn sowohl mit Erleuchtung als auch mit heilender Kraft bedachten.[16]

Einer der geheimnisvollsten und markantesten Wege, zum Schamanen zu werden, ist die Erfahrung der Zerstückelung (*dismemberment*) des Körpers im veränderten Bewusstseinszustand. Berichte über diese Art von Initiationserlebnis sind sowohl bei sibirischen Stämmen als auch bei den Aborigines in Australien weit verbreitet. Auf diese wichtige Art schamanischer Erfahrung und ihre Bedeutung gehe ich im 11. Kapitel näher ein.

Wie wir gesehen haben, kann man also auf verschiedenen Wegen zum Schamanen werden. Wichtiger als das ist aber, wie groß die Kraft der helfenden Geister ist, die einen unterstützen. Mit anderen Worten: Der Angelpunkt ist nicht, ob man, wie bei den Shuar, für seine Ausbildung zahlt oder sich beinahe zu Tode hungert oder friert, wie es in den Zeiten vor der Missionierung bei den Inuit üblich war. Die entscheidende Frage lautet einfach: Ist man in seiner schamanischen Arbeit erfolgreich, um Ratsuchenden helfen zu können? Wenn ja, wird man von seiner Umgebung als Schamane oder Schamanin akzeptiert, und es spielt kaum eine Rolle, ob und wo man ausgebildet wurde oder ob man überhaupt eine formelle Ausbildung erhalten hat, denn Schamanen erkennt man an ihrer Arbeit, und darüber befinden diejenigen, für die sie sich einsetzen, sei es heilend, durch Divinationen oder zu anderen Zwecken.

Schamanen, Priester und Schamanen-Priester

Es gibt einen Unterschied zwischen Schamanen und Priestern. Priester, und zwar sowohl die der großen Religionen als auch Stammespriester, leiten Zeremonien mit langen traditionellen Liturgien und Ritualen, die in einer bestimmten Form ausgeführt werden müssen und in deren Mittelpunkt Gebete zu Ehren von Geistern und Göttern stehen. Idealerweise kommt es dabei weder im Text noch bei sakralen Handlungen zu Abweichungen von den Vorgaben.

Solche Rituale können wunderschön und berührend sein, schamanisch sind sie aber nicht. Zwar beten und opfern auch

Schamanen, jedoch ist ihre Arbeit eher eine offenbarende Aktivität, bei der sie von einer Wirklichkeit in eine andere eintreten. Selbstredend gibt es auch Kulturen, in denen der Schamane zusätzlich als Priester fungiert. In diesem Fall spricht man von Schamanen-Priestern. Ein Beispiel dafür sind die Marakame der Huichol-Indianer im Nordwesten Mexikos. Um ein Marakame werden zu können, muss der Betreffende genau wie Priester anderer Religionen Jahre auf das Studium der Liturgie verwenden, bis er diese perfekt beherrscht. Gleichzeitig lernt er aber auch, mithilfe von Halluzinogenen wie Peyote oder Datura, sein Bewusstsein zu verändern und schamanische Reisen zu unternehmen. Manche Marakame sind mehr Priester als Schamane, bei anderen ist es umgekehrt. Normalerweise können sie jedoch beide Funktionen ausfüllen.

Auch die Medizinmänner und -frauen der indigenen Stämme der Großen Ebenen Nordamerikas lassen sich am besten als Schamanen-Priester beschreiben. Mithilfe von Visionssuche, Reinigungshütte und anderen Praktiken beziehungsweise Ritualen zur Bewusstseinsveränderung üben sie sich, oft in der Dunkelheit, im unmittelbaren Umgang mit den Geistern. Darüber hinaus aber erlernen sie bis ins kleinste Detail alle öffentlichen Riten und Gebete, die den von der Gesellschaft anerkannten Geistern huldigen. Dies dauert zumeist Jahre. Und so stehen direkte Offenbarung und die Führungsrolle bei Zeremonien dann gleichberechtigt nebeneinander.

Ob der jeweilige Medizinmann oder die Medizinfrau nun als Schamane beziehungsweise Schamanin betrachtet werden kann, hängt in erster Linie davon ab, ob die Person mit den Geistern direkt kommuniziert, zum Teil aber auch davon, ob sie in verändertem Bewusstseinszustand reist. Bei den Prärievölkern ist dieses Reisen – das sich zumeist auf die Mittlere

Welt beschränkt – oft ein sehr subtiler Prozess, den Außenstehende kaum wahrnehmen. Deshalb braucht ein Fremder mitunter Jahre, bis er erkennt, ob der jeweilige Medizinmann oder die betreffende Medizinfrau überhaupt schamanische Reisen unternimmt, auf denen er oder sie vielleicht sogar die Mittlere Welt verlässt.

Mit der Unterscheidung zwischen Priestern und Schamanen bei indigenen Völkern möchte ich keine Haarspalterei betreiben; beider Arbeit ist für die Gemeinschaft traditionell von großem Wert. Die Unterschiede aber sollten wir trotzdem beachten, denn es wäre verwirrend und irreführend, würde die Bedeutung des Wortes »Schamane« verwässert.

Schamanismus und Mediumismus

Es gibt viele spezialisierte Richtungen im Schamanimus und ein Vielerlei an schamanischen Praktiken. Der Mediumismus (Neudeutsch auch »Channeln«) ist dafür ein wichtiges Beispiel. Beim Channeln kommt ein helfender Spirit (»Geistführer« genannt) über das Medium. Nachdem sich das Medium in einen veränderten Bewusstseinszustand versetzt und die Kontrolle abgegeben hat, dringt der Geistführer in das Medium ein und »besetzt« es (oder – wie man auch sagt – das Medium »inkorporiert« den Spirit).

Je nach Situation machen Schamanen so etwas in gewissem Maße auch. Sie haben dafür unterschiedliche Bezeichnungen, zum Beispiel »freiwillige Besessenheit«, »Verschmelzung«, »Vereinigung« oder auch »Einkörperung«. Im indigenen Schamanismus wird der Geist, der mit dem Schamanen verschmilzt, oft als Gott, Göttin oder Vorfahr (Ahne) betrachtet. Im Gegensatz zu der Auffassung, die ich vor Jahrzehnten vertrat, erkenne ich den Mediumismus heute als bedeutenden Aspekt der schamanischen Praxis an. Wenn ein Medium jedoch darüber hinaus nicht schamanisch arbeitet, lässt sich nur schwer von Schamanismus im eigentlichen Sinne des Wortes sprechen. Dabei denke ich vor allem an die britischen Medien des 19. Jahrhunderts, die Alfred Russel Wallace studiert und beschrieben hat.[17]

Der Schamane kann einen helfenden Geist bitten, durch ihn zu sprechen und Fragen zu beantworten, doch die Verschmelzung verfolgt in aller Regel das Ziel, dem Schamanen die Kraft zu verleihen, andere zu heilen. Ein weiterer, sogar noch größerer Unterschied zum Mediumismus ist die schamanische Reise in andere Welten. Die Spirits, die dabei behilflich sind, werden im Schamanismus nicht als »Geistführer« bezeichnet; dieser Begriff, der im Channeln verwendet wird, könnte im echten Schamanismus mit Tiergeistern verwechselt werden, die einen auf der Reise von einem Ort zum anderen führen.

Wenn er sich hier in der Mittleren Welt tief in einen anderen Bewusstseinszustand versenkt hat, nimmt der ganz mit einem Spirit verschmolzene Schamane nicht unbedingt wahr, was dieser inkorporierte Geist durch ihn sagt oder tut. Anders bei der Reise. Da weiß der Schamane üblicherweise genau, was geschieht. (Die einzige Ausnahme dürfte eine Reisemethode samischer Schamanen sein, wie sie im Rahmen eines FSS-Forschungsprojekts zu rekonstruieren versucht wurde.) Und er versucht, sich so viele Einzelheiten zu merken wie nur möglich. So kann er später detailliert berichten, was er in der spirituellen Welt erlebt hat. Tritt er jedoch bewusst »zur Seite«, um eine mediale Kommunikation zu ermöglichen, ist seine Erinnerung später, nachdem er sich wieder im alltäglichen Bewusstseinszustand befindet, oft äußerst beschränkt, wenn überhaupt vorhanden.

Das Reisen kann also als das wesentliche Charakteristikum des Schamanismus gelten. Dennoch umfasst das Spektrum der meisten erfahrenen Schamanen auch Praktiken des Mediumismus, etwa die absichtsvolle Besessenheit, das Verschmelzen mit einem Geist und dessen Inkorporierung; das alles kann sogar einen wichtigen Bestandteil ihrer Arbeit bilden. Dies gilt vor allem für das Herbeiholen eines helfenden Geistes zur Heilung eines Patienten oder zum Beantworten von Fragen durch den Schamanen.

Will man den subtilen Unterschied zwischen »Verschmelzung« und »Einkörperung« verstehen, ist das Konzept von den zwei Wirklichkeiten hilfreich. In der nichtalltäglichen Wirklichkeit kann der Geist beziehungsweise die Seele des Schamanen mit einem Spirit aus der anderen Welt verschmelzen oder sich mit ihm vereinigen, ohne dass der Schamane in der Mittleren Welt davon körperlich betroffen ist. Dabei handelt es sich also nicht um eine »Einkörperung«. Davon kann man erst dann sprechen, wenn sich die Geister im Körper des Schamanen in der Mittleren Welt vereinen, wie es bei der medialen Arbeit oder auch bei bestimmten Formen des schamanischen Heilens, eben der Einkörperung, der Fall ist. Im Grunde verschmilzt aber auch hierbei der Geist (oder die Seele) des Schamanen mit einem anderen Spirit.

In bestimmten indigenen Kulturen, zum Beispiel in Korea und Teilen Südostasiens, werden auch Menschen, die ausschließlich medial arbeiten, als Schamanen bezeichnet. Ich selbst habe, wie gesagt, meine Auffassung in dieser Frage geändert, trotzdem halte ich solche Leute noch immer nicht für Schamanen im eigentlichen Sinn. In Japan gibt es weibliche Medien, die sich darauf spezialisiert haben, sich von Seelen Verstorbener besetzen zu lassen, um deren Kommunikation mit den Lebenden zu verbessern. Dafür, dass sie auch heilerisch tätig wären, habe ich keine Belege gefunden. Und dann sollten sie wahrscheinlich nicht als Schamaninnen bezeichnet werden.

Die Ursachen für eine solche beschränkte oder verkürzte quasi-schamanische Arbeit scheinen sich in den Nebeln der Geschichte verloren zu haben. Klar ist nur, dass viele historische Faktoren zu dem beigetragen haben, was als echter Schamanismus übrig geblieben ist.

Materielle Aspekte des Schamanismus

Indigene Völker versorgen die Schamanen nebst ihren Familien mit Lebensmitteln und unterstützen sie auch auf andere Weise, um sich für die geleisteten Dienste erkenntlich zu zeigen. Schamanen, die sich als hilfreich für ihre Gemeinschaft erweisen, brauchen also nicht zu befürchten, dass ihre Angehörigen Hunger leiden. Weil das gegenseitige Geben und Nehmen in den Stammesgesellschaften aber bedeutend subtiler ist als das Geldsystem unserer Marktwirtschaften und darüber in der Öffentlichkeit auch nicht gesprochen wird, sind viele Westler zu der irrigen Ansicht gekommen, dass Schamanen für ihre Arbeit nicht bezahlt würden.

Ein Beispiel: Ich bin einmal mit Mitgliedern einer indianischen Medizin-Gesellschaft der Großen Ebenen zu einer internationalen Konferenz über das Heilen nach Österreich gereist. Die meisten dieser Medizinmänner hatten ihre heilige Arbeit noch nie außerhalb des Reservats verrichtet. Auf der Konferenz nun hielten sie, bevor die eigentliche Heilsitzung im Plenum beginnen sollte, Reden, die genau denen entsprachen, mit denen sie sich sonst an die Angehörigen ihres Volkes wendeten. Und wie im Reservat betonten sie auch hier: »Für diese Arbeit nehmen wir keine Bezahlung an.«

Nach den Reden wurde das Licht ausgeschaltet. In vollkommener Dunkelheit hielten die Medizinmänner eine höchst eindrucksvolle traditionelle Heilsitzung ab. Als sie vorüber war und das Licht wieder eingeschaltet wurde, war das Publikum voller Ehrfurcht und tief beeindruckt. Stumm vor Respekt strömten sie aus dem Raum, aber keiner hinterließ auch nur das kleinste Geschenk. Sie hatten die heiligen Männer beim Wort genommen.

Was die Europäer nicht begriffen hatten: Wenn Medizinmänner Reden vor den Angehörigen ihres Volkes halten und dabei auch sagen, dass sie für ihre Arbeit keine Bezahlung nehmen, meinen sie damit, dass sie sich nicht bereichern wollen und dass ihre Dienste allen zur Verfügung stehen, Armen nicht weniger als Reichen. Im Reservat versuchte trotzdem jeder, irgendein Geschenk dazulassen. Meistens handelte es sich um symbolische Anerkennungsgaben wie etwa Tabak, oft aber fanden sich darunter auch Umschläge mit erklecklichen Sümmchen. Die stammten vor allem von Angehörigen der Patienten.

Die Medizinmänner waren vom »Geiz« der Europäer dermaßen schockiert, dass sie sich für den Rest ihres einmonatigen Aufenthalts weigerten, auch nur eine einzige Heilsitzung abzuhalten. Stattdessen saßen sie hauptsächlich im Hotel und sahen fern, insbesondere Western.

Ein Grund, warum ich diese Geschichte erzähle, ist, dass sich in westlichen Kreisen ein gewisser romantischer Idealismus eingeschlichen hat, was die materielle Seite des Schamanismus betrifft. Dieser geht mitunter so weit, dass jeder, der für seine schamanischen Dienstleistungen mehr annimmt als ein Päckchen Tabak, mit Argwohn beäugt wird. Dabei sollte man wissen, dass bei den indigenen Amerikanern der Nordwestküste heutzutage Geldgeschenke im Wert von hundert Dollar oder mehr für eine zweistündige Heilsitzung bei einem bekannten Schamanen keine Seltenheit sind. (Dieser teilt sich das Honorar mit den Trommlern, die ihn bei der Arbeit unterstützen.) Bei den Yokut-Stämmen rund um den Mono-See in Kalifornien war ein Honorar von dreißig bis fünfzig Dollar pro Heilsitzung bereits Anfang des 20. Jahrhunderts üblich; dies entsprach damals mindestens einem bis zwei Wochenlöhnen eines Landarbeiters.[18]

Rückzahlungsverpflichtungen dieser Art können in den unterschiedlichen Gemeinwesen verschiedene Formen annehmen, sie bestehen aber immer. In einigen Stammesgesellschaften geben die Schamanen explizit an, welche Gegenleistung sie für ihre Dienste erwarten. Bei den Shuar am oberen Amazonas zum Beispiel bestand das Honorar eines herausragenden Schamanen für eine Heilung traditionell aus einem Schwein, Federschmuck, einem Blasrohr, einem Gewehr oder einer Kombination aus dem allen. Und wenn er einen Patienten in einem entfernten Dorf aufsuchen musste, ließ er sich dafür oft sogar im Voraus entlohnen.

Wichtig ist aber, dass sich der Schamane vom Gedanken an die materielle Entschädigung seiner Dienste nicht belasten lässt, da ihn das von der nötigen Konzentration auf die Zusammenarbeit mit den großzügigen und mitfühlenden Geistern ablenken könnte, deren Ziel darin besteht, anderen zu helfen. Deshalb sollte man einen Schamanen auch nicht auf das Thema Bezahlung ansprechen. Schlimmstenfalls könnte dies nämlich dazu führen, dass ihm die mitfühlenden Geister ihre Unterstützung bei der Heilarbeit entziehen.

Der spirituelle Lohn des Schamanen

In den Stammesgesellschaften ist der Arbeitstag von Schamanen sehr lang. Sobald sie bei Sonnenuntergang ihre Alltagsverpflichtungen beenden, stehen ihnen die schamanischen Arbeiten bevor, die sie für ihre Gemeinschaft zu verrichten haben. Diese können mitunter ziemlich strapaziös sein, gehen sie doch, wie etwa in Sibirien, mit stundenlangem Tanzen, Trommeln und anderen körperlichen Aktivitäten einher.

In einigen Teilen der indigenen Welt wird von bekannten Schamanen auch erwartet, dass sie »Hausbesuche« bei bettlägerigen Patienten machen. Dafür müssen sie mitunter große Entfernungen überwinden – zu Fuß, im Boot oder auf dem Rücken eines Pferdes (beziehungsweise Rentiers). Bedeutend häufiger ist es allerdings, dass Kranke und andere Klienten zum Haus des Schamanen kommen.

Die starke Arbeitsbelastung der Schamanen und ihre ständige Beanspruchung durch die Gemeinschaft lassen bei vielen Westlern die Frage aufkommen, wie man sich das nur antun kann. Und tatsächlich: Aus Angst, dann kein eigenes Leben mehr zu haben, lehnen es vielfach selbst Abkömmlinge von Stammesschamanen ab, in deren Fußstapfen zu treten.

Trotzdem werden seit Jahrtausenden Menschen zu Schamanen. Manche Anthropologen erklären sich dies mit der sozialen Macht und dem Prestige, die der Schamane in seiner Gesellschaft hat. Diese Faktoren sowie der damit einhergehende materielle Wohlstand mögen zwar mitunter eine gewisse Rolle spielen, wie es etwa bei einigen Shuar in Ecuador der Fall ist. Wenn man die Sache jedoch kulturübergreifend und von innen her betrachtet, stellt man fest, dass wirtschaftliche und gesellschaftliche Faktoren nur eine untergeordnete Bedeutung haben und von dem immateriellen Lohn, der dem

Schamanen winkt, weit in den Schatten gestellt werden. Was Außenstehende, die keine persönlichen Erfahrungen im Schamanismus gemacht haben, nämlich leicht übersehen, ist die große spirituelle Freude, die Ekstase, die man gemeinhin erlebt, wenn man mit den Geistern arbeitet und damit Menschen hilft, die leiden oder Schmerzen empfinden.

Wie sicher ist Schamanismus?

Wirklich riskant ist es, sich im Schamanismus nicht auszukennen – das ist meine persönliche Meinung. Unbewusst haben praktisch alle Menschen Beziehungen zu Geistern; die überwiegende Mehrheit der Westler jedoch weiß davon nichts. Und deshalb können sie sie auch nicht einsetzen, um sich zu helfen und zu schützen. Darüber hinaus besteht die Gefahr, dass sie Geister unwissentlich verwenden und auf diese Weise anderen Schaden zufügen.

Für Schamanen sind New York oder andere städtische Ballungszentren der reine Albtraum. Millionen von Menschen leben dort auf engstem Raum zusammen; oft sind sie angespannt und stehen unter großem Stress. Normalerweise bringen sie einander nicht gerade die schönsten Gefühle entgegen und haben dabei überhaupt keine Ahnung, wie sehr sie einander auf spiritueller Ebene schaden. Karikaturen von Menschen, die einander »mit Blicken durchbohren«, sind Metaphern für spirituelles Leid, das Menschen einander unabsichtlich zufügen. Mithilfe schamanischer Erkenntnisse und Übung kann man sich der Kraft bewusst werden und anderen behilflich sein, statt sie zu verletzen.

Schamanen auf der ganzen Welt wissen, dass erbitterte Feindseligkeit, die man einem anderen Menschen entgegenbringt, diesen ernsthaft krank machen kann. Und weil sie das wissen, begegnen sie (anders als Zauberer) der nichtalltäglichen beziehungsweise spirituellen Seite ihres Zorns mit Bewusstheit und Disziplin. Das Einzige, was sie rauslassen, ist dessen alltägliche Seite. Weise, erfahrene Schamanen zügeln also ihre spirituellen Kräfte und halten sie gut unter Kontrolle, um das Objekt ihres Zorns vor seelischen oder spirituellen Schäden zu bewahren.

Diese Selbstbeherrschung ist aber keineswegs nur altruistischer Natur. In schamanischen Kulturen ist man sich der Tatsache bewusst, dass Schamanen nicht nur heilen, sondern auch schaden können; zugleich wissen sie, dass Letzteres ein sehr ernst zu nehmendes Fehlverhalten darstellt – und zwar nicht allein aus ethischen Gründen, sondern auch, weil es selbstmörderisch ist. Denn die Volksweisheit der Stammesgesellschaften sagt, dass schädigende Handlungen eines Schamanen oder Zauberei über kurz oder lang vervielfacht auf den Urheber zurückfallen.

Umgekehrt belohnt der Multiplikatoreffekt, mit dem »verdorbene« Schamanen bestraft werden, alle, die ihre ganze Kraft darauf richten, das Leid der Menschen zu lindern. Wenn Schamanen großzügig alles in ihrer Macht Stehende tun, um andere zu heilen, werden sie von den mitfühlenden Geistern in aller Regel mit zusätzlichen Kräften ausgestattet und auf ihrem Weg nachdrücklich unterstützt.

Einige problematischere Spirits unserer Welt

In der Mittleren Welt, unserem Zuhause, gibt es zahlreiche verschiedene Arten von Spirits, von denen sich viele leider nur durch beschränktes Mitgefühl auszeichnen, wenn überhaupt, und die sogar Krankheiten und Probleme verursachen können. Andere, wie zum Beispiel viele Naturgeister, wirken konstruktiv oder sind echte Helfer. Hierzu gehören natürlich auch die berühmten Krafttiere, ein Typus von Geistern, auf den wir in Bälde zurückkommen werden.

Da die eher problematischen Geister der Mittleren Welt nicht im Mittelpunkt dieses Buches stehen, möchte ich sie im Folgenden nur kurz ansprechen.

Quasi-mitfühlende ethnozentrische Geister

Die Geister mancher Verstorbener sind fest entschlossen, in der Mittleren Welt zu bleiben, um auf ihre Hinterbliebenen aufzupassen. Dabei handelt es sich in aller Regel um die Geister von Menschen, die zu Lebzeiten viel Kraft besessen haben, diese aber – meist erst im hohen Alter – verloren haben. Normalerweise halten sie sich in den Lebensräumen der Mittleren Welt auf, die ihnen vertraut sind. Auf den Schutz solcher Geister bauten die Shuar, mit denen ich damals den Fluss überquert habe.

Die Kraft dieser Art von Geistern war es auch, die zum Beispiel die traditionellen Inuit ihren Kindern vermitteln wollten, indem sie ihnen den Namen eines Verstorbenen gaben, den sie für seine Erfolge bei der Jagd oder andere Manifestationen von Kraft bewunderten. Dadurch hofften sie, dem

Kind für sein Leben als Erwachsener dieselbe Kraft mit auf den Weg geben zu können.

Normalerweise verleihen die quasi-mitfühlenden ethnozentrischen Geister nur den eigenen Nachfahren Kraft und stellen sie unter ihren Schutz. Da sie darauf aus sind, die folgenden Generationen ihrer eigenen Familie zu schützen, sind sie nicht absolut (also bedingungslos) mitfühlend, denn sie können sich Außenstehenden gegenüber durchaus feindlich verhalten. Das tun sie vor allem dann, wenn es so aussieht, als seien Außenstehende eine Bedrohung für ihre Nachfahren, deren heilige Orte, Besitztümer und Interessen. Mit anderen Worten: Je nachdem, mit wem sie es zu tun haben, sind sie entweder mitfühlend oder feindselig.

Beispiel: Die Shuar (Jívaro)

Bis die spirituelle Tradition der Shuar unter dem Einfluss von Missionierung und Kolonialisierung in der zweiten Hälfte des 20. Jahrhunderts drastisch verfiel, suchten die Shuar die Kraft der Ahnen, um gegen Krankheiten und Unglücksfälle gefeit zu sein und im feindlichen Umfeld von Fehden und Kriegen nicht getötet zu werden. Kurz gesagt sollte diese Kraft den Nachkommen ein langes Leben sichern. Die jungen Männer suchten sie an einsamen heiligen Wasserfällen, die jungen Frauen in kleinen Schuppen im Wald, nicht weit entfernt von ihrem Zuhause. Beide Geschlechter nahmen Halluzinogene, um die Geister wahrzunehmen.[19]

Die Männer waren Krieger; die Kraft war deshalb für den eigenen Schutz wichtig und dafür, um im Kampf gegen den Feind erfolgreich zu sein. Der klassische Vision- oder Power Quest der Shuar-Männer bestand aus zwei Teilen. Der erste war die Vision (*arutam*) selbst, sie erschien üblicherweise an einem heiligen Wasserfall. Wie in meinem Buch *The Jívaro* beschrieben, setzte sich der Kraftsuchende Hunger, Erschöpfung und Kälte aus, bevor er die Vision bekam. Im Erfolgsfall hatte er wenige Sekunden lang eine in aller Regel furchterregende Vision, die seine Tapferkeit und die Ernsthaftigkeit seiner Suche auf die Probe stellte.

Der zweite Teil folgte gewöhnlich in der Nacht darauf, im Zuge des Abstiegs vom Wasserfall, wenn der Pilger neben dem Fluss in Höhe einer Stromschnelle schlief und auf einen Traum – die eigentliche Übertragung der Kraft – hoffte.

Stellte sich der Traum ein, so kam dieser zumeist als Erscheinung eines Shuar-Kriegers in traditioneller Stammeskleidung. Dieser sagte dann so etwas wie: »Ich bin dein Vorfahr. Und wie ich viele getötet habe, wirst auch du es tun. Und auch du wirst ein langes Leben haben, genau wie ich.« Unmittelbar darauf wurde der Körper des Träumenden von einem Gefühl der Kraft durchströmt, woraufhin der Pilger aufwachte und in sich den Drang zu töten verspürte.

Von diesen ortsgebundenen Ahnengeistern erhofften sich die Shuar nicht nur Stärke und Wohlergehen, sondern auch hinreichend Kraft, um die Feinde ihrer Familien töten zu können. Diese ethnozentrischen Geister waren die von Verstorbenen, die vor oder nach ihrem Tod beschlossen hatten, ihre Abkömmlinge weiterhin zu beschützen. Und da sie den Vorurteilen treu blieben, die sie vor ihrem Ableben hatten, mischten sich Feindseligkeit und mitunter sogar Rachsucht in ihr Mitgefühl.

Wie ich in der Zeit, in der ich mich bei den Shuar aufhielt, jedoch erleben durfte, musste man nicht unbedingt ein Angehöriger des Stammes sein, um von einer ethnozentrischen Kraft beschützt zu werden. Jedenfalls nicht, wenn man der betreffenden Familie behilflich war oder ist. Dies mag vielleicht meine Erfolge am Wasserfall und Jahre später in der Höhle erklären. Allerdings kann die Schutzkraft des Geistes später auch entzogen werden, und dies gilt nicht nur für Fremde, sondern auch für Nachfahren, die es an der nötigen Ehrerbietung gegenüber dem Ahnen fehlen lassen. Dieser beschränkt sich nicht immer darauf, die Schutzkraft zu entziehen. Außenstehende, die heilige Gegenstände oder Orte, an denen sich die Ahnengeister aufhalten, nicht schützen, können Opfer seiner Rache werden.

Beispiel: Das Idol der Nganasanen

Der wichtigste spirituelle Schutzherr des Volkes der Nganasanen in Sibirien könnte ein weiteres Beispiel für die rachsüchtige Seite einer quasi-mitfühlenden ethnozentrischen Kraft sein. Dieser Geist soll mit einer eindrucksvollen geschnitzten menschenähnlichen Holzfigur verschmolzen sein (siehe Abb. 5). Die Nganasanen haben dieser Figur traditionell immer höchste Ehrerbietung entgegengebracht. Sie befand sich in der Obhut eines Schamanen, in dessen Verantwortung es lag, die Zufriedenheit des Geistes sicherzustellen, indem er mit ihm kommunizierte und ihm opferte.

Wie bei anderen ethnozentrischen Geistern auch erstreckt sich sein Mitgefühl nicht auf Außenstehende, zuallerletzt auf Stämme, die den Nganasanen feindlich gesinnt sind. Wenn sie in den Krieg zogen, nahmen die Nganasanen die Holzfigur auf einem speziellen Schlitten mit, was an »sacred ark« (lat. *arca*, ins Deutsche als »Arche« eingegangen, wörtl. »Kasten« oder »Lade«), also an die Bundeslade erinnert, die die Juden der Bibel mit in die Schlacht nahmen. Das Alter der Figur war den Nganasanen unbekannt, aber bestimmt war sie sehr alt. In den letzten Jahrhunderten hatte sie ein schweres Schicksal, war mindestens einmal gestohlen und wiedergefunden worden. Mitte des 20. Jahrhunderts befand sie sich in der Obhut des berühmtesten Schamanen der Nganasanen.

Doch da dieser schon recht betagt war, machte er sich Sorgen, was wohl nach seinem Tod mit der Figur geschehen würde. Schließlich übergab er sie einem Freund, dem russischen Ethnologen Juri Simtschenko, der sie in seiner Moskauer Wohnung aufbewahren sollte, damit sie nicht in falsche Hände fiele.

Als in Moskau in den Achtzigern während einer Periode sozialer und wirtschaftlicher Unruhen in der damaligen Sowjetunion die Lebensmittel knapp wurden, wusste Juri Simtschenko bald nicht mehr, wie er seine Familie ernähren sollte. In seiner Verzweiflung wandte er sich an einen finnischen Ethnologen, der zu Besuch in Moskau war, um zu eruieren, ob die Figur vielleicht in den Westen verkauft werden könnte. Von dem Erlös wollte er Lebensmittel kaufen. Heimo Lappalainen, ein Freund und Kollege von mir, versprach, ihm zu helfen, und schmuggelte die Figur aus Russland heraus. Dann rief er mich an, erklärte, worum es ging, und gab mir auch den gewünschten Verkaufspreis durch, den Simtschenko ihm genannt hatte.

Weder Heimo noch ich waren bereit, die Figur an den freien Markt zu verlieren. Also trieben wir das nötige Geld auf, um Juri die Figur im Namen der Foundation for Shamanic Studies abzukaufen. Gut abgedeckt bewahrte ich sie bei uns zu Hause an einem sicheren Ort auf. Ich hatte vor, dem Volk der Nganasanen das Kraftobjekt zurückzugeben, sobald sich die politischen und wirtschaftlichen Verhältnisse in der damaligen Sowjetunion stabilisiert hätten und kein Risiko mehr damit verbunden wäre. Ich behandelte das Abbild mit allem Respekt und größter Sorgfalt, brachte ihm Kostproben von Speisen dar, die Nganasanen gern aßen, wie ich dachte, und versicherte der Figur immer wieder, dass ich sie bald nach Hause bringen würde. Denn zu dem Zeitpunkt war mir schon lange klar, dass Geister wirklich existieren.

Dann wurde ich auf eine Reihe merkwürdiger Todesfälle aufmerksam, die sich ereignet hatten, je weiter sich das Kultobjekt von seinem Volk entfernt hatte. Als Erster starb der Nganasanen-Schamane Seime, und zwar kurz nachdem er Juri Simtschenko die Figur zur Aufbewahrung übergeben hatte. Simtschenko wiederum fand den Tod, nachdem er sie Heimo Lappalainen anvertraut hatte, damit sie von Finnland aus verkauft werde. Und als Heimo sie bei mir zurückließ und in seine Heimat zurückkehrte, starb auch er.

Ich muss wohl nicht besonders betonen, dass diese Serie von Unglücksfällen eine heilende Wirkung auf mich ausübte. Um auf Nummer sicher zu gehen, stufte ich den Geist in der Holzfigur jetzt auf die Ebene von Göttern hinauf. Und es war für mich selbstverständlich, ihm auch weiterhin die traditionellen Opfergaben darzubringen.

Nach einigen Schwierigkeiten und Fehlstarts in Russland gelang es der Foundation schließlich vor einigen Jahren, dem Volk der Nganasanen das Objekt feierlich zurückzugeben. In der Russischen Akademie der Wissenschaften in Moskau händigte Dr. Bill Brunton die Figur namens der Foundation einer Repräsentantin des Volkes der Nganasanen aus. Zusammen mit der Delegation, der sie vorstand, wollte sie das Kultobjekt nach Sibirien zurückbringen. Wie Bill später erzählte, zitterten ihre Hände, als sie die Figur in Empfang nahm. Sichtlich nervös sprach sie mit ihr und brachte ihr Opfergaben dar. Als die Delegation wieder in Sibirien angekommen war, teilte uns die Vorsitzende erleichtert mit, die Heimfahrt sei überraschend reibungslos verlaufen. Und was mich angeht, so freue ich mich darüber, dass Bill Brunton und ich offensichtlich noch am Leben sind.

Amoralische Geister und Zauberei

Unter den bedeutenderen Spirits der Mittleren Welt befinden sich auch amoralische Kräfte, die nicht einmal das beschränkte Mitgefühl der ethnozentrischen Geister aufbringen. Der Einsatz dieser Kräfte zum Zwecke der unautorisierten Einflussnahme auf andere ist ein Merkmal von Zauberei.

Zu diesen amoralischen Geistern, deren Tummelplatz die Mittlere Welt ist, gehören die Spirits der Elemente sowie die bestimmter kleiner Objekte und Geschöpfe wie zum Beispiel die *tsentsak* der Shuar, die mit Tabak »bestochen« werden, alles zu tun, was ihr »Meister« will, sei er Schamane oder Zauberer.

Bei einer Form der Zauberei, die in Europa früher einmal weit verbreitet war, wurden auch die Geister der vier Elemente Erde, Luft, Feuer und Wasser hinzugezogen, die allesamt amoralisch sind. Auch das in Asien als fünftes Element verstandene Holz kann eine gewisse, meist untergeordnete Rolle spielen.

Von einem Überbleibsel dieser Art von Zauberei berichtete mir eine Irin, deren Großmutter ihr beigebracht hatte, wie man die Elemente beschwören kann, um sich ihre Kraft zu eigen zu machen: Dazu muss man nur etwas Gartenerde (für das Element Erde) oder Holzkohle (für das Element Feuer) auf die Stirn reiben.[20]

Da diese Geister nun einmal amoralisch sind, fehlt ihnen natürlich Mitgefühl. Stattdessen verstärken sie mit ihrer Kraft jedes Vorhaben des Zauberers, sei es gut oder schlecht. Bedient er sich dieser Geister der Mittleren Welt, gerät der Zauberer in Versuchung, Einfluss auf andere zu nehmen oder ihnen sogar zu schaden[21], was der Ethik des Core-Schamanismus absolut zuwiderläuft, der sich auf die Hilfe der transzendierten mitfühlenden Spirits der Oberen oder Unteren

Welt stützt. Sollte ein Schamane aus irgendwelchen Gründen verkommen und versuchen, einem seiner Mitmenschen oder einem anderen Lebewesen Schmerz und Leid zuzufügen, so entziehen ihm die mitfühlenden Geister normalerweise die Kraft, die sie ihm einmal verliehen haben. Wenn dies geschieht, verliert der nunmehr seiner Möglichkeiten Beraubte die Fähigkeit, andere zu heilen. Und da er jetzt auch keinen Schutz mehr genießt, erkrankt er womöglich selbst oder stirbt sogar, wenn er in einer Gesellschaft lebt, in der die Zauberei überhandnimmt.

Und noch einmal die Shuar: Ein klassischer Fall von Zauberei

Als ich vor mehr als einem halben Jahrhundert bei ihnen lebte, stellte ich fest, dass die Shuar (Jívaro) ein gutes Beispiel für die Probleme darstellen, die auftreten können, wenn sich Schamanen auf die Mittlere Welt beschränken. Mit den Geistern der Mittleren Welt zusammenzuarbeiten, ist kompliziert und gefährlich. Genau das aber taten die Shuar-Schamanen. Sie stiegen nicht in die Obere Welt auf und drangen auch nur ein kurzes Stück in die Untere vor, das heißt nur oberflächlich in die Seen und in die Flüsse. In einer Gesellschaft, die sich dermaßen auf die Geister der Mittleren Welt beschränkt, blüht die Hexerei (die Zauberei). Wenn ich jetzt über die Praktiken der Shuar spreche, bediene ich mich der Vergangenheitsform, obwohl ich von Shuar, die mich kürzlich besucht haben, weiß, dass sie insgeheim immer noch angewendet werden. Offenes Blutvergießen scheint aufgrund des Eingreifens der ecuadorianischen Polizei allerdings nachgelassen zu haben.

Zu meiner Zeit bei den Shuar wurde die Situation durch eine starke spirituelle Abhängigkeit von einem amoralischen

Geist, dem Spirit des Elements Wasser, noch verschlimmert. Dieser spirituelle Aspekt des Wassers galt unausgesprochen als die jeder Kraft zugrunde liegende Quelle. Dieser Aspekt wurde nicht, wie in dem Beispiel aus Irland, direkt beschworen, sondern war gemeinsamer Nenner einiger der stärksten Geister. Zu denen gehörten auch die Ahnen, die sich an (und in) den heiligen Wasserfällen aufhielten, dann Tsunki, der mythische erste und damit ewige Schamane, der nach Ansicht der Shuar unter Wasser lebte, und schließlich die Boa Constrictor, die in Lagunen angesiedelt wurde.

Die Shuar-Schamanen arbeiteten aber nicht nur mit den Elementen, sondern auch mit anderen amoralischen Geistern. Sowohl die guten als auch die bösen Schamanen hatten normalerweise kleine Hilfsgeister wie etwa die von Insekten, Schlangen und Dornen. Je nach Typus wurden sie gewöhnlich *tsentsak* oder *tunchi* genannt. Die »guten« beziehungsweise heilend arbeitenden Schamanen nutzten sie zum Wohle ihrer Patienten, die »bösen« dagegen zum Zwecke der Hexerei.

Beide Geistertypen waren amoralisch und bereit, sich von den Schamanen »schmieren« zu lassen. Da sowohl die *tsentsak* als auch die *tunchi* Tabak liebten, lockten die Schamanen sie damit an und versicherten sich ihrer Dienste bei Tag und bei Nacht durch die Einnahme eines Aufgusses aus grünen Tabakblättern, mit dem sie sie nährten. So banden sie sie durch Verschmelzung an ihren Körper.

Praktisch alle Shuar-Schamanen blieben ständig mit ihren kleinen Helfer-Spirits verschmolzen, und zwar nicht nur, damit sie sie bei der Heilung ihrer Patienten unterstützten, sondern auch, um sich vor Attacken der *wawek* beziehungsweise *yahauchï uwishin* (degenerierten, verkommenen Schamanen) zu schützen. So konnten sich etwa die *tsentsak* zu Schilden ballen, die ihren »Meistern« Schutz gegen die »Wurfgeschosse« der *tsentsak* und *tunchi* boten, welche von Zauberern ausgesendet wurden, um sie zu töten oder ernsthaft zu verletzen.

Die Shuar waren früher oft in lange, blutige Stammesfehden verwickelt. Und wenn Schamanen im Zuge dieser bewaffneten Konflikte Angehörige verloren, wurden sie natürlich wütend. Und manche, die ihren Zorn nicht kontrollieren konnten, nutzten ihre Macht dann, um sich schamanisch gegen die Angreifer zur Wehr zu setzen.

Das wurde als grober Fehler betrachtet, und Schamanen, die sich so verhielten, galten selbst im Familienkreis als »böse« (*wawek*), weil sie nicht nur gegen das schamanische Ideal verstießen, anderen zu helfen und deren Leid und Schmerz zu lindern, sondern in die entgegengesetzte Richtung arbeiteten.

Wer einen spirituell feindseligen Akt gegen einen Verwandten ausübte, lief Gefahr, einen gemeinsamen ethnozentrischen Ahnengeist gegen sich aufzubringen, der versuchte, seine Nachkommen zu beschützen. Und dann konnte man damit rechnen, dass er seine Kraft von dem betreffenden Schamanen abzog, sodass nur noch eine Spur davon blieb, die sich schließlich vollends verflüchtigte.

War diese Kraft zur Gänze verloren, war der Schamane kein Schamane mehr. Er genoss keinen Schutz mehr und wurde Opfer seiner eigenen Taten. Dem Vernehmen nach dauerte es weniger als anderthalb Jahre, bis er von der Hand eines Zauberers oder eines anderen Feindes elend und unter großen Schmerzen starb.[22] Nicht nur bei den Shuar, sondern auch im Allgemeinen hat die Zauberei einen sozusagen karmischen Effekt, insofern sie über kurz oder lang auf den Zauberer zurückfällt und ihn schwer verletzt oder sogar tötet.

Leidende Wesen

Ebenfalls in der Mittleren Welt halten sich die Geister von Verstorbenen auf, die im Gegensatz zu den quasi-mitfühlenden ethnozentrischen, welche selbst beschlossen haben zu bleiben, unfreiwillig hier sind. Viel Kraft haben sie normalerweise nicht, allerdings können sie die Ursache von Erkrankungen sein.

Diese Geister wissen im Allgemeinen nicht, dass sie tot sind, aber sie fühlen sich einsam und sind unglücklich. Deshalb werden sie oft als »leidende Wesen(heiten)« oder mitunter auch als »wandernde« beziehungsweise »verlorene« Seelen bezeichnet. In ihrem Unglück neigen sie dazu, in einen Lebenden einzudringen oder wenigstens ständig seine Nähe zu suchen. Dadurch verstärken sie in sich die Illusion, noch am Leben zu sein. Sie können nicht nur die Träume dessen, mit dem sie verschmolzen sind oder an den sie sich angehängt haben, beeinflussen, sondern es kann sogar so weit gehen, dass »der Lebende seine Träume mit den Erinnerungen dieses Verstorbenen verwechselt und irrtümlich meint, ein eigenes Leben vor diesem Leben (Vorleben) gehabt zu haben«.[23]

Ein solcher Einfluss muss sich nicht auf Träume beschränken. In extremen Fällen kann der Lebende so verwirrt werden, dass er nicht mehr in der Lage ist, als Mitglied der Gesellschaft adäquat zu funktionieren. So können spirituelle Probleme weitreichende Auswirkungen auf die Gesundheit und das soziale Leben eines Menschen haben. Dann ist es Aufgabe eines Schamanen, ihn, sofern er dies wünscht, mithilfe der Spirits zu heilen.

5

Die Reise in andere Welten

Angesichts der ethnozentrischen Geister und anderer spiritueller Probleme in unserer Mittleren Welt nimmt es nicht wunder, dass manche Schamanen in andere Welten aufbrechen, in denen sie die Hilfe bedingungslos mitfühlender Geister (im Folgenden kurz »mitfühlende Geister«) finden, welche sie und ihre Patienten mit göttlichem Wissen, mit Weisheit, Heilwissen und Kraft ausstatten. Diesen Ansatz verfolgen nicht allein viele der »Himmelsschamanen« im sibirischen Tuwa. Schamanen, die darauf spezialisiert sind, sich der Hilfe von mitfühlenden Geistern jenseits unserer Welt zu versichern, gibt es auf unserem Planeten überall. Auf der Grundlage der Erfahrungen und Experimente vieler Tausend Westler im Laufe von annähernd vier Jahrzehnten ist das auch ein entscheidender Grund dafür, das Reisen als zentrale Technik im Core-Schamanismus anzusehen.

Dieses Reisen, manchmal auch als »magischer Flug« oder »Seelenreise« bezeichnet, unterscheidet den Schamanismus wesentlich von anderen spirituellen Traditionen.[1] Der hauptsächliche Zweck des Reisens besteht darin, in den anderen Welten außergewöhnliches Wissen und Hilfe für andere oder auch für sich selbst zu finden.

Folglich steht das Reisen oft im Mittelpunkt des Schamanismus, denn es wendet sich an die bedingungslos mitfühlenden Geister anderer Welten und veranlasst diese, auf dem

Gebiet des Heilens und der Divination völlig »unmögliche« Ergebnisse (sogenannte Wunder) zu bewirken. Bei dieser Arbeit ist der Schamane weniger Bittsteller als Partner, er ist aktiv an der Zusammenarbeit mit einem helfenden Geist beteiligt, um das Leiden seiner Mitmenschen zu lindern und ihre Krankheiten erfolgreich zu behandeln. Indigene Kulturen gehen deshalb fest davon aus, dass die zwar zeitlich beschränkten, aber sehr intimen Verbindungen der Schamanen mit den Geistern mehr bewirken, als es mit Gebeten allein möglich wäre.

Die drei Welten des Schamanen

Schamanische Reisen können sich in drei Welten abspielen: in der, die sich unterhalb der unsrigen befindet und die im Volksmund meistens Unterwelt genannt wird, im »Himmel«, wie man die Sphäre oberhalb von uns auch oft nennt, und in der dazwischen, der Mittleren Welt, in der wir Menschen leben. Wie wichtig diese Unterscheidungen sind, erfuhr ich zum ersten Mal, als ich 1960/61 beim Volk der Conibo in der Region des Flusses Ucayali im Osten Perus lebte und in den Schamanismus eingeführt wurde.

1964 wurde mir bei der Lektüre des Buches von Eliade, das damals gerade in einer englischen Übersetzung erschienen war, klar, wie weit diese Vorstellungen verbreitet sind. Eliade spricht in diesem Zusammenhang von den »drei kosmischen Zonen«, die entlang der Axis mundi, der Weltachse, beziehungsweise des Weltenbaums übereinander angeordnet sind.[2] Ich selbst ziehe diesen drei kosmischen »Zonen« schon seit Langem den Ausdruck »drei Welten« vor. Denn in der nichtalltäglichen Wirklichkeit sind sowohl über als auch unter uns tatsächlich ganze Welten zu entdecken, die sich jeweils in eine Vielzahl von Ebenen beziehungsweise Zonen unterteilen lassen. Deshalb ist es sinnvoll, von der Oberen, der Mittleren (der unsrigen) und der Unteren Welt zu sprechen (vgl. Abb. 6 und 7).

Darüber hinaus gibt es noch das, was ich als »Zwischenwelten« (engl. »Interworlds«) bezeichne, also schmale Streifen an den Schnittstellen der Mittleren mit der Oberen beziehungsweise der Unteren Welt, in denen sich spezielle Geister aufhalten. Diese habe ich Ende der Siebzigerjahre im Zuge meiner Seelenrückholungsarbeiten entdeckt. Solch eine Zwischenwelt ähnelt dem, was gemeinhin »Limbo« (lat. *limbus,* wörtl. Grenzbereich, Anm. d. Ü.) oder auch »Vorhölle« genannt wird. Aber dazu später mehr.

Mit den vorhergehenden Bemerkungen wollte ich übrigens weder ausschließen, dass es möglicherweise auch andere Welten gibt, die auf derselben Ebene liegen wie die unsrige, noch dass Obere und Untere Welt uns wie eine Art kosmischer Sphäre umgeben könnten. In der Erkundung der nichtalltäglichen Wirklichkeit steht uns bestimmt noch viel Großes und Spannendes bevor.

Ebenen

Innerhalb der Oberen und der Unteren Welt gibt es Zonen oder, besser, Ebenen. Im interkulturellen Vergleich gehen die Angaben über deren Anzahl erheblich auseinander, wozu bestimmt sowohl individuelle Erfahrungen als auch das in einigen Kulturen weniger gut entwickelte Verhältnis zu Zahlen beitragen dürften. Bei den meisten schriftlosen Völkern mussten die Menschen nur selten über das, was sie an ihren fünf Fingern abzählen konnten, hinaus rechnen, was zum Teil daran liegen mag, dass in ihrem Leben die zivilisatorischen Zwänge in Bezug auf Abgaben, Steuern und Geldverkehr noch keine Rolle spielten. In solchen Gemeinschaften, zum Beispiel im Amazonasgebiet Perus, scheinen die Schamanen in der Oberen und Unteren Welt nur sehr wenige Ebenen gezählt zu haben. Im Gegensatz dazu erwähnten Schamanen, die in der Nähe großer Zivilisationen lebten, in denen die Mathematik schon weit entwickelt war (wie etwa in China), sehr, sehr viele Ebenen. In den innerasiatischen und sibirischen Gesellschaften etwa identifizierten sie innerhalb der Oberen Welt bis zu neunundvierzig Ebenen beziehungsweise »Himmel«.

»Offizielle« Angaben im Hinblick auf die Anzahl der Ebenen oder deren Charakteristika wird man im Core-Schamanismus vergeblich suchen. An deren Stelle treten die individuellen Erlebnisse auf den schamanischen Reisen. In dem Maße, in dem die Menschen Erfahrungen machen, werden sie allmählich immer mehr mit den verschiedenen Ebenen der Oberen und der Unteren Welt vertraut; dabei erkennt jeder für sich, was seiner dort harrt und unter welchen Bedingungen.

Übergangszonen und »Barrieren«

Wie der Core-Schamanismus insgesamt ergaben sich auch die folgenden Informationen induktiv aus kulturübergreifenden Studien, Experimenten und praktischen Erfahrungen. Demnach sind in Bezug auf die beiden Wirklichkeiten in der schamanischen Arbeit drei hauptsächliche Barrieren oder Schranken bemerkt worden, die manchmal auch als »Übergangszonen« bezeichnet werden. Menschen, die über die entsprechende Ausbildung verfügen, können sie mithilfe des akustischen Antriebs (z. B. der Trommel) normalerweise relativ leicht überwinden, im Gegensatz zu den meisten Spirits, die dafür auf ein bisschen schamanische Unterstützung angewiesen sind. Eine bemerkenswerte Ausnahme von dieser Regel bildet das Krafttier, das allem Anschein nach alle Schranken mühelos überwindet.

Die erste wichtige Barriere ist die zwischen der alltäglichen und der nichtalltäglichen Wirklichkeit; überwinden lässt sie sich, wie bereits erwähnt, durch den Übergang in den schamanischen Bewusstseinszustand. An die neunzig Prozent aller Westler dürften damit keine Schwierigkeiten haben, sofern sie von hinreichend lautem monotonen Trommeln (etwa 220 Schläge pro Minute) begleitet werden, über das nötige schamanische Basiswissen sowie die feste Absicht verfügen, zu einem bestimmten Zweck in die andere Wirklichkeit einzutreten.

Sobald er sich in dieser befindet, kann der Schamane zunächst in der Mittleren Welt arbeiten und zwischen der alltäglichen und nichtalltäglichen Wirklichkeit der Mittleren Welt hin- und hergehen, wie es bei bestimmten Formen des schamanischen Heilens üblich ist, oder um Hilfe aus einer anderen Welt bitten beziehungsweise selbst dorthin gehen. Das konfrontiert uns nun mit der zweiten Art von Barriere, nämlich der zwischen der Mittleren Welt und den anderen Welten.

So stereotyp und banal es sich auch anhört: Die Schranke zwischen der Mittleren und der Oberen Welt besteht üblicherweise aus einer Wolkenschicht oder einer Membran und hat manchmal ein Loch. Auch diese Barriere lässt sich in der Regel leicht überwinden, allerdings verlangt das eine gewisse Übung.

Der dritte Typus von Barriere befindet sich innerhalb der Oberen Welt und zeigt sich oft als weitere Wolkenschicht oder Membran. Beim Überschreiten dieser dritten Art von Schranke, die eher einer Schwelle entspricht, hat man normalweise keine Schwierigkeiten. Wie schon gesagt gibt es keine feste Anzahl von Schichten, die muss jeder für sich herausfinden. Außerdem können die verschiedenen Ebenen sich manchmal erweitern oder ineinanderfallen wie bei einem Akkordeon.

Die Untere Welt ist ähnlich strukturiert. Die erste Barriere, die sie von der Mittleren trennt, besteht zumeist aus Erde oder Wasser und verfügt über einen tunnelartigen Korridor. Die folgenden Schwellen lassen sich gewöhnlich leicht überschreiten, meistens ebenfalls durch einen Tunnel. Und wie viele dieser Barrieren es gibt, muss auch in diesem Fall jeder für sich herausfinden.

Der Mittelpunkt des Universums

Schamanen haben ihre Landkarten im Kopf. Deshalb sind sie in hohem Maße darauf angewiesen, ihren exakten Ausgangspunkt zu kennen – ähnlich wie Landvermesser, die zunächst einmal einen Bezugspunkt brauchen, bevor eine Karte entstehen kann. Je mehr Reisen sie vom selben Ort aus unternehmen, desto mehr Einzelheiten können sie in ihre mentale Landkarte eintragen.

Diese Startplätze sind dem Schamanen aus der alltäglichen Wirklichkeit wohlbekannt. Normalerweise hat nämlich jeder zwei davon: einen für Reisen in die Obere und den anderen für die Untere Welt. Im Laufe der Zeit verankern sich diese Ausgangspunkte fest im Kopf; man visualisiert und nutzt sie immer wieder, um die Reise in den unermesslichen Kosmos der nichtalltäglichen Wirklichkeit mit größtmöglicher Präzision antreten zu können.

Für welchen Startplatz sich ein Schamane auch entscheidet, über kurz oder lang wird er für ihn zum Mittelpunkt des Universums, da sich alle künftigen mentalen Kartierungen auf ihn beziehen. Dies gilt auch, wenn er zwei verschiedene hat, einen für seine Reisen in die Obere und einen anderen für die Untere Welt. Dann stellt der jeweilige Ausgangspunkt insofern den Mittelpunkt des Universums dar, als von ihm aus alle Reisen ihren Anfang nehmen. Da die Schamanen ihre Startplätze in der Mittleren Welt durch Kenntnis von Richtung und Entfernung exakt lokalisieren, können sie jede Entdeckung, die sie in der Oberen beziehungsweise Unteren Welt machen, ohne Weiteres in Beziehung dazu setzen und in ihre mentale Landkarte eintragen. Manche Schamanen haben für beide Richtungen nur einen einzigen Ausgangspunkt. In diesem Fall ist die »Navigation« in Oberer und Unterer Welt noch leichter.

Auf diesen Reisen kann man sich »außerhalb der Zeit« in einem unter normalen Umständen nicht wahrnehmbaren Universum bewegen, wie man es sonst nur aus Träumen oder von Mythen her kennt. Der Begriff »außerhalb der Zeit« stammt übrigens von dem angesehenen russischen Ethnografen Waldemar Bogoras, der ihn verwendete, um die Reisen der sibirischen Stammesschamanen zu beschreiben, über die er Anfang des 20. Jahrhunderts einiges veröffentlichte.[3] Es gibt zwar keine Hinweise darauf, dass Bogoras selbst schamanisches Reisen erlernt oder praktiziert hätte, doch scheint er die Tiefe der kosmischen Erfahrungen, die die Schamanen dabei machten, verstanden und respektiert zu haben.[4]

Der inzwischen verstorbene sibirische Schamane Tubijaku aus dem Volk der Nganasanen bat Juri Simtschenko, meinen russischen Ethnologen-Freund, der leider auch schon tot ist, eines Tages, ihm einen dieser Computer zu besorgen, von denen er gehört hatte. Da Tubijakus Erinnerungsvermögen allmählich nachließ, brauchte er Hilfe, um die Entdeckungen, die er auf seinen schamanischen Reisen gemacht hatte, festzuhalten. Doch ohne Strom und ein Mindestmaß an Computerkenntnissen ging es dann leider doch nicht.

Jetzt ist Tubijaku schon lange tot und er hat sein Wissen mit ins Grab genommen. Heute aber, da die meisten von uns nicht nur über einen Rechner, sondern auch über Elektrizität verfügen, kann jeder seine Entdeckungen aufschreiben und für immer speichern. Womit ich beim Shamanic Knowledge Conservatory, dem Schamanischen Datenspeicher, angelangt wäre.

Der Speicher schamanischen Wissens

In den Sechzigerjahren begann ich mit dem Zusammentragen möglichst vieler Publikationen über den Schamanismus. In den Siebzigern fing ich an, auch Berichte westlicher Studenten zu sammeln, die schamanische Reisen unternommen oder andere schamanische Erfahrungen gemacht hatten. Diese sind zwischenzeitlich in das Shamanic Knowledge Conservatory der Foundation eingegangen, zu dem auch zahlreiche Publikationen über den indigenen Schamanismus sowie schamanische Artefakte gehören.

Das Sammeln der Berichte von den Westlern verfolgte den Zweck herauszufinden, »ob und was es da draußen so gibt«. Wie ein guter Ethnograf alter Schule nahm ich die Aussagen der »Eingeborenen« (in diesem Fall der Westler) hin, ohne sie zu beurteilen, und sah es als meine Verantwortung, sie zwecks Studium und Vergleich mit nicht-westlichen Berichten aus der Oberen und der Unteren Welt für künftige Generationen aufzubewahren. Offen gestanden war ich aber auch schlicht neugierig darauf, was die Leute herausgefunden hatten, und wollte es eines Tages selbst mit den Berichten aus indigenen Kulturen vergleichen, die noch nicht mit der westlichen Welt in Kontakt gekommen waren. Das ist bis heute allerdings Zukunftsmusik geblieben.[5]

Im Laufe der Zeit und mit der Hilfe vieler Menschen, von Geldgebern, Mitgliedern der Foundation, ehemaligen Studenten und einer Handvoll Mitarbeitern[6] weiteten wir das Ganze aus und brachten es in die Form des Projekts Mapping of Nonordinary Reality (MONOR – Projekt zur Kartierung der nichtalltäglichen Wirklichkeit) im Rahmen der Foundation for Shamanic Studies. (Wobei unter »Kartierung« vor allem schriftliche Berichte zu verstehen sind; allerdings gibt es auch grafische Darstellungen, siehe Abb. 8 und 9.)

Heute werden diese unersetzlichen Berichte in den Western Archives des Shamanic Knowledge Conservatory (SKC) der Foundation im kalifornischen Marin County sowie an anderen sicheren Orten in den USA und Europa aufbewahrt. Was Inhalt und Umfang betrifft, ist dieses Archiv weltweit einzigartig. Bei der letzten Zählung, am 25. Juni 2007, umfasste es 2528 Berichte von Westlern über ihre Aufstiege in die Obere Welt; weitere sind seither hinzugekommen. Und am 15. April 2008 enthielt das Archiv 2397 Berichte über Abstiege in die Untere Welt.

In den letzten Jahren habe ich beschlossen, aus den Berichten über die Obere Welt eine »Celestia-Study« (von lat. coelum – Himmel, Anm. d. Ü.) zusammenzustellen. Die Erfahrungsberichte auf den folgenden Seiten stellen repräsentative Beispiele daraus dar. Eine entsprechende »Netheria-Study« (von engl. nether – unten, Anm. d. Ü.) über Reisen in die Untere Welt war aufgrund von Zeit- und Geldmangel bisher nicht möglich.

Jede Beschreibung einer individuellen schamanischen Reise ist ein kosmografisches Faktum, genau wie in der klassischen anthropologischen Feldforschung jede Aussage eines Informanten ein ethnografisches Faktum darstellt, das als solches vom Forscher in seinen Feldnotizen festgehalten wird. Auf den folgenden Seiten fasse ich Zeugenberichte verschiedener Westler in bestimmten Kategorien zusammen, ohne sie genauer zu analysieren. Überhaupt habe ich versucht, mich möglichst zurückzuhalten. Und dafür gibt es gute Gründe. Erstens sind die Reisen alle für sich so reich an verschiedenen Erfahrungen, dass man ihnen nicht gerecht würde, analysierte man sie unter dem Gesichtspunkt eines einzigen Aspekts. Und zweitens möchte ich die Leserinnen und Leser ermutigen, ihre eigenen Beobachtungen zu machen und dabei ganz auf ihre spirituelle Unabhängigkeit zu vertrauen.

Die folgenden Seiten spiegeln diesen Ansatz wider. Mit einer Einschränkung: Manchmal biete ich doch Hinweise und Spekulationen an. Diese sind jedoch keineswegs dogmatisch gemeint, sondern stellen einfach meine persönlichen Ideen dar, die Sie vielleicht für eigene Inspiration nutzen können. Letztlich aber obliegt die Interpretation einer Erfahrung in der Oberen Welt einzig und allein demjenigen, der sie gemacht hat.

Die Bedeutung dessen vollkommen zu erfassen, was ein anderer in der nichtalltäglichen Wirklichkeit erlebt, ist praktisch unmöglich. Und ohne weitere Aufstiege, bei denen er zusätzliche Informationen sammelt, begreift vielleicht nicht einmal der Betreffende selbst es so richtig. Leider war es nicht möglich, später noch einmal Interviews mit den Westlern zu führen und ihre nachträglichen Kommentare in dieses Buch aufzunehmen.[7]

Die folgenden Berichte werden so gut wie möglich wortwörtlich wiedergegeben und sind höchstens im Hinblick auf die Erfordernisse einer Buchveröffentlichung leicht redigiert worden. Praktisch alle Originale werden aber im Shamanic Knowledge Conservatory aufbewahrt.

Eine letzte Vorbemerkung: Die Begriffe »Student« und »Westler« werden im Folgenden synonym verwendet, weil sie sich auf ein und dieselbe Gruppierung beziehen. Denn es handelt sich bis auf ganz wenige Ausnahmen um Menschen, die irgendwann einmal an Kursen in Core-Schamanismus teilgenommen haben, welche die Foundation for Shamanic Studies anbietet.

6

Erste Reisen: Untere Welt und Krafttiere

Mein zweiter helfender Geist, ein Hai, kam eines Tages, als ich auf dem Meer war, in mein Kajak. Schwimmend näherte er sich mir und rief mich beim Namen. Ich war überrascht, denn einen Hai hatte ich noch nie gesehen; in diesen Gewässern sind Haie ausgesprochen selten … Danach half er mir bei der Jagd und war immer in meiner Nähe, wenn ich ihn brauchte.

AUA, SCHAMANE DER IGLULIK-ESKIMO[1]

In *Der Weg des Schamanen* habe ich beschrieben, wie man ein Krafttier für jemand anders zurückholt, und auch erwähnt, dass die Seelenrückholung ganz ähnlich funktioniert.[2] Diese Übung zielte darauf ab, jemanden wieder mit dem Krafttier in Verbindung zu bringen, das er bereits hatte. Dabei ging es nicht darum, ein *neues* Krafttier zu erhalten – was im Allgemeinen ein viel anspruchsvollerer Vorgang ist, wie aus meiner Höhlenerfahrung (vgl. 1. Kapitel) hervorgeht.

Jetzt möchte ich Einführungs- beziehungsweise Übungsreisen vorstellen, die Westlern beim Aufbau einer engen Beziehung zu mindestens einem Krafttier helfen können, das ihnen in der Divination unterstützend beisteht. Die Beispiele in diesem Kapitel entstammen hauptsächlich dem Shamanic Knowledge Conservatory der Foundation. Die Untere Welt wurde dabei vor allem deshalb gewählt, weil sich dort Pflanzen- und Tiergeister, auch die Krafttiere, leichter auffinden lassen als in der Oberen Welt (wo sie ebenfalls vorkommen). Wenn die Verbindung gut ist, können Krafttiere den Reisenden jedoch problemlos durch alle drei Welten begleiten.

Ein Tier, auf das sich jemand stets verlassen kann, um Fragen beantwortet zu bekommen oder anderweitig Unterstützung zu erhalten, ist der Definition nach ein helfender Tiergeist der betreffenden Person. Einfach ausgedrückt merkt man – wie in den folgenden Reisen –, dass man von dem Tier eine Antwort oder Hilfe bekommt etwa dadurch, dass man auf ihm reiten darf. Eine »offizielle« Beschränkung der Anzahl von helfenden Tiergeistern, die man in der nichtalltäglichen Welt haben kann, gibt es nicht. Seit den Neunzehnhundertachtzigerjahren hat sich der Begriff »Krafttier« allgemein durchgesetzt.[3]

Hilfsbereitschaft und Weisheit der Krafttiere

In schamanischen Kulturen überall auf der Welt sind sich die Schamanen spezieller nichtalltäglicher tierischer Gefährten beziehungsweise Helfer bewusst, die in der anthropologischen Literatur meistens als »Schutzgeister« bezeichnet werden.[4] Oder auch als schützende Geister, unterstützende Totems, Schutzengel und Vertraute.

Da man in diesen Kulturen davon ausgeht, dass beim Erwachsenwerden eigentlich jeder auf spirituelle Hilfe angewiesen ist, sei es von Schutzgeistern oder anderen Kräften, haben dort nicht nur die Schamanen welche. Sie unterscheiden sich allerdings insofern von den meisten anderen Menschen, als sie ihre Schutzgeister kennen, und zwar einfach deshalb, weil sie in der nichtalltäglichen Wirklichkeit wiederholt mit ihnen direkt verkehren.

Die indigenen Amerikaner der Nordwestküste nennen den Schutzgeist im Allgemeinen »Krafttier«.[5] Ich persönlich bevorzuge diesen Begriff auch, weil er an die starken Kräfte erinnert, die das Tier der Person verleiht, mit der es verbunden ist. Man kann sich das Krafttier (den Schutzgeist) wie einen Transformator elektrischer Energie vorstellen, der die unermessliche Kraft des Universums aufnimmt und so umwandelt, dass sie gefahrlos auf den Menschen übertragen werden kann. Diese gewaltige Kraft des Universums ist einer der Gründe dafür, dass die Schamanen mit vermittelnden »Kräften« wie den Krafttieren arbeiten, statt die universelle Kraft unmoduliert herbeizurufen.

Diese Kraft ist so etwas wie Energie, und diesen Begriff verwenden Angehörige indigener Völker auch oft, wenn sie mit Westlern sprechen. Wie ich im ersten Kapitel aber bereits erläutert habe, ist dieser Ausdruck für sie weiter gefasst. Denn diese Kraft verfügt auch über Wissen und ist in der Lage, einzelne Menschen mit bestimmten Eigenschaften zu versehen. Insofern ist diese Kraft nicht identisch mit der »Energie«, über die bei uns im Physikunterricht gesprochen wird.

Als Schutzgeister ähneln die Schutzengel des Christentums in vielem den Krafttieren, zwar nicht in ihrer äußeren Erscheinungsform, aber doch bezüglich ihrer Rolle und Funktion. Dessen sind sich auch die indigenen Völker oft bewusst. Ein Beispiel: Vor einigen Jahren habe ich einmal mit einer älteren indigenen Hawaiianerin zusammengearbeitet, einer Heilerin und stolzen Treuhänderin des Wissens ihres Volkes.

Doch die etwa 175 Jahre währenden Missionierungsversuche haben sich in der ursprünglichen hawaiianischen Kosmologie in Form einer Verschmelzung mit Vorstellungen aus dem Christentum niedergeschlagen. So benutzte sie etwa den Begriff »Schutzengel« gleichbedeutend mit Krafttier oder Schutzgeist. Einer dieser hawaiianischen Schutzengel ist übrigens der Hai, was die Missionare wahrscheinlich nicht verstanden hätten, ganz im Gegensatz zu dem Schamanen der Iglulik-Eskimo, der zu Beginn dieses Kapitels zitiert wurde.

Krafttiere sind beileibe nicht die einzigen Verbindungsglieder der Schamanen zur Kraft des Universums. Auch mit einer unüberschaubaren Vielzahl von Pflanzenhelfern, Elementargeistern, Spirits des Ortes, der Ahnen und vielen anderen arbeiten sie zusammen. Praktisch jedoch scheinen die Krafttiere allgegenwärtig zu sein.

Was zum Teil daran liegen könnte, dass wir zu Tieren generell eine engere Beziehung haben, möglicherweise aber auch damit zusammenhängt, dass die Krafttiere als Tiere äußerst mobil und immer zur Stelle sind, wenn ein Schamane um ihre Unterstützung bittet.

Die Bedeutung der Krafttiere geht aber weit über die reine Unterstützung hinaus. Denn sie verbinden uns mit der unglaublichen Kraft des Universums und transformieren diese so, dass sie den Menschen nicht überwältigt. Schamanen und alle, die solche spirituellen Beschützer haben, werden selbst von der Kraft erfüllt beziehungsweise kraft-voll; und solange sie mit den spirituellen Repräsentanten des Universums verbunden sind, bleibt das auch so.

Krafttiere sind in der Regel mitfühlende Geister, die insbesondere Menschen helfen, die sich ähnlich verhalten wie sie, also zum Beispiel heilend tätig sind. Wenn es jemand, den sie unterstützt haben, irgendwann an Mitgefühl fehlen lässt, scheinen sie ihn nicht zu bestrafen, sondern entziehen ihm lediglich ihre Unterstützung. Wenn sich der Betreffende dann allerdings keine anderen Kraftquellen sucht, wird seine Kraft allmählich schwinden, bis er schließlich gar keinen Schutz vor Erkrankungen und Unglücksfällen mehr genießt.

Diese Verbindung mit der Kraft des Universums wird in den schamanischen Kulturen als Widerstandsfähigkeit gegen Krankheit und Unglück verstanden, die wie ein Kraftfeld wirkt, welches den betreffenden Menschen sowohl umgibt als ihn auch durchdringt. Es beschützt ihn aber nicht nur, sondern sorgt auch dafür, dass sein Leben reibungslos verläuft, als würde er der Strömung eines Flusses folgen.

Krafttiere neigen dazu, zu kommen und zu gehen, wie auch andere spirituelle Verbindungen vorübergehender Natur sein können. Was Gesundheit und Erfolg betrifft, besteht deshalb ein wichtiger Aspekt des Schamanismus darin, dass man versucht, seine Kraftverbindungen aufrechtzuerhalten. Und in der Tat: Wenn jemand ernsthaft erkrankt oder ihm anderes Unglück widerfährt, so bedeutet das zumeist, dass er von seinen Krafttieren und anderen helfenden Geistern verlassen worden ist.[6]

Dass Menschen, die ihre spirituellen Verbindungen verloren haben, in Gefahr geraten, erfuhr ich schon vor vielen Jahren von Indianern im Amazonasgebiet. Dies geschieht allerdings mit Verzögerung, denn in der poetischen Sprache der Shuar ist »die Kraft wie ein Parfüm«.[7] Das heißt, auch nachdem die Verbindung beendet ist, bleibt die Kraft eine Weile bestehen. Eine Zeit lang wird man von der – schwindenden – Kraft noch beschützt.

Im Unterschied zu den meisten anderen Menschen müssen Schamanen nicht warten, bis in ihrem Leben etwas schiefläuft, bevor sie erkennen, dass sie ohne ihre spirituellen Kraftverbindungen sind. Schon bevor Symptome des Kraftverlusts beziehungsweise der Kraftlosigkeit auftreten, können sie mithilfe der Methode des schamanischen Reisens herausfinden, ob sie noch mit ihren Krafttieren verbunden sind. Das ist ganz einfach: Wenn sie sich wiederholt auf die Reise begeben, ihr Krafttier um Hilfe bitten und es sich nicht zeigt, wissen sie, dass sie von ihm verlassen wurden. Und dann können sie etwas tun, um die Verbindung wiederherzustellen, bevor ein Unglück geschieht. Eine wichtige Methode dafür ist die »Krafttier-Rückholung«, über die ich mich an anderer Stelle ausführlich geäußert habe.[8]

Die Kraft dieser nichtalltäglichen tierischen Helfer besteht unter anderem darin, dass sie Antworten auf unsere Fragen geben können. Nun fragen Sie sich vielleicht, woher man denn wissen soll, ob man sich auf die Antworten der Krafttiere auch verlassen kann. Nun, im Grunde funktioniert es wie in der alltäglichen Wirklichkeit: Ob man einem bestimmten Arzt, einer Anwältin oder sonst jemandem trauen kann, ergibt sich aus den Erfahrungen, die man mit der betreffenden Person macht. Wenn sich ein Mensch durchgängig als verlässlicher Ratgeber oder Helfer erweist, lernt man, ihm zu vertrauen. Mit anderen Worten: Sowohl in der alltäglichen wie auch in der nichtalltäglichen Wirklichkeit arbeiten wir mit einem Wissen, das auf unseren persönlichen Erfahrungen beruht.

Ein Student hat das einmal so ausgedrückt: »Die Erfahrung, dass Tiere Wissen, Weisheit und Intelligenz besitzen, war neu für mich. Und ich habe herausgefunden, dass Tiere mich Dinge lehren konnten, wie ich es in keiner anderen spirituellen Disziplin erlebt habe.«

Im Schamanismus sollte jeder seine eigenen Erfahrungen in der nichtalltäglichen Wirklichkeit machen und für sich selbst herausfinden, ob er sich auf seine Erlebnisse und die Antworten, die er erhält, verlassen kann.

Aufbruch in die Untere Welt

Die meisten Erwachsenen haben oder hatten erfahrungsgemäß einmal spirituelle Unterstützung, doch in der westlichen Kultur sind sich viele Menschen dessen nicht bewusst. Und schon gar nicht wissen sie über ihre tierische Erscheinungsform Bescheid. Die Westler, deren Berichte in die Celestia-Study eingegangen sind, kannten dagegen ihre persönlichen Krafttiere in der Unteren Welt und hatten im *Weg des Schamanen* darüber gelesen.

In jenem Buch[9] habe ich mich bereits mit den Orten befasst, die die indigenen Schamanen als Startplätze für ihre Reisen in die Untere Welt nutzen, deshalb werde ich mich hier kurz fassen. Die Örtlichkeiten, die ich an dieser Stelle erwähne, haben sich sowohl für indigene Schamanen als auch für Westler bewährt. Weitere nenne ich im Anhang B.

Geeignete Ausgangspunkte sind zum Beispiel bestimmte Erdlöcher, Höhlen, Quellen oder Vertiefungen im Boden, Seen, Meeresbuchten, Bäume mit einem Loch (durch das man in den Baum kommen und von da aus absteigen kann), Wasserstrudel und die Wasseransammlung am Fuße von Wasserfällen (beziehungsweise ein Eingang dahinter).

Welcher Ort auch immer gewählt wird, er muss der Mittleren Welt angehören und dem Reisenden aus eigener Anschauung bekannt sein. In der nichtalltäglichen Wirklichkeit sehen viele Plätze gleich aus, was aber nicht bedeutet, dass sie identisch wären. Entsprechend wichtig ist es, dass man nicht einfach die Augen schließt und sich irgendeine Höhle oder sonst einen x-beliebigen Startplatz vorstellt, sondern man muss sicher wissen, dass es den Platz in der Mittleren Welt gibt und wo er sich genau befindet. Anderenfalls besteht die

Gefahr, dass man seine Reisen in die Untere Welt nicht verlässlich nachvollziehen und kartieren kann.

Erdlöcher

Für Reisen in die Untere Welt sind Löcher in der Erde oft genutzte Ausgangspunkte. Wenn man eine Tür kennt, die in einen Keller führt, dort aber noch nie die Treppe nach unten gegangen ist, kann man auch das als Ausgangspunkt nehmen, weil es einen Übergang vom Bekannten zum Unbekannten darstellt. C. G. Jungs Doorway-Technik, seine berühmte Reise durch den Keller, stellt eine Parallele zur schamanischen Methode des Abstiegs in die Untere Welt dar.[10] Doch für die meisten Westler verspricht eine Höhle oder eine Öffnung in der Erde im Allgemeinen mehr Erfolg.

Seen oder Buchten

Die Schamanen der indigenen Völker im Norden Kaliforniens stiegen manchmal durch einsame Bergseen ab, die sie schon einmal besucht und an denen sie sich schlafen gelegt hatten.[11]

Reisen, um einem Tier zu begegnen

Zwar kann man in der Unteren Welt auch menschliche Spirits finden, doch scheinen Tiergeister dort üblicher zu sein.[12] Um den Westlern ein baldiges Erfolgserlebnis zu ermöglichen, lassen wir sie ihre erste Reise oft antreten, bloß um ein Tier zu treffen, ein beliebiges Tier, ohne irgendeine weitere Aufgabe. Hier ein Beispiel.

Die Pferdetänzerin

Nach Verlassen der dunklen Höhle fand ich eine weitläufige Landschaft vor, die in so helles Licht getaucht war, dass es mich schon beinahe blendete. Dann stand ich vor einer goldenen Ebene voller Salbeisträucher. Ich ging einen Abhang hinunter und auf eine offene Koppel mit mehreren weißen Pferden zu. Als ich mich ihnen näherte, schien eines meine Aufmerksamkeit erregen zu wollen. Wir schauten einander in die Augen, und daraus ergab sich schnell eine intensive, fast hypnotische Verbindung.

Dann fingen wir an zu tanzen, kraftvoll und dynamisch. Die weiße Stute schüttelte wild ihre Mähne, hob die Vorderläufe an und ließ sie wieder auf den Boden hämmern. Manchmal waren ihre Vorderläufe so hoch, dass sie viel größer wurde und weit über mir aufragte. In diesen Momenten wirkte ihr Kopf fast wie das Gesicht einer Frau, aber von magischer Erscheinung. Ihre Mähne wurde zu wuscheligem weißem Haar und ihr Gesicht zum attraktiven Gesicht einer jungen, schönen Frau.

Ich weiß nicht, wie lange wir miteinander tanzten. Als ich müde war, wollte ich zunächst aufhören, dann aber lieber auf ihr reiten. Zunächst schien sie mir diesen Wunsch nicht erfüllen zu wollen, doch als ich hartnäckig blieb, beruhigte sie sich schließlich und kam auf mich zu. Bevor ich aber auf ihren Rücken steigen konnte, hörte ich das Trommelsignal zur Rückkehr in die Mittlere Welt. Der Ritt würde ein anderes Mal stattfinden müssen.[13]

Diese Beschreibung zeugt von der oft mythischen Natur schamanischer Reisen. In diesem Fall wird das Gesicht des Pferdes zu dem einer »jungen, schönen Frau«. In den Stammeskulturen wissen die Schamanen um die Fähigkeit der Tiergeister, ihre menschliche Seite zu offenbaren. Zum Teil ist das auch ein Grund dafür, dass man von »Tiermenschen« spricht und Tier und Mensch oft mythisch miteinander vereint sind. Der Bericht ist auch ein Beispiel für die Lebendigkeit dieser Erfahrung, denn die Reisende war nach dem Tanz mit der Stute müde. Hier zeigen sich also sowohl das Mythische als auch das »Handfeste« dessen, was man auf einer schamanischen Reise erleben kann.

Den Wolf reiten

Bei der folgenden Anfängerreise, die nur das Ziel hatte, einem Tier zu begegnen, hoffte die Betreffende, einen Adler zu treffen. Stattdessen stieß sie auf einen Wolf, was sie »vollkommen überraschte«, wie sie sagte. Solche Begegnungen mit dem Unerwarteten sind typisch für das schamanische Reisen und mit ein Grund dafür, dass sich Menschen, die darin erfahren sind, nicht mehr sorgen, ob sie sich das Erlebte womöglich nur »einbilden«. Denn ihnen ist klar geworden, dass sich viele der Mysterien des Schamanismus nicht mit normalen psychologischen Begriffen erklären lassen.

Der nun folgende Bericht wurde mittels simultaner Erzählung (Informationen darüber finden Sie ab Seite 344) während der Reise aufgenommen. Der Ausgangspunkt in die Untere Welt, für den sich die Studentin entschieden hatte, war ein Teich in einer hügeligen Region im Norden des Bundesstaates New York.

Ich habe das Band gestartet und höre die Trommeln. Ich liege auf dem Fußboden und versuche mich zu entspannen ... Noch passiert nicht viel ... Ich blicke in den Froschteich, ... bevor ich beschließe reinzugehen ... winzige Fröschlein, kaum erst geschlüpft ... Jetzt hab ich die Füße im Wasser ... das ist irgendwie unheimlich. Jetzt bin ich mit dem ganzen Körper drin ... das erste Gefühl: Ich stecke bis zum Hals im kalten Wasser ... Ich beschließe, ganz einzutauchen.

Zwischen den Felsen da unten ist eine Lücke. Irgendwie kriege ich meinen Körper da durch und über mir ist Wasser ... ich fühle mich entspannt, richtig locker. Mir ist, als würde ich in einen Durchgang hineingezogen. Aber es ist sehr hell. Viel Licht, obwohl ich mich unter Wasser befinde. Und atmen kann ich auch ganz leicht. Es ist fast so, als wäre die Trommel auch Wasser, so wie sie schlägt.

Ich bewege mich so schnell ... Ich höre Wölfe, kann sie aber nicht sehen, sie sind wohl noch sehr weit weg.

Ich sehe ein großes haariges Tier. Es ist ganz schwarz. Mir ist jetzt sehr heiß. Es ist, als würde ich mich durch den Tunnel bewegen, aber ich sehe diesen schwarzen struppigen Hund – nein, es ist ein Wolf. Er hält den Kopf in die Höhe ... mir ist sehr heiß. Er reckt den Kopf, als würde er den Mond ansingen.

Da, wo ich jetzt bin, ist es sehr dunkel. Es ist Nacht. Ein offenes Gelände. Das ist eigentlich komisch, denn ich kann mich nicht erinnern, den Tunnel verlassen zu haben. Er hat sich einfach zu diesem Gelände erweitert, wo viel Schnee liegt. Viele Sterne. Es ist riesig, gewaltig, kein Horizont. Wegen der vielen Sterne ist es sehr hell, und da ist dieser schwarze Wolf ... seine Augen sind gelb und jetzt schaut er mich an. Ich sehe ihn auch an, er schaut zurück, wir bewegen uns nicht. Ganz tief in meinem Bauch spüre ich etwas, vielleicht Angst. Er hat die Zunge heraushängen und sieht mich nur an. Die Sterne sind sehr hell. Es ist, als würden wir einander hypnotisieren. Ich kann mich nicht richtig bewegen. Ich spüre das Adrenalin durch meinen Körper strömen, als hätte ich Angst, und weiß auch, dass ich Angst haben sollte. Seine Augen sagen nur: »Ich gehöre hierher.« (Ich oder der Wolf? Bin mir nicht sicher.)

Mit der Schnauze zeigt er mir, dass ich in die Sterne schauen soll. Ich soll mir eine bestimmte Konstellation anschauen ... ich glaube, die Plejaden. Diese Sterne habe ich letzten Sommer gesehen, in Peru. Die Trommeln scheinen meine Begleitung zu sein. Einsam fühlt es sich hier an, aber der Wolf ist ja da.

Ich habe das Gefühl, er zu sein. Dass ich der Wolf geworden bin, der sich die Sterne anschaut. Da ist diese ganze offene Weite und ich fange an zu rennen. Ich spüre den Wind in den Ohren ... sehr schnell ... ich bewege mich sehr schnell, meine Beine jagen dahin. Es ist fast so, als wäre der Schnee ganz hart, er gleitet richtig unter mir weg, gibt nicht nach. Ich bewege mich sehr, sehr schnell ... sehr, sehr schnell. Fast so schnell, als würden wir (ich) fliegen ...

Jetzt reite ich auf dem Wolf, der Wolf nimmt mich mit und wir fliegen.

Wir fliegen, ich zittere am ganzen Leib, so kalt ist mir. Ich friere, es ist sehr, sehr kalt. Ich reite auf dem Rücken des Wolfes. Mein Körper zittert, und es fühlt sich so an, als würde er mich zu einem Stern bringen. Es wird hell, sehr, sehr hell. Große Schwester ... Ich weiß nicht, wo das ...

Große Schwester Stern, Bruder Wolf, Schwester Stern. Wir sind jetzt auf einem Hügel auf einer anderen Ebene. Es ist immer noch Nacht, wir sind immer noch im offenen Gelände. Jetzt sehe ich einen weißen Wolf ... ums Maul herum sehr schwarz, eine rosa Zunge. Ich glaube, es ist eine Wölfin. Sie ist sehr schön. Sie möchte sich uns anschließen und mit uns laufen ... Wir laufen zusammen, ich immer noch auf dem Rücken des männlichen Wolfes. Wir sind jetzt in der nächsten Runde und kommen näher ... näher und näher an ... an einen Gipfel heran und darüber hinweg. Wir springen über einen großen Gletscher. Sie sind zusammen, sie spielen, wir alle spielen im Schnee. Das ist schön. Die Sterne sind prächtig. Bewegen sich sehr schnell. Das Trommeln scheint jetzt langsamer zu werden, die Trommeln sind da. Ich verstehe es nicht: Die Trommeln sind jetzt sehr, sehr langsam. Wir bewegen uns viel, viel schneller.

Puh! Eine Sternschnuppe ist gerade aus dem Himmel gefallen wie ein Komet. Ist gerade am Horizont niedergegangen. Es ist sehr hell. Also gehen wir darauf zu. Es ist sehr hell. Es ist ein Kristall! Ein Kristall ist in den Schnee gefallen.

Der Stein ist ganz klar und durchsichtig. Mitten drin ist ein Gesicht. Ich schaue mir den Stein an. Da ist ein ... braunes Gesicht mit zwei mandelförmigen Augen ... Er schaut ...

O, jetzt hab ich's! Es ist so, als würde ich von unten durch Eis schauen. Ich war unter dem Eis unterwegs und muss jetzt den Ausgang finden, das Loch. Und sein Gesicht sieht auf mich herab und fängt an abzusplittern. Und es stellt eine Öffnung für mich her. Es ist ein Fischer, einer, der angelt. Ich krabbele aus dem Loch. Ich war es also, die da unten gefangen war. Ich muss wohl die ganze Zeit in dem Tunnel gewesen sein, aber es fühlte sich an wie ein offener Raum.

Jetzt ist helllichter Tag. Es ist wie in der Tundra, und da ist ein Schlitten. Und ein Mensch, vielleicht ein Eskimo, der da gefischt hat. Er oder sie schaut mich an und wir sehen einander nur an. Sehr dunkle braune Augen. Und er spricht mit mir, aber ich verstehe nicht, was er sagt. Ich weiß nicht, wer das ist ... Ich versuche, ihm von meinem Freund, dem Wolf, zu erzählen, und er nickt mit dem Kopf, als wüsste er, wovon ich rede ... er lacht, er lacht.

Er übernimmt die Führung und ich esse ein bisschen Fisch. Er schmeckt köstlich. Aber jetzt muss ich gehen. [Sie hat das Rückrufsignal gehört.] Ich bedanke mich bei ihm ... also gehe ich zu dem Loch zurück und springe rein und komme zurück. Es fühlt sich an wie ein langer Weg, als wäre ich durch die Mitte der Erde gefallen und ... ich schlängele mich nach oben. Jetzt komme ich durch die Felsen. Sie sind glitschig und braun und golden. Und ich schlüpfe zwischen ihnen hindurch. Ich sehe die Froscheier. Die Froscheier sind noch da. Kaulquappen schwimmen umher … und ich komme aus dem Wasser und setze mich an den Rand des Ufers.[14]

Das war ihr Kommentar unmittelbar nach der Reise:

> *Ich fühle mich wie verbunden … mit irgendwelchen alten Vorfahren irgendwo. Der Wolf war sehr schön. Seine Augen. Und der Fisch war großartig, roher Fisch. Ich hab ihn richtig geschmeckt. Es fühlte sich an, als ginge alles ganz schnell. Am ganzen Körper war mir kalt und ich hab Angst verspürt, aber irgendwie war es auch heiß. Viele extreme Temperaturunterschiede. Besonders deutlich waren der Wolf, die Augen, der Kristall, das Gesicht darin, dann wie ich durch das Eis hinaufschaute und … herauskam, sah, dass es sehr hell war. Mir war, als wäre ich die ganze Zeit über unter dem Eis gewesen, aber ich habe ein Universum gesehen … aus Sternen. Das war merkwürdig, denn von den Fröschen zu dem Wolf schien es sehr schnell zu gehen. Es war, als wäre ich nur um ein paar Felsen herumgegangen und schon wäre ich da gewesen! Den Wolf habe ich praktisch sofort gesehen, und da waren auch die Sterne, die waren da, und es war so, als hätte es sich eben gerade geöffnet und ich war sofort da draußen. Am lebendigsten waren die gelben Augen des Wolfs und die schwarzen Augen in dem Gesicht, dem Eskimo-Gesicht. Ich zittere. Habe Schüttelfrost.*

Bemerkenswert an dieser Reise ist unter anderem, dass die Frau nicht nur etwas sah, sondern auch spürte (Hitze und Kälte, die schlüpfrigen Felsen), hörte (die Wölfe) und schmeckte (den Fisch). Auch konnte sie unter Wasser atmen.

Dann wurde sie eins mit dem Wolf, eine klassische schamanische Erfahrung, die für die Interaktion mit dem Schutzgeist beziehungsweise dem Krafttier charakteristisch ist. Einen weiteren Hinweis darauf, dass es sich um einen hilfreichen Tiergeist handelte, bekam sie dadurch, dass sie auf ihm reiten durfte.

Ihre spontane Verschmelzung mit dem Wolf ist ein Beispiel dafür, dass selbst Anfänger, naive »zivilisierte« Reisende, völlig unerwartet und sehr schnell in die mythische Realität eintreten können, die den indigenen Schamanen seit Urzeiten bekannt ist. Eliade schreibt: »Jedes Mal, wenn ein Schamane in den tierischen Seinszustand übertritt, stellt er gewissermaßen die Gegebenheiten wieder her, die *in illo tempore* existierten, in der mythischen Zeit, als es noch keine Trennung zwischen Mensch und Tier gab.«[15] Ein weiterer Hinweis auf ihren veränderten Bewusstseinszustand ist die Beobachtung »Das Trommeln scheint jetzt langsamer zu werden ...«. In der alltäglichen Wirklichkeit war das Trommeln vom Band die ganze Zeit über konstant und wurde kein bisschen langsamer.

Wie viele Schamanen auf der ganzen Welt hat auch sie entdeckt, dass der Bergkristall einem beim schamanischen Sehen behilflich sein kann. Außerdem gewinnt sie einen Eindruck von der verborgenen Kosmologie der nichtalltäglichen Wirklichkeit, zum Beispiel, dass es in der Unteren Welt Sterne gibt und dass sie an einer anderen Stelle durch ein Loch in die Mittlere Welt zurückkehren kann (in diesem Fall das Loch, das der Eskimo beziehungsweise Inuit ins Eis geschlagen hat) und dann von dort aus zu ihrem ursprünglichen Einstieg in die Untere Welt. Auch diese Dinge sind den Stammesschamanen wohlbekannt. Insbesondere die letztgenannte Technik – durch einen See oder ein Wasserloch runterzugehen, um durch den Tunnel parallel zur Mittleren Welt zu reisen und dann durch eine andere Öffnung in die Mittlere Welt zurückzukommen, womit sich große Entfernungen überwinden lassen – ist unter Schamanen in Australien und Kalifornien weitverbreitet und selbst aus den Überbleibseln des schamanischen Wissens im keltischen Schottland bekannt.

Divinationsreisen zu einem Tier

Ein entscheidender Unterschied zwischen Schamanen und den meisten anderen Menschen besteht darin, dass die Schamanen über verlässliche Methoden verfügen, verborgenes Wissen anzuzapfen, das Antwort auf Fragen gibt und Probleme löst. Deshalb besteht eine ihrer wichtigsten Aufgaben darin, den Menschen bei der Beantwortung von Fragen – oft sind es Lebensfragen – behilflich zu sein.

Diese Arbeit ist unter dem Begriff der Divination bekannt und bezieht sich auf geheimes (»okkultes« von lat. occultus – verborgen) Wissen, das den Menschen normalerweise nicht zugänglich ist. Selbstverständlich ist die nichtalltägliche Wirklichkeit nicht wirklich »geheim«; man muss nur wissen, wie man Zugang zu ihr findet. Diese Arbeit verrichten Schamanen für ihre Angehörigen, für Freunde, Fremde oder einfach auch für sich selbst. Die für Schamanen wahrscheinlich charakteristischste Methode der Divination ist die Reise in die nichtalltägliche Wirklichkeit, um Antworten auf Fragen zu erhalten. Hier einige Beispiele von Reisen, die Anfänger unternommen haben, um Tiergeistern Fragen zu stellen.

Die Frage, die die Reisende im ersten Beispiel stellt, scheint ganz einfach zu sein, doch die Frau erhält darauf eine Antwort, die weit mehr Weisheit beinhaltet, als sie erwartet hatte.

Ich reiste durch ein Loch in einem Ameisenhaufen nach unten, weiß ich noch, und kam ziemlich schnell in der Unteren Welt an. Als ich dort auftauchte, stand am Eingang ein Damtier (ein Weibchen der Gattung Damhirsch, Anm. d. Ü.). Es war wunderschön. Ich stellte ihm meine Frage: »Wo soll ich leben?«

Es drehte sich um und begann, einen Pfad hinabzulaufen. Ich rannte hinterher, konnte aber nicht mit ihm Schritt halten. Hinter mir erschien ein Damhirsch, der mich auf seinen Rücken hievte. Ich befand mich inmitten einer großen Gruppe von Geweihträgern, die alle zusammen unterwegs waren. Sie brachten mich in den Wald und zeigten mir allerlei, dessen ich aber nur wenig erinnere. Der Hirsch sagte, ich müsse zu leben lernen wie ein Damhirsch – was ich gezeigt bekam, waren verschiedene Szenen aus dem Hirschleben. Woran ich mich noch erinnere, ist ein Kitz, das in einem Nest aus Gras lag; und irgendwann hatte ich auch das Gefühl, dass Jäger auf uns schossen.

Schließlich rannten wir einen Hügel hinauf. Oben war ein Häuschen, aber es war so dunstig, dass ich es kaum erkennen konnte.

Da ich Angst hatte, ich könnte einschlafen, bat ich den Hirsch, mich auf der Reise wach zu halten. Er griff nach seinem Geweih und setzte es mir auf den Kopf. Dann begann ich einen Hirschtanz, und das sehr energisch.

Die Herde fing wieder an zu laufen, aber diesmal rannte ich mit. Mein Körper veränderte sich, ich war jetzt halb Hirsch, halb Mensch. Das schnelle Laufen fiel mir überhaupt nicht mehr schwer. Es fühlte sich sehr befreiend und irgendwie berauschend an.

Schließlich kamen wir wieder zum Häuschen auf dem Hügel. Jetzt konnte ich es genau erkennen. Es war eine kleine, mit Tierhäuten gedeckte runde Hütte, möglicherweise eine Jurte. Der Hirsch wies mich an hineinzugehen, zuerst aber setzte er mir erneut sein Geweih auf (zu der Zeit war ich bereits wieder ganz

Mensch) und legte mir eine Art Cape um. Es bestand aus Fell, Tierhäuten und Geweih- oder Hufstücken. Es fühlte sich ganz besonders an, wie ein Zeremonialgewand. Dann wurde ich in das Zelt geschickt.

Drinnen saß ein sehr alter Mann auf dem Fußboden. Er sah aus wie ein Schamane. Er hatte ein schmales Gesicht mit asiatischen Zügen. Auch er trug ein Geweih auf dem Kopf. In einer Hand hielt er eine Schamanentrommel und gab mir ein Zeichen, dass ich hindurchgehen möge. Ich steckte meinen Kopf in den Tunnel der Trommel. Dort war es sehr dunkel – ich bekam Angst, zog den Kopf heraus und verließ das Zelt. Eine Zeit lang war ich mit dem Damwild unterwegs (Genaueres weiß ich nicht mehr), ging dann aber wieder zum Zelt zurück und trat ein. Dieses Mal ging ich bereitwillig durch die Trommel. Der Tunnel war sehr dunkel und schmal. Das Atmen fiel mir schwer. Schließlich schaute mein Kopf am anderen Ende raus. Da war es wunderschön – wie im Himmel. Da war ein See mit Weiden drum herum. Gruppen von gut gekleideten Menschen gingen lächelnd am See spazieren.

Ich versuchte, aus der Trommel herauszukommen, um diese neue Welt zu erkunden, stellte aber fest, dass mir der Schamane ein Seil um die Taille gebunden hatte, damit ich mich nicht zu weit entfernen konnte oder um sicherzustellen, dass ich zurückkam. Ich ging durch den Tunnel zurück, und als ich am anderen Ende herauskam, bemerkte ich, dass ich noch ein Seil um die Taille hatte – es verband mich mit der Trommel und war aus Gold. Wie mir der Schamane erklärte, sollte es mir ermöglichen, jederzeit in diese andere Welt zurückzukehren.

Ich ging wieder zu den Hirschen. Sie brachten mich an verschiedene Plätze und zeigten mir vieles. (Da ich jetzt ziemlich benebelt war, kann ich mich nur an ganz wenige Details erinnern.) Immer wieder fragte ich sie, wo ich denn nun leben solle, aber sie gaben mir keine Antwort. An einem bestimmten Punkt zeigten sie mir in der Ferne so etwas wie eine Fabrik mit Schornsteinen – sehr schmutzig. Der Hirsch sagte, ich müsse das erst reinigen. Das machte mich traurig.

Da kam ein Adler vorbeigeflogen und packte mich an den Haaren. Wir flogen und flogen über ganz verschiedenartige Landschaften. Ich fragte den Adler, ob er mir mein Zuhause zeigen wollte. Und er sagte, das alles sei mein Zuhause.

Dann wurde ich von der Trommel zurückgerufen.[16]

Die Reisende erhielt hier nicht nur die Antwort auf ihre Frage, sondern bekam zusätzlich einiges beigebracht. Zunächst ging ihr ein Damtier voraus, dann wurde sie von einem Hirsch getragen und belehrt. Da ihr beide behilflich waren, kann auch dies eine Lehre gewesen sein, und bei den Tieren, die ihr halfen, handelte es sich womöglich nicht einfach um ein männliches und ein weibliches Exemplar, sondern um den Geist oder Herrengeist des Damhirsches. Nähere Klärung können der Frau weitere Reisen bringen.

Dass ihr gesagt wurde, sie solle wie ein Damhirsch leben, und sie Zeugin der Bedrohung dieser Tiere wurde, könnte eine ökologische Botschaft im Hinblick auf ihr künftiges Zuhause darstellen, genau wie die »sehr schmutzige« Fabrik. Ihre Initiation: Sie wurde eins mit dem Tier (in diesem Fall dem Damhirsch), lernte den Hirschtanz und bekam ein Hirschkostüm inklusive einem Geweih als Kopfschmuck, ähnlich wie es die Schamanen in Sibirien und der Mongolei manchmal tragen (was sie jedoch nicht wusste). Ihr war klar, dass es sich um ein zeremonielles Gewand handelte. Wenn man während der Reise ein solches Kostüm erhält, bedeutet das normalerweise, dass man sich eine Nachbildung davon herstellen und es für die schamanische Arbeit in der alltäglichen Wirklichkeit nutzen soll – als Zeichen der Ehrerbietung gegenüber den Geistern, die es einem verliehen haben.

Dann wurde sie in die Schamanenhütte geführt (der Mann hatte eine Trommel und trug ebenfalls ein Geweih). Er unterwies sie in einer Methode des schamanischen Reisens, nämlich der, durch die Trommel hindurchzugehen. Für die Reisende war diese Erfahrung so real, dass sie in dem Tunnel nur schwer atmen konnte. Als sie herauskam, befand sie sich in etwas, was ihr beinahe wie der Himmel vorkam und was sie gern näher erkundet hätte.

Das ging aber nicht, weil ihr der Schamane eine Schnur um die Taille gebunden hatte. Erstaunlicherweise ist das genau die Technik, die bei den sibirischen Stämmen eingesetzt wurde, um sicherzustellen, dass Schamanen von ihren Reisen zurückkehrten. Und auch dieses Detail war der Frau zuvor unbekannt. Deshalb ist dies ein gutes Beispiel dafür, dass uns die genauen uralten schamanischen Techniken in der nichtalltäglichen Wirklichkeit immer wieder unabhängig vom jeweiligen kulturellen Hintergrund gelehrt werden. Da die Frau diese spezielle Methode gezeigt bekam, sollte sie wahrscheinlich lernen, mit dem Seil zu arbeiten, wenn sie die Trommel durchschritt, um in diesen »Himmel« vorzudringen.

Alles, was sie gezeigt bekam oder erhielt, kann als eine Antwort auf ihre Frage »Wo soll ich leben?« verstanden werden. Sie soll im Verbund mit dem Damwild leben; in der Hütte des Schamanen; sie soll durch die Trommel leben; sie soll im Himmel hinter der Trommel leben; sie soll an verschiedenen Orten (»viele verschiedene Landschaften«) leben; sie soll in der Nähe einer schmutzigen Fabrik leben. Sie sei überall zu Hause, wie der Adler am Ende ihrer Reise sagte. Und das ist das wahrhaft schamanische Verständnis von »zu Hause«. Schamanen sind überall beheimatet.

* * *

Die Frage der nächsten Reisenden lautete: »Wie kann ich meine Angst vor der Kraft transformieren?«. Die Reisende sprach ihre Erlebnisse während der Reise laut heraus; das wurde auf Tonband aufgenommen.

Ich renne in die Höhle. Komme zur ersten Leiter und eile sie Stufe für Stufe hinab. Dann mache ich einen Schritt zur Seite. Beeile mich, die nächste Leiter runterzukommen. Schließlich bin ich ganz unten.

Ich laufe in die Dunkelheit. Vor mir sehe ich den Teich, halte mir die Nase zu und springe mit den Füßen voran hinein. Ich falle, taumele, falle. Falle, rolle mich zusammen, taumele.

Mit den Füßen voran lande ich auf einem Felsvorsprung in der Unteren Welt. Da ist der Grizzlybär und begrüßt mich. Ich frage ihn: »Wie kann ich die Angst vor der Kraft transformieren?«

Er greift mit seiner Tatze nach mir und springt vom Felsgrat. Ich bin ganz nah an seiner Brust. Wir überschlagen uns und stürzen in die Schlucht. Wir sind im freien Fall. Überschlagen uns und stürzen in die Schlucht. Wir landen auf einer Wiese. Der Grizzly lässt mich los und läuft durch das Gras.

Er führt mich in ein Becken mit Treibsand. Hat seine Tatze in meiner Hand. Ich habe Angst. Wir stecken bis zum Hals im Treibsand. Sand bedeckt unsere Köpfe. Alles ist dunkel. Ich spüre nur die Kraft des Bären. Mit beiden Händen greife ich nach seiner Tatze. Alles ist so nah. Mein Herz schlägt laut. Der Grizzly will mir seine Tatze entziehen, aber ich halte sie fest. Ich sage: »Nein, mach das nicht, lass nicht los.«

Aber er zieht die Tatze weg und von allen Seiten stürzt der Treibsand auf mich. Jetzt verstehe ich: Ich kann hier so lange bleiben, wie ich will.

Ich mag nicht mehr. Ich kämpfe mich an die Oberfläche und zurück in den Teich. Ich befinde mich in tiefem Wasser. Am Ufer sehe ich den Grizzly, er hält sich den Bauch und lacht laut.

»Was willst du mir damit sagen?«, rufe ich ihm zu.

Er antwortet, ich könne so viel Angst haben, wie ich wolle; ich könne mich einschließen lassen, solange es mir Spaß mache; und wenn ich genug von dieser Situation hätte, könne ich mich daraus befreien wie aus dem Treibsand.

Ich bewege mich auf den Bären zu. Er lacht nicht mehr, lächelt nur noch.

Wieder nimmt er mich unter seine Tatze und rennt auf drei Beinen. Wir kommen zu einem Felsgrat. Er hält blitzschnell an und wirft mich drüber. Ich höre, wie er in wildes Lachen ausbricht.

Ich falle, falle, falle, falle. Die Farben verändern sich. Ich bin allein. Aber das macht mir nichts aus. Ich befinde mich im freien Fall. Die Luft ist sauber. Schön kühl. Ich falle in eine Wolke. Es ist immer noch warm. Ich ruhe mich auf der Wolke aus.

Am Himmel sehe ich einen Fleck. Er wird größer. Es ist der Grizzlybär. Er hat sich fest zu einem Ball zusammengerollt. Landet direkt auf meiner Körpermitte, lacht laut und nimmt mich bei der Hand. Wir fliegen dem Horizont entgegen. Ich frage den Bären, wo wir hinwollen.

»Auf die nächste Stufe der Angst«, antwortet er.

Ich bin mir nicht sicher, ob ich das will.

Er sagt: »Du hast gefragt, also gib jetzt nicht auf.«

Wieder verändern sich die Farben. Er hält mich jetzt vor seinem Bauch. Eng zusammengerollt landen wir am Rand eines Felsens. Jetzt tanzen wir eine glühend heiße Felswand hinab. Flammen fressen uns auf. X und seine Freunde sind hier. Der Bär und ich verbrennen. Wir beide sind Skelette, aber die Knochen brennen nicht. Ich bemerke, dass der Grizzly jetzt nicht mehr lacht. [Sie lacht.] Ich finde das lustig.

Er sagt: »Du lachst oft, wenn du eigentlich Angst hast. Für dich ist Lachen sowohl eine Medizin als auch ein Schutzschild. Bring mich nicht dazu, es zu durchdringen, wenn du noch nicht so weit bist.«

Die Flammen sind weg. Mir ist kalt. Da ist ein Feld voller Knochen. Meine Knochen und die des Bären laufen Hand in Hand über diese rote Knochenwüste, die die Farbe des Sonnenuntergangs hat.

Der Grizzly sagt, von diesem Moment an solle ich meine Ängste nicht mehr ignorieren. Und dass ein Teil meiner Ängste in den Knochen meiner Vorfahren begraben sei.

Er gibt meinen Knochen eine Schaufel und fordert mich auf zu graben. Seine Knochen sitzen ganz in der Nähe, sie scheinen mich zu beobachten. Ich schaufle schneller, schneller, schneller. Die Menge an Dreck, der aus dem Loch fliegt, erheitert mich. Schaufeln, Dreck schaufeln. Tiefer, tiefer. Vom Grund des Loches aus blicke ich nach oben.

Der Grizzly beugt sich über den Rand und beobachtet mich. »Tiefer!«, ruft er.

Da ich den Schmutz nicht mehr aus dem Loch herausschaufeln kann, fange ich an zu buddeln. Ich bin wie ein Maulwurf, grabe mich tiefer, tiefer, tiefer ins Herz von Mutter Erde.

Auf dem Grund des Lochs finde ich ein rotes schlagendes Herz. Das Schlagen ist ganz gleichmäßig. Ich liege mit dem Gesicht auf dem Herz. Während ich lausche, wird der Herzschlag stärker, schneller.

Ich frage das Herz: »Wie kann ich meine Angst vor der Kraft transformieren?« und bitte es, mir zu helfen.

Es faltet sich über mir zusammen. Ich liege im Inneren des Herzens. Werde vom Inneren Herz des Herzens umfangen. Von einer Ader in diesem Herzen werde ich durchflutet. Es ist emotional sehr bewegend, als ich Schlag für Schlag aus diesem Herzen heraus in eine Ader gepumpt werde. Schlag für Schlag. Hinab in den Fuß meines Verstehens.

Ich befinde mich immer noch in meiner Ader am Fuß. Bin im Gelenk meiner großen Zehe. Ich frage den Knochen meiner großen Zehe, ob ich wohl den Rückweg finde, denn ich bin sehr weit weg.

Der Knochen in meiner großen Zehe sagt: »Du bist viel weiter weg, als du denkst. Die Knochen deiner Ahnen sind in deinen Knochen. Die Befreiung von der Angst, die du anstrebst, wird von den Knochen deiner Ahnen und von deinen eigenen unterstützt. Jenseits ihrer nützlichen Alarmfunktion ist die Angst eine Vergeudung kostbarer, kostbarer Energie. Die Versorgung mit Kraft und Energie, die du erhältst, um den Sinn deines Lebens zu erfüllen, überschreitet dein Fassungsvermögen.

Allein die Tatsache, dass du Angst vor Missbrauch hast und oft darum bittest, dass deine Motive überprüft werden mögen, und dass du alles dem großen Geist übergibst, unserem Gott, der Sonne, unserem Zentralgestirn, dieses und jenes und auch das, was vielleicht nicht ausgesprochen wird, bedeutet, dass du dich mit deinem Anliegen weit von deinem ursprünglichen Weg entfernt hast. Nun wird aber alles neu ausgerichtet werden.

Hab keine Angst. Das sagt sich leicht. Etwas ganz anderes aber ist es, das in die Praxis umzusetzen. Deine Kopfschmerzen werden häufig dadurch verursacht, dass du mit den dich überfallenden Kräften und Informationen überfordert bist. Jetzt bin ich fertig mit dir. Geh zurück.«

Ich danke dem Knochen in meinem Zeh. Mag aber nicht zurückgehen. Vielleicht gehe ich zu dem Herzen zurück. Ich habe die Hände über dem Kopf. Von meinem Fuß aus folge ich der Ader in das Herz zurück, von dem mir jetzt klar ist, dass es meines ist. Ich frage das Herz, ob es noch andere Informationen für mich hat, was die Transformation meiner Angst vor der Kraft betrifft.

Der Bär sagt: »Mit deiner Angst schränkst du deine Kraft selbst ein. Wenn du bereit bist, die Verantwortung zu akzeptieren, die zusätzliche Kraft mit sich bringt, steht sie dir zur Verfügung.«

Im Nacken spüre ich ein Zucken. Ich bin jetzt bereit, von dieser Reise zurückzukehren. Das Herz sagt, ich könne durch das Loch zurück, durch das ich gekommen bin.

Ich komme langsam zurück. Ich kann jetzt nach oben schauen und sehe die Knochen des Grizzlybären, die mich beobachten. Ein Teil der Antwort, die ich auf dieser Reise erhalte, so wird mir klar, besteht darin, dass ich meine Angst so lange durchleben kann, wie ich möchte.

Ich höre das Trommeln, das mich zurückruft. Der Grizzly reicht mir seine Knochenhand. Wir laufen über das Knochenfeld zurück und den Felsen hinauf. Wir kullern und kullern und kullern. Jetzt fliegen wir auf den Rand des ersten Felsgrats zu.

Als wir dort stehen, bedanke ich mich bei dem Bären für seine Hilfe. Dann betrete ich den Tunnel. Ich komme durch den Teich, über die erste Leiter und die zweite, durch den Höhleneingang zurück in meinen Körper. Die Reise ist vorüber.[17]

Diese Reise weist eine Reihe klassischer schamanischer Aspekte auf. Sobald die Reisende dem Grizzlybären ihre Frage gestellt hat, beginnt dieser sofort mit der Antwort, indem er sie vielerlei angsteinflößenden Erfahrungen aussetzt: von Felsen springen, im Treibsand ertrinken, eine Felswand hinabgestoßen werden und bis auf die Knochen verbrennen. Die Reisende wird auf ihr Skelett reduziert, ganz so wie die sibirischen oder auch Inuit-Schamanen ihre Zerstückelung beschreiben (vgl. 11. Kapitel). Die Reisende findet heraus, dass sie diese Erfahrungen nicht nur überlebt, sondern dadurch auch Antworten auf ihre Frage erhält. Darüber hinaus erfährt sie, dass der Grizzlybär da ist, um ihr zu helfen und unmittelbar mental-verbal zu antworten.

Ferner entdeckt die Reisende, dass nicht nur das Tier antwortet, sondern auch das Herz und der Zehenknochen.

Dass sie ihr in der nichtalltäglichen Wirklichkeit behilflich sind, bedeutet, dass es auch helfende Geister für sie sind. Wenn sie zu einem späteren Zeitpunkt erneut Hilfe braucht, kann sie sich wieder an sie wenden.

Schließlich beginnt die Reisende auch zu erkennen, wie es die Schamanen überall auf der Welt getan haben, dass alles, selbst ein Knochen, lebendig und in der Lage ist, mit dem Schamanen zu kommunizieren. Zuletzt verhält die Reisende sich vorbildlich, als sie genau die richtige Route nimmt, sobald die Zeit zur Rückkehr gekommen ist. Auch diese Disziplin gehört zum schamanischen Reisen.

Die Antworten der Krafttiere verstehen lernen

Wie bereits erwähnt kann das Tier direkte Antworten geben – gedanklich oder verbal. Meist sind sie einigermaßen eindeutig. Oft aber antwortet das Tier auch mit Kopfschütteln oder Nicken beziehungsweise mit anderen Bewegungen. Geht es um Bewegungen von Kopf oder Körper, so ist die erste Bewegung gewöhnlich der Kern der Antwort.

Jemand, der noch keine Erfahrungen mit dem Reisen zum Zwecke der Divination hat, begreift oft nicht, dass eine solche Bewegung des Tieres bereits die Antwort enthält. So traf zum Beispiel ein Anfänger in der Unteren Welt auf ein Pferd und stellte ihm eine Ja-nein-Frage. Daraufhin scharrte das Pferd zweimal mit dem rechten Huf. In seiner Unerfahrenheit war der Mann sehr enttäuscht, weil er dachte, er hätte keine Antwort bekommen, und setzte seine Reise fort.

Das Pferd verschwand und kam kurz darauf wieder zurück. Diesmal war es wie ein Zirkuspferd mit reichem Federschmuck herausgeputzt und tänzelte ein wenig. Da sich der Reisende keinen Reim darauf machen konnte, zog er weiter. Wieder verschwand das Pferd. Als es anschließend erneut auftauchte, machte es Purzelbäume und andere Kunststücke. Der Reisende begriff immer noch nicht. Als er zurück war, teilte er mir mit, dass er keine Antwort erhalten habe, und zeigte sich sehr frustriert.

Ich erzählte ihm, dass im Allgemeinen das Erste, was das Tier sagt oder tut, schon die Antwort enthält, ob der Reisende sie nun versteht oder nicht. Da der Mann nicht begriffen hatte, dass das Pferd durch sein Hufscharren geantwortet hatte, ging dieses einen Schritt weiter und zeigte sich als Zirkuspferd. Beim nächsten Mal mit Kunststückchen. Dieser Reisende hatte auch da noch nichts verstanden, während einem anderen in dieser Situation vielleicht eingefallen wäre, dass Zirkuspferde oft darauf trainiert werden, durch Scharren mit dem Vorderhuf zu antworten. Aber man hatte ihm wahrscheinlich gesagt, er müsse die Körpersprache oder Signale des Pferdes lernen, wenn er die Antworten entschlüsseln wollte.

Viele erkennen die metaphorische Bedeutung der Körpersprache nichtalltäglicher Tiere sofort, auch ohne jede schamanische Ausbildung. Ein berühmtes Beispiel dafür ist der bekannte Wissenschaftler Friedrich Kekulé von Stradonitz, der Mitte des 19. Jahrhunderts die Struktur des Benzolmoleküls entdeckte und dadurch zum Vorreiter vieler großer Errungenschaften auf dem Gebiet der organischen Chemie wurde. Zuvor hatte Kekulé lange vergebens versucht, der Molekularstruktur von Benzol auf die Spur zu kommen, ein Problem, das damals viele Chemiker beschäftigte.

Einem Bericht über seine Entdeckung zufolge (es gibt verschiedene Versionen davon, aber fast alle drehen sich letztlich um eine Vision) war er im Jahr 1859 eines Abends allein zu Hause, als er in der Dunkelheit eine Schlange vor sich sah, die ihren Schwanz im Maul hatte, wodurch sich die Form eines Kreises ergab. Ihm war sofort klar, dass sich das Tier der

Körpersprache bediente, um ihm die Lösung mitzuteilen, die ihm bisher immer entgangen war: Das Benzolmolekül ist ringförmig gebaut. Als Ergebnis seiner Vision veröffentlichte Kekulé 1865 seine Theorie des Benzolrings. 1988 schließlich bestätigten Wissenschaftler vom kalifornischen IBM Almaden Reserch Center diese Theorie, als es ihnen mithilfe eines speziellen Mikroskops erstmals gelang, den Benzolring sichtbar zu machen.

In seinem fachkundigen Buch *The Art of Scientific Investigation* widmet sich der britisch-australische Pathologe William Ian Beardmore Beveridge[18] zahlreichen mittlerweile berühmten Entdeckern, die sich wochen-, monate-, ja sogar jahrelang mit einem Problem herumschlugen und nicht in der Lage waren, das verborgene Wissen zu entschlüsseln, das die Lösung barg.

Als sie ihre Suche schließlich (zumindest zeitweise) aufgaben, traten sie, sei es in der Straßenbahn, im Bus, in der Eisenbahn oder in einer sonst förderlichen Umgebung in einen anderen Bewusstseinszustand über – und mit einem Mal sahen sie die revolutionäre Lösung des Problems optisch vor sich oder nahmen sie auf eine andere Weise wahr. Vermutlich ist das kein Zufall, denn Straßenbahnen, Busse und Eisenbahnen geben monoton klopfende Geräusche von sich, die den Übergang in einen tranceartigen Bewusstseinszustand erleichtern – ähnlich wie die Schamanentrommel.

Vom Symbol zur Bedeutung

Da wir es nun schon einmal mit einer Reise zu tun hatten, die es erforderlich machte, die Körpersprache eines Tieres zu kennen, möchte ich kurz die schamanische Sichtweise von symbolischen Informationen erläutern, durch die uns die Krafttiere oft antworten.

Für die visuellen Symbole, denen Schamanen auf ihren Reisen begegnen, gibt es keine »offizielle« oder allgemein gültige Interpretation. Ihre Bedeutung muss jeder für sich herausfinden. Denn niemand ist dafür qualifizierter als der Reisende selbst.

Das heißt nicht, dass sich die Bedeutung eines Symbols unbedingt sofort erschließt, sondern nur, dass jede Antwort genau auf den Fragenden zugeschnitten ist. Die Spirits wissen alles über den Reisenden und beziehen dieses Wissen in ihre Botschaften und Ratschläge mit ein. Wenn es sich etwa um einen Psychoanalytiker freudscher Prägung handelt, nehmen sie darauf Rücksicht und bedienen sich einer Symbolsprache, die der Betreffende versteht. Desgleichen bei einem indianischen Schamanen vom Amazonas.

Angenommen, der Psychoanalytiker und der Amazonas-Schamane erhalten beide dieselbe Empfehlung. Damit sie beide symbolisch aufgefordert werden können, ein und dasselbe zu tun, müssen sie es auf unterschiedliche Art und Weise vermittelt bekommen, weil sie schließlich nicht demselben Kulturkreis angehören und nicht dasselbe Umfeld haben. Aber auch Menschen aus derselben Kultur, beispielsweise der westlichen »Zivilisation«, werden auf der Reise jeweils Unterschiedliches gezeigt bekommen, wenn dieselbe Antwort übermittelt werden soll, weil ja jeder Reisende seine eigene Geschichte und auch einen ganz persönlichen Bezugsrahmen hat, in den er die Symbole setzt. Mit anderen Worten: Für unterschiedliche Menschen haben gleiche Bilder wahrscheinlich unterschiedliche Bedeutung, insbesondere natürlich, wenn es sich um Angehörige extrem andersartiger Kulturen handelt.

Würde etwa einem nicht missionierten australischen Aborigine die Jungfrau Maria gezeigt wie einem Neapolitaner, also als Statue, in ein langes Gewand gehüllt und in einer

Kirche, würde das für ihn nicht dasselbe bedeuten wie für den italienischen Katholiken. Um dem Aborigine denselben Inhalt zu vermitteln, müsste das Bild zumindest ein bisschen anders aussehen. Vielleicht würde es sich um eine nackte ältere Aborigine-Frau handeln, die aussieht wie die australischen Vorfahren, aber genau weiß ich das auch nicht. Schamanen sehen mit dem Herzen und nicht bloß mit dem Verstand. Das heißt: Damit etwas in der nichtalltäglichen Realität für zwei Menschen dasselbe sein kann, muss es für sie im Herzen dasselbe sein, unabhängig vom äußeren Erscheinungsbild.

In der nichtalltäglichen Wirklichkeit müssen die Dinge also oft für verschiedene Personen unterschiedlich aussehen, damit sie für alle dasselbe bedeuten. Die Bilder, die wir von unseren Krafttieren und generell in der nichtalltäglichen Wirklichkeit erhalten, sind für jeden Einzelnen von uns immer genau richtig. Das ist die Vollkommenheit der direkten spirituellen Erfahrung, eine Gegebenheit, die die alltägliche Wirklichkeit eher selten auszeichnet.

Woher weiß nun aber der Schamane, wofür ein bestimmtes Bild steht? Ganz einfach: Er begibt sich auf die Reise und erkundigt sich danach. Das ist eine der vielen Stärken dieses Ansatzes, um zu verborgenem Wissen zu gelangen: Auf so einer Reise können Sie an jedem Rätsel arbeiten, und wenn es nötig ist, auch auf weiteren, und das so lange, bis Sie das Gefühl haben, eine adäquate Antwort erhalten zu haben.

Manchmal gibt das Krafttier direkte Antworten, sei es telepathisch, verbal oder über Körpersprache. Vielleicht dreht es sich aber auch einfach um, läuft davon und führt beziehungsweise trägt den Fragenden auf eine Reise, die ihm die Antwort zeigen wird. Und bei allem, was der Reisende dann zu sehen bekommt oder anderweitig erlebt, sollte er sich überlegen, inwiefern dies Teil der Antwort ist, nach der er sucht.

Buchstäbliche Antworten

Manchmal sollten die visuell übermittelten oder verbalen Antworten, die man erhält, nicht als symbolisch, sondern als wörtlich (also als eins zu eins im Wortsinn) verstanden werden. Wann dies der Fall ist, kann man durch Übung lernen. Dabei merkt man, dass mitunter selbst eine vermeintlich »abstruse« Antwort buchstäblich verstanden werden oder dies doch zumindest in Erwägung gezogen werden sollte, bevor man schlussfolgert, es handele sich um ein Symbol oder eine Metapher.

So berichtete zum Beispiel in einem meiner Workshops in Europa eine Frau, ihr Krafttier habe sie aufgefordert, in zehn Minuten die Straßenbahn zu nehmen, die in einen bestimmten Vorort fuhr. »Was soll das bedeuten?«, fragte sie mich. Und ich konnte ihr nicht anders antworten als mit den Worten: »Da Sie Ihre Reise vor fünf Minuten beendet haben, bedeutet es, dass Ihnen noch fünf bleiben.« Sie brach sofort auf.

Ich hatte das nicht als Scherz gemeint. Da die Frau keine symbolische Interpretation parat hatte und ihr nicht mehr genug Zeit blieb, eine weitere Reise zu unternehmen, die Klarheit gebracht hätte, konnte die schamanische Reaktion nur darin bestehen, dem Krafttier zu Ehren sofort zu tun, was es empfohlen hatte. Also begab sie sich unverzüglich zur Straßenbahnhaltestelle. Was sich daraus ergeben hat, weiß ich nicht, bin mir aber sicher, dass sie dadurch, dass sie die Straßenbahn genommen hat, ihre Antwort gefunden hat.

7

Der Schamanische Aufstieg: Geschichte, Folklore und Wissen

Ein weiter Weg zu gehen
ein langer Weg zu klettern
ein weiter Weg bis in den Himmel
Grizzlybär
erhebt sich
hoch hinter den Wolken
Spuren von Pfoten
bilden einen Kreis
im Himmel
ein weiter Weg zu gehen
eine weite Strecke zu erklimmen
ein weiter Weg bis in den Himmel
Feuer unter
diesem Haus
viele Feuer
diese Feuer
meine Ahnen
mein Volk
ein weiter Weg zu gehen
ein langer Weg zu klettern
ein weiter Weg bis in den Himmel

verstorbene Onkel
verstorbene Schamanen
sie geben mir zwei Rasseln
sie geben mir
dieses Lied
ich singe
ein weiter Weg zu gehen
eine weite Strecke zu erklimmen
ein weiter Weg bis in den Himmel

LIED DER SCHAMANEN AUS DEM VOLK DER TSIMSHIAN VON DER NORDWESTKÜSTE NORDAMERIKAS[1]

Zu den wichtigsten Aufgaben der Foundation gehört es, schamanisches Wissen und Wissen über schamanisches Heilen in den Westen zurückzubringen, wo es in den vergangenen zwei Jahrtausenden praktisch verschwunden war. Wie hatte es dazu kommen können? Bis vor ungefähr zweitausend Jahren lebten die meisten Menschen in Nord- und Mitteleuropa im Grunde ganz ähnlich wie viele der nordamerikanischen Indianervölker vor Kolumbus. Sie ernährten sich von der Jagd, vom Fischfang, großteils auch von der Landwirtschaft und lebten mit ihren Geistern und Schamanen zusammen. Dann kamen die Besatzer, und die Völker wurden im Namen der Kultur, zumeist einer mediterranen, insbesondere jedoch der römischen, in die Knie gezwungen.

Julius Cäsars Legionen beschleunigten diesen Prozess. In der klassischen Manier der »kultivierten« Eroberung zwangen die Römer den unterworfenen Völkern nicht nur ihre Zentralregierung auf, sondern auch ihre offizielle Staatsreligion. Die spätere Umwandlung Roms in ein »christliches Reich« leitete eine Entwicklung ein, die gewiss nicht im Sinne Jesu Christi war, von dem schließlich das Wort stammt: »So gebet dem Kaiser, was des Kaisers ist, und Gott, was Gottes ist.« Über das Steuerwesen gelang es der christlichen Staatskirche nun, beiden gerecht zu werden. Die kaiserlichen Kirchenstaaten Mittel- und Osteuropas hielten diese Praxis bis ins 20. Jahrhundert hinein aufrecht (der Begriff »Cäsar« hat sich im »Kaiser« und im »Zaren« erhalten). Was Cäsars Legionen nicht gelang, vollendete das »Heilige Römische Reich« gegen Ende des 17. Jahrhunderts mithilfe durchaus unheiliger militärischer und politischer Allianzen, die das Ziel verfolgten, ganz Europa zu dem einen wahren Glauben zu bekehren – egal, wie viele Opfer das fordern mochte. Als »Hexen«, »Zauberer« oder »Magier« stigmatisiert und verfolgt, wurden südlich des Polarkreises praktisch alle Schamanen ausgerottet – entweder von der »heiligen« Inquisition der katholischen Kirche oder militanten Protestanten.

In der Abgeschiedenheit des äußersten Nordens, jenseits des Polarkreises, wo sich der Einfluss von Kirche und Staat viel langsamer bemerkbar machte, versuchten einige Samen-Völker (auch Sámi oder Saami, früher »Lappen«), den klassischen Schamanismus am Leben zu erhalten – trotz mitunter gewaltsamer »Hexen«verfolgung (als solche wurden die Schamanen auch dort verunglimpft, siehe dazu mein Buch *Hallucinogens and Shamanism*[2]). Um sich vor den Autoritäten zu schützen, versteckten manche der Sami-Schamanen ihre Trommeln an schwer zugänglichen Orten und benutzten sie nur insgeheim. Denn wenn sie entdeckt wurden, drohten schwere Repressalien bis hin zur Todesstrafe, und die Trommeln wurden konfisziert oder zerstört.

Einige dieser Trommeln landeten schließlich in Museen. Außenstehende oder auch zum Christentum konvertierte Samen nennen sie bis heute oft noch »Hexen-Trommeln« – ein Überbleibsel der Verfolgung, die so lange noch gar nicht her ist. Bei traditionellen Samen heißt das Instrument dagegen »Zaubertrommel«.

Früher waren die Sami-Schamanen berühmt dafür, dass sie sich auf Reisen in andere Welten von ihren magischen Trommeln begleiten ließen und deren Felle mit Landkarten bemalten, die die Gefilde zeigten, die sie dabei aufsuchten. Fast alle bemalten Samen-Trommeln, die es in Museen zu sehen gibt, zeigen die beinahe-universellen drei Welten des Schamanen (Untere, Mittlere, Obere Welt) sowie die Geister und Gottheiten, denen die Samen dort jeweils begegneten (vgl. Abb. 6).[3]

Als ich hörte, dass die Trommel bei den Samen irgendwann verschwunden sein sollte, wollte ich mich selbst davon überzeugen. Anfang der Achtzigerjahre reiste ich deshalb zweimal nördlich des Polarkreises nach Finnland, Schweden und Norwegen.[4] Ich erfuhr, dass die Vergangenheit doch nicht ganz der Vergangenheit angehörte. Zu jener Zeit war den Samen im »liberalen« Skandinavien die Verwendung der Schamanentrommel immer noch verboten – und zwar von Missionaren, die von den jeweiligen Regierungen unterstützt wurden. Davon konnte ich mich zum ersten Mal 1983 in Nordschweden überzeugen, als ich mit meiner Frau Sandra und ein paar befreundeten Samen verschiedene ländliche Samen-Familien besuchte. Meine Trommel führte ich in einer Trommeltasche bei mir.

Ein lutherischer Priester folgte uns von Haus zu Haus und befragte, nachdem wir gegangen waren, die Leute jeweils, was es mit unserer Trommel auf sich habe. Ähnliches erlebte ich Jahre später noch einmal bei den Inland-Inuit in Kanada, die gezwungen wurden, ihre Schamanentrommeln aufzugeben. Dort ging der Druck von der Episkopalkirche der USA aus. Wie es anderswo über Jahrhunderte der Fall war, machte der Trommelklang die Schamanen zur leicht identifizierbaren Zielscheibe – und zum Gegenstand von Zwangsmaßnahmen.

Im 20. Jahrhundert erfuhr der Schamanismus der Samen eine erhebliche Schwächung. Die wenigen Schamanen, die es dort noch gab, brachten den Geistern wie seit alters auf Berggipfeln ihre Opfer dar, doch ich konnte beim besten Willen keinen mehr finden, der sich mithilfe des Trommelns auf die Reise begab. Insgeheim stellten einige Samen die Instrumente noch her und verwendeten sie auch, aber allem Anschein nach nur für schamanische Divination. Dabei klopften sie leicht auf das Fell der Trommel und stellten Fragen, die von einem kleinen Knochen, der sich auf der Trommeloberfläche bewegte, beantwortet wurden.[5]

Da mich interessierte, ob von den schamanischen Heilmethoden bei den Samen noch irgendetwas vorhanden war, und ich zu der Zeit außerdem ein gesundheitliches Problem hatte, bemühte ich mich um einen Termin bei einem berühmten Samen-Heiler, dem inzwischen verstorbenen Michail (»Miracle Fox«) Gaup. Freundlicherweise war er bereit, mich bei sich zu Hause in Alta zu empfangen, im äußersten Norden Norwegens. Als Heimo Lappalainen und ich zur vereinbarten Zeit dort eintrafen, schien niemand im Haus zu sein. Alles war dunkel.

Heimo klopfte mehrmals an die Tür. Keine Reaktion. Nachdem wir mehr als eine halbe Stunde gewartet hatten, drückte er die Klinke. Während sich die Tür langsam öffnete, gab sie ein Knarren von sich, das sich anhörte wie aus einem Horrorfilm. Vor uns lag ein dunkler Raum. Allem Anschein nach ungenutzt. Im Inneren des Hauses fand ich eine zweite Tür.

Als ich sie öffnete, wurde ich plötzlich angesprungen und im angrenzenden Zimmer auf den Boden geworfen.

Benommen blickte ich hinauf. Über mir stand ein Hüne von Mann, der in einer Sprache, die ich nicht verstand, laut etwas rief. Dann ließ er mich einfach liegen und ging aus dem Zimmer.

Heimo half mir auf und übersetzte, was der Mann gesagt hatte. Es war mehr eine Prüfung als eine Frage: »Glaubst du an die Macht der Sonne?«

Eine Sternstunde der anthropologischen Feldforschung! Nicht nur, dass ich auf dramatische Weise vom Weiterbestehen der Sonnenverehrung an diesem Flecken am Ende Europas erfuhr – nein, auch die alte schamanische Praxis, dem Patienten vor der Heilung einen Schrecken einzujagen, gab es bei den Samen noch. Der junge Mann war ganz eindeutig der Assistent von Miracle Fox gewesen. Ich bejahte seine Frage. Könnte jemand so vermessen sein, die Macht der Sonne anzuzweifeln?

Nun hatte ich endlich den Beweis dafür, dass der Schamanismus in Europa doch nicht ganz tot war.[6] Auf Einzelheiten der Heilbehandlung will ich hier nicht eingehen, nur so viel: Sie entsprach der üblichen Arbeitsweise von Miracle Fox. Es gab keine möglichen Zeugen hinter der geschlossenen Badezimmertür. Dass er weder für die Reise noch überhaupt eine Trommel benutzte, brauche ich wohl nicht eigens zu erwähnen.

In der Zusammenarbeit mit Michail bei einem späteren Besuch bekam ich mit, dass er die Trommel zwar zur Divination nutzte, indem er sie leicht anschlug, jedoch allem Anschein nach keine Ahnung hatte, wie man mit ihr reist. Allerdings stammt der letzte mir bekannte Bericht über den traditionellen Einsatz der Trommel zum Reisen bei den Samen auch aus den Anfängen der Neunzehnhundertdreißigerjahre. Er bezieht sich auf einen Schamanen vom Inari-See in Nordfinnland. Vom »traditionellen« Einsatz spreche ich, weil sich das Reisen mit der Trommel in diesem Teil der Welt ganz allmählich wieder durchzusetzen beginnt, zum Teil auch mit Unterstützung der Foundation for Shamanic Studies und meiner früheren Studenten, von denen einer ein Same ist.

Mit dem Versuch, den Schamanismus auszumerzen, steht das Christentum nicht allein da. Im nördlichen Eurasien war es ironischerweise ausgerechnet der »gottlose« Kommunismus der früheren Sowjetunion, der den Schamanismus als Bedrohung betrachtete (was sich auch auf die wenigen in Russland lebenden Samen bezog). Die Sowjets konnten einfach nicht zulassen, dass die Schamanen ständig in Kontakt mit den Spirits standen, denn schließlich durften Geister gemäß der marxistisch-leninistischen Doktrin gar nicht existieren.

Darüber hinaus fühlten sich auch die Bürokraten der örtlichen kommunistischen Institutionen von Prestige und Einfluss der Schamanen bedroht.[7] Bei den südostsibirischen Völkern am Amur und ihren Nachbarn im angrenzenden Nordchina zum Beispiel konnte allein der Besitz einer Schamanentrommel von den Sowjets beziehungsweise den chinesischen Kommunisten während der Kulturrevolution mit sofortiger Erschießung oder lebenslanger Haft geahndet werden.[8] Mehrere Hundert, wenn nicht gar Tausende indigener Sibirier wurden ermordet oder starben in Arbeitslagern, weil sie der »Irrlehre« des Schamanismus anhingen.

Viele der großen Zivilisationen haben sich historisch der Verfolgung von Schamanen schuldig gemacht, zum Beispiel China, die Mongolei und die islamische Welt. Als etwa der Islam vor einigen Jahrhunderten nach Zentralasien vordrang, wurde das Bekenntnis zu Aufstiegserfahrungen als Häresie betrachtet. In Usbekistan beispielsweise gibt es zwar immer noch Menschen, die gewisse schamanische Praktiken anwenden, sie haben sich jedoch dem Islam angepasst, sind Imame geworden und haben das Reisen in andere Welten aufgegeben.[9] (Was mir nur vernünftig erscheint.) Im Namen des

Buddhismus wurden Schamanen einst in der Mongolei verfolgt, in China im Laufe der Jahrhunderte darüber hinaus auch noch von Anhängern des Konfuzius.

Die weltweite Verfolgung von Schamanen war politisch logisch, denn der Schamanismus stellt per se eine Bedrohung der Autorität der Staatsreligion dar sowie aller jener, die Religionen deswegen fürchten, weil sie die eigene politische Macht infrage stellen könnten. Wie wir später noch sehen werden, beziehen zum Beispiel Menschen, die in die Obere Welt aufsteigen, ihre spirituellen Anweisungen oft direkt aus denselben Erfahrungen und denselben Gefilden wie die hochverehrten Gründungsvisionäre der Staatsreligionen. Das ist selbstredend subversiv. Denn wenn ganz gewöhnliche Leute Überbringer göttlicher Offenbarungen sein können, beeinträchtigt das Entstehung und Fortbestand der monotheistischen Religionen, die ja hauptsächlich auf den überlieferten Worten und Wundern ihrer Gründer beruhen.[10]

Traurig, aber wahr: Nachdem die ehemals schamanischen Europäer zum Christentum konvertiert worden waren, unterwarfen sie auf der ganzen Welt andere indigene Völker denselben Anpassungsprozessen, die ihre eigenen Kulturen einst unter den Römern durchgemacht hatten. Diese weltweite Zerstörung der Spiritualität ging nicht überall gleich schnell vor sich. Während das Wissen um den Aufstieg in die Obere Welt und schamanisches Reisen überhaupt in Europa praktisch verschwunden waren[11], bevor kürzlich begonnen wurde, es allmählich wieder zu etablieren, konnte es sich in einsamen Gegenden auf anderen Kontinenten länger halten. Dort reisten indigene Schamanen weiterhin und stiegen in die Obere Welt auf. Darum soll es im Folgenden gehen.

Ausgangspunkte für Reisen in die Obere Welt und ihre Spuren in der westlichen Folklore

Wie ich es meinen Studenten schon seit Langem erkläre, deuten Überreste einst weitverbreiteter schamanischer Kenntnisse darauf hin, dass einige westliche Volksmärchen und Rituale auf dem alten europäischen Wissen vom Aufstieg in die Obere Welt und der schamanischen Kosmologie beruhen. So ist etwa in vielen Märchen von besonderen magischen Orten in der Natur oder von Bauwerken die Rede, die ähnlich genutzt werden wie beim schamanischen Reisen. Ein für den schamanischen Aufstieg in die Obere Welt wichtiger Schritt ist die Wahl eines geeigneten Startpunkts. Dafür werde ich gleich einige Beispiele nennen. Dieses Wissen wurde in Lehrgängen und Kursen der Foundation an die Studenten, also an die Westler weitergegeben, bevor sie selbst in die Obere Welt aufbrachen.

Rauchlöcher und Kamine

In Sibirien und dem nördlichen Nordamerika konzentrierten sich manche indigene Schamanen auf den Rauch, der von der Feuerstelle in der Mitte des Hauses aufstieg. Mit geschlossenen oder bedeckten Augen visualisierten sie ihn und stiegen durch das Abzugsloch im Dach auf. Die Warao-Schamanen im südamerikanischen Regenwald reisten oft mithilfe des Rauchs ihrer halbmeterlangen heiligen Zigarren in die Obere Welt.[12] Im Volk der Monguor (Tu) können die Schamanen den Rauch glimmenden Räucherwerks nutzen, der einer »lebendigen Straße in den Himmel« gleicht.[13]

Der schamanische Aufstieg durch den Rauchabzug wurde wahrscheinlich auch im alten Europa praktiziert. Wie ich an anderer Stelle erläutert habe[14], hielt sich dieser Brauch bis ins Mittelalter und die Frührenaissance in Form des »Hexenritts«. Doch im Laufe der Zeit wurde das einfache Loch im Dach von Feuerstellen mit Abzugsschächten abgelöst. In England gibt es Kamine seit dem 13. Jahrhundert. Auf den ersten Holzschnitten und Gemälden, die (als »Hexen« bezeichnete) europäische Schamanen zeigen, wird deshalb oft dargestellt, wie sie durch einen Schornstein kommen.[15] Der heutige Volksglaube, es bringe Glück, wenn man einem Kaminkehrer begegnet, hängt wahrscheinlich damit zusammen.

Die sibirischen Tschuktschen-Schamanen besuchten bei ihrem Aufstieg in die Obere Welt den Polarstern, der auch »Höheres Wesen« oder sogar »Schöpfer« genannt wurde.[16] Wie Bogoras berichtet, gewährt der Polarstern Besuchern Zuflucht, die »im irdischen Leben von ihren Feinden unterdrückt wurden«, und »schickt sie dann mit großen Geschenken und Proviant zurück«.[17] Diese Geschenke wurden wahrscheinlich auf einem von einem Rentier gezogenen nichtalltäglichen Schlitten transportiert – eine klassische Reisetechnik der sibirischen Schamanen in die nichtalltägliche Wirklichkeit.[18]

Bei diesen Auf- und Abstiegen durch Kamine und den Flugreisen auf von Rentieren gezogenen Schlitten handele es sich, wird von einigen Autoren argumentiert, um reine Erfindungen des New Yorkers Clement Moore, der 1823 das beliebte Kindergedicht »A Visit from St. Nicholas« (»'t was the night before Christmas …«) geschrieben hatte. (Durch Kästners kongeniale Übertragung wurde es auch im deutschsprachigen Raum berühmt.) Die Wurzeln jedoch scheinen viel tiefer in der schamanischen Vergangenheit zu liegen, wie ich meinen Studenten schon seit Langem erkläre.

Der heilige Nikolaus war im 4. Jahrhundert Bischof in der Türkei. Berühmt wurde er durch magische Flüge, die ihn bis nach Italien geführt haben. Turkvölker waren bekannt für ihre schamanischen Praktiken; viele haben sich in Mittel- und Zentralasien bis heute erhalten.

Nicht zuletzt aufgrund seiner mutmaßlichen Fähigkeit, über Meere zu fliegen, um weit entfernte Länder aufzusuchen und wohlbehalten zurückzukehren, wurde St. Nikolaus zum Schutzheiligen der mediterranen Seeleute und der anderer europäischer Seefahrer. Zu denen gehörten auch die Holländer, die Anfang des 17. Jahrhunderts Nieuw Amsterdam gründeten. Die Holländer machten ihn nicht nur zum Schutzpatron der Stadt[19], sondern führten aus ihrer Heimat auch die Tradition mit, dass St. Nikolaus in der Weihnachtszeit Geschenke brachte.

Als die Engländer Neu-Amsterdam eroberten und in New York umbenannten, vermischte sich ihre Kultur mit der der Holländer, und ihre Nachfahren übernahmen die holländische Volkstradition der weihnachtlichen Hausbesuche von St. Nikolaus. Ebenfalls übernahmen sie dessen mittelalterlichen Namen Sinterklaas (wie Nikolaus auch heute noch in Holland genannt wird). Wie es im Englischen New Yorker Prägung oft geschieht, schwächte sich das R im Laufe der Jahre ab und verschwand schließlich ganz, sodass wir heute überall in den Vereinigten Staaten von »Santa Claus« sprechen. Es gibt also viele Hinweise darauf, dass unser Nikolaus oder Santa Claus seinen Ursprung letztlich im sibirischen Schamanismus hat, möglicherweise auf dem Wege über das Volk der Samen.

Der Baum als Startplatz

Heilige Bäume sowie Pfähle, Pfosten oder Stäbe, die aus Holz hergestellt wurden, können als Aufstiegshilfen dienen, wenn man aus der Mittleren in die Obere Welt reisen möchte. In Sibirien, der Heimat des Wortes »Schamane«, handelt es sich bei diesen Bäumen gewöhnlich um Birken oder Lärchen, die oft in einem heiligen Wäldchen stehen. Es kann auch ein Pflock mit Kerben sein, aus dem sich eine Leiter bauen lässt, die bis durch das Rauchloch im Dach einer Jurte oder eines Tipis reicht.[20] Einen solchen gekerbten Pflock nutzen auch die Mapuche-Schamanen im Süden Südamerikas als Ausgangspunkt für ihre Aufstiege, die sie (genau wie die sibirischen) mithilfe von Trommeln bewerkstelligen[21] (vgl. Abb. 10).

Die indianischen Schamanen in Kalifornien visualisierten ihren Aufstieg oft am Mittelpfosten ihrer zeremoniellen Rundhäuser, ganz ähnlich wie in Asien zu diesem Zweck Bäume genutzt wurden.[22] Der Mittelpfosten ist der heiligste Teil dieser Hütten, nicht zuletzt, weil er die Mittlere mit der Oberen und der Unteren Welt verbindet. Ähnliches symbolisieren die Setzlinge, die in Sibirien aus den Rauchlöchern schamanischer Jurten herausschauen, nämlich den Weltenbaum oder die Axis mundi, welche die Welten miteinander verbindet.[23]

Die Vorstellung, beim Baum oder Pfosten des einzelnen Schamanen handele es sich um den Weltenbaum, findet sich in vielen indigenen Gesellschaften; sie hängt auch damit zusammen, dass der Ausgangspunkt für schamanische Reisen als Mittelpunkt der Welt oder des Universums gesehen wird.[24] Viele schamanische Kulturen Sibiriens betrachten den Nordstern als Spitze eines Mastes beziehungsweise der Weltenachse, weil er von den übrigen Sternen umkreist wird. Der andere Name für den Nordstern – Polarstern – spiegelt diesen Ursprung wider, ähnlich wie der Begriff »Nordpol« auch.

Die Burjaten in Sibirien sahen in den Sternen eine langsam dahinziehende Herde von Pferden, die am Nordpol festgebunden waren.[25] Ähnlich sprachen auch die vorchristlichen Germanen und Skandinavier vom Weltenbaum beziehungsweise der Axis mundi. Bei ihnen war das Pferd des Gottes Odin an Yggdrasil, der Weltenesche, vertäut. Dieses Pferd war vermutlich die Sternenkonstellation, die wir heute als Kleinen Wagen bezeichnen. Dabei entsprach die Deichsel des Wagens dem Seil, an das das Pferd angebunden war, denn der letzte Stern in dieser Konstellation ist der Nordstern beziehungsweise die Spitze der Axis mundi oder des Pols.

Wie der riesige Kapokbaum bei den Conibo reichte Yggdrasil nicht nur in die Obere Welt; mit den Wurzeln erstreckte sich die Weltenesche auch bis in die Untere.[26] Es ist sehr wahrscheinlich, dass die skandinavische Yggdrasil-Überlieferung auf den Schamanismus zurückgeht, denn in Europa im nördlichen Skandinavien hielt sich dieser weit länger als im Süden Europas. Allerdings wurden auch im Norden die samischen Schamanen als Hexen verfolgt.[27]

Auch der Maibaum, mit dem im anglogermanischen Lebensraum noch heute die aufkommende Wärme der Frühlingssonne gefeiert wird, mag Teil dieser Tradition sein. Die im Kreis um ihn herum Tanzenden sind (mit Bändern) am Baum »angebunden«, ganz ähnlich wie die Sterne, die den Nordpol umkreisen. In Europa wird der Maibaum auch bestiegen. Dies erinnert an sibirische und manche indigenen Schamanen Südamerikas, die manchmal an leiterähnlichen Pfosten oder an Bäumen emporkletterten, um ihren Aufstieg in die Obere Welt zu beginnen.[28] In deutschsprachigen Ländern ist der Maibaum heutzutage oft mit drei horizontalen Reifen in gleichem Abstand ausgestattet. Dieses Motiv von drei Ringen an einer Stange hat auch in der Mongolei überlebt. An dem Stab, den der Schamane dort in der Hand hält, repräsentieren sie Obere, Mittlere und Untere Welt.[29]

Der immergrüne Baum der Wintersonnenwende (»Weihnachtsbaum«) kam angeblich aus Deutschland nach Amerika, wo die Tradition des Weltenbaums ebenso bekannt ist wie in Skandinavien. Er mutet wie eine Erinnerung an Yggdrasil im Kleinformat an, den »immer grünen« Weltenbaum, der im vorchristlichen Schweden durch einen immergrünen Baum in der Nähe des heidnischen Tempels in Uppsala symbolisiert wurde.[30] Der Stern wiederum, der normalerweise den Christbaum krönt, erinnert an den Nordstern, der sich nun als Stern von Bethlehem wiederfindet. Die Lichter (früher Kerzen) auf den Zweigen erinnern ihrerseits an die Sterne, die den Nordpol umkreisen. Im 19. Jahrhundert hingen Engelsnachbildungen am Weihnachtsbaum, nicht viel anders als die Geisthelfer und -beschützer, die sich Schamanen der Evenken und Tungusen Sibiriens an Baumästen vorstellten, welche sie abschnitten und als Mini-Weltenbaum in ihren Häusern aufstellten.[31]

Das amerikanische Weihnachtsfest wird am 25. Dezember gefeiert und findet damit nur wenige Tage nach der Wintersonnenwende (der nördlichen Hemisphäre) statt. Und es scheinen darin tatsächlich noch einige schamanische Elemente enthalten zu sein. Zum Teil handelt es sich um das Weiterleben von Sonnentraditionen, zum Beispiel in Form des Julfeuers, das am Brennen gehalten wird, um die Sonne dazu zu bewegen, mehr Licht zu spenden.[32] Die Ehrung der Sonne setzt sich vielleicht nicht nur im Schamanismus der Samen fort, wie bereits gesagt, sondern auch im deutschsprachigen Europa, wo am Abend des Ehrentages eines Heiligen, der praktischerweise mit der Sommersonnenwende zusammenfällt, manchmal ein großer immergrüner Baum geschlagen und auf einem Berggipfel aufgestellt wird. Daneben wird ein Scheiterhaufen errichtet und entzündet, dessen Flammen von anderen Bergen aus zu sehen sind, auf denen ebenfalls Sonnwend- oder Johannisfeuer brennen. In deren Nähe versammelten sich traditionell die Familien, um zu feiern und gemeinsam zu essen. Die Kinder erfreuten sich an den Feuerfunken, die in der lauen Johannisnacht in den Himmel stiegen.[33] Solche Sommersonnwendfeuer auf deutschen Bergen wurden in vorchristlicher Zeit von den Römern bezeugt. Ich war einmal auf einer solchen Feier, doch von den Teilnehmern, die ich gefragt habe, hatte keiner eine Erklärung für die brennenden Scheiterhaufen an immergrünen Bäumen auf Berggipfeln parat.

Berggipfel

Schamanen nutzten oft Berggipfel als Startplatz für ihre Reisen, selbst auf isolierten Pazifikinseln wie zum Beispiel Samoa.[34] Genau wie ein bestimmter Baum für sie zum Weltenbaum werden konnte, vermochte im schamanischen Bewusstseinszustand auch der Gipfel eines Berges zum Kosmischen Berg zu werden.

In den schamanischen Kulturen Sibiriens und der Mongolei war der Kosmische Berg wohl bekannt.[35] So wie der Weltenbaum in Nordeuropas Mythen als Yggdrasil erschien, wurde der Weltenberg in Indien und Tibet als »Berg Meru« fester Bestandteil der Mythologie. Dem Sanskrit-Epos *Mahabharata* zufolge bestieg der spirituelle Meister Narada in der »mythischen Zeit« den Berg Meru »mit der Kraft des Yogas«.[36] Sein Aufstieg gleicht sehr dem schamanischen, wie ich im Gespräch mit Yogis in Indien herausgefunden habe.

Jenseits dieses Kosmischen Berges, heißt es, liegt Shambhala, das mythische Land der Vollkommenheit. Mittlerweile haben viele irdische Expeditionen vergeblich versucht, den Berg Meru in der alltäglichen Wirklichkeit zu finden, um von dort aus nach Shambhala aufzubrechen.[37] Doch die Gefilde wahrer Vollendung liegen, wie jeder Schamane weiß, jenseits der Mittleren Welt und jenseits der alltäglichen Wirklichkeit.

Sonnenstrahlen und Milchstraße

Wenn die Tschuktschen-Schamanen im nordöstlichen Sibirien in die Obere Welt aufsteigen wollten, visualisierten sie einen Ort, an dem sie beobachtet hatten, wie die Strahlen der untergehenden Sonne durch die Wolken drangen. Auf diesen schräg einfallenden Sonnenstrahlen brachen sie dann in die Obere Welt auf.[38] Ähnlich erklommen die Cubeo-Indianer am Oberen Amazonas vom nächtlichen Horizont aus die Milchstraße.[39]

Wirbelstürme, Tornados und Wasserhosen

Auch Wirbelstürme, Tornados und Wasserhosen luden zum Aufstieg in die Obere Welt ein. Eine solche Erfahrung schlägt sich im Lied eines Arapaho-Indianers im Rahmen eines schamanischen Ghost Dance (Geistertanzes) im Westen Nordamerikas (wahrscheinlich dem heutigen Kansas) aus dem Jahre 1890 nieder. In diesem Lied über seinen Aufstieg verband er sich mit einem Adler-Geist, während er sich in einem Wirbelsturm oder Tornado spiralartig emporschraubte:

I circle around
I circle around
The boundaries of the earth,
The boundaries of the earth
Wearing the long wing feathers as I fly
Wearing the long wing feathers as I fly.[40]

Ich umkreise
Ich umkreise
Die Grenzen der Erde,
Die Grenzen der Erde
Ich fliege auf langen Schwungfedern
Ich fliege auf langen Schwungfedern.

Regenbogen

Bei den Tschuktschen-Schamanen in Sibirien gehört ein Regenbogen, dessen sich ein Schamane erinnert,[41] zu den klassischen Startplätzen für Reisen in die Obere Welt.[42] Diese Aufstiegshilfe ist in anderen schamanischen Kulturen auch als »Regenbogenbrücke« oder »Regenbogenstraße« bekannt.[43] Und die sieben Farbbänder des Regenbogens werden oft als die sieben Stufen betrachtet, die es zu erklimmen gilt.

Bei den australischen Aborigines galt als idealer Regenbogen einer, den der Schamane aus einem Wasserloch aufsteigen sah, denn so konnte er für seine Reisen in die Obere und die Untere Welt ein und denselben Ausgangspunkt nutzen: Das Wasser führte in die eine Richtung, der Regenbogen in die andere. Manchmal kletterten die australischen Schamanen am Regenbogen wie an einem Seil hinauf.[44]

8

Trommeln über dem Regenbogen: Wie die Westler in die Obere Welt aufsteigen

Ich bin von der Erde in den Himmel [aufgestiegen].
Ich gehe über den Regenbogen.
ZEREMONIELLER GESANG
EINES HIMMELSSCHAMANEN IN TUWA[1]

Zwischen zwei Welten reise ich
Und verstehe die Dahingeschiedenen jetzt viel besser.
BAYAR DUGAROW, BURJATISCHER DICHTER-SCHAMANE[2]

Die »Himmelsschamanen« in Tuwa und anderen Teilen Sibiriens sind auf die Arbeit mit der Oberen Welt spezialisiert und gelten bei den Einwohnern als die – im wörtlichen wie auch im übertragenen Sinn – höchsten Schamanen. Sie verwenden keine bewusstseinsverändernden Drogen und verlassen sich ganz aufs Trommeln.[3] Auch das Volk der Athabasken am Beaver River im heutigen Westkanada verwendet ausschließlich Trommeln, um den »Weg in den Himmel«[4] zu gehen, genau wie die Schamanen der Mapuche in Chile, wenn sie ihre Leitern hinaufsteigen.[5]

Die Vorbereitungen zum Aufstieg

Nachdem die Westler ihre Anweisungen zum Aufstieg erhalten hatten, zu denen auch die Beschreibung der Art von Startplätzen gehörte, die indigene Schamanen nutzen, entschied jeder für sich, von wo aus er seinen Aufstieg beginnen wollte. Der Regenbogen gehörte dabei übrigens zu den sieben beliebtesten Aufstiegshilfen, und zwar sowohl bei den Studenten als auch bei den indigenen Himmelsschamanen.

Als erste Aufgabe erhielten viele den Auftrag, auf Erkundungsreise zu gehen und anschließend zu berichten, was sie erlebt hatten. (Eine klare Absicht über den Zweck der Reise zu haben ist übrigens einer der entscheidenden Unterschiede zwischen einer schamanischen Reise und einem »Trip«.)

Die Westler erhielten keine Informationen darüber, was sie dort erwartete. Es wurde ihnen lediglich mitgeteilt, dass es in der Oberen Welt Schichten oder Ebenen gibt. Auch während des Aufstiegs bekamen sie keine wörtlichen Anleitungen (die sie bei der Lautstärke der Trommeln allerdings jedoch kaum gehört hätten). Auch wenn die Studenten häufig neugierige Fragen stellten, erfuhren sie doch nur, wie sie an ihr Ziel gelangen konnten, nicht aber, was sie dort vorfinden würden.

Die verwendeten Methoden entsprechen im Wesentlichen den in Anhang A beschriebenen (»Der Aufstieg in die Obere Welt, um Erfahrungen zu vergleichen«).

Im Einklang mit den Prinzipien des Core-Schamanismus beschränkten sich die Vorbereitungen für den Aufstieg aufs Allernotwendigste, um in den Westlern keine besonderen Erwartungen zu wecken. So wurden zum Beispiel Wörter wie »Himmel« oder »himmlisch« nie verwendet und nicht einmal angedeutet. Gesprochen wurde immer nur von der

»Oberen Welt«; ebenso wenig war von einer möglichen Begegnung mit Gottheiten die Rede.

Die Reisen waren keine »geführten Meditationen«, und das einzige Geräusch aus der alltäglichen Wirklichkeit, das die Studenten wahrnehmen konnten, war das monotone Trommeln. Die Absicht bestand darin, jedem Studenten seine ganz persönlichen Erfahrungen zu ermöglichen.

Der Trommelschlag war derselbe wie der, mit dem indigene Schamanen ihren Aufstieg oder andere Reisen begannen.

Bei indigenen Schamanen verändert sich der Trommelrhythmus jedoch oft. Wenn der Schamane mit einem bestimmten Spirit verschmilzt, »übernimmt« meist der Spirit und bestimmt dann die Art des Trommelns.

Für eine ganze Gruppe ist so etwas freilich weder live noch mit einer Tonkonserve möglich. In den meisten Fällen wurden die Reisenden aus dem Westen von Live-Trommeln unterstützt und nur selten von einer Trommel-CD. Beides funktioniert gleich gut.[6]

Genau wie die tuwinischen Himmelsschamanen verwendeten auch die Westler bei ihrem Aufstieg keine bewusstseinsverändernden Drogen, und für nahezu alle war es die erste Reise in die Obere Welt. Es handelte sich um Amerikaner, Australier und Kanadier, die fast ausnahmslos europäischer Abstammung waren, sowie um einige Europäer, die sich zu Besuch in den Vereinigten Staaten aufhielten.

Alles nur Einbildung?

Indigene Schamanen zweifeln nicht an der Echtheit ihrer Erlebnisse; vielen Westlern dagegen fällt es anfänglich schwer zu akzeptieren, dass ihre Reisen mehr sind als Fantasie. Geübtere haben dieses Problem in der Regel nicht mehr, denn sie wissen aus Erfahrung, dass es eine andere Wirklichkeit gibt. Die meisten Berichte in diesem Kapitel stammen von Menschen, die noch nie in der Oberen Welt waren.

Sind solche Erlebnisse nur Einbildung? Diese Frage muss jeder Leser letztlich selbst beantworten. Zur Orientierung dafür empfehle ich Ihnen die Anhänge A und C.

Als Beweis, dass der schamanische Aufstieg mehr ist als Fantasie, habe ich Ihnen im zweiten Kapitel schon von einigen »Wundern« berichtet, die mit der Existenz von Geistern zusammenhängen. Hier ist ein weiteres Beispiel. Es stammt von der bekannten Anthropologin Edith Turner, die an einem meiner Seminare teilgenommen hatte. Über ihre erste Erfahrung berichtet sie:

… so kam es, dass ich im Juli 1987 vor meiner Abreise nach Alaska … an einem schamanischen Seminar teilnahm, das Michael Harner in Virginia anbot. Er erklärte uns, dass wir im Dunkeln auf dem Boden liegend eine schamanische Reise unternehmen würden. Wir sollten uns vorstellen, dass wir an irgendetwas hinaufklettern, an einem Baum, an einem Gebäude, dass wir auf einen Berg steigen oder dergleichen. Nach einer ersten Visualisierungsphase würde die Erfahrung von allein übernehmen und wir würden einem »Lehrer« begegnen. Wir legten uns auf den Boden, und Michael begann die Trommel zu schlagen, ganz gleichmäßig. Ich visualisierte meine Aufstiegshilfe und fand mich auf einer Wolkenbank wieder. »Wie kitschig«, sagte ich mir.

Zu meiner Linken erschien eine Gestalt, ein Mönch in einer Kutte. Und ich dachte wieder: »So kitschig, wie eine Karikatur.« ... Ich stieg noch etwas weiter in die Höhe und kam an eine Wand voller Elektronik, Videorekorder, CD-Abspielgeräte, Stereoanlagen, Radios und rechts ein großer Fernsehbildschirm. Zu sehen war darauf etwas Dunkelrotes, das die gesamte Fläche einnahm. Es wirkte wie ein Gewirr innerer Organe, von der Seite her gesehen, lang gestreckt und mit Sicherheit nicht von einem Menschen. Was hatten die hier zu suchen? Was sollte das Ganze? ... Als sich der Trommelrhythmus veränderte, ging ich den Weg, den ich gekommen war, zurück. Irgendwann fiel mir wieder ein, dass ich ja auf dem Boden lag. Die anderen Teilnehmer setzten sich auch gerade auf. Wir berichteten Harner, was wir erlebt hatten; er nahm alles hin, ohne irgendetwas psychologisch erklären zu wollen. Vier Monate später, im November, lebte ich bereits bei den Eskimo in Point Hope, Alaska. Ich saß in Ernest Franksons Haus, als er eine tote beringte Robbe ins Zimmer zog. Seine Frau legte das Tier auf ein Stück Pappe und fing an, ihm die Haut abzuziehen. Ich durfte ihr helfen, den Speck abzuschneiden. Dann schlitzte sie dem Tier den Bauch auf und legte die inneren Organe frei. Ich sah sie mir ganz genau an, die dunkelroten Teile, Leber, Milz, Gedärme, Lunge, das Herz, sehr eindrucksvoll, wie sie so geordnet und leicht herausglitten. Zwei Tage später verstand ich plötzlich, wie mein Tagebuch vermerkt. Diese inneren Organe waren genau die, die ich im Juli auf dem schamanischen Fernsehschirm gesehen hatte.[7]

Es folgt der Bericht eines weiteren Anthropologen. Der Mann stammt aus Australien und hat ebenfalls an einem Seminar teilgenommen. Es war seine erste Reise.

Ich betrete die Feuerstelle, schieße in einem Schornstein in die Höhe und gelange in einen hellgrauen Wolkentunnel, der sich dreht. Schnell treffe ich meinen Schutzgeist – es ist ein Pelikan mit einem rosa Schnabel.

Ich klettere auf seinen Rücken und reite auf ihm höher in den Rauchtunnel hinein. In der Ferne sehe ich einen goldenen Berg, der sich im Nebel erhebt …

Beim Näherkommen sehe ich, dass auf dem Hügel des Berges ein prachtvoller Palast aus goldenem Kristall steht. Warmes gelbes Licht geht von ihm aus. Wie ich erfahre, handelt es sich um den Palast des Phönix. Und dann sehe ich den goldenen Vogel das Gebäude überragen. Er scheint mit meinem Kraftfalken verbunden zu sein.

Die Schönheit dieses Ortes erstaunt mich und erfüllt mich mit Ehrfurcht, doch der majestätische Vogel heißt mich willkommen. Dann tritt der Falke vor und legt mir einen goldenen Kristall auf die Brust. Ich halte den Atem an, während ich ihn entgegennehme, denn es ist ein ganz besonderes Geschenk.

Die Trommel schlägt noch, bald aber [gibt Michael] das Signal zur Rückkehr. Ich befinde mich jedoch noch hoch am Himmel, und es fällt mir schwer, wieder in den Rauchtunnel zu gelangen. Als ich schließlich mit der Rückkehr beginne, bleiben die Himmel golden; während ich den Tunnel hinabreise, blicke ich hinauf und sehe so etwas wie Heiligenfiguren, die am Rande des Tunnels stehen und mir zum Abschied zuwinken.[8]

Später schrieb er: »Ich habe diese Reise als ganz wunderbar erlebt. Nachdem ich zurückgekommen und mir des Raums und der anderen Leute allmählich wieder bewusst geworden war, fiel es mir sehr schwer, meine Gedanken zu ordnen und auszudrücken. Mir fehlten die Worte, und trotzdem brannte ich darauf, den anderen mitzuteilen, wie wichtig die Reise für mich war. Ich hatte das Gefühl, in einem sehr heiligen Raum gewesen zu sein.«[9]

Westler erzählen über ihren Aufstieg

Es folgen einige Berichte von westlichen Studenten des Schamanismus, die ebenfalls aufgefordert waren, die Obere Welt zu besuchen und zu erkunden. Ich habe sie thematisch geordnet, wobei mir bewusst ist, dass auch viele andere inhaltliche Aspekte Aufmerksamkeit verdient hätten. Bei den ersten der folgenden Berichte ist der Startpunkt der Reise der gleiche: ein Regenbogen.

Aufstieg über einen Regenbogen

Der Wagen auf dem Regenbogen

Eine schwedische Studentin entschied sich für einen Regenbogen, um in die Obere Welt zu gelangen. Als sie ganz oben angekommen war, hörte sie zu ihrer Überraschung einen alten hölzernen Karren über den Bogen rumpeln. Nichts zog den Wagen, und es saß auch niemand darin. Das war ihr ein Rätsel, und als sie von ihrer Reise, die sie über den Regenbogen hinausgeführt hatte, zurückgekehrt war, fragte sie mich nach der Bedeutung dieses Karrens, auf den sie sich partout keinen Reim machen konnte.

Ich sagte ihr, dass ich es nicht mit Sicherheit wisse, fragte sie aber auch, ob sie jemals von Thors Wagen gehört habe. Dies verneinte sie. Daraufhin erklärte ich ihr, dass Gott Thor der alten nordeuropäischen Mythologie zufolge in einem hölzernen Wagen über den Regenbogen fuhr und dass dessen lautes Rumpeln den Donner hervorbrachte. Das überraschte sie, und sie fand es besonders spannend, weil sie Tora hieß (das weibliche Äquivalent des schwedischen Männernamens Thor).

Wer weitere Erfahrungen mit dieser Arbeit macht, erlebt im Laufe der Zeit viele solcher Miniwunder und versteht allmählich, dass man in die Welt der Götter und Göttinnen eintreten kann, in der sich alles, was jemals geschehen ist, auch jetzt noch abspielt und in der man verloren gegangenes heiliges Wissen wiedererlangen kann. Schamanisch Reisende entdecken, dass die Götter nicht tot sind.

Der Regenbogen führt zu wundervollen »magischen Orten« und zu himmlischer Musik

Der Westler, von dem der folgende Bericht stammt, wählte einen Regenbogen, an den er sich erinnerte, als Ausgangspunkt. Derweil kam schamanisches Trommeln vom Band. Andere Musik aus der alltäglichen Wirklichkeit wurde nicht gespielt. Der Mann erzählte während der Reise seine Erlebnisse laut heraus; die Erzählung wurde mithilfe eines Diktafons protokolliert (siehe dazu S. 344-345).

Ich steige über den Regenbogen hinauf. Unter mir ist alles ganz glatt, wie Seide. Ich spüre, wie ich von einer Kraft emporgezogen werde. Unter mir sehe ich Hügel und eine Straße. Ich klettere den Regenbogen weiter hinauf. Über mir sehe ich Wolken. Sie sind weiß, grau und flaumweich.

Jetzt bin ich ganz oben auf dem Regenbogen angekommen. Ich steige auf eine Wolke. Bin überrascht, dass sie mein Gewicht trägt. Ich wandere die Wolken entlang, gehe mitten durch die Wolken.

Als er durch die Wolkenschicht ging, passierte er die Übergangszone oder die »Schranke« zur Oberen Welt. Diese Schranke kann sich, wie bereits erwähnt, auch in anderen Formen zeigen, zum Beispiel als durchlässige Membran. Die weiteren – weniger ausgeprägten – Barrieren, die er im Folgenden erwähnt, sind die zwischen den einzelnen Ebenen der Oberen Welt.

Ein Adler kommt auf mich zugeflogen. »Wo bin ich?«, frage ich ihn.

Er sagt: »Du bist in der Oberen Welt.«

Ich bin jetzt in der Oberen Welt und fliege höher und höher … auf großen Adlerschwingen.

Ich steige höher und höher. Ich sehe Gottheiten, halb Mensch, halb Vogel, die noch höher fliegen.

Ich fliege auf Adlerschwingen, passiere eine weitere Barriere, da sind Wälder und Bäume und Natur. Es ist jetzt nicht mehr so karg. Ich fliege immer noch höher und höher. Fliege höher und höher. Fliege immer noch. Ich habe das Gefühl, ich suche die Sonne.

Auf dem Weg nach oben durchquere ich noch eine Ebene. Es ist Nacht. Sternenklarer Nachthimmel. Ich spüre, dass die Sonne da ist. Ich bin sehr weit weg. Während ich fliege, spüre ich, dass ich von kosmischen Kräften bestrahlt werde: Das ist wohl eine schamanische Krafterfahrung, denke ich. Ich fühle mich sehr kraftvoll, aber auch ausgeglichen.

Ich fliege immer noch höher und höher. Hier im Weltraum sind alle möglichen Arten von Energie. Sonnenwinde. Da ist Licht; alle möglichen Energien sind da. Ich steige einfach nur auf, höher und höher …

Die Zeit scheint sich zu verlangsamen. Alles hier scheint echt entspannt zu sein. Ich schwebe um die Wolken. Schwebe einfach so umher. Hab das Gefühl, es gäbe keine Schwerkraft.

Nur fliegen. Höher und höher, eine Schranke nach der anderen durchschreite ich. Ich weiß nicht, ob die Anzahl der Ebenen vielleicht unendlich ist.

Ich spüre ein helles Licht. Ich fliege darauf zu, um mit ihm zu verschmelzen. Es wird schwer sein zurückzukommen. Ich fühle mich wirklich wohl.

Ich fliege, steige auf, fliege herum. Ich spüre das Licht. Höher und höher fliegen. Ich passiere noch eine Barriere. Ein helles Licht. Ich spüre, dass das Universum grundsätzlich gut ist …

Ich bin in der Oberen Welt. Sie ist wunderschön. Wie eine schöne schwimmende Insel. Sie ist von einem sehr hellen Licht umgeben. Ein magischer Ort.

Ich fliege höher und höher. Große Schwingen. Im Hintergrund höre ich himmlische Musik. Sphärenmusik. Dabei hab ich immer gedacht, es wäre ganz still im Weltraum.

Zeit zur Rückkehr. Ein langer Weg. Ich steige ab. In einem Wirbelwind. In einem Wolkentunnel. Fliege schnell durch die Welten hinunter. Ich bin zurück.

Sprechen fällt mir im Moment schwer. Für mich ist die Botschaft: Alles hängt miteinander zusammen. Ich bin immer noch in der Luft. Buchstäblich.[10]

Himmlische Chöre

Wie in diesem Beispiel hören die Westler im Zuge ihres Aufstiegs in die Obere Welt oft »überirdische« Gesänge oder Musik, die sie als »himmlische Chöre«, »himmlische Musik« oder auch »Sphärenmusik« beschreiben.

Ähnlich habe auch ich den »schönsten Gesang, den ich je im Leben gehört habe«, vernommen, als ich 1961 beim Volk der Conibo am oberen Amazonas meine ersten Erfahrungen mit Ayahuasca machte (in *Der Weg des Schamanen* berichte ich darüber). Was wir hier erleben, ist weit mehr als nur die Auswirkung bewusstseinsverändernder Drogen oder monotonen Trommelns: Wir treten in eine andere Wirklichkeit ein, und deren Existenz hängt nicht von der Tür ab, durch die wir Zugang zu ihr finden.

Es folgen einige Berichte von Westlern, die himmlische Chöre und Musik hörten, während sie, vom monotonen Trommeln begleitet, in die Obere Welt aufstiegen. Wie immer wurden auch ihnen gegenüber die Wörter »Himmel«, »Musik« und »Singen« vorher weder explizit noch implizit erwähnt, und die Reisenden bekamen keine andere Aufgabe gestellt als die, in die Obere Welt aufzusteigen und zu schauen, was sie dort vorfinden würden. Der folgende Bericht stammt von einem Psychologen.

»Die himmlischste Musik, die man sich vorstellen kann«

Als ich mich mitten unter den Sternen befand, hörte ich zu meiner Überraschung mit einem Mal Musik. Ich war überzeugt, dass einer der Mitarbeiter von Professor Harner ein Tonband mit himmlischer Musik laufen ließ. Ich wollte die Augen aufmachen, um herauszufinden, ob das stimmte, tat es dann aber doch nicht. »Was«, fragte ich mich, »wenn die Musik keine Konserve ist, sondern ein Geschenk der Geister?« Ich konzentrierte mich auf die Musik; zuerst vernahm ich Flöten und tief klingende Hörner. Die Schönheit und Klarheit der Töne faszinierten mich. Aus den Hörnern wurde ein Ensemble von Waldhörnern, begleitet von opulenten Cellos und anderen Saiteninstrumenten. Es war so absolut göttlich, dass ich mir wünschte, ich könnte mir jede Note merken oder hätte irgendeine Möglichkeit, die Klänge aufzunehmen. Da ich selbst Musik mache, wusste ich genau, dass sie nicht meinem Inneren entstammten, sondern dass ich einem Live-Konzert beiwohnte, bei dem die Instrumente vollkommen real den Raum erfüllten.

Obwohl ich ganz in die Musik versunken war, bekam ich doch mit, dass ich immer noch reiste. In der Ferne bemerkte ich ein rundes Stadion, eine Arena, von der hellweißes Licht ins Universum strahlte. Von dort kam die Musik. Als ich mich dem Stadion näherte, begann es sich zu drehen, erst langsam und dann in immer größerem Tempo. Das Gebäude wurde dünn wie eine Scheibe, in deren Inneren ich nacheinander verschiedene heilige Signale ausmachen konnte. Die Musik wurde lauter und das Gebäude verwirbelte sich bis zur Unsichtbarkeit.

Jetzt war nichts anderes mehr zu sehen als die Milchstraße. Und da war diese allgegenwärtige Musik, die himmlischste Musik, die man sich nur vorstellen kann. Ich schwelgte in ihrer Schönheit, bis ich das [Trommel-]Signal hörte, das mich zur Rückkehr aufforderte. [Das Trommeln] hatte die Tür zu einer Erfahrung aufgestoßen, die mir Herz und Seele öffnete. Ich war sehr überrascht, dass eine so einfache Technik eine derart tief greifende Erfahrung möglich macht. Ich möchte diese Musik noch einmal hören. Und freue mich schon darauf, zu sehen und zu hören, wo mich die Trommel sonst noch hinbringen mag ...[11]

Auch bei diesem Aufstieg handelte es sich nicht um eine »geführte Meditation«, ebenso wenig wie bei denen der anderen Teilnehmer. Die Reisenden erhielten im Vorfeld nur die allernotwendigsten methodischen Anweisungen und wurden nicht darüber informiert, was sie erwarten würde. Auch gab es während der Reise selbst keinerlei »Kommentare aus dem Off« oder andere Anweisungen. Denn das Ziel bestand ja darin, den Teilnehmern die Möglichkeit zu geben, ihre eigenen, ganz persönlichen Erfahrungen zu machen.

Eine tief bewegende Melodie

Auch im folgenden Beispiel handelt es sich um die Schilderung einer ersten Reise in die Obere Welt, bei der der Betreffende wunderschöne Musik hörte.

Anfänglich fiel es mir schwer, mich für einen Startplatz zu entscheiden. Ich schwankte zwischen dem Schornstein des Hauses, in dem ich aufgewachsen bin, und dem Mount Tamalpais. Zu dem fühlte ich mich schließlich aber doch mehr hingezogen. Und es war dann eigentlich auch ganz einfach. Ich verharrte einen Moment lang über San Francisco und schaute auf die schöne Landschaft der Bay Area hinab. Bald schwebte ich auf dem Rücken liegend nach oben. Ich passierte eine Schicht von Wolken oder Nebel und geriet dann an einen völlig undefinierbaren Ort, wo alles einfach nur grau war. Das Interessanteste daran war, dass ich Musik hörte. Sie schien einer Flöte zu entstammen, die eine schöne, mich tief bewegende Melodie spielte. Diese Musik war der dramatischste Teil der Reise. Sie war so klar, dass ich gedacht hätte, in dem Raum, in dem das Seminar stattfand, würde jemand Geige spielen. Ich fragte die anderen Teilnehmer, ob sie es auch gehört hatten. Aber nur ganz wenige sagten, dass sie überhaupt Musik vernommen hätten, und wenn, dann hatten sie andere Klänge gehört als ich.[12]

Singen und Chanten

Die Person, von der der folgende Bericht stammt, hörte Gesang und machte zudem die oft beobachtete Erfahrung, dass sie in der Oberen Welt schon erwartet wurde.

Ich befand mich inmitten von Würfeln und Winkeln, geometrischen Formen aus Kristall, Diamant und Marmor. Alles war hart und kühl. Irgendwie fühlte ich mich in die Ritzen, Formen und Spalten hinein oder um sie herum. Jedenfalls war ich plötzlich in einem Hof oder auf einem terrassenartigen offenen Platz. Da war eine Fläche aus weißem Marmor mit einem flachen runden Schwimmbecken in der Mitte, vielleicht knapp einen Meter im Durchmesser. Rings um den Pool standen leicht abgerundete

Bänke. In der Mitte des Beckens war ein goldener Kelch oder Pokal, der außen mit Juwelen versehen war. Möglicherweise enthielt er auch Juwelen. Vor mir hörte ich einen Männerchor, der eine Art Gregorianischen Gesang ertönen ließ. Ihm antworteten, hinter mir, weibliche Stimmen. Meine Aufmerksamkeit verlagerte sich nach links. Ein paar Stufen weiter unten sah ich dort eine weitere Marmorfläche, in deren Mitte sich eine runde Schüssel oder Vertiefung befand, in der ein Feuer loderte. Beschwingt ging ich durch das Feuer und wurde nicht von ihm verzehrt.

Dann bemerkte ich Menschen, von denen ich wusste, dass es sich um Älteste beziehungsweise Großväter handelte. Sie erwarteten mich bereits. Ich fragte nach bestimmten Personen (die in meinem alltäglichen Leben eine Rolle spielen), zum Beispiel nach Jesus und dem indischen Guru Paramahansa Yogananda, und erfuhr, dass sie sich auf einer höheren Ebene befanden. Die Gespräche wurden in Form einer Art Telepathie geführt.

Dann betrachtete ich mich selbst. Ich hatte braune Haut und trug ein weißes Zeremonialgewand mit einer roten Schärpe, was mir irgendwie wichtig vorkam. Die Ältesten hatten einen Kreis um mich gebildet und plötzlich schaute ich nach rechts, eine Freitreppe empor – unten war sie sehr breit, nach oben hin verjüngte sie sich wie eine abgeflachte Pyramide. Ganz oben sah ich einen Altar …[13]

Liebe und Schönheit

Ich wurde von einem großen Vogel abgeholt, der weit, weit mit mir fortflog, bis in mein spirituelles Heim. Dort wurde ich zu einem Lichtwesen, das mit anderen Lichtwesen zusammenlebte. Ich stellte die Frage: »Wo war ich vor meiner Geburt?« Die anderen Lichtwesen nahmen mich dann auf eine weitere Reise mit, die uns an einen sehr grünen Ort führte. Es war ein wunderschönes, unglaubliches Grün, wie ich es in der alltäglichen Wirklichkeit noch nie gesehen habe. Ein herrlicher Wald, so schön, wie ich ihn mir nie hätte vorstellen können. So unglaublich schön und grün; es duftete himmlisch und die Bäume summten eine Melodie. Ich wurde ins Herz dieses Waldes gebracht, dort war ein Zimmer. Ich setzte mich hin und sah mich in diesem Waldzimmer um. Spürte, wie die Liebe des Waldes mich überflutete, mich nährte und liebte. Dann wurde ich emporgehoben, hoch, hoch, hoch über das Grün. Ich bekam Kreise um Kreise und wiederum Kreise gezeigt, alle waren Kreise der Liebe, und ich erfuhr, dass wir alle Liebe sind. Diese Art Liebe habe ich nie zuvor gesehen oder empfunden – und sie war so grün. Ich erfuhr, dass meine Liebe zu Bäumen in der alltäglichen Welt von diesem Ort herrührte und dass die Bäume in der alltäglichen Wirklichkeit immer so lieben. Die Bäume sind dafür da, dass sie uns diese Liebe zeigen; sie sind für uns die Träger dieser Liebe auf unserem Planeten. [Es ertönt das schnelle Trommeln, das zur Rückkehr auffordert.]

Es sieht also ganz so aus, als käme ich aus einem Wald in der nichtalltäglichen Realität, in dem ich als Lichtwesen in grüner Anmut und Liebe gelebt habe. Wie unglaublich herrlich![14]

Verwandlung und Gesang

Meine erste Reise ging in die Obere Welt. Ich erklimme meine alte Eiche, die ganz oben auf einem Berg steht. Der Falke lässt sich herab, um mich abzuholen und an mein Ziel zu bringen. Wie ein kleines Kind lasse ich mich von ihr (vom Falkenweibchen, Anm. d. Ü.) durch die Lüfte tragen. Sie ermuntert mich, abzusteigen und selbst zu fliegen, die Freiheit und Leichtigkeit zu erleben, außerhalb eines materiellen Körpers zu sein. Höher und höher schwinge ich mich ins äußere Universum empor. Während ich mühelos dahinsegle, werde ich von Drachen zu einem parallelen Portal gebracht, in einen Vorraum, der ganz in Gold getaucht ist. Darüber ist eine Glaskuppel, wie im Planetarium. Ich bemerke, wie ich auf das Zentrum zuschwebe, umgeben von einer riesigen Bibliothek des Wissens. An diesem Ort empfinde ich ein ganz neues Körpergefühl. Es ist ein Übergang: Ich lasse alte Erinnerungen zurück und öffne mich neuen Eindrücken. Ich verwandle mich.

Dann werde ich auf den Boden herabgelassen und gelange durch eine Tür in einen Tunnel. Am Ende gehe ich durch Schleier. Sie teilen sich. Dahinter komme ich in eine schöne ätherische Landschaft mit Hügeln, Wolken und einem vibrierenden bunten Himmel. An einer Quelle aus denselben schillernden Farben höre ich Stimmen. Dann sehe ich die Gesichter eines Mannes und einer Frau. Sie bedeuten mir, mich zu entkleiden und in das Wasser zu steigen, um mich zu reinigen. Mich von allem zu reinigen, was ich mitgebracht habe. Die Reinigung ist notwendig. Dann berühre ich meinen Körper. Er hat dieselbe Form wie mein irdischer Leib, doch ist er jetzt durchsichtig und sprüht nur so vor Energie. Meine Hand geht ohne Widerstand durch den neuen Körper hindurch. Ich betrete die Quelle, und in alle Richtungen ergießt sich Regenbogenwasser aus mir. Ich werde zur Quelle. Alles gestaltet sich um und ich fühle mich total frei von Unbehagen und Krankheit. Ich höre Gesang.

Sobald ich aus der Quelle herausgetreten bin, finde ich mich umgeben von Wesen, die Kapuzen tragen und in leuchtendes Licht gekleidet sind. Ich höre einen Klangwirbel und werde eingeladen, mit ihm zu verschmelzen. Ohne zu zögern, trete ich ein, um als Vorbereitung für meine weitere Reise nach oben neu strukturiert zu werden.[15]

Der Mann, der nun zu Wort kommt, nutzte Lichtstrahlen als Aufstiegshilfe. Es war seine erste Reise in die Obere Welt und er hatte keine Ahnung davon, dass das Emporsteigen auf Lichtstrahlen, wie man sie manchmal zwischen Wolken aufblitzen sieht, in Sibirien und Australien zu den bevorzugten Techniken der Schamanen gehörte.[16] Danach stand er vor einer Säule und einer Stiege aus Kristall – ohne zu ahnen, dass Aborigines in der Oberen Welt häufig auf Manifestationen aus Bergkristall stießen.

Beispielsweise begegneten sie dem australischen Gott-Lehrer Baiame. Der pflegte auf einem riesigen Bergkristall zu sitzen und seine Besucher mit geschmolzenem Bergkristall beziehungsweise »fest gewordenem Licht« zu besprenkeln, um sie mit dem Himmel oder der Oberen Welt zu verbinden.[17] In vielen Teilen der Welt werden Bergkristalle von indigenen Schamanen verehrt und verwendet.[18]

Ich stieg durch einen Rauchfang auf. Nachdem ich die Barriere passiert hatte, war es, als ginge ich auf Wolken ... Plötzlich sah ich über mir eine Lichtquelle, von der Strahlen nach unten gingen. Die nutzte ich, um höher zu steigen. Über mir gelangte ich an eine Öffnung. Ich ging hindurch und sah so etwas wie Engel, die vorsichtig um eine Kristallsäule aus Stäben tanzten. Die Säule war sehr hell und durchsichtig und ähnlich gebaut wie ein altrömisches Liktorenbündel [ein Autoritätssymbol, welches aus einem Bündel Ruten besteht, in dessen Mitte eine Axt steckt, deren Blatt herausragt]. Ich blieb eine Weile.

Dann tauchte eine kristallene Treppe auf. Ich erklomm sie und kam an die Stufen einer Burg, wie sie im alten Europa Könige hatten ... Dann verschwand sie wieder. Mit dem Teppich gelangte ich auf die vorherige Ebene und von dort aus hierher zurück.[19]

Anmerkung: Bei dieser Reise fand sich der Westler an einem bestimmten Punkt auf einem fliegenden Teppich wieder. Mit dieser Technik eines bewegten Teppichs habe ich selbst viel experimentiert; ich nutzte dafür ein Gerät, das einer schamanischen Vorrichtung im Nahen Osten nachempfunden war. Ich verwendete es in Verbindung mit Trommeln.[20]

Eine Kristallstadt, das Erklimmen einer goldenen Leiter und die Aufforderung zur Rückkehr

Die Frau, die im Folgenden berichtet, war zuvor schon öfter in der Oberen Welt, hielt sich jedoch nicht an meine Anweisungen. Statt von einem Ort in der Mittleren Welt aus zu starten, wählte sie einen Platz in der Oberen Welt – offenbar einen auf der ersten Ebene. Beim Aufstieg fand sie eine Stadt aus Kristall vor, bat, höher steigen zu dürfen, musste eine goldene Leiter erklimmen und bekam dann gesagt, »für den Moment« habe sie »genug gesehen«. Bevor sie »weitergehen« könne, müsse sie erst zurückkehren und mehr lernen. Mich überrascht das nicht. Dass sie mehr lernen sollte, zeigte sich schon daran, dass sie ihre Reise nicht, wie man es ihr beigebracht hatte, in der Mittleren Welt begonnen hatte. Ihr Erlebnis erinnert an die Geschichte von Jakob und der Himmelsleiter aus dem Alten Testament: Jakob konnte die Leiter nicht erklimmen. Es wäre interessant zu wissen, ob die Frau diese Geschichte kannte.

Ich begab mich mit meinem Krafttier an den Ort in der Oberen Welt, von dem aus ich immer aufbreche. Dabei handelt es sich um eine schöne Grotte mit schartigen weißen Wänden und einem Becken voll heilendem Wasser. Wenn ich die Grotte betrete, befindet sich linker Hand ein Weg, der zu einer hohen Kuppe führt … von dort kann ich das ganze Universum überblicken und werde von dort aus ins Leere »geschossen«. Ich ging also zu dieser Kuppe und bat, noch mehr gezeigt zu bekommen. Dann durchdrang ich eine andere Membran und befand mich auf der zweiten Ebene der Oberen Welt. Dort traf ich einen Mann, den ich aus einem Traum kannte, welchen ich in der Nacht hatte, bevor ich die Nachricht erhielt, dass ich in dieses Seminar aufgenommen sei. Damals hatte er mir gesagt, er sei in einem früheren Leben mein Vater gewesen und ich würde [zu einem späteren Zeitpunkt] mehr über ihn erfahren.

Er führte mich in eine Kristallstadt, wo er die Rolle eines Führers oder Beschützers zu haben schien. Die Stadt lag in einem weiten Tal, umgeben von Alabasterfelsen. Sie bestand nur aus Kristallgebäuden. Jedes hatte eine andere Farbe (Klar und Durchsichtig, Rosa, Lila, Blau, Grün, Golden etc.). Durch manche floss Wasser, durch andere strömte Wind, einige waren warm, andere kühl, aber jedes Gebäude war präzise darauf ausgerichtet, die Schwingung des jeweiligen Kristalltyps wiederzugeben. Jedes Bauwerk war wie eine Kathedrale und hatte seine eigenen Spirits, die in der Schwingung des jeweiligen Kristalls summten.

Ich ging ans Ende des Tals und rechts um die Alabasterfelsen herum. Dort war ein gewaltiger Abhang, der sich im Unendlichen verlor. Oben lag in einem wunderschönen Licht ein himmlischer Kräutergarten.

Ich bat darum, eine Ebene höher zu dürfen. Dafür musste ich allein eine goldene Leiter hinaufsteigen. Als ich die Membran an ihrem oberen Ende durchstieß, fand ich mich auf einer sehr großen weißen Lotosblüte wieder. In ihrem Inneren gab es zahlreiche Wesen, die ich aber nicht identifizieren konnte. Ich fand lediglich heraus, dass ich mich in dieser Landschaft nur mit einer Kombination aus Schwimmen, Gehen und Tanzen bewegen konnte. Der Boden unter meinen Füßen bewegte sich, und die Grenzen zwischen dem Materiellen und dem Immateriellen verschwammen.

Unvermittelt erfuhr ich, dass ich für heute genug gesehen habe und auf die erste Ebene zurückkehren und lernen müsse, bevor ich weitergehen könne.[21]

Die Ebenen der Oberen Welt erkunden

Bei den folgenden Berichten hatten die Kursteilnehmer alle dieselbe Mission, nämlich die Ebenen der Oberen Welt zu erkunden; sie kehrten jedoch mit ziemlich unterschiedlichen Informationen zurück. Dies ist ein wichtiger Aspekt der nichtalltäglichen Wirklichkeit der Oberen Welt. Wie bereits erläutert hat jeder seinen eigenen persönlichen Hintergrund. Damit alle dieselbe (die vollkommene) spirituelle Erfahrung machen können, muss diese auf die jeweilige Person abgestimmt, für diese also perfekt sein. Dies ist einer der Unterschiede zwischen der nichtalltäglichen und der alltäglichen Wirklichkeit; da Letztere nicht von den Geistern maßgeschneidert ist, ist sie auch alles andere als perfekt.

Veränderungen beim Aufstieg durch die Ebenen

Das Folgende ist ein kurzer »Schwarz-Weiß-Bericht« von einer Person, die über die erste Ebene der Oberen Welt hinausgereist ist.

Ebene 2: Diese schien mir ganz ähnlich wie die erste, war aber feiner und kultivierter. Hier hielten sich einige historische Gestalten auf, zum Beispiel George Washington, Sokrates und Platon.

Ebene 3: Diese Ebene erreichte ich, indem ich einen kegelartigen Berg (wie den Fuji) bestieg. Hier war es noch feiner. Für mich war es erheblich schwerer zu erkennen, was sich dort befand, ich war mir aber der Anwesenheit von Menschen bewusst.

Ebene 4: Hier war wieder mehr Licht. Die »Materie« war weicher. Ich hörte Musik in Form lang gehaltener Akkorde und den Gesang eines großen Chors.

Ebenen 5 und 6: Die waren ganz ähnlich. Die Musik änderte sich, blieb aber, Gestalten konnte ich hier allerdings keine ausmachen.

Ebene 7: Hier wurde ich mir einer riesigen Kugel bewusst: der Sonne. Heiß war sie aber nicht. Ich fühlte, wie sie mich anzog. Sobald ich mich in ihr befand, schienen sich die letzten Reste meines Körpers zu verflüchtigen. Ich hatte überhaupt kein Körpergefühl mehr. Doch immer noch ein individuelles Bewusstsein. Nur dieser letzte Rest von Individualität trennte mich von reinem Glück und Frieden.[22]

Durch viele Ebenen zu umfassender Liebe

Ich ... stieg durch fünfzehn Übergänge (Ebenen) von Dunkelheit und farbigen Lichtenergien auf. Zunächst traf ich auf Dunkelheit und ein Gewebe (über dem Dunkel). Durch diese Ebene ging ich in eine tiefere Dunkelheit mit vereinzelten violetten Lichtern, dann auf die nächste Schicht: noch tiefere Dunkelheit mit wenigen grünen Lichtern. Weiter stieg ich auf durch Dunkelheit mit einer lila wirbelnden Energie und weiter durch eine mit gelbgrüner Energie durchsetzte Dunkelheit.

Ungefähr an diesem Punkt hörte ich einen exquisiten harmonischen Chor; der Gesang bestand aus zwei verschiedenen Tönen. Höher ging es, und ich stieß auf mehr Dunkelheit mit einer violetten Lichtenergie, die mir immer wieder vor Augen trat. Auf der folgenden Ebene gab es wiederum Dunkelheit und diesmal auch grauen Nebel, auf der nächsten dann erneut Dunkelheit und violette Energie.

An diesem Punkt beschloss ich, mich umzudrehen und dorthin zurückzublicken, woher ich gekommen war [die Erde]. Ich sah, wie das Licht, wie diese Energieformen, durch die ich gekommen war, in unglaublicher Weise durchmischt waren. Das war sehr, sehr schön und multidimensional. Sehen konnte ich die Erde nicht ... aber ich spürte ihre Gegenwart in der unendlichen Ausdehnung der universellen Lebensenergie. Auf dem dunklen Hintergrund (den ich sah) nahm ich farbige Energien wahr, die vorbeischwebten ... grün ... gelb ... lila. Ich hatte nicht das Gefühl, [zur Erde] zurückkehren zu müssen. Ich empfand einfach nur Liebe ... eine überwältigende, alles umfassende ... Liebe. Nachdem ich eine Weile in ihr geschwelgt hatte, drehte ich mich wieder um und setzte meine Reise fort. Ich folgte dem Chor aufwärts, weiter hinauf ... in den gesprenkelten grauen Nebel. An diesem Punkt wurden wir zurückgerufen. Also kehrte ich durch die Dunkelheit und die wirbelnden farbigen Energien zur Erde zurück.[23]

Durch einen rotierenden Zylinder zu Ebenen zunehmender Helligkeit

Mein Aufstieg ging ziemlich schnell. Ich bewegte mich durch eine ganze Reihe verschiedener Ebenen mit zunehmender Helligkeit. Von grau zu beige, zu braun, golden, gelb und zurück zu weiß – eine nach der anderen, sehr schnell, in einer Art rotierendem Zylinder. Schließlich geriet ich über das Weiß hinaus in eine Art Kristallfarbe. Einen kristallenen Farbraum.

Ich fragte: »Kann ich so weit gehen?«.

Der kristallene Farbraum öffnete sich an einer Seite und gab den Blick auf die Sterne frei. Sie waren auf eine Weise angeordnet, die mir nichts sagte, stellten jedenfalls keine mir bekannte Konstellation dar. Einer der Sterne schien mir zuzuzwinkern, sodass ich schnell auf ihn zuging. Ich traf in einer völlig anderen Welt ein. Deren Bewohner sahen aus wie Ausrufezeichen aus Saphir. Sie schwebten in einer Höhe von etwa einem Viertel ihrer

Körpergröße über dem Boden, und die Architektur war entsprechend. Ich hatte gerade anfangen, mich mit ihnen zu unterhalten, als der Rückruf ertönte.[24]

Hier stieg der Reisende – ähnlich vielen Nahtoderfahrungen – durch einen Tunnel (hier der rotierende Zylinder) auf; dabei wurde das Licht immer heller. Nachdem er sieben verschiedenfarbige Ebenen durchquert hatte, erreichte er eine Welt mit Saphir-Menschen und begann, sich mit ihnen zu unterhalten. Es ist anzunehmen, dass er diese Gespräche auf späteren Reisen fortsetzen konnte.

Odin und der Nektar der Götter

Ich wurde von einem Mann in einer blauen Kutte mit goldenen Bordüren und einem goldenen Kopfschmuck abgeholt; auf seiner Schulter saß ein Adler. Ich ging mit ihm zu einer Art großem Palast. In einer Halle saßen viele, viele Menschen im Kreis. Auf dem Boden lag ein Wolf. In einem schönen Kelch bot man mir Met an – den Nektar der Götter.

Der Mann sagte, er sei Odin. Neben ihm war Sigrun und auf der anderen Seite waren zwei Frauen namens Lara und Kristin. Sie waren weiß gekleidet. Ich fragte Odin, wer diese Menschen seien, und er sagte, es seien meine Familienangehörigen; vielen sei ich schon früher einmal begegnet.

Dann wurde ein großer Tisch gedeckt und ich setzte mich neben den Mann an den Kopf der Tafel. Immer wieder sagte ich, er könne unmöglich Odin sein, und bat ihn, mir die Gäste vorzustellen. In großen Schüsseln wurde das Essen auf den Tisch gestellt. Brot und Käse gab es auch.

Dann durchstreifte ich das Gelände. Das Schloss lag oberhalb eines schönen Sees, und auf einem Hügel befand sich eine Art Wohnanlage. Er (vielleicht Odin, vielleicht auch ein anderer Begleiter) versicherte mir, ich sei hier immer willkommen und könne mich hier aufhalten, wann immer ich es wolle. Ich sah meinen Vater als jungen Mann und sah auch Amma und Sigrun.

Es war ein heller, offener und sehr schöner Ort, an dem sich allem Anschein nach sehr viele Menschen befanden. Irgendwie fühlte ich mich von dem allen überwältigt. Als das Rückholsignal kam, war ich immer noch mit irgendjemandem unterwegs, um das Gelände zu erkunden.

Als ich wegging, war ich sehr bewegt und ziemlich verwirrt. Irgendwie war mir das alles zu viel. Ich wollte wissen, um wen es sich bei diesen Menschen gehandelt hatte, und war ganz durcheinander. Ich fühlte mich einerseits willkommen, anderseits aber auch als selbstverständlich angenommen.[25]

Thronsaal, Krone und spirituelle Speisen

In dem folgenden Bericht findet eine Reisende heraus, dass sie einer spirituellen Familie angehört und dass »sich eine spirituelle Familie in jeglicher Form ausdrücken kann«. Wenn einem in anderen Welten Essen angeboten wird, gilt das in schamanischen Kulturen und Mythen als wichtiges Ereignis.

Ich stieg durch den Nachthimmel auf, vorbei an Sternen und tierischen Gestalten. Diese waren austauschbar, sie verwandelten sich, als ich an ihnen vorbeikam. Ich erfuhr: »Eine spirituelle Familie kann sich in beliebigen Formen zeigen. Du gehörst einer sehr großen und kraftvollen spirituellen Familie an.«

Während ich weiter aufwärts flog, sah ich in der Milchstraße und jenseits von ihr Tiergestalten, die sich verwandelten. Schließlich traf ich an einem perlmuttfarben leuchtenden, wolkenartigen Ort ein, der die Form eines Zylinders hatte. In der Nähe entdeckte ich eine große, runde Halle im römischen Stil.

Darin sah ich einen Brunnen mit einem Rad, das sich drehte. [Ein Geist] sagte: »Das Rad ist das Symbol deiner spirituellen Familie.« In dieser Halle befanden sich viele Menschen, gekleidet im Stil verschiedener Weltkulturen – unter anderem ägyptisch, wie die Mayas, tibetisch, japanisch und chinesisch.

Dann entdeckte ich ein großes Atrium, von dem mehrere Etagen abgingen, die in perlmuttfarbenem und goldenem Licht schimmerten. Ich hatte den Eindruck, dass sich auf jedem Stockwerk viele Zimmer befanden. Ich sah sie mir jedoch nicht an, sondern ging in den Bereich zurück, der mit der runden Halle im römischen Stil verbunden war. Das Ganze war ein riesiger burgartiger Komplex. Auf der anderen Seite befand sich noch ein Gebäude. Ich ging hinein und sah eine prunkvolle Halle. Sie wurde fast zur Gänze von einem runden Tisch in der Form eines Donuts eingenommen.

Ich setzte mich an die Tafel und bekam Essen. Das wurde allerdings nicht serviert, sondern erschien einfach so. Der Tisch funktionierte wie ein Förderband. Von rechts kam ein Gericht nach dem anderen und zog an mir vorbei. Zuerst ein schneebedeckter Berg, dann ein Wald, ein Gebirgsbach, alle möglichen Gemüsesorten und andere Speisen, die wir in der alltäglichen Wirklichkeit auch kennen. Mir kullerten die Tränen über die Wangen … weil ich so gerührt war. Während ich das Essen verzehrte, kamen Bilder meines Hauses aus der alltäglichen Wirklichkeit hoch. Ich begriff, dass mein Alltagsleben auf den spirituellen Gerichten beruhte, die mir hier angeboten wurden. Und dass die Inhalte meines alltäglichen Lebens den Möglichkeiten und Gegebenheiten meines spirituellen Hauses entsprechen.

Ich sah auch viele sich verwandelnde Bilder von Tieren und Gebäuden. Schließlich wurde mir eine Platte mit religiösen Symbolen und Zeichen vorgesetzt. Das wirkte wie eine dreidimensionale Collage aus religiösen Symbolen und heiligen Orten aller Epochen und Kulturen der Erde. Entzückt »aß« ich diese spezielle Speise, die mir vorkam wie die Essenz und Weisheit aller Religionen, die die Menschheit kennt.

Als Nächstes betrat ich einen Thronsaal. Dort erhielt ich eine Krone und einen bodenlangen Umhang; beides bestand aus frischen rosa Rosen. Ich hatte das Gefühl, das ganze Universum sei in mir. Was für eine Ehre!

Dann wurde mir ein Ring aus Rosen gezeigt, der im Nachthimmel schwebte. Er sah aus wie eine Kette aus Rosenknospen. Eine dieser Rosen war meine spirituelle Familie, mit vielen anderen spirituellen Familien in einem großen kosmischen Kreis verbunden. Da wir alle so miteinander zusammenhängen, spürte ich auch die Liebe der anderen spirituellen Familien und hatte das Gefühl, dass sie sich über meinen Besuch freuten.

Mit dem Wissen, dass alle diese Gestalten/Manifestationen mit mir und in mir verbunden sind, kehrte ich zurück. Diese Reise war sehr, sehr tief gegangen.[26]

Die Reisende, von der dieser Bericht stammt, wurde mit einem Festessen willkommen geheißen. Durch den Verzehr einer besonderen Speise nahm sie »die Essenz und Weisheit aller Religionen« in sich auf. Sowohl das Essen als auch die Botschaft entsprechen dem Gefühl, in der Oberen Welt willkommen zu sein, und dem Empfinden eines spirituellen Einsseins, die in allen Berichten aufscheinen und die individuelle Unterschiede in den Hintergrund treten lassen.

Gottheiten und Verstorbene

Von den indigenen Schamanen, die in die Obere Welt reisen, wird berichtet, dass sie dort Hilfe von kraftvollen Geistern in Menschengestalt erhalten, in denen sie Götter, Göttinnen, Halbgötter und heilige Ahnen erkennen. Bei diesen Geistern kann es sich um Gottheiten handeln, die in der Kultur, der der Schamane angehört, allgemein bekannt sind. Es können aber auch Spirits sein, die sich dem Schamanen persönlich offenbaren, zum Beispiel verstorbene Schamanen aus der eigenen Familie. Doch selbst seine/ihre Beziehungen zu Gottheiten sind sehr persönlich, was sich gut an den Salish-Schamanen zeigen lässt, die sie üblicherweise als »Partner« bezeichnen, genau wie auch die Tier- und anderen Geister, mit denen sie zusammenarbeiten.

Mit anderen Worten: Indigene Schamanen leben auf vertrautem Fuß mit diesen Wesen. Sie *glauben* nicht an die Existenz von Gottheiten in der Oberen Welt, sondern *kennen sie persönlich*, so wie sie ihre Angehörigen in der Alltagswelt auch kennen. Für sie entsprechen diese Wesenheiten ihrer persönlichen Erfahrung – im Gegensatz zu den Nicht-Schamanen in indigenen Kulturen, die lediglich an sie glauben. Deshalb könnte man sie auch als Animisten bezeichnen.

Was aber geschieht, wenn heutzutage ein Westler eine schamanische Reise in die Obere Welt unternimmt, ohne vorher irgendeinen Hinweis darauf bekommen zu haben, dass er eventuell einer gottähnlichen Gestalt begegnet?

Philosophen, Komponisten und die Jungfrau Maria

Zu ihrer Überraschung trafen die Westler in der Oberen Welt tatsächlich oft auf Gottheiten. Das folgende Beispiel stammt von einer deutschen Konzertpianistin, einer erklärten Atheistin und Kommunistin.

Ich begann meine Reise an einem offenen Kamin mit Schornstein – ein Platz, der mir bekannt ist, und ich stieg mit dem Rauch auf … bis zu einem fliegenden Wolkenteppich [die Schranke]. Dort sah ich eine kleine goldene Buddhastatue. Mit dem Rauch stieg ich weiter auf bis zu einem zweiten fliegenden Teppich aus weißen Wolken. Dort sah ich eine Prozession von weiß gekleideten Gestalten, die Lorbeerkränze auf dem Kopf trugen. Zuerst schienen sie mich nicht zu bemerken. Doch dann steckten sie die Köpfe zusammen und beratschlagten, was mit mir zu tun sei.

Ein Mann löste sich aus der Gruppe, kam auf mich zu und zeigte mir den Weg auf eine andere Ebene. Dort war ein bärtiger alter Mann, der ein weißes Baumwolltuch trug. Er saß vor einem dunklen Wald und gab mir mit der Hand ein Zeichen, dass ich hineingehen solle.

Im Wald war es sehr dunkel; ich fürchtete mich ein bisschen. Dann veränderte sich die Szenerie und ich war in einem Märchenwald, in dem ich Rumpelstilzchen in seinem roten Umhang, Dornröschen und Aschenputtel begegnete. Ich trug ein rosa Gewand. Ein blau gekleideter Prinz kam und nahm meine Hand. Er führte mich durch den Wald zu einer Burg, die an die Loire-Schlösser erinnerte und von einem Wassergraben umgeben war. Der Prinz führte mich über eine Brücke und einige breite Stufen hoch hinauf zu einem weit geöffneten Eingangsportal. Dort nahm mich Johann Sebastian Bach in Empfang.

Bach geleitete mich nach innen in einen riesigen Speisesaal, in dem viele Menschen saßen und aßen; sie schienen in angeregte Gespräche vertieft.

Hegel kam zu mir, um mich zu begrüßen, und wir setzten uns neben Mozart. Mit ihm unterhielt ich mich ein wenig über Fallstricke des Familienlebens. Als er aufstand, gingen wir zu einem Klavier und spielten ein paar Takte. Dann überließ ich ihm das Instrument. Unter seinen Klängen flog ich zur Sonne empor. Sie hatte eine unwiderstehliche Anziehungskraft.

Ich bekam Angst vor ihrer Hitze und dem grellen Licht. Also suchte ich nach einer Zuflucht, dem kühlen Mond vielleicht, doch es gab kein Entrinnen. Nach einem kurzen Flug in brennender Hitze landete ich im Schoß einer Frau, bei der es sich um Maria, die Himmelskönigin, zu handeln schien. Neben ihr saß ihr Mann, der Vater aller Götter. Mir war sehr behaglich zumute, obwohl ich in dieser ungewöhnlichen Situation auch ein bisschen Angst hatte. Der Rückweg nach unten war schnell und leicht.[27]

Da Hegels Dialektik für den Marxismus eine bedeutende Rolle spielte, hatte die Teilnehmerin, wie sie später sagte, kein Problem damit, ihn in der Oberen Welt anzutreffen. Und als Konzertpianistin konnte sie auch die Begegnung mit Bach und Mozart ohne Weiteres akzeptieren. Da sie jedoch eine eingefleischte Atheistin war, nahm sie Anstoß an der Begegnung mit »Maria, der Himmelskönigin« und Ehefrau des »Vaters aller Götter«. Auch war für sie überraschend, dass sie es in Marias Schoß »behaglich« gefunden hatte. (Später identifizierte sie diese Gestalt als Jungfrau Maria.)

Dieses Beispiel zeigt, wie intim die Begegnungen der Reisenden mit legendären Helden und Göttern in der Oberen Welt oft sind. Die Tatsache, dass die Frau sich ein wenig gefürchtet hatte, war ein gutes Zeichen, denn jede Emotion, sei sie nun Angst oder Liebe, ist ein wichtiger Hinweis darauf, dass man tatsächlich in die nichtalltägliche Wirklichkeit eingetreten ist. Wenig überraschend wandte sie sich wenig später vom Atheismus ab, ging nach Indien und verbrachte dort viele Jahre in einem hinduistischen Ashram.

Humanisten und Denker

Im Zuge seines Aufstiegs in die Obere Welt kam dieser Reisende auf eine Ebene, die

... aussah wie eine Kreuzung der Landschaftsgemälde von Maxfield Parrish und Alma-Tadema, nur viel schöner. Da war ein großer See und an dessen Ende ein hübscher mit Juwelen besetzter Wasserfall in Hellblau. Es gab weiße, marmorartige Säulen und Pavillons, in die man sich setzen und nachdenken konnte. Gold- und sienaerdfarbene Töne – alle sehr herbstlich – durchzogen die Landschaft. Ich sah weitläufige Rasenflächen, viele verschiedenartige Bäume. Mir war, als trete ich in ein Gemälde ein. Das Licht hatte außergewöhnliche Farben – Gelb, Rosé, Pfirsichfarbe, Orange, Rot, Bernsteingelb.

In kleinen Grüppchen standen die größten Humanisten und Denker zusammen und diskutierten; manche saßen auch alleine und schrieben oder sinnierten, zum Beispiel Einstein, Kopernikus, Jesus, Dante, Shakespeare, C. G. Jung, Gandhi, Mutter Teresa und Leonardo da Vinci. Es war alles sehr still, aber ich spürte, dass diese Geister in Menschengestalt wichtige Gespräche führten und bedeutende Entscheidungen trafen.

Ich fühlte mich zum Wasserfall hingezogen, und als ich ihn erreicht hatte und aus ihm trank, offenbarte sich mir die ganze Wahrheit. Dann nahm ich ein Bad und bekam den Kern meines Wesens gezeigt. Es war praktisch die Wahrheit meiner Essenz.[28]

Buddha und Freudentränen

Ich reise, bewege mich schnell empor. Ich bin nichts als ein Fleckchen Bewusstsein in einem riesigen Universum. Wie ein Sternenstäubchen reise ich durch die Unendlichkeit. Ich sehe einen dunklen Tunnel, der in ein großartiges silbernes Licht führt. Ich höre Musik. Ich bin Musik. Ich reise immer weiter, durch viele Schichten, Ebenen und verschiedene Schichten auf diesen Ebenen. Auf den jeweiligen Ebenen sehe ich neue Seelen, die von Lichtwesen umarmt werden. Dabei ist es sehr hell. Ich sehe Jesus, auch er umarmt voller Liebe neue Seelen. Ich reise durch eine wolkenartige Schicht weiter und gerate auf eine Ebene von atemberaubender, geradezu überwältigender Helligkeit. Hier halten sich viele Buddhas auf. Doch ich muss weiter.

Ich bin das Nichts. Und doch sind mir meine Wahrnehmungen bewusst.

Ich sehe die Erde und das Sonnensystem. Besuche einen »Ring« aus Energie, leuchtender, kraftvoller Energie, die den Planeten umschwingt.

Ich empfinde Liebe für die Erde, viel Liebe. Ich muss dieser Liebe teilhaftig werden, mich dem großartigen weißen Band hinzugesellen, von dem unser Planet umgeben ist. Nachdem ich Teil dieses Lichts geworden bin, wird meine Liebe noch größer. Liebe und unglaubliches Mitgefühl. Mit höheren Schwingungen und immer mehr Licht wirken Lichtwesen unaufhörlich auf die Menschheit ein.

Aber ich muss weiterreisen, denn die Unendlichkeit ist ewig. Ich spüre, dass ich vielleicht in diesem »Nichts« bleiben kann – oder zur nahen Erde zurückkehren und den großen weißen Lichtring unterstützen muss. Aber nein, ich muss durch eine Öffnung in der unermesslichen Weite hindurch, in der ich mir selbst begegne. Es ist wie die Öffnung eines riesigen Gefäßes aus reinem Licht. Ich gehe hinein und werde wieder zu Licht. Unglaubliche Wärme und Friedfertigkeit erfüllen meine Sinne, meinen Körper und meinen Geist. Ich empfinde jetzt *reine Freude!* Ich sehe einen Buddha. Die Erde ist sein erstes Chakra. Im Inneren des Buddhas sind weitere, genau wie bei diesen russischen Matrjoschkapüppchen. Die Freude und das Gelächter des Buddhas in den tausend anderen Buddhas erfüllt die Ewigkeit. Das Echo ihres Lachens erzeugt farbige, geometrische Schwingungen im Universum. Ich empfinde enorme Freude. Ich muss lachen, als wäre das Gelächter der Buddhas in mir.

Wir sind in Buddhas Körper und Buddha ist in uns. Nachdem die vielschichtigen Schleier von Selbsttäuschungen gefallen sind, erwachen wir selbst zum Buddha-Bewusstsein, genau wie die Metapher der Buddhas im Buddha ewig fortbesteht, das essenzielle »Allwissen und Nicht-Sein«. Ich spüre, wie mir Tränen der Freude und des Lachens die Wangen hinunterrinnen. Ich schicke mein Lachen ins Universum. Die Trommel ruft mich zurück.[29]

Jesus, Buddha und ein Teil von allem werden

Laufen, hinabfliegen. Den Berg erklimmen. Die große Eidechse trägt mich auf den Vulkan. Dunkelheit, die das Nichts ist. Eine Art Grau, eine neue Schicht? Eine Öffnung. Einige Schatten. Plötzlich sitze ich am Rand des Neumondes, weit draußen im Himmel. Eine neue Öffnung – ich dringe in die dritte Ebene vor. Ganz in der Ferne sehe ich einen grauen Berg. Ihn erklimme ich. Der Kristall ... eine Höhle? Ich nehme auf einer Art Tisch Platz. Er ist sehr hell, wie eine Sonne, von enormer Lichtstärke. Eine Höhle, ein Lehrer? Weiter geht es durch andere Öffnungen, Löcher, Türen ... auch mehr Grau. Ich verweile einen Moment. Wolken. Noch eine Schicht weiter hinauf. Ich treffe Jesus, einen Jesus wie aus dem Bilderbuch, in Blau und Rosa. Er sagt: »Du sollst weitergehen. Hier irgendwo in der Nähe ist der alte Lehrer aus Asien: Buddha.« Wieder hinauf, jetzt kann ich nicht weitermachen. Ich werde Teil der Trommel, Teil von allem. Von irgendwoher höre ich »silberne Musik«, die Musik der Sterne. Sie verklingt, und nur die Trommel bleibt, das Licht, die totale Energie.

Ich habe Schmerzen. Bin überrascht, dass ich Schmerzen empfinden kann, obwohl ich doch Teil des Verschmelzens mit dem Ganzen/mit dem Nichts geworden bin. Im Raum sehe ich die anderen, wieder im Hellen, an der Luft, inmitten der Klänge. Das Rückholsignal. Ich versuche, auf demselben Weg zurückzukehren. Jesus, der Lehrer, die grauen Berge, der schwarze Vulkan. Die Geier. Den Berg hinunter, durch die Wälder. Hier im Raum, wie aus der Heimat vertrieben. Ich bin hier, mein Körper ist hier, mein Geist nur zum Teil ...[30]

Eine schöne Reise – mit allem, was dazugehört: Gottheiten, Musik und Vereinigung mit der »Totalität/dem Nichts«. Was manchem vielleicht ungewöhnlich erscheint: dass die Betreffende gegen Ende ihrer Reise Schmerzen empfindet. Davon war sonst nie die Rede. Doch wenn so etwas während einer Reise in die Obere oder auch Untere Welt geschieht, dann immer in dem Moment, in dem der Reisende gerade dabei ist, wieder in die alltägliche Wirklichkeit einzutreten. Deshalb war sich die Frau auch des Raumes und der anderen Seminarteilnehmer schon bewusst, bevor sie ganz von ihrer Reise zurückgekommen war. Schließlich nenne ich die Mittlere Welt nicht von ungefähr manchmal auch die »Welt der Schmerzen«.

Die Schöpferin und Jesus

Ich stehe vor einem Tunnel, der von Hunden bewacht wird. Im Inneren des Tunnels nehme ich ein Licht wahr. Erkenne die Silhouetten dunkler Figuren, die sich darin bewegen. Ich bin ganz durcheinander. Möchte wissen, was das für Gestalten sind. Das gehe mich nichts an, wird mir gesagt. Mehrfach kehre ich zum Eingang des Tunnels zurück.

Schließlich erinnere ich mich an meine Absicht: so weit zu kommen, wie es geht. Ich verlasse den Tunnel und betrete einen nebligen Ort. Da ist eine sehr schöne rothaarige Frau mit einem katzenartigen Gesicht. Sie trägt eine Tracht von Indianern aus dem Osten und tanzt. Sie scheint meine uneingeschränkte Aufmerksamkeit auf sich ziehen zu wollen. Aber hier zu bleiben fühlt sich nicht richtig an. Ich sehe eine Treppe, die nach oben führt, und renne die Stufen hinauf. Oben ist ein grünes Feld. An dessen Ende steht ein Gebäude, auf das ich zugehe. Und schon bin ich da. Viele Wesen in griechischen oder römischen Gewändern halten sich dort auf. Bei dem Bauwerk handelt es sich, glaube ich, um einen Tempel, und die Gestalten sind Götter. Eine Frau kommt auf mich zu und lädt mich ein, auf einem Thron zwischen riesigen Säulen Platz zu nehmen. Sobald ich sitze, werde ich von einem Kokon aus blendend weißem Licht umhüllt. Als ich wieder daraus auftauche, habe ich acht Arme, wie eine Shiva-Statue.

Ein Seil aus Licht fällt vom Himmel. Ich klettere daran hinauf und betrete einen wunderschönen Garten. Ich werde von einer Frau begleitet. Wir beide tragen weiße Gewänder, die aus Licht gewoben scheinen. Ich nähere mich einem Teehaus, von dem ich weiß, dass ich dort meinen Liebsten treffen werde. Ich betrete das Teehaus. Innen ist es ziemlich schummrig. Sein Gesicht liegt im Schatten; so bewundere ich die Silhouette seines Profils.

Er greift über den Tisch, und plötzlich löse ich mich in Musik auf, die sich anhört wie von Fröschen, Grillen oder Flöten. Da ist ein Lichtschleier. Ich bleibe lange bei diesem Licht und der Musik. Es ist wunderschön. Ich finde keine Worte, um diese Schönheit zu beschreiben. Während ich mit der Musik und dem Licht verschmolzen bin, sehe ich Gesichter, Männer- und Frauengesichter. Ich kenne diese Menschen nicht, aber irgendetwas an ihnen ist mir vertraut und ich sehe sie ganz deutlich.

Mit einem Mal gehe ich über einen dunstigen Hügel. Von hinten sehe ich eine Frau in einem einfachen Sari. Ich gehe zu ihr und frage sie, ob ich sie treffen solle. Sie wendet sich mir zu, und ich setze mich vor sie. Zunächst wirkt sie ganz gewöhnlich, aber dann verändert sie sich und sieht in ihrer Schönheit, die älteren Frauen manchmal eigen ist, blendend und damit äußerst real aus.

Plötzlich sitzt sie vor mir auf dem Boden, spreizt die Schenkel und zieht Essen dazwischen hervor, als würde sie es gebären. Es ist kein gewöhnliches Essen, sondern wundervoll zubereitet. Sie macht weiter so, bis überall Essen ist, überall um uns herum. Das verblüfft und erfreut mich. Sie ist die Schöpferin, und sobald mir das klar geworden ist, nimmt sie mich in den Arm und küsst mich auf den Mund.

In diesem Kuss löse ich mich erneut auf und werde zu einem Steilufer oberhalb eines Strandes gebracht. Es dämmert, ein schöner Sonnenuntergang folgt. Am Himmel sind farbige Streifen. Das Wasser ist dunkel, fällt mir auf, und es herrscht hoher Wellengang. Weit draußen auf dem Meer erkenne ich Menschen auf einem Schiff mit Segeln und Rudern. Die Brandung macht ihnen schwer zu schaffen. »Ich bin total in Frieden, und diese Menschen müssen sich so abkämpfen«, denke ich.

... Ein in ein biblisches Gewand gehüllter Mann kommt den Strand entlang. Es ist Jesus, erkenne ich. Meine Reaktion auf ihn überrascht mich: Ich empfinde Abneigung und Wut. Mir wird klar, dass ich Jesus für den ganzen Schaden verantwortlich mache, den die christlichen Kirchen angerichtet haben. Jesus streckt den Arm aus und drückt mir etwas in die Hand. Unmittelbar nachdem ich erkannt habe, dass es sich um einen Schlüssel handelt, stehe ich auch schon vor einer Tür aus massivem Gold und weiß, dass es sich um das »Tor der Wahl« handelt. Ich trete ein und stoße auf eine Kammer mit zwei Ausgängen. Die eine Tür steht offen, und ich sehe viele Wesen, die eine spiralförmige Rampe hinabgehen. Ich habe das Gefühl, festgefahren zu sein, weil ich einfach nicht weiß, welche Entscheidung ich treffen soll. Schließlich frage ich, ob ich auch hinter die andere – geschlossene – Tür blicken darf.

Diese Tür sieht aus wie ein Kaninchenbau, und mir dämmert, dass dies der Weg ist, der zum irdischen Leben zurückführt. Da das nicht meine Absicht war, erkundige ich mich, ob ich weitergehen darf. Ich gehe durch die andere Tür und sehe eine Spirale, die abwärtsführt.

Viele Wesen gehen diesen Weg. Er scheint unendlich zu sein, doch an seinem Ende ist ein helles Licht. Ich springe von der Rampe und lasse mich wie ein Löwenzahnsamen ins Licht treiben. Ich frage mich, wie lange mein Bewusstsein wohl noch isoliert bleiben wird. »Deine Entscheidung«, erfahre ich prompt. Zusammen mit einer Gruppe von Adlern fliege ich über ein Meer. Schöne Stimmen singen immer wieder das Wort »Heimat« [»home«]. Wieder bin ich ganz durcheinander und frage mich, ob ich wirklich das höre oder nicht doch »Om«. Wir werden zu einem Strand hinuntergelassen. Dort, wo wir landen, sind viele Tiere. Das [Trommel-]Signal zur Rückkehr ertönt und ich folge ihm.[31]

Verstorbene Angehörige, Engel, Musik und allumfassende Liebe

Zunächst war ich sehr aufgebracht und verwirrt – offenbar war der Übergang nicht reibungslos, und das fand ich beunruhigend ... Zwei Engel kamen, um mich abzuholen, und brachten mich zu einer Bank in einem Garten, die unter einem schönen Baum stand und von saftigem Gras umgeben war.

Als Erster kam mein Vater zu mir. Er winkte mit der Hand, und vor mir erschien ein Teich mit kleinen Seerosen und Fröschen, die darin umhersprangen. Einer von ihnen spuckte mir eine Perle in die Hand. Ich steckte sie in meine Tasche. Dann winkte mein Vater den Teich einfach weg. Als Nächste erschien meine Tante X. Auch sie winkte, woraufhin ich mich auf dem Grund einer kleinen Sandkiste befand, wo ich von allen Pflanzen und Tieren, Felsen und Meeren besucht wurde, wirklich von allen. Mit einem neuerlichen Winken ließ meine Tante das alles wieder verschwinden. Dann erschien meine Mutter. Sie beteuerte, wie leid ihr alles tue, was sie mir in der Kindheit angetan hatte. Ich sagte ihr, dass ich ihr vergeben habe. Dann winkte sie einen spiegelglatten Teich herbei. Ich wurde wieder zum Kind und wurde mit heilendem Licht erfüllt. Schnell wurde aus dem Kind wieder die erwachsene Person von heute.

Von oben her strömte Licht herab und strahlte wieder zurück in die Höhe. Die Engel brachten mich von einer Schicht zur nächsten. Auf einer gab es Städte aus Kristall, eine andere war eher flach und mit Juwelen besetzt. Die Schichten wurden immer schlichter. Es gab Wolken, Regenbögen und viel strömendes Licht.

Ich hörte Flöten, andere Musik und Gesang. Das Licht strömte an mir vorbei. Ich verlor das Gefühl für mich – zerstob in etwas, was die Kraft des Lebens zu sein schien, hörte ein *Hmmmm*, Donner und wieder *hmmmm*. Ich war Teil eines unglaublichen gelben Lichtes, empfand höchste Glückseligkeit, fühlte mich lebendig, stark und mitunter sogar erotisiert – ich finde kein besseres Wort. Ich empfand allumfassende Liebe.[32]

Verstorbene Angehörige, das »Große Eine« und bedingungslose Liebe

Allmählich fühlte ich mich, als wäre ich im herkömmlichen Sinn gar nicht mehr »ich«. Das war sehr merkwürdig. Dann erhielt ich einen Schubs und fand mich an einem runden violetten Ort wieder. Überall funkelten dunkellila Kristalle. Dann befand ich mich auf tief violetter Erde mit intensiv grünen Pflanzen. Als Nächstes geriet ich in eine orangerote Kugel, um die herum sich Blüten einer orientalisch anmutenden Pflanze bewegten. Ich war in einem Garten und konnte die Pflanzen und Engel singen hören. Ich hörte Babys schreien, Menschen sich unterhalten und fühlte mich als Teil von allem. Ich fühlte mich wie die Pflanzen, die Menschen, wie Luft, Erde und wie Gott. Ich war *alles*. Ich sprudelte aus mir heraus und wieder hinein, sprudelte aus meinem Inneren heraus in mich selbst. Ich fühlte mich wie eine riesige Kugel auf einer anderen. »Wo bin ich? Wer bin ich?«, fragte ich und hörte im Geist die Antwort: »Der eine Geist, das eine Alles.« Dann hörte ich die Blumen singen und sah meinen Großvater, meinen Vater, meine Mutter, meine Nichte und meine Urgroßmutter. Sie hatte ich nicht mehr kennengelernt und nie auch nur ein Bild von ihr gesehen. Und in diesem Moment habe ich gedacht: »So siehst du also aus.«

Dann sah ich das Große Eine. Ich fühlte mich wie ein funkelnder Diamant, erleuchtet und friedvoll. Ich wusste alles und wusste, dass ich alles wusste. Ich verstand alles. Ich erlebte einen unvorstellbaren Frieden. Ich war Kraft, Sanftheit, bedingungslose Liebe, Licht, Hoffnung, Freude, neues Leben, alles.[33]

9

Lehrer – mitfühlende Geister, die Ratschläge erteilen

Viele, die sich in den Himmel träumen [mithilfe von Trommeln in die Obere Welt aufsteigen], sehen nicht Gott. Sondern nur die, die für ihn arbeiten.
WORTE DER DUNNE-ZA-(BIBER-INDIANER-)SCHAMANEN
IN BRITISH COLUMBIA[1]

Dann sagte mein [Geister-]Gefährte:
»Wenn du herkommst … stell Fragen …
Du wirst gewiss ein großer Schamane werden,
du findest alles heraus.«
WORTE EINES SPIRITUELLEN LEHRERS
ZU EINEM SIBIRISCHEN NGANASAN-SCHAMANEN
AUF EINER REISE IN DIE UNTERE WELT[2]

Sowohl indigene Schamanen als auch Westler berichten immer wieder von anthropomorphen (menschenförmigen) Gottheiten und heiligen Ahnen in der Oberen Welt. Diese versteht man vielleicht am besten als *hinübergegangene (transzendierte) mitfühlende Geister*, die die Konflikte der Mittleren Welt hinter sich gelassen haben – im Gegensatz zu den *quasi-*

mitfühlenden ethnozentrischen Geistern, die hier in der Mittleren Welt zurückbleiben. Diese hinübergegangenen Geister erweisen sich als bereit, auf jeden zu reagieren, der bei ihnen Rat oder Heilung sucht – und zwar ohne Bedingungen. Auch scheinen sie keine Empfehlungen auszusprechen, deren Ausführung in der Mittleren Welt irgendeinem Wesen Schmerz oder Leid zufügen würde.

Wenn ich Studenten in die schamanische Praxis einführe, vermeide ich (und mit mir auch die Dozenten der Foundation) die Verwendung spiritueller Begriffe wie »Gottheiten« oder »Götter«, damit jeder die größtmögliche Freiheit hat, seine eigenen Entdeckungen zu machen. Deshalb habe ich den Terminus »Lehrer« eingeführt, um den Studenten das Ziel vorzugeben, einer Person zu begegnen, wie es sie auch im Alltag gibt.

Im Vorfeld erfuhren sie, dass es sich bei diesen Lehrern um historische Personen und um Berühmtheiten handeln konnte. Damit wollten wir vermeiden, die Reisenden auf die Erwartung zu programmieren, sie würden Personen treffen, die in einer Religion eine Rolle spielten. Dennoch fanden einige der Westler schnell selbst heraus, dass ihr Lehrer ein berühmter Vertreter einer Religion war.

Die Studenten wurden aufgefordert, in der Oberen Welt einfach ihren noch unbekannten menschenähnlichen Lehrer zu suchen. Die Annahme war (und ist), dass sie keine neuen Lehrer bekamen, sondern sich eher derjenigen bewusst wurden, die sie bereits hatten. Wenn sie dann einer Wesenheit in Menschengestalt begegneten, die versicherte, ihr Lehrer zu sein, sollten sie ihr eine Frage stellen oder sie um Heilung bitten.

Die Westler wurden gebeten, anhand der Anleitungen im Anhang A in die Obere Welt aufzusteigen, erfuhren über diese jedoch nur, dass sie »oben« ist und sonst nichts. Ebenso wenig bekamen sie mitgeteilt, wem sie dort begegnen würden, abgesehen davon, dass sie einen Lehrer suchen sollten. Dessen Identität, Aufenthaltsort und Umfeld entdeckte jeder Student für sich allein – wie auch alle ihre ganz eigenen Erlebnisse und Erfahrungen hatten.

Sich auf eigene Faust Hilfe zu suchen, ist typisch schamanisch und die Essenz dessen, was die Westler bei dieser Aufgabe tun sollten. In diesem Kapitel finden sich repräsentative Berichte der Erfahrungen, die sie auf der Suche nach ihrem Lehrer machten und als sie ihn um Rat fragten.

Einige wichtige Vorbemerkungen: Die indigenen Salish-Völker in British Columbia und im Staate Washington bezeichnen solche anthropomorphen Geister oft als »den Indianer« oder auch als »Kraftmensch« (im Unterschied zum Kraft*tier*). Trotzdem sollte man beachten, dass die Lehrer in Menschengestalt auch als Tiere oder in jeder anderen Gestalt auftreten können, die sie wählen. Und dass sie die Erlebnisse des Reisenden unsichtbar »steuern«, sobald sie von ihm um Hilfe gebeten wurden.

Die Westler, deren Berichte im Mittelpunkt dieses Kapitels stehen, hatten auf früheren schamanischen Reisen in die Untere Welt bereits gelernt, ihre Krafttiere um Hilfe zu bitten. Und man wird sehen, dass sie auch in der Oberen Welt von ihnen unterstützt werden.

Nachdem sie »über den Regenbogen« gegangen waren, waren die Westler bereit, mehr über die Arbeit der Schamanen in der Oberen Welt herauszufinden. Eine wichtige Aufgabe besteht auch darin, Antworten auf Fragen für andere Menschen zu finden – Fragen, auf die sie zuvor keine Antwort bekommen hatten. So, wie es die Studenten mithilfe der Krafttiere bereits in der Unteren Welt gelernt hatten. Wie Sie, die Sie dieses Buch bis hierher gelesen haben, schon wissen, geht es bei der Divination darum, an verborgenes (»okkultes«) Wissen heranzukommen, das man in der alltäglichen Wirklichkeit vergebens sucht. Indigene Völker sind in aller Regel auf die Interaktion ihrer Schamanen mit deren helfenden Geistern angewiesen, um wichtige, mitunter sogar lebensrettende Informationen zu erhalten.

Nachdem sie dieses Ziel in der Unteren Welt erreicht hatten, bestand die nächste divinatorische Aufgabe der Westler darin, in die Obere Welt aufzusteigen und ihrem Lehrer eine Frage zu stellen. Mitfühlende Geister in Menschengestalt findet man dort normalerweise leicht. Allerdings sind die Antworten und Ratschläge, die man erhält, oft nicht das, was man erwartet hat. Aber die Lehrer orientieren sich an dem, was der Reisende braucht – und nicht an dem, was er hören will. Im Nachhinein stellt sich meistens heraus, dass sie recht hatten.

Für die Westler bestand auf dieser Reise in die Obere Welt der erste Schritt darin, ein Wesen in Menschengestalt zu finden und ihm die einfache Frage zu stellen: »Bist du mein Lehrer?« Die Antwort darauf scheint in allen Fällen verlässlich zu sein, denn in der Oberen Welt gibt es keine Ausflüchte und Verdrehung der Tatsachen. Das ist eher ein Wesenszug der Mittleren Welt.

Menschen, die der Oberen Welt den ersten Besuch abstatten, sind von der Identität des Lehrers, der sie erwartet, oft überrascht. Als ich zum Beispiel Anfang der Achtzigerjahre kurzzeitig in Moskau Schamanismus unterrichtete, fragten sich zwei meiner Studenten, die mit der damaligen kommunistischen Regierung zu tun hatten, ob sie in der Oberen Welt wohl Karl Marx oder Lenin begegnen würden. Stattdessen trafen sie auf Moses und Buddha! Bei einem weiteren Besuch bekam ich mit, dass ein Student seinen Lehrer als Zar Nikolaus identifizierte.

In Nordamerika entpuppten sich die Lehrer von christlichen Geistlichen oft als altgriechische und ägyptische Gottheiten, als Ureinwohner Amerikas oder Hindu-Heilige. Und für die meisten schien das kein Problem zu sein. Anders ausgedrückt: Ihre Erfahrungen hatten offensichtlich auch einen ökumenischen Aspekt. Andererseits waren Agnostiker, Atheisten und schamanisch Reisende jüdischen Glaubens oft verblüfft herauszufinden, dass ihr Lehrer Jesus oder ein christlicher Heiliger war. Um es zu wiederholen: Während der Vorbereitung auf den Aufstieg in die Obere Welt wurde das Wort »Himmel« weder explizit noch implizit je verwendet.

Die Lehrer der Oberen Welt scheinen durchwegs mitfühlende Wesen zu sein, die bereit sind, allen Besuchern zu helfen und sie zu heilen. Darüber hinaus scheinen sie sich jedem ihrer Besucher genau in der für ihn passenden Form zu präsentieren, unabhängig davon, ob diese Gestalt für andere vollkommen unattraktiv wäre, insbesondere dann, wenn es sich um jemanden mit einer ganz anderen persönlichen Geschichte oder aus einem ganz anderen Kulturkreis handelt.

Lesen Sie nun also einige Berichte von Westlern über ihre erste Divinationsarbeit mit einem Lehrer der Oberen Welt. Dabei hatten alle Studenten die Techniken des Aufstiegs erlernt und auch erfahren, wie sie ihre Fragen am besten formulierten. Mit dieser Methode können Studenten des Schamanismus ihr Leben verbessern. Auf den folgenden Seiten ist von einigen repräsentativen Lehrern die Rede und davon, wie sie die Fragen beantworteten, die ihnen gestellt wurden.

Die Lektion des verbogenen Rings

Die Reise in die Obere Welt, bei der ich einen Lehrer fand und ihm eine Frage stellte, habe ich als sehr tief gehend empfunden. Wir lagen wieder mit geschlossenen Augen auf dem Boden und hatten sie zusätzlich mit einem Tuch bedeckt, um das Licht abzuhalten. Auch der Raum war abgedunkelt. Wir sollten uns an einen Startplatz begeben, den wir aus der alltäglichen Wirklichkeit kannten. Dann sollten wir uns aufwärts bewegen und eine Barriere oder Membran passieren. Sobald wir eine menschliche Gestalt sahen, sollten wir sie fragen: »Bist du mein Lehrer?« Bei einer bejahenden Antwort sollten wir unsere Frage stellen. Für den Fall, dass wir hier keinen Lehrer finden sollten, durften wir auf die nächsthöhere Ebene gehen und es dort versuchen.

Die Frage, für die ich mich entschieden hatte, lautete: »Was kann oder soll ich auf meinem spirituellen Weg arbeiten?« Und das geschah:

Ich sprang vom Vordach meines Elternhauses ab, wie ich es aus meiner Kindheit in Erinnerung habe. Eigentlich hatte ich damit gerechnet, dass ich fliegen würde, aber ich wurde praktisch sofort von einer silbrigen, schnellen Windhose ergriffen. Es ging ein Stockwerk höher, und dann betrat ich eine glasartige Oberfläche ... Niemand da, den ich fragen konnte. Fing an, mir Sorgen zu machen. Versuchte, noch weiter aufzusteigen, dachte dann aber, ich hätte der ersten Ebene nicht wirklich eine Chance gegeben – geriet in Panik, dass vielleicht gar nichts geschehen würde, sah nur Licht, sonst nichts.

Schließlich stand der Meister neben mir, den ich einmal in einem Traum besucht hatte, und lächelte mir angesichts meiner Panik pseudoernst-tadelnd-beschützend-liebevoll-amüsiert zu. Er berührte meinen Arm wie schon im Traum, als wollte er mir ein Zeichen geben. Wie seinerzeit brannte es auch diesmal; aber nicht so, dass es wehgetan hätte. Es war einfach nur sehr heiß, wie elektrischer Strom.

»Erinnerst du dich?«, fragte er. Und ob!

Ich erkundigte mich, ob er mein Lehrer sei. Zunächst sah er mich an, als könnte er nicht fassen, dass ich noch fragen musste, obwohl ich doch gerade die Energie am Arm gespürt hatte. Dann jedoch lächelte er mich an und sagte: »ja.«

Ich fragte, was ich jetzt arbeiten sollte, und hörte: »genau das.«

Ich nahm an, damit sei das gemeint, was ich gerade erlebt hatte: Energieübertragung, Wärme-Licht-Partikel wie Strom. Bevor ich nachfragen konnte, schien er zu verschwinden. Aber ich spürte, dass er noch da war.

»Ich kann dich nicht sehen«, sagte ich.

Dann nahm ich ganz in meiner Nähe einen winzigen Funken wahr. Als ich ihn gerade ansprechen wollte, bekam ich das Gefühl, er wäre groß, riesig, gewaltig geworden. Alles um mich herum war er. Das Einzige, was ich sehen konnte, war eine dicke violette, wirbelnde, pulsierende Weite. Ich war darin/in ihm.

»Siehe« (»see«), hörte ich.

Das Wort war Frage und Befehl zugleich: Siehst du? Oder auch: Sieh. Er nahm seine ursprüngliche menschliche Gestalt wieder an und sagte: »Das, was du siehst, mit dem bist du verbunden.«

Dann stand links von ihm und rechts von mir eine Frau, etwas oberhalb von uns. Er machte eine Handbewegung, als wolle er mich ihr vorstellen. Ich konnte sie nicht genau erkennen, weil sich ihre Gestalt immer wieder änderte, in viele Frauen. Sie schien DIE FRAU zu sein. Es war, als würde ich Liebe, Anmut, Kraft sehen. (Ich wollte gerade noch »Leuchten« hinzufügen, aber an diesem Ort hier schien alles zu strahlen.) Er sagte: »Schau hinter den Schleier. Sieh sie.«

Und sie sagte: »So wie du hergekommen bist. Erinnerst du dich?«

Ich empfand Ehrfurcht. Genau in diesem Moment gab die Trommel das Signal zur Rückkehr.

Unmittelbar darauf reiste ich schon wieder mit unglaublichem Tempo die Spirale hinab.

Ich öffnete die Augen und hatte das Gefühl zu kochen. Es war so heiß, dass ich mich aufsetzte, mir das Tuch vom Gesicht riss und meine Stirn betastete. Es war mir, als würde ich vor Fieber glühen. Ich sah auf meine Hände und stellte fest, dass sich mein neuer silberner Smaragdring verbogen hatte. Er war völlig aus der Form geraten, so, als wäre er geschmolzen!

Bis sich die Energiepartikel, die ich durch meinen Körper rasen spürte, wieder beruhigt hatten, dauerte es eine Weile. Als ich zum Mittagessen ging, fühlte ich mich wie ein wandelndes pointillistisches Gemälde, etwa von Seurat. Und ich bin mir sicher, dass es noch etwas dauern wird, bis die Antworten, die ich erhalten habe, richtig bei mir angekommen sind.[3]

Das voranstehende Beispiel einer Aufstiegserfahrung zeigt, dass die Lehrer nicht nur Fragen beantworten, sondern auch enorme spirituelle Kraft übermitteln können, »wie elektrischen Strom«. In diesem Fall war die Kraftübertragung sowohl die Antwort auf die Frage der Besucherin als auch ein Geschenk für ihr Leben. Das ist typisch für die Arbeit mit den Lehrern: Man darf sie um Informationen bitten, und zusätzlich bieten sie Hilfe an. Oder Sie bitten sie um Hilfe, zum Beispiel bei einer Heilung, doch sie kümmern sich nicht nur darum, sondern stellen darüber hinaus Informationen zur Heilarbeit mit anderen bereit. Auch der verbogene Ring war für die Reisende eine solche Information – über die Realität der gemachten Erfahrungen und die Kraft, die sie erhalten hatte.

Eine Bibliothek, ein Chor und zu nichts und allem werden

Der folgende Reisebericht umfasst noch viel mehr, als die Überschrift vermuten lässt.

… Als ich durch den Tunnel geschwebt war, waren dort meine Mutter und mein Großvater … Zuerst wollte ich sie gar nicht in den Arm nehmen, aber als ich es dann tat, weinten und weinten wir alle. Das fühlte sich sehr heilsam und schön an …

Dann ging ich und fand mich auf einer Etage wieder, die wie eine Bibliothek oder ein griechisches Gebäude wirkte. Dort war es sehr ruhig. Ich sah viele Menschen, aber alle waren mit sich beschäftigt und mit ihrer Lektüre. Manche blickten auch in die Luft, aber keiner schien mich oder andere wahrzunehmen.

Meine Lehrerin sagte (in der für sie typischen Art, mir blitzschnell den Inhalt ganzer Folianten zu übermitteln), sie seien dabei, ihren künftigen Weg zu gestalten. Da sie an die Reinkarnation glaubten, waren sie hier, um sich auf ihr künftiges Leben vorzubereiten.

Als ich mich umschaute, fiel mir auf: Sie hätten sehen können, dass es im Himmel nicht nur das gab, was sie taten. Und da keine Wände existierten, hätten sie auch Menschen sehen können, die mit etwas anderem beschäftigt waren als sie.

Im Weitergehen kamen wir an einem Ort vorbei, wo Menschen auf Wolken oder was auch immer saßen und es sich gutgehen ließen. Anschließend erreichten wir einen Ort, an dem Gott, Jesus, Buddha lebten. Sie waren von vielen Menschen umgeben. Das war der Himmel, wie ich ihn aus der Kirche kannte, nur dass da eben auch all die großen Meister waren.

Als Nächstes gelangten wir zu einem Chor, und das war toll. Die Musik drang in mich ein, und meine Zellen wurden zu Musik. Das hat mich sehr berührt. Dann gingen wir noch viel weiter und ich setzte mich einen Augenblick lang auf einen ruhigen Hang. Um wieder zu Atem zu kommen, wahrscheinlich. Meine Lehrerin schwieg. Wir saßen nur still da.

Schließlich fragte ich sie, ob es noch mehr gäbe. Ob alle Religionen einen Teil der Wahrheit des Himmels besäßen? Ob ich sie alle hier finden würde?

Daraufhin nahm sie meine Hand, und wir schwebten gemeinsam höher, bis wir an einen Ort mit »Lichtwesen« gelangten.

Das fühlte sich wie das Nonplusultra an. Weil jedes von ihnen so viel Licht abgab, konnten sie einander nicht allzu nahe sein.

Ich war fasziniert. Das Licht, das von ihnen ausging, reichte kilometerweit. Das Wort »Leuchtturm« kam mir in den Sinn; während aber ein Leuchtturm nur an der Spitze leuchtet, strahlten sie rundherum und bis weit in die Ferne. Sie waren eins mit dieser riesigen Menge. Es überraschte mich allerdings, wie isoliert sie voneinander waren. Energetisch waren sie in Topform, aber sie kommunizierten nicht miteinander.

Auch war ich überrascht, dass ich da nicht bleiben wollte, aber ich wollte eben nicht und bewegte mich weiter aufwärts. Plötzlich wurde ich gleichermaßen zu nichts und allem. Es war wie das große ICH BIN. Ich besaß kein Ende, keinen Anfang, hatte mich aber auch nicht verloren. Ich war so groß, so weit. Während ich das aufschreibe, spüre ich es noch, aber ich finde einfach nicht die richtigen Worte, es zu beschreiben. Äußerste Stille, äußerste Ausdehnung.[4]

Dieser Westler empfing eine eindrucksvolle Lawine an Informationen und wurde nichts und alles. Er schien aber vergessen zu haben, dass er seiner Lehrerin bei jedem Besuch nur eine einzige Frage stellten sollte. Dieser Tipp, jeweils nur eine Frage zu stellen, hat den Hintergrund, dass der Lehrer die Erfahrungen, die der Reisende macht, in dem Augenblick zu steuern beginnt, in dem die Frage gestellt wurde. Und alle diese Erfahrungen sind gewöhnlich Teil der Antwort, ob sie nun sofort verstanden werden oder nicht. Wenn jedoch mehr als eine einzige Frage gestellt wird, wird es praktisch unmöglich zu unterscheiden, welche von ihnen direkt, metaphorisch oder anderswie beantwortet wird.

Benjamin Franklin

Noch einmal: Die Westler bekamen nur erläutert, wie sie ihren Lehrer finden konnten, erfuhren aber nicht, um wen es sich dabei handelte. Das ist Teil der spirituellen Autonomie im Schamanismus: dass man mit unmittelbarer Erfahrung alles für sich selbst herausfindet. Der folgende Bericht stammt von einer Amerikanerin, die die Frage gestellt hatte: »Wie kann ich glücklich werden?«

Um in die Obere Welt zu gelangen, ging ich auf die Insel Maui. Dort erhebt sich aus einem weiten Tal die Iao-Nadel. Ich erklomm den Granitfelsen und ließ mich von den Nebeln durch die Wolkenschichten [die Barriere] emportragen.

In der Ferne sah ich Pastellfarben und flog auf sie zu. Um mich herum trieben pastellfarbene Würfel. Also fing ich an, einen zu suchen, auf dem sich mein Lehrer befinden könnte. Ich entdeckte einen lavendelfarbenen mit einer Tür. Durch die trat ich ein.

Innen saß an einem weißen Schreibtisch ein alter Mann, in dem ich Benjamin Franklin erkannte. Er hatte dieses charakteristische Kränzchen schulterlanger weißer Haare und die kleine Brille. Er trug eine Robe, und ich wusste, dass er mein Lehrer war. Wir begrüßten einander voller Wärme.

Ich fragte ihn: »Wie kann ich glücklich werden?« Auf der Stelle griff er nach einem Plastiklöffelchen und begann, mich mit Eiscreme zu füttern. Es waren Sorten, die ich nie probiert hatte, weil ich nicht gedacht hätte, dass sie mir schmecken würden. Aber ich fand sie köstlich! Das war ein tolles Erlebnis, aber irgendwie schien es mir noch nicht genug, also bat ich um weitere Hilfe.

Er forderte mich auf, mich in ein überdimensionales Waffeleisen zu legen, und schloss den Deckel. Im Inneren konnte ich aufrecht stehen. Dann öffnete er das Waffeleisen und ich stieg heraus. Ich ließ die harte Schale des Menschen, für den ich mich gehalten hatte, zusammen mit allen Einschränkungen, die ich mir auferlegt hatte, im Waffeleisen zurück. Er warf die Schale in einen Wassertank, in dem sie sich auflöste. Dann schnippte er spielerisch ein wenig von der Lösung auf mein Gesicht. Den Rest schüttete er durch die Wolken. Das wurde zu Regen. Ich spürte, dass mir eine Last von den Schultern genommen worden war. An den weiteren Verlauf der Reise erinnere ich mich nicht einmal mehr.[5]

Unmittelbar nachdem die Reisende ihre Frage gestellt hatte – »Wie kann ich glücklich werden?« –, wurde sie von ihrem Lehrer mit schmackhafter Eiscreme gefüttert. Das, was ein Lehrer als Erstes sagt oder tut, enthält normalerweise schon den Kern der Antwort, selbst wenn dies dem Besucher nicht bewusst ist. In diesem Fall bekam die Frau die Eissorten zu kosten, die sie nie probiert hatte, weil sie dachte, sie würden ihr nicht schmecken. Da sie nicht begriff, dass sie eine metaphorische Antwort, also eine Antwort in Gleichnisform, erhalten hatte, bat sie um weitere Hilfe. Als Ergänzung zu ihrer Antwort ließ ihr der Lehrer eine heilende Behandlung angedeihen, in der »alle Einschränkungen« von ihr genommen wurden, die sie sich selbst auferlegt hatte. Anschließend hatte sie das Gefühl, von einer schweren Last befreit zu sein.

Wie erwähnt kommt es häufig vor, dass der Lehrer nicht nur die Antwort gibt, sondern auch heilt. Darüber hinaus möchte ich darauf hinweisen, dass die Besucherin nicht von Schmerzen berichtete, als sich das Waffeleisen über ihr schloss. Das lag nicht daran, dass sie keine Sinneswahrnehmungen hatte (das Eis hatte sie schließlich geschmeckt), sondern weil in der Oberen Welt nie von Schmerzen oder Leiden die Rede ist. Ganz anders als in unserer Mittleren Welt, die durch das praktisch unvermeidliche Auftreten von mehr oder weniger starken Schmerzen charakterisiert ist.

Trompeten und Christus

Der Ausgangspunkt des Reisenden, der den folgenden Bericht verfasst hat, war der Kilimandscharo in Tansania, den er in der alltäglichen Wirklichkeit einmal bestiegen hatte. Seine Frage lautete: »Was kann ich tun, um zu helfen?«

Als ich in die Höhe sprang, durchstieß ich eine Wolkenschicht [die Barriere] und sah unmittelbar darauf einen schwarzen Vogel, der mich durch einen dünnen Wolkenfilm auf die zweite Ebene brachte. Ich befand mich in einer Welt aus Kumulonimbuswolken, von denen mich eine einhüllte und durch ein großes Loch in einer dünnen Wolkenschicht auf die dritte Ebene hob.

Diese Ebene war voller Pastellfarben, rund um mich empfand ich Wärme und Ruhe. Ich schaute mich nach meinem Lehrer um, fand ihn aber nicht. Während mir gerade dämmerte, dass ich auf eine andere Ebene musste, entdeckte ich eine Öffnung im Wolkenhimmel. Ein Blitz öffnete den Spalt und transportierte mich auf die vierte Ebene.

Unmittelbar darauf stand ich vor zwei riesigen, offen stehenden goldenen Toren. Da ging ich durch. Es fühlte sich an, als würde ich einen altägyptischen Palast betreten. Darin gab es schöne Springbrunnen und viele Kinder, die im Wasser spielten.

Ich betrat einen großen Saal voller Würdenträger, die allem Anschein nach auf jemand ganz Besonderen warteten. Ich drang bis zur Mitte des Saales vor und setzte mich im Schneidersitz auf den Boden. Ich begann zu warten wie die anderen auch. Vor mir standen zwei Throne. Und mein erster Gedanke war: »Meine Güte, ich werde sogar zwei Lehrer haben, einen Mann und eine Frau!«

Ich hörte Trompetenklänge. Rechts hinter der Bühne trat eine in ein einfaches weißes Gewand gehüllte Gestalt hervor. Zu meiner Überraschung kam sie auf mich zu, ging im Uhrzeigersinn um mich herum und blieb vor mir stehen. Ich stand auf und erkannte Jesus Christus. Ob er mein Lehrer sei, fragte ich ihn. Anstelle einer Antwort schenkte er mir ein breites, warmes Lächeln, und ich wusste, dass ich mich nicht getäuscht hatte.

Dann stellte ich ihm meine Frage: »Was kann ich tun, um zu helfen?«

Mit geöffneter Innenfläche hob er die linke Hand und machte das Friedenszeichen.

Zu meiner Verwunderung war das Nächste, was ich mitbekam, dass ich durch seine geöffnete Handfläche in den fünften Himmel aufstieg und neben ihm am Ende unserer Milchstraße stand. Wir betrachteten die Sterne. Zwar empfand ich große Ehrfurcht, gleichzeitig fühlte sich das alles aber auch ganz natürlich an. Dann wurden wir selbst zu Sternen, spielten mit den anderen und vergaßen alles darüber. Dann kehrten wir in den großen Saal zurück. Ich dankte ihm für das Zeichen und hoffte, dass ich ihn bald wiedersehen würde.[6]

Später erklärte dieser Reisende:

»Ich bin zwar im griechisch-orthodoxen Glauben aufgewachsen, war aber doch sehr verblüfft, als ich herausfand, dass Jesus Christus mein Lehrer ist, weil ich gegen das autoritäre Gehabe und den Dogmatismus der Kirche rebelliert hatte und schon sehr lange an keiner der herkömmlichen religiösen Praktiken mehr teilgenommen hatte.«

Seine Frage lautete: »Was kann ich tun, um zu helfen?« Wir können zwar nicht für ihn sprechen, weil er der Einzige ist, der die Antwort seines Lehrers interpretieren darf. Sollte er sich jedoch nicht sicher gewesen sein, könnte er den Lehrer später nochmals aufsuchen, um nähere Informationen zu erhalten.

Damit Sie verstehen lernen, wie die Lehrer antworten, hier doch eine mögliche Interpretation: Jesus könnte gesagt haben:

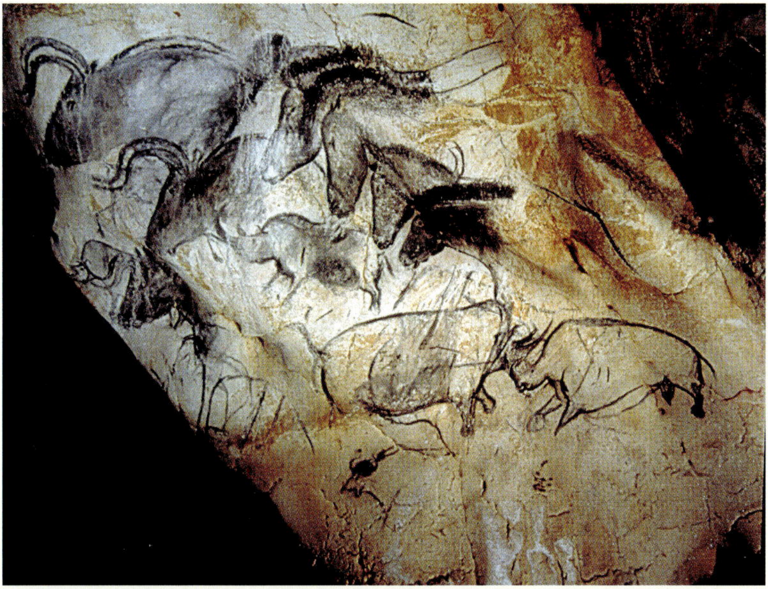

Abb. 1: Die berühmten schwarzen Wandbilder mit den vier Pferden in der Chauvet-Höhle in Frankreich. Periode: Aurignacien, Jungpaläolithikum, etwa 31.000 Jahre alt. (Abdruck mit freundlicher Genehmigung des französischen Ministeriums für Kultur und Kommunikation, Regionaldirektion für kulturelle Angelegenheiten Rhône-Alpes, Abteilung für Archäologie.)

Abb. 2: Altai-Schamane (Sibirien). (Aus der Sammlung des Russischen Museums für Anthropologie und Ethnographie, St. Petersburg. Kollektor: M. P. Gryaznov, Neunzehnhundertdreißigerjahre.)

Abb. 3a: Der amazonische Shuar-(Jívaro-)Schamane Natem Anank Nunink Nunkai spielt den Mundbogen. (Foto: Catherine R. Nunkai, 2007)

Abb. 3b: Dieses Bildnis zeigt einen mit dem Geist des Bisons verschmolzenen Menschen, vermutlich einen Schamanen, der den Mundbogen spielt. Höhle Les Trois Frères im südwestlichen Frankreich, Jungpaläolithikum, circa 15.000 Jahre alt. (Aus: Quatre cent siècles d'art pariétal von Abbé Henri Breuil [Montignac, Frankreich: Centre d'Etudes et Documentation Préhistorique, 1952], 164–169.)

Abb. 4: Daur-Schamane mit Augenvorhang, Innere Mongolei, China. (Foto: Meng Huiying, 2010)

Abb. 5: Kultfigur des nganasanischen Volkes, Sibirien. (Foto: © Foundation for Shamanic Studies)

Abb. 6: (Gegenüberliegende Seite) Diese samische Schamanentrommel zeigt die drei Welten. Vor dem 19. Jahrhundert, nördliches Samiland (Torne Lappmark). Die Schwarz-Weiß-Wiedergabe des Fotos (unten) verdeutlicht die Bilder auf der Oberseite der Trommel. Sie stellen eine Landkarte der nichtalltäglichen Wirklichkeit dar, wobei die drei Welten durch zwei waagerechte Striche voneinander getrennt sind. Das Rentier oben rechts zieht einen Gott oder Schamanen auf einem Schlitten in Richtung Oberer Welt. In dieser sind verschiedene Gott-Geist-Figuren in menschlicher Gestalt zu sehen. (Staatliches Museum für Völkerkunde, München. Foto: Marietta Weidner)

Abb. 7: (Oben) Schamanentrommel der Chakassen (Sibirien). In der Oberen Welt – durch einen Gürtel aus Dreiecken, welche für Gebirge stehen, von der Mittleren getrennt – sind verschiedene Geister, die Sonne sowie andere himmlische Gestalten zu sehen. Der untere Teil der Trommel zeigt Geister und Götter der Unteren Welt. (Aus der Sammlung des Russischen Museums für Anthropologie und Ethnographie, St. Petersburg. Kollektor: A. V. Adrianov, 1909. © B&C Alexander/Arcticphoto)

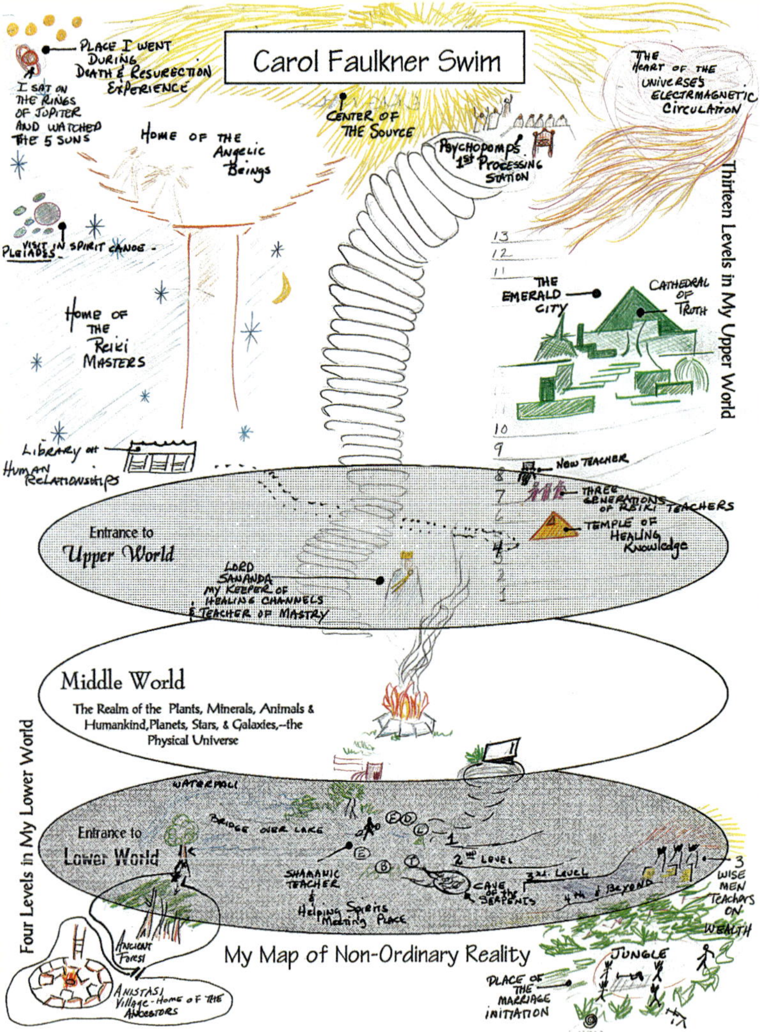

Abb. 8: Karte der drei Welten, wie sie die Teilnehmerin an der Celestia-Study, Carol Faulkner Swim, erlebt und gezeichnet hat. (Aus dem Shamanic Knowledge Conservatory der Foundation for Shamanic Studies)

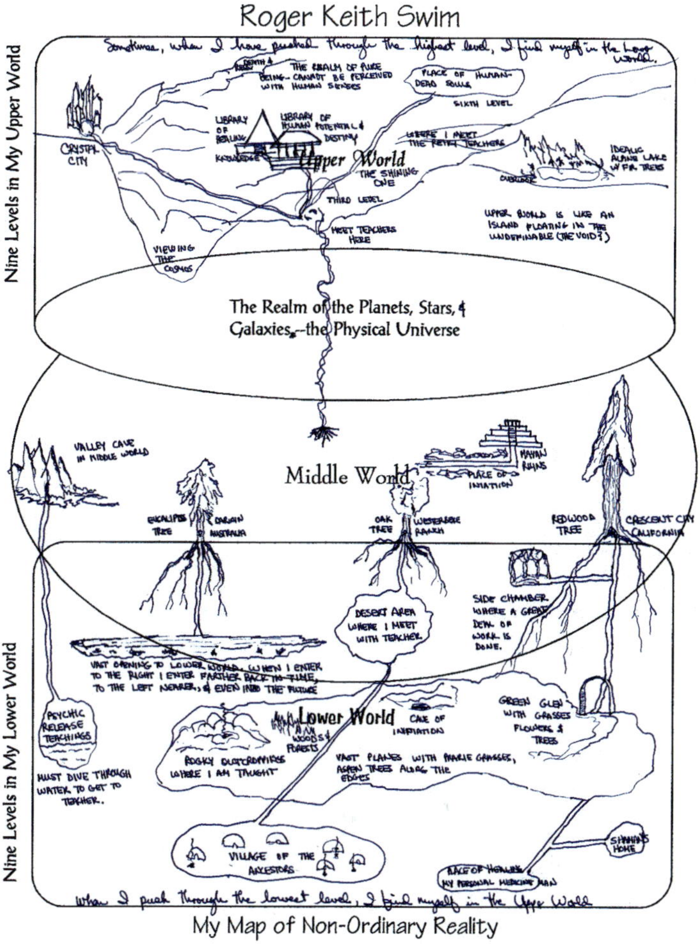

Abb. 9: Karte der drei Welten, wie sie Roger Keith Swim, ebenfalls ein Teilnehmer der Celestia-Study, erlebt und gezeichnet hat. (Aus dem Shamanic Knowledge Conservatory der Foundation for Shamanic Studies)

Abb. 10: Schamanin der Mapuche (Chile) mit Trommel und Aufstiegsleiter. (© Martin Thomas, Aachen)

»Du kannst durch Friedfertigkeit helfen« (das Friedenszeichen), »indem du durch mich hindurchgehst« (der Reisende war unbeabsichtigt durch die Hand von Jesus hindurchgegangen) sowie »Wo immer du bist, ich bin auch da« (am Ende der Milchstraße, als er neben dem Reisenden stand). Zusammenfassend könnte die Antwort also sein: »Du kannst helfen, indem du durch mich in Frieden bist, denn ich bin immer bei dir.« Dies ist jedoch nur eine Spekulation von mir, um zu zeigen, wie sich solche göttlichen symbolischen Antworten erklären lassen.

Bei seinem Besuch behielt der Reisende ganz wie ein indigener Schamane den Überblick über die Anzahl der Ebenen, die er durchschritt, bevor er ein palastartiges Gebäude erreichte, in dem er den Lehrer fand. Nun, da er weiß, auf welcher Ebene der Lehrer zu finden ist, kann er später nach Belieben dort hingehen, um mehr zu erfahren.

Zudem hat er Trompeten gehört. Das ist ein gutes Zeichen, was seine Fortschritte betrifft, denn er ist bei seinen Erfahrungen in der Oberen Welt nicht mehr nur auf seinen Gesichtssinn beschränkt.

Merlin

Manchmal entwickelt sich ein Zwiegespräch mit einem hilfreichen Geist. Der nächste Bericht ist ein schönes Beispiel für einen Dialog, der sich mit dem Lehrer entsponnen hat, nachdem ihm eine divinatorische Frage gestellt wurde. Wie schon gesagt versucht man, bei einem Besuch nur eine einzige Frage zu stellen, um nicht rätseln zu müssen, welche metaphorische Antwort auf welche Frage erteilt wurde. In diesem Fall aber bewegten sich die zahlreichen zusätzlichen Fragen, die der Reisende aufwarf, alle im Rahmen seiner einen großen, die da hieß: »Wie kann ich meine angestauten Gefühle loslassen und in Frieden leben?« Da es nach dem Dialog zu keiner symbolischen Kommunikation mehr kam, konnte auch keine Verwirrung auftreten.

Ich startete am Geysir Old Faithful im Yellowstone Nationalpark in Wyoming. Als ich mit dem hochspritzenden Wasser emporflog, schaute ich auf die vielen Zuschauer hinab. Sie konnten mich nicht sehen. Ich flog in südlicher Richtung auf die Teton-Kette zu. Als ich den höchsten Gipfel in der Mitte dieser Gebirgskette erreicht hatte, flog ich durch eine Öffnung in einer zellophanartigen Membran [die Barriere] direkt nach oben.

Als ich mich umschaute, sah ich zunächst nur Himmel. Dann bemerkte ich einen bärtigen alten Eremiten mit langen grauen Haaren. Er stand vor einer Höhle, die von Bäumen umgeben war. In einem Baum hockte eine Eule. Ich empfing den Gedanken, dass es sich bei dem Eremiten um Merlin handeln könnte, war aber zugleich auch skeptisch, weil ich den Glauben, Gott sei ein bärtiger alter Mann mit langen Haaren, der im Himmel wohne, schon vor langer Zeit hinter mir gelassen hatte. Trotzdem überraschte mich dieses Bild, denn eigentlich weiß ich nicht viel über Merlin.

Während mir das alles durch den Kopf ging, fragte ich ihn wiederholt: »Bist du mein Lehrer?«

Gastfreundlich schien er überhaupt nicht zu sein, im Gegenteil, er wirkte, als wäre er böse auf mich. Trotzdem folgte ich ihm in seine Höhle, wo er sich an der Feuerstelle zu schaffen machte.

Ich beschloss, meine Reise fortzusetzen, und stieg auf einem Funken durch das Loch in der Höhlendecke empor. Durch eine weitere zellophanartige Membran kam ich auf eine andere Ebene. Zu meiner Rechten erstreckte sich eine tropische Landschaft. Ich ging hinüber, und als ich dort niemanden vorfand, beschloss ich, eine noch höhere Ebene der Oberen Welt zu besuchen.

Dort war der strahlendste, vollendetste Regenbogen, den ich je gesehen habe. Bäuchlings ritt ich auf ihm in die Höhe, mit dem Kopf voran bis zu seinem Scheitelpunkt. Von dort aus stieg ich durch eine weitere transparente Membran und erreichte die dritte Ebene.

Hier war der Mond ganz nah. Ich konnte sowohl seine Rundung als auch die gebirgige Oberflächenstruktur erkennen. Das Gestein war schwarz, wirkte aber doch ganz weiß, weil es in das Licht unserer Sonne getaucht war.

Als ich auf der dritten Ebene niemanden fand, beschloss ich, noch einmal zu Merlin zu gehen und ihm nochmals meine Frage zu stellen.

Ich reiste durch den Rauchfang der Hütte zurück und landete auf beiden Füßen neben ihm. Wieder wollte ich wissen: »Bist du mein Lehrer?«

Er schien mir meine Skepsis übelzunehmen und entgegnete: »Ja, das habe ich dir doch schon gesagt.«

Dann stellte ich ihm meine Frage: »Wie kann ich meine angestauten Gefühle loslassen und in Frieden leben?«

Er antwortete: »Hör auf zu zweifeln. Hör auf, so viele Fragen zu stellen.«

Darüber wollte ich mehr erfahren. Deshalb fragte ich: »Wie kann ich meinen Ärger loslassen?«

Er sagte: »Hör auf damit, deine Erfahrung anzuzweifeln.«

»Wie werde ich meine Traurigkeit los?«, fragte ich.

»Das weißt du doch längst«, antwortete er. »Erinnere dich. Erfahre deine Erfahrung.«

Als Nächstes erkundigte ich mich: »Wie kann ich meine angestauten Angsterfahrungen loslassen?«

»Das weißt du doch längst. Erfahre deine Erfahrungen. Du wirst alles loslassen, was nicht du bist.«

Als Letztes fragte ich ihn: »Wie kann ich die Fülle der Liebe erleben?«

Seine Antwort lautete: »Lass die ersten drei los – Ärger, Traurigkeit und Angst. Alles andere ist Liebe.«

An diesem Punkt setzte das Trommeln ein, das zur Rückkehr aufforderte. Ich kehrte durch die Membran zurück und kam über Old Faithful wieder in der Mittleren Welt an.[7]

Jesus Christus

Dadurch, dass man in die Obere Welt aufsteigt, kann man in direkten Kontakt mit Göttern und Göttinnen treten, die andere nur aus Geschichten kennen. Die Besucherin, von der der nächste Bericht stammt, wusste nicht, dass es sich bei ihrem Lehrer um eine göttliche Wesenheit handelte, und hatte sich daher die weltliche Frage »Was werde ich als Nächstes tun, um mehr Geld zu verdienen?« zurechtgelegt. Nun würde man nicht unbedingt denken, dass man ausgerechnet Jesus eine solche Frage stellen könnte, doch als spiritueller Lehrer hatte er die Wahl, sich zur Verfügung zu stellen oder nicht. Und wie die Reisende herausfand, war er nicht nur verfügbar, sondern gab ihr auch eine gleichnishafte Antwort.

Schamanen lernen aus Erfahrung, dass es den Lehrern in der Oberen Welt nichts ausmacht, »belästigt« zu werden. Aber dafür sind sie auch viel zu mächtig. Zudem wissen die Schamanen, dass es eigentlich auf jede Frage, die ihnen wichtig ist, auch eine Antwort des Lehrers gibt.

Als das Trommeln begann, rannte ich einen Bergweg hinan, den ich aus der Alltagswelt kenne. Ich war immer noch am Laufen, als sich meine Füße vom Boden lösten und ich durch den Himmel lief, über eine Art Leiter in die Höhe hinauf. Ich rannte höher und höher, hinauf in die Wolken, und überwand die Barriere zur Oberen Welt. Ich sah eine Weide, auf der auch ein Schäfer war, bei dem es sich jedoch nicht um meinen Lehrer handelte.

Ich bestieg den Rücken eines großen schwarzen Vogels, den ich traf, und flog mit ihm noch höher. Durch einen Wasserfall flogen wir auf eine Wiese. Dort kam Jesus Christus auf mich zu, begrüßte mich und ließ mich wissen, dass er mein Lehrer sei.

Jesus spielte mit einem Apfel, den er in den Händen hatte. Ich verbeugte mich vor ihm und wollte zu seinen Füßen Platz nehmen, aber er meinte, ich solle das lassen, ich sei genauso ein Lehrer (beziehungsweise eine Lehrerin) wie er.

Dann stellte ich ihm meine Frage: »Was werde ich als Nächstes tun, um mehr Geld zu verdienen?«

»Vertrauen«, antwortete er.

Ich fragte mich, was er wohl mit dem Apfel tun wollte, den er in den Händen hielt. Ihn essen oder was sonst? Er umgab meinen Körper mit einer Blase aus weichem grünen Licht; es war eine Art Heilbehandlung, ein Schutzschild, mit dem er mich übergoss. Der Himmel begann sich zu strahlenden Farben zu verflüssigen: lauter Rosa-, Blau- und Grüntöne.

Ich schaute Jesus tief in die Augen und mein Herz sang vor Freude. Dieses Gefühl war so intensiv, dass ich anfing zu weinen. Dann stieg er allmählich in den Himmel auf, sagte noch einmal, ich solle vertrauen, und war verschwunden.

Am Himmel sah ich einen Widderkopf und Bilder von Rittern, die auf Pferden über den Himmel ritten. Eine goldene Welle ergoss sich über die Wiese und tauchte das Gras in Gold. Als sie mich erreichte, flog ich mit ihr und verwandelte die Farben von allem, über das ich flog, in ein schönes Gold. Dann saß ich wieder auf der Wiese und schickte spielerisch Farbblasen in den Himmel, bis es Zeit wurde zurückzukehren.[8]

Später sagte sie: »Das mit dem Apfel ergab für mich erst dann einen Sinn, als ich meinem Partner von dieser Reise erzählte. Ich bin IT-Beraterin und besitze einen Macintosh-Computer – von Apple! Eins scheint mir jetzt klar zu sein: Was immer ich beruflich tue, es wird sich auszahlen – deshalb das Gold. Was allerdings die anderen strahlenden Farben und die Bilder am Himmel betrifft, weiß ich noch nicht, was sie bedeuten sollen.«

Dieser Bericht zeigt, wie nützlich schamanisches Reisen auch im Computerzeitalter sein kann. Zudem ist er ein gutes Beispiel für die Verbindung von Freude und Tränen, die typisch ist für spirituelle Vereinigung in Ekstase – ein wichtiges Thema, mit dem wir uns im 11. Kapitel intensiver beschäftigen werden.

Was die Frage nach der Bedeutung der »strahlenden Farben« und den »Bildern am Himmel« betrifft, die die Studentin beschäftigen, so kann sie sich auf künftigen Reisen bei ihrem Lehrer danach erkundigen. Eine Möglichkeit – und nicht mehr – könnte sein, dass sie »als Nächstes« an ihrem Mac mit Farben arbeiten wird, um mehr Geld zu verdienen. Aber auch in diesem Fall gilt, dass nur sie selbst ihre Reise interpretieren kann.

Auf einen anderen Punkt möchte ich noch hinweisen: Die Frage, die die Reisende gestellt hatte, war nicht ganz eindeutig. Wollte sie wirklich nur wissen, was geschehen *wird*? Anders ausgedrückt: War sie total fatalistisch? Beachten Sie auch, dass solche »Werde …«-Fragen eine Prophezeiung beinhalten, und das ist eine sehr fortgeschrittene, komplexe Form der Divination, auf die diese Reisende noch nicht vorbereitet war.

Oder wollte sie eigentlich um einen Ratschlag zur Verbesserung ihrer Situation bitten? In diesem Fall wäre es besser gewesen zu fragen: »Was soll ich tun, um …?« Bei der Divination ist es sehr wichtig, dass man seine Frage mit äußerster Präzision formuliert. (Im Gegensatz zur Psychotherapie, die ein ganz anderes System ist, sind im Schamanismus derartige »Sollte-ich …«-Fragen übrigens durchaus zulässig.)

Beachten Sie aber auch: Was immer Ihnen ein spiritueller Lehrer auf eine »Sollte«-Frage empfiehlt, betrachten Sie ihn als Freund und nicht als Diktator. Nach einer Divinationsarbeit irgendeine Handlung damit zu rechtfertigen, dass es »die Geister« einem so aufgetragen hätten, wäre ein grober Fehler. Wer das tut, hat noch nicht begriffen, dass sich die Beziehung mit den hilfreichen Geistern auf Augenhöhe abspielt, und unterliegt einem bösen Irrtum, wenn er versucht, Verantwortung für sein Handeln in der alltäglichen Welt auf sie abzuschieben.

Der erfolgreiche Schamane gleicht die Informationen aus beiden Wirklichkeiten miteinander ab. Der Schamanismus ist ein System beziehungsweise eine Methode, sich die eigene spirituelle Autorität zurückzuerobern und nicht, um diese abzugeben – auch nicht an die Geister.

Lehrerin und Eisbär

Beim nächsten Bericht über einen Erstbesuch der Oberen Welt geht es um die praktische Frage: »Wo soll ich in diesem Jahr meinen Winterurlaub verbringen?« Sie mag Ihnen banal vorkommen, ähnelt inhaltlich aber der Frage »Wo sollen wir in diesem Sommer unsere Zelte aufschlagen?«, wie sie etwa ein sibirischer Schamane stellen könnte, der eine Rentierherde hütet. Der Bericht ist in der Gegenwartsform, weil sich die Reisende der Methode der simultanen Erzählung bedient (bei der ein Kassettenrekorder oder ein anderes Aufnahmegerät verwendet wird; Informationen darüber finden sich im Anhang A, Seite 344–345).

Ich klettere über den Regenbogen hinauf. Unter mir ist es ganz glatt, wie Seide. Ich spüre eine Kraft, die mich hochzieht. In der Tiefe sehe ich die Hügel. Und eine Straße. Ich klettere weiter am

Regenbogen hinauf. Über mir sehe ich Wolken. Sie sind weiß, grau und flauschig.

Ich bin jetzt ganz oben auf dem Regenbogen. Ich trete auf eine Wolke [die Barriere] und bin überrascht, dass sie nicht nachgibt unter meinem Gewicht. Ich gehe die Wolken entlang, inmitten der Wolken.

Ein Adler kommt auf mich zugeflogen. Ich frage ihn: »Wo bin ich?«

»In der Oberen Welt«, sagt er.

Ich frage den Adler, ob sich auch meine Lehrerin in der Oberen Welt befindet. »Ja«, antwortet er. »Sie ist hier.«

Der Adler setzt sich auf meine Schulter und wir gehen los. Schließlich finden wir die Lehrerin. Sie geht über die Wolken, dabei schimmern ihre langen schwarzen Haare in der Sonne, die hoch über uns steht. In einer fremden Sprache, die ich nicht verstehe, spricht sie mit dem Adler. Dabei geht sie weiterhin über die Wolken, und der Adler und ich folgen ihr. Sie will wissen, ob ich eine Frage für sie habe.

»Wo soll ich in diesem Jahr meinen Urlaub verbringen?«, erkundige ich mich. »Ich frage mich nämlich, ob ich nach Florida soll oder zum Skifahren.«

Sie sagt, sie werde es mir zeigen, und fügt hinzu: »Jetzt müssen wir auf die nächste Ebene. Das ist ganz leicht, du musst nur loslassen, und dann zieht uns die Kraft in die Höhe.«

Wir lassen los. Ich spüre, dass ich fliege. Spüre ein leichtes Lüftchen. Es ist warm.

Wir bewegen uns auf die nächste Ebene. Es handelt sich um eine schneebedeckte Tundra. Hier stehen Bäumchen wie Stöcke, ohne Laub, sowie da und dort einige Büsche. Ich spüre den Schnee unter meinen Füßen. Er ist sehr kalt.

Wir gehen über die Tundra. Über unseren Köpfen fliegen weitere Vögel in einer V-Formation. Es sind Kanadagänse. Sie flattern davon.

Ich gehe durch den Schnee. Ich gehe. Ich friere. Ein Eisbär kommt auf uns zu. Er brummt. Er ist ganz weiß.

Er sagt: »Ich bin der Geist des Nordens.«

Ich friere. Als er näher kommt, schreie ich auf. Ich fürchte mich.

Die Lehrerin sagt: »Er wird uns nichts tun.«

Meine Lehrerin spricht in einer fremden Sprache mit ihm, die ich nicht verstehe.

»Was hat er gesagt?«, frage ich sie.

Sie sagt: »Dass du die Wärme suchen musst, weil das deine Natur ist.«

Wir betreten die nächste Ebene. Dabei werden wir wieder von einer Kraft emporgehoben. Ich werde hinaufgezogen. Der Adler hockt immer noch auf meiner Schulter.

Die nächste Ebene ist ein Wald. Wir gehen über den Waldboden. Moos ist unter meinen Füßen. Es fühlt sich schwammartig und warm an. Die Sonne lugt zwischen den Wolken hervor. Wir gehen durch den Wald. Wir kommen zu einem Baumstumpf.

Meine Lehrerin sagt: »Schau, dieser Baum ist umgefallen. Geblieben ist nur ein Stumpf. So etwas geschieht, wenn etwas am falschen Ort wächst. Hier hatte der Baum nicht genug Licht und Wärme, folglich ist er gestorben. Jetzt müssen wir aber auf die nächste Ebene.«

Wieder werde ich von einer Kraft emporgehoben. Die nächste Ebene ist ein Feld. Darauf blühen viele Blumen. Sie sind blau und rot. Sehr heiter. Über uns scheint die Sonne. Sie fühlt sich warm an.

Meine Lehrerin sagt: »Das ist es, was du brauchst. Du brauchst die Wärme deiner Großeltern in Florida. Du brauchst die Wärme des Sonnenscheins in Florida.«

Dann sagt meine Lehrerin: »Es ist Zeit zu gehen«.

Ich spüre die Kraft, die uns hinunterzieht. Durch den Wald, die Tundra, durch die Wolken steigen wir ab, den Regenbogen hinab.

Ich rutsche den Regenbogen runter. Unter mir ist es glatt. Ich erreiche den Erdboden.[9]

Dieser Bericht illustriert, was eine eindeutige Frage und eine klare Antwort ist. Die Ratsuchende spricht davon, dass sie den lauen Lufthauch spürte, die Kälte und die Furcht. Das alles sind gute Zeichen; sie deuten darauf hin, dass die Frau tatsächlich in der nichtalltäglichen Wirklichkeit war und diese Erfahrung nicht nur visualisiert hat. Darüber hinaus erfährt sie, dass ihre Ängste unbegründet sind – eine gute Gelegenheit herauszufinden, dass die Obere Welt ein sicherer Ort ist. Unterstützt wird sie von einem Eisbären und einem Adler, was darauf hindeutet, dass sie Krafttiere hat, die ihr beistehen.

Ihre Lehrerin unterhält sich sowohl mit dem Adler als auch mit dem Eisbären in einer fremden Sprache. Was die Reisende nicht wusste: Die indigenen Schamanen beherrschten früher solche »unverständlichen« Sprachen sehr wohl. Die »geheime Schamanensprache«, von der Eliade spricht, wurde in der Unterredung mit Tiergeistern oft verwendet, zum Beispiel bei Eskimo-Stämmen oder auch bei den Tungusen in Sibirien, die mit der Natur Zwiesprache hielten.[10] Im zweiten Kapitel haben wir schon gesehen, dass sogar Westler, die sich auf den Schamanismus einlassen, von Menschengeistern neue Sprachen lernen können, wie es bei Amanda Foulger und mir der Fall war.

Sobald ein Lehrer erscheint, ist alles, was auf der Reise geschieht, entweder Teil der Antwort oder ein »Geschenk« von ihm, das sich auf irgendetwas bezieht, was der Reisende braucht. Bei künftigen Besuchen des Lehrers kann der Reisende nähere Informationen erhalten.

Der Geist eines Lebenden als Lehrer

Manchmal ist ein Lehrer auch ein Mensch, der in der alltäglichen Wirklichkeit noch am Leben ist und in der Oberen Welt als Lehrer fungiert. Meistens sind das die Spirits von Schamanen oder von anderen höchst spirituellen Personen, die sich in diesen Bereichen aufhalten. Ein solcher Lebender ist sich seiner himmlischen Begegnungen so gut wie nie bewusst. Aber das ist vielleicht auch ganz gut so. Anderenfalls könnte der oder die Betreffende in die Versuchung geraten, sich unberechtigt für etwas Besseres zu halten. Und das würde dazu führen, dass sich seine oder ihre mitfühlenden Geister enttäuscht zurückziehen. Diese Enttäuschung würde sich auf das Unvermögen der betreffenden Person beziehen, zu erkennen, dass der Geist nicht dasselbe ist wie die ganze Person hier in der Mittleren Welt.

Manchmal handelt es sich bei einem Lehrer um eine in der alltäglichen Wirklichkeit nicht identifizierbare Person. Das schmälert jedoch die Qualität ihrer Antworten nicht, und es mag vermessen erscheinen, den Betreffenden nach seinem Namen zu fragen. Manchmal findet man die Identität des Lehrers aber unerwartet heraus. Dazu ein Beispiel:

Jahrelang gehörte zu meinen wichtigsten Lehrern in der Oberen Welt ein alter Mann, der irgendwo auf dem Land in einer Hütte wohnte. Dann kam ich eines Tages, als ich im alltäglichen Leben eine Landstraße in Kalifornien entlangfuhr, an einen schönen Canyon. Aus einem Impuls heraus hielt ich an. Ein Pfad führte einladend den Canyon hinauf, und ich beschloss, ihm zu folgen. Zu meiner Überraschung kam ich an eine Hütte, die fast genauso aussah wie die aus der Oberen Welt, in der mein Lehrer lebte. Die Hütte war sogar von einem ganz ähnlichen Zaun umgeben.

Ich konnte der Versuchung, an die Tür zu klopfen, nicht widerstehen. Ein junger Mann machte auf. Ich erklärte ihm, dass mich die Hütte an eine andere erinnert habe, die ich früher gesehen hatte. Großzügig bat er mich hinein. Nachdem ich eingetreten war, machte ich in einem schwach beleuchteten Zimmer einen älteren Mann aus, der auf einem Sofa lag. Er wendete mir das Gesicht zu und lächelte. Es war ein Schock, aber ein ganz wunderbarer. Denn ich erkannte in ihm meinen Lehrer aus der Oberen Welt oder, besser gesagt, dessen alternde Version in der alltäglichen Wirklichkeit.

Wir unterhielten uns, und obwohl er nur stockend sprechen konnte, war es wie ein Treffen mit einem alten Freund. Er litt schon seit Langem an einer unheilbaren Krankheit, die ihn auch gezwungen hatte, seine Arbeit als Landschaftsmaler aufzugeben. Er litt ungefähr so lange an dieser Krankheit, wie ich ihn in der Oberen Welt als meinen Lehrer kannte.

Davon, dass er mein Lehrer war, sagte ich nichts, aber auf irgendeiner Ebene schien er Bescheid zu wissen. Er sagte, ich käme ihm irgendwie vertraut vor und schenkte mir den Druck eines seiner Gemälde. Mit zittriger Hand signierte er ihn und schrieb »Für meinen alten Freund« hinzu. Ungefähr zwei Jahre später starb er, aber jetzt weiß ich wenigstens seinen Namen und kann ihn immer noch besuchen.[11]

Zusätzliche Beobachtungen

Zwei Merkmale von Krafttieren sind, dass sie in allen Welten sein können und sich von Schamanen herbeirufen lassen. Im Gegensatz dazu halten sich die Lehrer meistens in der Oberen und Unteren Welt auf und der Schamane besucht sie.

Dennoch kann es vorkommen, dass ein Lehrer mithilfe eines Schamanen in die Mittlere Welt kommt, etwa, wenn er bei der Heilarbeit mit ihm verschmolzen ist. Oder auch, wie in Korea, wenn er medial Fragen beantwortet. Lehrer können sich auch dafür entscheiden, bei bestimmten Gelegenheiten tierische Gestalt anzunehmen.

Skeptiker mögen einwenden, bei einem derart »perfekten« Lehrer handele es sich lediglich um eine psychische Projektion des Reisenden. Gegen solche Argumente anzureden, ist nicht der Weg des Schamanen. Vielmehr laden wir die Skeptiker ein, selbst ihre Erfahrungen zu machen und so empirisch zu eigenen Schlussfolgerungen zu kommen. (Für den Anfang empfehle ich diesbezüglich den Anhang A.) In diesem Zusammenhang kann man die Antwort eines Lehrers auch für einen vollkommen Fremden erbitten. Und sie wird in aller Regel so akkurat sein, dass sie sowohl den Fremden als auch den, der die Frage für ihn gestellt hat, verblüfft.

In ihrem Buch *Ēma's Odyssey* berichtet Sandra Harner über die Erfahrungen einer Frau mit schamanischen Reisen, die diese in zehn Jahren gesammelt hat. Auf Englisch erscheint es im Januar 2014 im Verlag North Atlantic Books.

Metaphorische Botschaften

Die Wesen in den Himmeln der Oberen Welt geben Informationen oft in Form einer Metapher, eines Gleichnisses. Warum? Das ist ein ähnliches Mysterium, wie es unsere Träume sind. Schon viele Psychologen, unter ihnen Sigmund Freud und C. G. Jung, haben versucht, hinter dieses Geheimnis zu kommen.

Vom schamanischen Standpunkt aus ist eine Metapher ein Werkzeug, dessen sich die Geister bedienen, um Botschaften auf eine Weise zu übermitteln, die tiefer greift als die verbale Kommunikation. Metaphorische Botschaften, die der Schamane entschlüsselt, enthalten zwar die verlangten Informationen, gehen aber über wörtliche Botschaften hinaus in dem Sinne, dass sie weitere Einsichten und tiefes Wissen vermitteln.

Eine Lehre, die uns die Spirits metaphorisch immer wieder zukommen lassen, ist ganz einfach die Einheit von allem. Indem sie uns wiederholt zeigen, dass Dinge, die wir gewöhnlich als voneinander getrennt sehen, in Wahrheit jedoch eines sind, arbeiten diese Kräfte auf subtile Weise an unserer spirituellen Entwicklung.

Ein weiterer Vorteil von Metaphern besteht darin, dass sie den schamanisch Reisenden zu dem Versuch zwingen, die Botschaft zu verstehen. Und diese Mühe des Entschlüsselns kann zu Offenbarungen führen, die tiefer gehen und emotional nachhaltiger wirken als eine buchstäbliche Antwort.

Metaphorische Mitteilungen können einem darüber hinaus klar machen, wie wichtig Selbstaufopferung bei der Suche nach spirituellem Wissen ist, und genau dieses Verständnis gewinnt man durch eigene Anstrengung beim Entschlüsseln. Die Bereitschaft des Schamanen sich aufzuopfern – beim Power Quest, bei der Visionssuche, bei seinen Bemühungen um Hilfe für andere, beim Entziffern der symbolischen Botschaften der Geister – das alles trägt zu immer tieferem Verstehen und Lernen bei.

Bei allen ihren Arbeiten, auch bei der Visualisierung, bedienen sich Schamanen der Metapher. Sie sehen nicht nur mit dem »starken« dritten Auge, sondern auch mit dem Herzen. Und das Herz wird von heilenden Metaphern und symbolischen Botschaften erweckt. Deshalb ist die Sprache schamanischer Lieder mit Metaphern gespickt, und überhaupt verstärkt die Verwendung von Gesang das Bewusstsein der Einheit. Heilung geschieht meist dann, wenn diese Einheit erlebt wird.

10

Lehrer – mitfühlende Geister, die heilen

Als mitfühlende Kraftwesen stellen sich die spirituellen Lehrer ihren Besuchern, die um persönliche Heilung bitten, zur Verfügung. Aber sie heilen nicht nur, sondern demonstrieren auch ihre Methoden, damit die Reisenden etwas mitnehmen können, wenn sie in die alltägliche Wirklichkeit zurückkehren. So lässt sich das schamanische Heilwissen durch Reisen und Aufsteigen in die Obere Welt selbst dann wiederbeleben, wenn eine bestimmte Kultur oder Gruppe ihrer Schamanen und des schamanischen Wissens längst verlustig gegangen ist.

Man kann den Lehrer um Rat in Gesundheitsfragen bitten. Mehr möchte man manchmal gar nicht, aber trotzdem kommt es unverhofft zu Heilung. Ebenso kann es sein, dass jemand, der um Heilung bittet, nicht nur diese erhält, sondern darüber hinaus zusätzliche Information darüber, wie er seine Gesundheit erhalten kann. Besucher, die von einem Lehrer in der Oberen Welt behandelt wurden, sind oft sehr erstaunt, wenn sie unmittelbar bei ihrer Rückkehr in die Mittlere Welt keine Symptome (zum Beispiel Rückenschmerzen) mehr haben.

Bei anderen Beschwerden kann es länger dauern, bis sie verschwunden sind. Weitere Besuche beim Lehrer sind empfehlenswert, um eine erste Linderung zu stabilisieren oder die Heilung zu vollenden. Es ist im Grunde ähnlich wie in der modernen Medizin: Ein Medikament muss ja auch mehrmals eingenommen oder der Physiotherapeut mehr als einmal aufgesucht werden. Bei ernsten Problemen sind oft zwei oder drei schamanische Behandlungen an aufeinanderfolgenden Abenden nötig. Viele Westler ziehen allerdings eine Sitzung pro Woche vor.

Selbst wenn die schamanische Behandlung letztlich erfolgreich ist, heißt das nicht, dass das Problem sofort verschwindet. Einer der besten mir bekannten Stammesschamanen Nordamerikas, ein berühmter Heiler an der Nordwestküste, pflegte seinen Patienten nach der Sitzung zu sagen: »Eine Wunderheilung war das nicht. Zwei Tage kann es schon dauern!«

Er war zudem davon überzeugt, dass die Hinzuziehung westlicher Ärzte und Krankenhäuser als Ergänzung notwendig sei und sprach in diesem Zusammenhang von »alternativer Medizin«.

Tatsächlich stellt die schamanische Heilarbeit den spirituellen Teil eines ganzheitlichen Gesundheitsverständnisses dar. In indigenen Gesellschaften gehören dazu praxisnahe Basiskenntnisse der lokalen Pflanzenmedizin, über die fast alle Erwachsenen verfügen. Der Schamanismus versucht nicht, andere Heil- oder Medizinsysteme zu verdrängen, sondern versteht sich eher als deren Ergänzung auf spiritueller Ebene. Deshalb sollten Ärzte und andere Gesundheitsarbeiter den Schamanismus auch nicht als Bedrohung empfinden, sondern sich über die spirituelle Unterstützung freuen, die er für sie und ihre Patienten ist. Speziell an diesen Personenkreis richtet sich der Anhang dieses Buches »Core-Schamanismus und Heilen: Informationen für Ärzte und Angehörige anderer Heilberufe«.

Die Kräfte der nichtalltäglichen Wirklichkeit zeigen den Schamanen die Erkrankungen ihrer Patienten oft in metaphorischer oder symbolischer Form. Schamanen, die sich über den Gesundheitszustand ihrer Patienten informieren wollen, gehen oft mithilfe der schamanischen »Röntgen«-Visualisierung (die man lernen kann) auf die Suche nach alarmierenden oder störenden Dingen, um herauszufinden, ob an irgendeiner Körperstelle etwas nicht stimmt. Würden sie dabei nur Schönes wie Licht oder hübsche Blumen gezeigt bekommen, wären solche Bilder nicht eben hilfreich, um eine Erkrankung oder ein ernstes Problem, das behandelt werden muss, zu entdecken. Diese Technik habe ich im *Weg des Schamanen* näher beschrieben.[1]

Die schamanische Visualisierung einer Krankheit zielt darauf ab, deren nichtalltäglichen Aspekt wahrzunehmen, der sich als spirituelle Metapher seiner Erscheinungsform in der alltäglichen Wirklichkeit erweist. In diesen Metaphern steckt sehr viel Kraft; in letzter Zeit nutzen deshalb auch viele Nicht-Schamanen in Visualisierungsübungen bei Krebs und anderen Erkrankungen Metaphern.[2]

»Eine der befreiendsten Erfahrungen meines Lebens«

Das Folgende ist der Bericht eines Mannes, der sich zunächst vergewissert, dass das Wesen, dem er begegnet, tatsächlich sein Lehrer ist, bevor er sein Anliegen, geheilt zu werden, äußert. Dies empfiehlt sich immer, wenn man einen Rat sucht oder um Heilung bitten möchte, denn schon auf einer einzigen Reise in die Obere Welt kann man zahlreichen eindrucksvollen Gottheiten oder historischen Personen begegnen, die nicht der Lehrer sind. Hier der Bericht:

Meine Frage lautete: »Würdest du meine Seele bitte von ihren Verlassensängsten heilen?«

Ich betrat die oberen Gefilde von einem Berggipfel in der Schweiz aus. Nebel war um mich herum. Ich spürte, wie ich in Tibet über die Berge flog. Sah sie durch eine Lücke in den Wolken. Dann schien ich eine Art Membran zu durchstoßen. Dahinter traf ich zu meinem Erstaunen auf Buddha. Ich fragte ihn, ob er mein Lehrer sei. Er lächelte, schloss die Augen und überreichte mir eine Lotosblume. Dann bat ich ihn, mich von meinen Verlassensängsten zu heilen.

Er drückte mir den Lotos, der durch den Stiel mit ihm verbunden war, in die Brust. Dann sog er Rauch aus meiner Brust und säuberte die Höhle mit dem Lotos. Schließlich stopfte er eine Vielzahl von Lotospflanzen in meine Brusthöhle und verschloss sie mit weißem Papier.

Während er mir eine goldene Krone auf den Kopf setzte, hielt er mich an den Schultern und schaute mir in die Augen. Danach legte er mir einen Lotos über das linke Ohr und bedeutete mir, mich zu setzen. Von überallher fielen Rosenblätter herab. Zwei junge weibliche Bodhisattvas legten mir ein vielfarbiges Gewand um die Schultern und steckten mir Blumen ins Haar.

Dann wurde ich zu einem Lotos aus reinem Licht. Ich spürte die Essenz weißen und orangefarbenen Lichts und sah eine orangefarbene Kugel. Buddha sagte: »Das ist deine Initiation.« Ich war jetzt eins mit der Kugel. Ich war in Frieden und blieb, bis die Zeit zur Rückkehr gekommen war. Dann wollte ich mich bei Buddha bedanken, indem ich ihm den Lotos zurückgab. Doch ich überlegte es mir anders und überließ ihm stattdessen mein Herz.

Als ich mich wieder in der alltäglichen Wirklichkeit befand, spürte ich, dass der Lotos immer noch in meiner Brusthöhle und über den Stängel mit Buddha verbunden war.[3]

Als der Student, von dem dieser Bericht stammt, später über sein Erlebnis sprach, sagte er unter anderem: »Nach der Reise wurden wir aufgefordert, irgendjemandem im Raum von den Erfahrungen zu erzählen, die wir gemacht hatten. Zuerst habe ich gezögert, weil es mir irgendwie angeberisch erschien, dass ich ein so hochrangiges Wesen getroffen hatte. Aber dann stellte sich heraus, dass die Frau neben mir Christus begegnet war; und ein Freund von mir, der auch zu den Anwesenden gehörte, war auf Mohammed gestoßen.

Für mich war das eine Bestätigung dafür, dass mein Erlebnis nur eine von vielen wunderbaren spektakulären Erfahrungen war und dass es keinen Grund gibt, sich nicht an außergewöhnliche Orte zu begeben und den weisesten Wesen zu begegnen, um in den Genuss des Segens ihrer Hilfe und Führung zu gelangen. Es war eine der befreiendsten und erhabensten Erfahrungen meines Lebens.«

Von Hippokrates geheilt

Ich stieg mit der Rauchspirale eines Lagerfeuers an einem Ort auf, der mir sehr vertraut ist und der für mich eine besondere Bedeutung hat. Mein Krafttier begleitete mich bis zur Membran. Als ich sie durchstoßen hatte, sah ich niemanden. Die Landschaft dort glitzerte, als ob Sonnenlicht auf Diamanten und Kristalle fiele. Ich spürte eine leichte Brise, dann wurde ich von einer Windhose ergriffen und auf eine andere Ebene gehoben. Auch dort sah ich niemanden.

Wieder kam Wind auf, und ich schraubte mich auf eine weitere Ebene. Ich hörte Musik, Gesang und Gelächter. Erblickte einen Tempel aus weißem Marmor. Er sah aus wie der griechische Parthenon. Ich ging die Marmorstufen hinauf, und als ich oben angekommen war, konnte ich in das weitläufige offene Innere blicken, in dem Menschen beim Essen saßen. Ein Mann, der eine lange fließende Robe trug, bedeutete mir, zu ihm an den Haupttisch zu kommen.

Ich ging hin und fragte ihn: »Bist du mein Lehrer?«

Er bejahte.

Ich fragte ihn nach seinem Namen und erfuhr, es war Hippokrates, der Vater der Medizin. »Was kann ich tun, um die Schmerzen im unteren Rücken- und Bauchbereich loszuwerden?«

Er streckte mir einen Stab entgegen, um den sich eine Schlange wand. Man sagte mir, ich solle ihn in die Hand nehmen. Als ich das tat, begann sich die Schlange zu bewegen. Sie kroch an meinem Arm hinauf und den Rücken hinab, schlängelte sich dann um meine Taille und wand sich um meinen Unterleib. Ich spürte, wie bei ihren Berührungen die Schmerzen meinen Körper verließen.

Ich sah einen kleinen Fisch vorbeischwimmen und danach einen ganzen Schwarm. Ich sah eine Tasse Tee, Schalen voller Reis und Weintrauben. Die Trauben, sagte mein Lehrer, würden mich stark und körperlich fit machen. Ich solle sowohl den Saft der Pflanze zu mir nehmen als auch alles andere, und das täglich.

Da rief mich die Trommel zurück.

Die Schmerzen sind nicht wiedergekommen und ich bin für diese Heilung sehr dankbar. Mittlerweile habe ich die Traubengewächse studiert und herausgefunden, dass sie starke Antioxidantien enthalten, die den Organismus schützen. Ich esse jetzt auch mehr Reis und Fisch und habe viel mehr Energie.[4]

Hilfe von Merlin bei Asthma

Die Studentin, die im Folgenden zu Wort kommt, litt an Asthma. Ihren Lehrer fragte sie ganz einfach nach einem Heilungs»weg«. Wahrscheinlich wäre es besser gewesen, wenn sie ihn direkt um eine Heilung gebeten hätte, aber sie hat auch so ein gutes Ergebnis erzielt.

Ich kletterte an einem besonderen Baum auf einem Campingplatz im Norden New Mexicos hinauf, wo ich kurz zuvor war. Ein Adler flog vorbei und sagte, er sei zwar nicht mein Krafttier, würde mich aber trotzdem zu dem Ort bringen, an den ich müsste. Wir flogen hinauf durch die Wolken; dort verließ er mich. Ich flog weiter aufwärts, auf einen hellen Stern zu. Der Druck auf meiner Brust und die Kälte der dünnen Luft nahmen mir den Atem. Ich flog durch den Stern hindurch und gelangte in ein Land voll heller Lichter und schimmernder Landschaften.

Dann bat ich darum, dass sich mein Lehrer oder meine Lehrerin zeigen möge.

Aus der Luft erschien Merlin. Ich solle ihm folgen, sagte er und führte mich in eine Höhle aus Bergkristall. Ich bat ihn, mir den Weg zur Heilung zu zeigen.

In der Mitte der Höhle setzte er mich auf einen Stuhl neben einem Tisch, auf dem ein Kästchen lag. Er öffnete es. Im Inneren befand sich ein riesiger heißer Bergkristall. In der Höhle war es sehr kalt, von dem Stein aber ging eine unglaubliche Hitze aus.

Er nahm den Bergkristall aus dem Kästchen und sagte: »Genau das hat man dir schon vor vielen Jahren genommen: die Hitze deiner Leidenschaft, das Licht deiner Kraft. Jetzt ist es an der Zeit, dass du alles zurückbekommst. Der heiße Bergkristall wird die Eisklumpen deiner Angst und der Trauer über diesen Verlust, die du in deiner Brust festhältst, zum Schmelzen bringen.«

Er legte ihn mir in die Brust. Sofort spürte ich die Hitze und meine Brust wurde frei. Ich fragte, ob es noch etwas gäbe, das ich wissen sollte.

Er antwortete: »Du stammst vom Volk der Feen aus uralter Zeit ab, das sanft und gerecht ist, aber auch auf Rache sinnt, wenn ihm Unrecht getan wurde. Vor langer, langer Zeit schon wurden dir deine Gabe und deine Kraft gestohlen, und es ist an der Zeit, dass du sie zurückbekommst.«

Ich sagte ihm, dass ich ihn vermisst hatte.

Er erwiderte: »Ich war nie weg, aber jetzt bin ich bei dir, damit du sehen und hören kannst. Ich werde in dein rechtes Ohr flüstern und dich auf dem Wege der Magie und durch die Pflanzen- und Erdgeister führen, damit du dich wieder erinnerst. Ich werde hier sein, um dir ein weiteres Mal zu helfen. Meine Liebe und meine Stärke werden dich begleiten.«

Wir lagen uns in den Armen, und ich wurde von Erinnerungen an meine Liebe zu diesem Mann, meinem ersten wirklichen Lehrer, durchflutet. Dann wurden wir zurückgerufen.[5]

Die Reisende fand heraus, dass Merlin ihr Lehrer war. Sie schilderte ihm ihr gesundheitliches Problem und er holte einen heißen Bergkristall hervor. (Im Unterschied zu indigenen Schamanen wusste sie nicht, dass sich diese Steine erhitzen, sobald sie aktiviert werden.) Er legte ihn auf ihre Brust und schenkte ihr ihn dann. Bei den Huicholes in Mexiko heißt es, dass die Seele eines Schamanen mitunter als Bergkristall wiederkommt.[6]

Unmittelbar nach ihrer Rückkehr aus der Oberen Welt berichtete die Reisende: »Als ich während der ersten zwei Reisen heute früh auf dem kalten Boden lag, hatte ich Asthma. Doch nach der Rückkehr von dieser (zweiten) Reise fühlt sich meine Brust viel freier an, und das Asthma ist weg.«

Monate später erzählte dieselbe Frau, dass ihr Asthma vor dieser Reise mittelschwer bis lebensbedrohlich war. »Seit der Reise«, berichtete sie, »hat sich alles sehr verbessert. Am freisten war meine Brust unmittelbar nach der Reise; seit ich wieder zu Hause bin, ist das Asthma zwar immer wieder aufgetreten, doch nie mehr so heftig [wie vorher] ... Und wenn ich noch ein paar schamanische Reisen unternehme, hab ich das Gefühl, dass es ganz verschwinden wird.«

Damit hatte sie wahrscheinlich recht, denn bei ernsten gesundheitlichen Problemen sollte die schamanische Heilarbeit, wie schon erwähnt, wiederholt werden (gegebenenfalls auch mehrfach) – so lange, bis eine vollständige Heilung eintritt.

Die Bitte, dass der Krebs nicht zurückkommen möge

Der folgende Bericht über den Besuch bei einem nicht identifizierten Lehrer stammt von einer Frau, die an Gebärmutterkrebs (einem Endometriumsarkom) litt, der einige Jahre zuvor zum Stillstand gebracht worden war. Aus Furcht, der Tumor könne wieder zu wachsen beginnen, bittet sie den Lehrer, ihr bei der Verhinderung des Wiederaufflammens der Krankheit behilflich zu sein. Sie hätte ihn auch ersuchen können, eine neuerliche Erkrankung zu verhindern (statt sie nur bei deren Verhinderung zu unterstützen). Dann hätte ihr Wunsch noch mehr Kraft gehabt.

Daraufhin verpasste ihr der Lehrer klassische, facettenreiche Heilarbeiten voller Emotionen, zu denen auch eine Zerstückelung (vgl. Kapitel 11), das Herausziehen einer Krankheit aus ihrem Herzen, und die Übertragung von Heilenergie beziehungsweise -kraft gehörten. Während der Reise hatte sie auch Erlebnisse, die üblicherweise zu Nahtoderfahrungen gehören, zum Beispiel sieht sie ein helles Licht und einen Tunnel und spürt das Wirbeln (»spinning«), das im schamanischen Reisen auch unter »Karussell-Effekt« bekannt ist.

Sie hat das Gefühl, in einem Kreis zu sein. Sie spürt, dass sie mit allen Anwesenden, auch Tieren, verbunden und der Kraft aller teilhaftig ist. Eine solche Wahrnehmung der Einheit mit Tieren und allem ist ein im Schamanismus häufiges Motiv. Westler werden sich auf schamanischen Reisen dieser heiligen Verbundenheit bewusster, ohne dass sie etwas Besonderes tun müssten. Die Reisende, die im nächsten Bericht zu Wort kommt, scheint über ein gutes schamanisches Potenzial zu verfügen, denn sie sieht nicht nur etwas auf ihrer Reise, sondern nimmt auch mit anderen Sinnen wahr, zum Beispiel mit dem Geruchssinn, was an einer Blume deutlich wird.

Da sie mit der Technik der simultanen Erzählung während der Reise (siehe Anhang A, S. 344–345) arbeitete, konnte sie von ihren Erlebnissen berichten, während diese passierten.

Ich reise zu meinem Lehrer, damit er mir hilft, das Wiederauftreten der Krankheit zu verhindern. Ich sitze vor einem offenen Kamin. Das Feuer wirbelt und ich steige durch den Schornstein auf. In den Himmel. Ich wirbele. Drehe mich ganz schnell durch den Himmel empor. Ich überwinde eine Schranke und bewege mich aufwärts, den Wolken entgegen. Ich komme auf dem Boden auf. Mein Lehrer ist da.

»Hilf mir zu verhindern, dass die Krankheit zurückkommt«, bitte ich ihn.

Er hebt mich auf und nimmt mich in die Arme. Wir fliegen auf eine andere Ebene. Wir fliegen höher. Überwinden eine weitere Barriere. Und weiter oben noch eine. Es geht immer weiter nach oben. Richtig schnell. Mein Körper wird jetzt kleiner und kleiner. Er wird schmal und besteht nur noch aus Haut. Ich löse mich in nichts auf. Mein Körper löst sich auf, während wir aufsteigen. Ich kann nur meine Zellen sehen – sie sind ganz sauber – und meine Augen und meine Zellen. Weiter und weiter, ich falle auseinander. Jetzt bin ich nur noch Energie. Auf meiner rechten Seite ist noch Haut. Aber der Rest von mir ist nur noch Energie. Mein Lehrer hält mich immer noch.

Wir kommen weiter und weiter. Durchqueren Ebene um Ebene. Da ist goldenes Licht.

Mein Bein, da ist Haut. Und etwas Dunkles auf meinem Bein. Es scheint zu bluten. Aus dem Loch in meinem Bein tritt Blut aus. Es fließt heraus und das Blut löst sich auf. Ich fliege weiter, und mir ist richtig warm, ganz heiß. Alles außer meinem linken Bein. Das blutet einfach weiter. Das Blut tritt aus. Blut und Klümpchen. Trotzdem bin ich nicht ganz. Bin nur Energie. Ich steige weiter auf. Mir wird heißer, richtig, richtig heiß.

Jetzt ist eine Scheibe auf mir. Eine runde Scheibe. Ich bestehe immer noch aus Energie. Sie wird über meinen Kopf gestülpt und durch meinen Körper und um meine Beine gezogen. An der Haut meines rechten Beins und an der Wade hat es aufgehört. Da sitzt es. Ich sehe das Bein und den Fuß rechts von mir wegtreiben. Das Bein hat sich von mir getrennt und schwebt in der Luft.

An dem Bein sind jetzt Hände. Diese Hände rollen die Haut ab, vom einen Ende zum anderen. Jetzt ziehen sie die Haut ab. Es sieht aus wie eine Tierhaut. Das Bein ist Energie. Sie ziehen die Haut ab. Da ist ein Loch im Bein. Ein Loch in der Energie.

Die Hände nehmen die Tierhaut und stopfen sie in das Loch. Darin ist es schwarz.

Mein Lehrer ruft mich, damit ich in das Loch schaue. In dem Loch sind Sterne. Er möchte, dass ich durch dieses Loch gehe. Er nimmt meine Hand. Und wir gehen durch das Loch. Es ist sehr dunkel. Da sind viele, viele Lichter. Jetzt ist da ein riesiger Adler. Wirklich enorm, groß wie das Empire State Building. Der Lehrer legt mich auf die Brust des Adlers. Da liege ich – in der Wärme der Federn. Er hält mich einfach nur.

Mein Lehrer besteigt den Vogel. Wir fliegen aufwärts und immer weiter aufwärts, auf dieses sehr helle Licht zu. Wir gehen in dieses Licht. Das Licht öffnet sich. Wir fliegen hinein, in eine andere Dimension. Ein tieferer weiter Raum, fast wie ein Tunnel. Weiter aufwärts. Sehr weit weg.

Ich spüre mein Krafttier. Der Hirsch [das Krafttier] ist bei mir. Wir fliegen höher, noch weiter hinauf. Ich habe das Gefühl, ganz zu sein, aber der untere Teil meines Beins fehlt mir immer noch.

Er ist weg. Jetzt verschwindet mein anderes Bein. Meine Oberschenkel verschwinden. Ich habe keine Beine mehr. Es geht weiter. Jetzt hab ich auch keine Arme mehr.

Mein Herz ... mein Herz pocht. Es ist rot und es schlägt weiter. Um das Herz herum ist nichts. Da ist nur das Herz. Jetzt wirft mich das Loch in ein Gefäß des Herzens. Es ist total dunkel, sehr dunkel. Ich spüre das Pochen meines Herzens. Sehr stark. Sehr laut. Sehr tief. Sehr dunkel. Es ist zu dunkel. So leer.

Jetzt spüre ich Arme und Beine ins Licht des Herzens kommen. Und ich spüre das Herz. Ich spüre meine Arme. Und das Herz. Es ist sehr stark. Jetzt löst das Herz die Haut wieder von meinem Körper. Sie kommt auf mich drauf, schrumpft auf mir.

Jetzt ist da eine Giraffe [da sie ihr hilft, handelt es sich wahrscheinlich um ein weiteres Krafttier] und auf der sitze ich. Wir fangen an zu schweben. Ich fühle mich gut. Wir rennen, ich auf ihrem Rücken. Dann steigen wir herab. Wir kommen runter. Die Stufen runter. Weiter runter. Runter.

Die Giraffe lässt mich hinunter. Da ist Wasser, ein Pool. Mein Herz fühlt sich so groß an – beinahe zu groß für meinen Körper. Ich gehe ins Wasser. Dabei fängt mein Körper an, sich zu erweitern. Er erweitert sich so, dass er der Größe meines Herzens entspricht. Er erreicht die Größe meines Herzens.

Ich verlasse das Wasser. Ich gehe hinunter. Sehe meinen Lehrer. Er gibt mir eine Blume, eine Gardenie. Ich kann sie riechen. Jetzt gibt er mir Früchte, die aussehen wie Cranberries, und ein paar Mandeln. Ich esse. Und während ich esse, wird es mir innerlich wieder ganz warm. Ich spüre meine Beine. Spüre, wie Energie in meine Beine strömt.

Mein Lehrer legt mich auf einen Stein und entzündet Weihrauch oder Salbei an allen vier Ecken des Steins. Da sind Reifen um meine Beine, meine Fußgelenke. Um meinen Kopf ist ein Band.

Er öffnet meine Brust mit einem Messer und zieht mein Herz heraus. Aus meinem Herzen zieht er eine riesige Kreatur –

irgendein schwarzes Etwas. Es ist eine Spinne. Er gießt eine Flüssigkeit in das Herz. Dann legt er mir das Herz in die Brust zurück und verschließt sie.

Das Ding, das er aus meinem Körper herausgezogen hat, geht weg. Es ist hässlich. Es geht. Es geht in eine Höhle.

Jetzt ist meine Haut braun, und meinem Körper geht es besser. Aber mein Bein ist immer noch heiß. Jetzt nimmt mein Lehrer das Messer und schneidet damit mein Bein ab. An der Stelle fange ich an zu bluten. Er legt dieses Blatt über die Stelle, an der er mein Bein abgeschnitten hat. Jetzt wächst das Bein wieder, es wächst aus meinem Körper. Fühlt sich jetzt ganz normal an. Ich liege immer noch da.

Tiere und Menschen mit Kopfschmuck sind eingetroffen. Auch die Giraffe ist wieder da. Ebenso wie Hirsch und Bär. Da ist auch jemand mit einem weißen Kopfschmuck. Das ist mein Lehrer. Da sind Schildkröte, Kaninchen, Schmetterlinge. Sie haben einen Kreis gebildet. Lichtstrahlen bilden einen Kreis und dringen durch meinen Nabel in mich ein, bestrahlen durch mich Tiere und Menschen im Kreis. Die Energie des Kreises wirbelt und nimmt die Form eines Kegels an. Das ist wie ein Zelt, aber ein Zelt aus Licht. Wir wirbeln. Ich bin im Mittelpunkt dieses hellen Lichts. Wirbele.

Es ist Zeit zurückzukehren. Ich bedanke mich bei allen – auch den Tieren. Mein Lehrer nimmt mich und wir machen uns auf den Rückweg. Wieder hält er mich, während wir von einer Ebene in die nächste absteigen. Tiefer, tiefer, tiefer. Am Adler vorbei. Weiter hinab. Wir kommen auf der ersten Ebene an. Ich danke ihm. Dann steige ich durch den Himmel ab. Und immer tiefer, durch den Schornstein. Und auf den Fußboden. Ich bin wieder zurück.

Ich drehe mich immer noch. Das war eine erstaunliche Heilung. Insbesondere das mit dem Herzen. Mir wurde wirklich etwas vom Herzen genommen, und ich habe mein Herz erlebt. Wo ich auch hinkam, überall wurde etwas für mich getan.[7]

Die Entfernung einer als hässliches Wesen (in diesem Fall eine Spinne) gesehenen Krankheit ist eine klassische Form der schamanischen Diagnose; das Extrahieren von Eindringlingen ist eine gängige Technik und unabhängig davon, ob der schamanisch Reisende davon gehört hat oder nicht. Die Geister selbst sind die ewigen Lehrer schamanischer Methoden, zu denen auch das Extrahieren gehört.

Die spirituelle Extraktion dient der Beseitigung einer Krankheit oder eines Schmerzes aus einem bestimmten Körperteil des Patienten (in diesem Fall des Herzens), wie ich es in *Der Weg des Schamanen* beschrieben habe.[8] Was das Herausziehen von Spinnen und Herzen betrifft, bedenken Sie bitte, dass wir in der nichtalltäglichen Wirklichkeit arbeiten und es sich um die Geister von Spinnen und Herzen handelt. Die Lehren, die hier vorgestellt werden, dienen dem schamanischen Heilen, beziehen sich aber selbstredend nicht auf die alltägliche Wirklichkeit!

Unterlagen für eine Nachfolgestudie standen nicht zur Verfügung. Daher war es uns in diesem Fall (ebenso wenig in den meisten anderen) nicht möglich zu ermitteln, ob die Frau endgültig von ihrem Krebs geheilt wurde.

Ein indischer Guru wird um die Linderung von Rückenschmerzen gebeten

Die Arbeit mit einem Lehrer aus der Oberen Welt, der zuvor bereits in der alltäglichen Wirklichkeit ein spiritueller Lehrer war, ist eine weitverbreitete schamanische Praxis, die uns daran erinnert, dass die Barriere zwischen Leben und Tod für den Schamanen keine besondere Bedeutung hat. Im folgenden Bericht bittet eine Reisende ihren Lehrer in der Oberen Welt, einen berühmten verstorbenen Yogi, um Befreiung von ihren Rückenschmerzen. Einen nichtalltäglichen Opal, den er ihr bei einem früheren Besuch geschenkt hat, nimmt sie mit.

Von einem klassischen schamanischen Motiv, das auf ihrer Reise eine Rolle spielt, hat sie zuvor nie gehört: Es handelt sich um eine schmale Brücke über eine gefährliche Schlucht, die überwunden werden muss, um den Lehrer, eine Gottheit, einen Verstorbenen oder andere Bereiche erreichen zu können. Die Brücke, so stellt sie fest, ist nicht breiter als ein Faden. Die altaischen Schamanen in Sibirien beschreiben die Brücke als »dünn wie ein Haar«.[9] Und auch Schamanen in anderen Gegenden der Welt kennen den Faden, der über eine Schlucht führt. Die Reisende ist entsetzt, als sie darübergehen muss, und das ist ein gutes Zeichen. Denn ihre Angst ist ein Hinweis darauf, dass sie tatsächlich in der nichtalltäglichen Wirklichkeit ist und ihr Erleben ernst nimmt. Nun aber ihr Bericht:

Mein Jaguar brachte mich in die Obere Welt und begleitete mich auch durch die Membran. Er nahm mich auf einen Felsvorsprung mit, von dem ich Steine herabfallen hörte. Dann brachte er mich an einen Ort mit einem langen Faden und ließ mich da stehen. Ich musste über diesen Faden, der mir Todesangst einjagte, gehen. Da ich unter Höhenangst leide, setzte ich äußerst vorsichtig einen Fuß vor den anderen, aber ich wusste, dass ich da drüber musste. Allein.

Ich habe das vorher schon zweimal gemacht. Man ist da auf diesem Faden und die Wolken hängen ganz tief über der unwahrscheinlich tiefen Schlucht. Das hat mir echt Angst gemacht, und ich war ganz außer Atem und traute mich nicht, nach unten zu schauen, aber ich ging weiter. Hab es geschafft. Am Ende stand ein Busch. Ich teilte die Zweige und ging hindurch.

Es ist seitlich an einem Berg im Himalaya. Ich ging ein paar Stufen hinauf und betrat eine Höhle. Dort lebt er. Mein Lehrer ist ein indischer Guru, dessen Leben historisch überliefert ist.

Normalerweise habe ich nie Schmerzen, aber nach dem Sitzen hier in den letzten Tagen tut mir der Rücken unwahrscheinlich weh.

»Ich möchte, dass diese Schmerzen weggehen, weil es echt wehtut und ich so etwas nicht gewöhnt bin«, sagte ich zu meinem Lehrer.

»Setzen wir uns und meditieren wir. Hast du deinen Opal dabei?«

Ich bejahte.

Er legte ihn mir in die linke Hand und ging in den Lotossitz. Ich tat es ihm gleich, meditierte mit meinem Yogi. Nach kurzer Zeit wies er mich an, die Höhle zu verlassen. Draußen war ein kleiner Bach.

Durch den ging ich und kam an ein großes Wasserbecken. Da stieg ich hinein und tauchte unter. Es wurde zu einer sehr schmalen – und total dunklen – Öffnung. Auch da ging ich hinein und merkte plötzlich, dass ich mich in meinem Rückgrat befand. Ich sah die Wirbel, während ich mich bis nach unten in den Lendenbereich bewegte, wo der Schmerz ist. Ich hörte ein Geräusch wie das Überspringen elektrischer Funken, das gegen den Uhrzeigersinn durch meinen Körper ging. Dann begann das Rückholsignal. Ich ging meine Wirbelsäule entlang nach oben und zurück in die Höhle; ich dankte dem Yogi und ging über die Brücke. Dort wartete mein Panther auf mich. Wir kamen zurück, er brachte mich durch die Membran und wieder hierher.

Und die Schmerzen sind jetzt vollkommen weg.[10]

Bitte um Heilung – und durch eine Zwischenwelt in eine Stadt aus Gold

Meine Reise in die Obere Welt war sehr emotional und heilsam. Es ging dabei um meine Beziehungen zu [verstorbenen] Menschen, und ich suchte Heilung. Erst auf der zweiten Ebene fand ich Licht und Menschen. Die Erste war düster und furchteinflößend, und für meine gesamte erste Reise in die Obere Welt bat ich den Wal um Hilfe. Als ich eine Wolkenbank durchdrang, sah ich eine goldene Stadt aus verschiedenen Epochen und Baustilen.

Auch die Menschen auf den Straßen stammten aus vielen verschiedenen Zeiten. Als ich meine Mutter sah, musste ich weinen. Sie war 1988 gestorben und ich hatte mich nicht von ihr verabschieden können. Sie hielt mich lang im Arm und sagte mir, dass sie mich liebe und immer für mich da sei, genau wie die anderen, die schon früher gegangen waren.

Dann erkannte ich Jim Smith – er sah exakt so aus, wie ich ihn von unserer letzten Begegnung in Erinnerung hatte: ein dunkler Typ, sehr gut aussehend und gerade einmal siebenundzwanzig Jahre alt. Jim war meine ganz große Liebe, er starb 1976.

Ich fragte ihn, ob er mein Lehrer sei, und er bestätigte das. Daraufhin sagte ich ihm, dass ich Heilung von meinem Suchtverhalten suchte. Er verschwand. Dann ging ich an einer Reihe leerer Gräber mit unbeschrifteten Grabsteinen vorbei.

Ich schwebte über den Gräbern und war plötzlich von Geistern umgeben. »Das ist es, wovor du Angst hast«, sagten sie zu mir.

In diesem Augenblick hatte ich überhaupt keine Angst, bei ihnen zu sein; wir alle waren eins. Als Nächstes ging ich eine Straße entlang und schaute in die Fenster der Gebäude, an denen ich vorbeikam. In jedem spielte sich eine Situation aus meinem Leben ab, in der ich mich geliebt oder erhaben gefühlt hatte. An diesem Punkt riefen mich die Trommeln zurück. Die meiste Zeit der Reise über hatte ich geweint, aber nicht vor Trauer, sondern aus Dankbarkeit gegenüber allen Geistern, die bei mir waren.[11]

Beachten Sie die Bemerkungen der Reisenden über die erste Ebene, die sie als »düster und furchteinflößend« beschreibt. Aus fester Überzeugung kann ich jedoch sagen, dass es sich hier nicht um die erste Ebene der Oberen Welt handelte, auch wenn es ihr so vorkam. In Wahrheit war es das, was ich als »Zwischenwelt« bezeichne, ein Bereich an den Rändern der Mittleren Welt, eine Art Schnittstelle zur Oberen oder auch Unteren Welt. Diese Zwischenwelt erscheint Reisenden gewöhnlich nur, wenn sie sich viel mit jüngst Verstorbenen und dem Tod beschäftigen, wie es bei dieser Frau offensichtlich der Fall war.

Die Westler, die sich damit herumschlugen und diese Übungen machten, bekamen oft einen »düsteren« Bereich zwischen den Welten gezeigt (sie hat das Wort »düster« ja auch verwendet). Man könnte ihn wahrscheinlich auch »Limbo« (von lat. »Limbus«, Anm. d. Ü.) oder »Vorhölle« nennen, aber dieser Begriff entstammt einer bestimmen Kultur, auf den sich die Bezeichnung »Zwischenwelt« nicht bezieht. Die Zwischenwelt scheint eine Art Durchgangsstation für menschliche Geister beziehungsweise Seelen zu sein, die dort in einer farblosen, schäbigen Umgebung verlassen warten wie eine Menge apathischer Arbeitsloser.

Wenn ein schamanisch Reisender dort vorbeikommt, kann es sein, dass diese Geister hilfesuchend die Hand nach ihm ausstrecken und um Unterstützung bitten, um aus der Zwischenwelt herauszukommen. Sie sind bedürftig, haben aber keine Kraft und sind harmlos. Eine der klassischen Aufgaben von Schamanen in den verschiedensten Kulturen besteht sogar darin, als Psychopompos (Seelengeleiter) zu fungieren und die Verstorbenen beim Übergang in eine Welt zu unterstützen, in der sie zufrieden sein können. Aber auch ohne die Hilfe eines Psychopompos scheinen sich die Geister in der Zwischenwelt allmählich auf einen besseren Ort zuzubewegen.

Wie ich vielleicht schon erwähnt habe, scheint übrigens kein einziger Westler bei seinen Trommelreisen jenseits unserer Mittleren Welt je an einen Ort gekommen zu sein, an dem es Bestrafungen oder gar Folter gab. Mit anderen Worten: Sie fanden nichts, was auch nur im Entferntesten an das Stereotyp der »Hölle« erinnerte – höchstens in einigen Aspekten unserer eigenen Welt!

Der eben zitierte Bericht zeigt auch, wie ein Lehrer selbst nach seinem Verschwinden das Erleben des Reisenden »steuert«, Antworten gibt oder heilt.

Behandlung von Kopfschmerzen

Der folgende Bericht ist ein gutes Beispiel für »liebevolle Strenge«, die Lehrer manchmal walten lassen, um Heilung zu bewirken und die Besucher gleichzeitig zu belehren. Ein Student, der eine Ausbildung zum »Certified Shamanic Counselor« (CSC – Zertifizierter Schamanischer Berater) absolvierte, wollte wissen: »Wie kann ich meine Kopfschmerzen abstellen?« Wahrscheinlich hätte er besser formuliert: »Bitte heile meinen Kopfschmerz.« Aber das hat er nun einmal nicht getan, sondern sich nur erkundigt, was »ich« tun könnte.

Krähe, ein Krafttier dieses Studenten, führt ihn zu Eule (in der westlichen Welt ein traditionelles Symbol für Weisheit). Die Eule verwandelt sich in einen Menschen, den Lehrer. Die Lehrer der Oberen Welt sind mitfühlende Wesen, können aber auch humorvoll sein und zu Methoden wie der »liebevollen Strenge« greifen, wie in diesem Fall. Die Reise wurde mithilfe der simultanen Erzählung aufgezeichnet. (Informationen darüber finden sich in Anhang A.)

Ich blicke über das Tal. Es ist ein sehr klarer Tag, und ich kann bis zur Küste sehen. Eule ist bei mir. Wir heben ab. Fliegen im Kreis um den Gipfel und aufwärts. Vor uns erstreckt sich ein wunderbares Panorama. Wir sind jetzt hoch genug. Wir können die Inseln um die Küste herum sehen. Auf der anderen Seite reicht mein Blick bis nach Quebec. New Brunswick.

Höher und höher ... jetzt nur noch eine breite Wolkendecke. Wir durchqueren sie. Geschafft. Je höher wir kommen, desto dunkler scheint es zu werden. Die Luft ist jetzt sehr dünn. Eine weitere Wolkenbank. Wir durchqueren auch sie. ... Eule lässt mich gerade ganz oben auf dieser Wolkenbank herunter. Die Wolken sind wie konzentrische Lichtkreise, die wir durcheilen – wieder wie ein Tunnel. Aber nicht ganz ... anders als bei einem Tunnel gibt es keine klaren Begrenzungen. Es sind nur diese Kreise. Verschiedenfarbiges Licht. Rot, violett, grün, weiß. Wir rasen weiter, unter uns ziehen weiße Wolken. Und jetzt kommen wir in eine neblige Gegend, die ... und schon sind wir hindurch. Fliegen fast waagerecht.

Gut, jetzt verlassen wir den Nebel und da ist unter uns eine Landschaft aus sanften grünen Hügeln. Auf einen dieser grünen Hügel schaue ich hinunter und sehe ein Gebilde, das aussieht wie drei Kegel. Ein großer in der Mitte und daneben je ein kleiner. Wir gehen hinunter, und da ist eine Treppe, die zum Eingang des großen Kegels führt. Eule sagt, ich soll hinaufgehen und an die Tür klopfen. Sie würde draußen auf mich warten. Also gehe ich hoch hinauf und klopfe. Die Türen gehen auf. Aber es ist niemand da. Dann ist eine Krähe da. Unmittelbar vor mir fliegt eine große schwarze Krähe. Und weg ist sie. Sie fliegt rechts in die Mitte des Gebäudes. Und direkt in der Mitte ist eine kleine Kammer. Eine kleine – wie ein Zylinder. Eine zylindrische Kammer, die bis an die Spitze des Kegels reicht. Und da ist eine Türöffnung. Und während die Krähe ganz nahe hinfliegt, öffnet sich die Tür. Sie geht hinein. Und ich folge. Sie setzt sich auf ein Kissen und wird zu einem Menschen.

Der Mensch ist ein kleiner Mann von hellbrauner Hautfarbe. Jetzt hängt er sein Hemd auf. Er trägt eine Hose. Neben ihm liegt ein kleiner Beutel voller Pfeile. Und er sitzt einfach nur mit gekreuzten Beinen da. Und er – es sieht aus, als würde er meditieren. Er sitzt still da. Das ist jetzt bizarr, was er zu mir sagt. Er sagt nämlich: »Ich kenne dich schon. Aber es wird dir nicht schaden, wenn du das noch einmal durchmachst.«

Er gibt mir einen grünen Pfeil und einen roten. Und jetzt gibt er mir noch eine Feder. Und er sagt: »Bei dir ist viel zu viel los. Hundert Gedanken schießen dir durch den Kopf, in hundert Richtungen. Du weißt nicht, ob du kommst oder gehst. Ich gebe dir jetzt diese Feder. Und immer, wenn bei dir wieder zu viel los ist, möchte ich, dass du die Feder nimmst, und dass du sie in die rechte Hand nimmst, und ich will, dass du sie plötzlich in die Höhe hältst, so im rechten Winkel, und sobald du das tust, hört der ganze Unsinn auf.« Dann sagt er, ich soll es versuchen.

Ich fühle mich dabei ein bisschen dämlich. Aber gut, ich nehme die Feder in die Hand und halte sie in einem rechten Winkel hoch. Halte sie einfach. Und es fühlt sich an, als würde das Trommeln langsamer werden. Es fühlt sich an, als wären meine Gedanken langsamer geworden. Es fühlt sich an, als würde alles in Zeitlupe ablaufen. Dann sagt er: »Na, hast du nichts, worüber du mit mir sprechen möchtest?«

»Doch, hab ich. Ich habe eine Frage. Ich möchte wissen, wie ich meine Kopfschmerzen loswerde. Wie kann ich diese Kopfschmerzen wegkriegen?«

»Hast du denn Kopfschmerzen?«, fragt er zurück.

»Nein, ich habe keine Kopfschmerzen«, antworte ich.

»Worüber also machst du dir Sorgen?«, fragt er.

»Ich mache mir Sorgen, dass ich Kopfschmerzen kriegen könnte«, gebe ich zurück.

Und er sagt: »Na, was machst du dir Sorgen, dass du Kopfschmerzen kriegen könntest? Jetzt hast du doch keine.«

»Ja, aber ich bin mir ziemlich sicher, dass ich bald wieder welche bekommen werde.«

Jetzt sagt er: »Was macht dich denn so sicher, dass du Kopfschmerzen bekommen wirst?«

Ich erwidere: »Ich kriege immer Kopfschmerzen.«

»Du hast doch jetzt keine Kopfschmerzen«, insistiert er.

»Ja, aber ich kriege welche«, entgegne ich.

»Woher weißt du das?«, fragt er.

Und ich sage: »Das ist immer so.«

»Im Augenblick hast du keine.«

»Meinetwegen. Hör zu, im Moment habe ich keine Kopfschmerzen. Sonst aber normalerweise ein- oder zweimal pro Woche. Und dann halten sie mich von allem ab, was ich eigentlich tun will.«

Der Kerl schaut mich an, als wäre ich ein Vollidiot. Als würde ich kompletten Unsinn reden. Gut, jetzt sieht er mich todernst an und sagt: »Verstehe, deine Kopfschmerzen sind für dich wirklich wichtig. Sie sind dir ein richtiger Begleiter geworden.«

Er fährt fort: »Ich nehme an, wenn diese Kopfschmerzen weg wären, würdest du dich richtig einsam fühlen. Und du würdest sie vermissen. Nach zwei oder drei Tagen würdest du wahrscheinlich von ihnen träumen. Und du würdest eine schamanische Reise unternehmen und fragen: ›Könnte ich nicht bitte noch ein einziges Mal Kopfschmerzen bekommen? Nur um mich von ihnen zu verabschieden?‹«

»Ja, diese Kopfschmerzen sind für mich tatsächlich noch nicht erledigt«, sage ich. »Ich habe mich noch nicht ganz von ihnen gelöst.«

Worauf er sagt: »Ich könnte doch einmal nachsehen, wie sehr du wirklich noch an diesen Kopfschmerzen hängst. Wenn du möchtest, verschaffe ich dir welche, damit du beginnen kannst, dich von ihnen zu lösen.«

Bei diesen Worten greift er hinter sich und holt einen Hammer aus einer Werkzeugkiste.

Und ich sage: »Nein, nein, damit möchte ich es nicht zu tun bekommen.«

Und er sagt: »Das solltest du aber, denn weißt du, es ist nicht gut, von heute auf morgen mit solchen Dingen aufzuhören. Du musst diese Kopfschmerzen ganz allmählich abbauen. Weißt du, so lange, wie du von dieser Beziehung zu deinen Kopfschmerzen schon gequält wirst, wäre es schlecht für dich, wenn du sie einfach loswürdest und gar keine mehr hättest. Das könnte ziemlich unangenehm werden, wenn du auf Entzug gehst, dann fängst du an zu zittern und wirst vielleicht sogar leicht verrückt. Deshalb sollte ich dir wirklich mit diesem Hammer auf den Kopf hauen, weil ich mir irgendwie Sorgen um dich mache. Und mich frage, was du wohl ohne deine Kopfschmerzen anfängst.«

»Also, ich glaube wirklich nicht, dass ich das will«, sage ich. »Ich meine, ich möchte nicht, dass du mir mit einem Hammer auf den Kopf schlägst, denn das würde wehtun. Und deshalb bin ich doch überhaupt zu dir gekommen – um das loszuwerden.«

Er legt den Hammer in die Werkzeugkiste zurück und sagt: »Weißt du, ihr Weißen seid alle verrückt. Du behauptest, du wolltest keine Kopfschmerzen haben, für mich aber sieht es ganz so aus, als wären die sehr wichtig für dich. Und ich bin ja nur ein Lehrer, der dir helfen möchte. Ich möchte dir genau das geben, was für dich am wichtigsten ist. Und ich möchte nicht, dass du von hier weggehst mit dem Gefühl, nicht das bekommen zu haben, was du dir gewünscht hast. Ich meine, meine Aufgabe ist es doch, dir nach Möglichkeit das zu geben, was dir am wichtigsten ist.«

»Ich bin ganz durcheinander«.

Er sagt: »Das ist gut. Es ist gut, dass du durcheinander bist. Ja, dass du durcheinander bist, ist gut.« Er fügt hinzu: »Und du bist dir sicher, dass du nicht doch lieber Kopfschmerzen haben möchtest?«

»Nein, das glaube ich nicht«, sage ich, »aber ich bin wirklich verwirrt.«

Er sagt: »Jetzt haben wir noch ein paar Minuten auf dem Band [mit den Trommeln]. Und du bist dir ganz sicher, dass du den

Rest der Zeit verwirrt sein möchtest? Verwirrung kennst du doch sonst nicht.«

»Ja, das fühlt sich gar nicht gut an. So, als wüsste ich nicht, worüber ich mit dir sprechen will.«

»Na ja«, meint er, »wenn du Gewissheit möchtest, wenn du es schlecht findest, verwirrt zu sein, und wenn du dir einer Sache sicher sein möchtest ...« Wieder greift er in die Werkzeugkiste und holt den Hammer heraus. »Ich schlage dir damit auf den Kopf. Dann bekommst du hübsch Kopfschmerzen und dein ganzes Leben verdichtet sich zu einem netten Päckchen. Dann wüsstest du genau, was du zu tun hast. Und wärst nicht mehr durcheinander. Und der Rest des Tages wäre geklärt, und das ist dann ganz einfach. Du darfst dich elend fühlen, nimmst ein, zwei Tabletten und kannst ins Bett gehen. Dann ist das Problem, dass du den ganzen Tag über verwirrt bist, gelöst.«

»Mann, du bist doch nicht mehr ganz dicht!«, fahre ich ihn an. »Nein, ich möchte nicht, dass du mir den Hammer auf den Kopf schlägst. Leg diesen verdammten Hammer weg!«

»Du klingst ein wenig ärgerlich«, sagt er.

»Nein, ich bin nicht ärgerlich.«

»Aber du hast gesagt, ich solle ›diesen verdammten Hammer‹ weglegen. Und für meine Begriffe hört sich das schon ärgerlich an.«

»Na ja, vielleicht ein bisschen«, räume ich ein. »Weil ich frustriert bin. Und im Moment auch durcheinander. Damit hatte ich nicht gerechnet, als ich hergekommen bin.«

»Und worüber lachst du dann, wenn du doch ärgerlich bist?«, fragt er.

»Ich lache überhaupt nicht.«

»Doch, du hast gelacht«, sagt er. »Eben hast du ein bisschen gekichert.«

»Na ja, weil das Ganze hier doch total verrückt ist.«

Er steht auf und sagt: »Komm mit, ich möchte dir etwas zeigen.«

Ich folge ihm hinaus. Er führt mich vor die Tür eines der beiden kleineren Kegel. Als wir hindurchgehen, sagt er: »Ich möchte, dass du hier stehen bleibst. Aber das wird jetzt sehr hart.«

Dann schüttelt er den Kopf und sagt: »Ach, ich weiß nicht. Ich weiß einfach nicht, ob du hierfür genügend Kraft hast. Kann sein, dass du es nicht schaffst. Das ist jetzt ein Hochleistungsjob. Und ich weiß nicht, ob du wirklich schamanischer Berater werden willst.«

»Na komm schon«, gebe ich zurück. »Warum hast du mich hergebracht, wenn du es mir dann doch nicht zeigen willst?«

»Na gut, aber mach mich nicht dafür verantwortlich, wenn du verprügelt wirst.«

Also gehen wir die Stufen hinunter und kommen draußen in einen Regen aus allen möglichen Mineralien. Kristalle – alle möglichen Kristallarten. Auch Bergkristall. Und – ich kenne die Namen von denen gar nicht. Gelbe, grüne und rote. Jeder Stein scheint sein eigenes Licht auszusenden.

Er schaut mich an und sagt: »Was hältst du davon?«

»Das ist sehr kraftvoll. An diesem Ort kann ich die Kraft richtig spüren.«

Er sagt: »O ja, das hier ist echter Kraft-Schamanismus. Fast industriell. Ganz große Medizin!«

»Warum hast du gesagt, du wüsstest nicht, ob ich damit zurechtkomme?«

Er antwortet: »Du hast da echt ein Ding am Laufen. Eine richtige Liebesgeschichte mit deinen Kopfschmerzen. Deshalb wusste ich nicht, ob dich das hier wirklich interessieren würde. Das ist nämlich ziemlich schrill. Und die Energien sind hier heftig. Ja, du siehst hier allerlei Super-Zeug. Wenn du eine Weile hier sitzt, wirst du richtig verwirrt sein. Ja, du wirst Lichtwesen sehen und alle möglichen Geister und andere Kraft-Dinge werden sich abspielen. Dich wird das wahrscheinlich total durcheinanderbringen und desorientieren. Und dann kommst du wahrscheinlich zwei Minuten später angerannt und bettelst mich um Kopfschmerzen an, damit du wieder weißt, was du tust.«

Dieser Typ hat wirklich nicht das geringste Mitgefühl.

Er sagt: »Was willst du damit sagen: Ich hätte kein Mitgefühl? Ich verstehe ganz genau, in welchem Dilemma du dich befindest, und versuche, dir da rauszuhelfen. Im Augenblick hast du keine Kopfschmerzen und hast keine Ahnung, wie du damit umgehen sollst.« Weiter sagt er: »Weißt du, du arbeitest ganz schön hart daran, diese Kopfschmerzen hervorzurufen. Vielleicht hast du zwei Tage lang keine, und in dieser Zeit tust du alles dafür, dass du welche bekommst. Ich möchte dir nur geben, was du brauchst. Aber jetzt gehst du besser zurück, denn die Trommel [das Rückholsignal] ertönt. Komm vorbei, wann immer du Kopfschmerzen haben möchtest, und ich sorge gern dafür, dass du welche kriegst.«

Jetzt komme ich wieder. Zurück durch die Wolkenschicht. Auf den Berggipfel. In diesen Raum. *Und ich habe keine Kopfschmerzen.*[12]

Diese Reise wurde, wie schon gesagt, simultan aufgenommen und fand in Gegenwart des schamanischen Counselors (Beraters) statt. Unmittelbar im Anschluss fragte er den Studenten: »Was, glaubst du, ist da passiert?«

Student: »Ich weiß gar nicht, was ich sagen soll. Es war, als hätte ich jemanden getroffen, der meine Telefonnummer kannte.«

Berater: »Also ein bisschen zu viel über dich wusste.«

Student: »Das Interessante ist, dass ich diesen Typ schon früher getroffen hatte. Aber so ein Gespräch haben wir noch nie geführt.«

Berater: »Meinst du, dass deine Frage beantwortet wurde?«

Student: »Ja. Aber nicht binnen einer Sekunde oder zwei. Ich war auf der Suche nach einer Lösung für dieses Problem …

Aber dieser Typ! Eine ganz neue Sichtweise der Sache: Wenn ich keine Kopfschmerzen habe, hoffe ich, welche zu kriegen. Fast schon wie ein Süchtiger. Er sagte: ›Ich weiß, es ist verwirrend für dich, keine Kopfschmerzen zu haben. Ich kann dir welche besorgen, wenn du willst.‹

Ich habe gerade jemanden getroffen, der mich total durchschaut hat. War durchsichtig wie Luft für ihn. Eine Zeit lang war ich sauer auf ihn, weil er es nicht so tun wollte, wie ich mir das vorgestellt hatte. Und ich habe das Gefühl, er kennt mich.

Er gab mir Informationen, die ich brauchte. Weißt du, diese Art Präsenz in meinem Leben hat einen unschätzbaren Wert. Ich meine, er … er hat mich in einen ganz neuen Bezugsrahmen gesetzt. Diese ganze Erfahrung hat mich so berührt, dass ich sie schwer in Worte fassen kann.

Ich habe wirklich das Gefühl, als wäre diese Erfahrung bis auf den Grund meiner Kopfschmerzen vorgedrungen. Also mehr als alles andere, was ich je erlebt habe.

Jetzt habe ich beinahe Angst, dass diese Erfahrung an Wirkung verliert, wenn ich darüber spreche. Ich glaube, ich muss darüber meditieren, sonst fürchte ich, dass ich mir das, was da gerade passiert ist, selbst auszureden versuche.«

Albert Einstein

Mein Ziel bei dieser Reise bestand darin, einen Lehrer zu finden und ihn zu bitten, mich von meiner Trennungsangst zu heilen.

Zu Beginn besteige ich einen Berg im mexikanischen Niederkalifornien. Ich warte, dass mich jemand mitnimmt, drifte aber ab. Das Nächste, was ich weiß, ist, dass ein Adler nach mir schnappt und mich in den Bauch zwickt. Ich sage: »Hey, was soll denn das?«

Und der Adler: »Ich bin hier die ganze Zeit gekreist, aber du warst ja im Traumland. Also musste ich irgendwie deine Aufmerksamkeit erregen.«

Dann verschwindet diese Szene und wir sind im Schlafzimmer eines Jungen irgendwo in der Vorstadt. Ich kenne das aus dem Film *Der Knabe, der fliegen konnte*. Wir schauen aus dem Fenster, und der Vogel sagt: »Komm, lass uns gehen.«

Ich erkläre ihm, dass ich nicht auf ihm fliegen will, und er meint, ich solle selbst zum Vogel werden, ein Adler mit weißen, golden eingefassten Federn. Also mach ich diese Verwandlung und wir fliegen durch die dicke weiße Wolkendecke in den Himmel.

Ich bin am Horizont über der Wolkenschicht und sehe ein längliches Gebäude mit einem beflaggten Turm in der Mitte. Meine erste Reaktion: Das ist entweder ein Spielwarengeschäft oder eine Schule. Als ich näher komme und hineinfliege, bestätigt sich, dass es eine Schule ist. Kinder rennen die Treppen rauf und runter. Ich fliege auf das Büro des Direktorstellvertreters zu und weiß, dass mein Lehrer nicht da ist.

Dann sind die Kinder weg und ich gehe durch einen menschenleeren Flur in einen Physiksaal. Der Einzige, der sich darin befindet, ist ein alter Mann mit buschigen Haaren. Er steht in einer Ecke. Als er sich umdreht, erkenne ich Albert Einstein.

Mein Kopf meint: »Ja, eh klar.« Ich frage aber trotzdem: »Bist du mein Lehrer?«

Er sagt: »Du willst ja gar nicht, dass ich dein Lehrer bin.«

»Bist du mein Lehrer?«, wiederhole ich.

Er erwidert: »Ich sehe nicht so aus, wie du deinen Lehrer gern hättest.«

Ein drittes Mal frage ich: »Bist du mein Lehrer?«

Schließlich sagt er »Ja, bin ich« und fügt hinzu: »Du hast viele Lehrer, die du nicht anerkennen willst.«

Da habe ich verstanden: Unsere Lehrer in der Mittleren Welt sind nicht unbedingt Lehrer im herkömmlichen Sinn. Es können auch Leute sein, mit denen wir Konflikte haben, oder irgendwelche Fremden von der Straße.

»Es ist eben alles relativ«, sagt Albert und lacht.[13]

Warum steigen die Lehrer nicht herab und heilen hier?

Die Lehrer steigen herab, wenn ein Schamane respektvoll zu ihnen aufsteigt, eine Bitte äußert, mit ihrer Einwilligung mit ihnen verschmilzt und dann gemeinsam mit ihnen in die Mittlere Welt absteigt, um einen Patienten in der Mittleren Welt zu heilen. Dabei muss der Schamane sehr konzentriert sein, damit er die Verschmelzung mit dem Geist aufrechterhalten kann. Vor allem dann, wenn beide ihre Heilarbeit in der Mittleren Welt *gemeinsam* verrichten. Dann geht der Schamane, immer noch verschmolzen, in die Obere Welt, bedankt sich beim Lehrer und kehrt in sein weltliches Umfeld zurück.

Warum bleibt der Lehrer nicht dauerhaft in der Mittleren Welt, um hier zu heilen und zu helfen? Einer der Gründe ist, dass der Schamane seine Konzentration nicht sehr lange aufrechterhalten kann, was aber nötig wäre, um lange Zeit hindurch verschmolzen in der Kraft des Lehrers zu bleiben. Freilich gibt es noch einiges mehr zu beachten. Die notwendigen Kenntnisse erwirbt man am besten durch Praxis und Ausbildung in Fortgeschrittenen-Seminaren der Foundation for Shamanic Studies, wie sie etwa im »Dreijahresprogramm in fortgeschrittenen schamanischen Initiationen und schamanischem Heilen« angeboten werden.

11

Kosmische Zerstückelung, Einssein und Heilkraft

In meinen Augenhöhlen sind zwei Smaragde. Ich werde geheilt. Von Grund auf. Aus der tiefsten Tiefe. Bis auf die Knochen. Wo sonst mein drittes Auge wäre, ist ein Diamant, ein geschliffener Diamant. Seine Facetten senden Licht aus. Ich bin ein Amethyst-Skelett mit zwei Smaragden in den Augenhöhlen und einem geschliffenen Diamanten an der Stelle meines dritten Auges. Das bin ich gerade. Just in diesem Augenblick.

AUS DEM BERICHT EINER WESTLERIN

Eine der berühmtesten Formen schamanischer Erfahrung, die viele Wissenschaftler und Ethnografen vor ein Rätsel gestellt hat, betrifft die Zerstückelung des Körpers, von der in Berichten indigener Schamanen die Rede ist. In der anthropologischen Literatur gibt es entsetzliche Schilderungen davon, wie ihre Körper auseinandergerissen, zerschnitten und aufgefressen beziehungsweise zerstückelt und wieder zusammengesetzt wurden.[1] Die Details variierten, doch meistens wurden die Schamanen bei diesen Zerstückelungen angegriffen und körperlich bis auf die Knochen zerstört. Die dramatischsten Erfahrungen wurden aus Sibirien berichtet, aber

Zerstückelung kommt auch bei den Inuit, den Aborigines in Australien und bei anderen schamanischen Völkern vor.

Anthropologen und Vertreter anderer Wissenschaften schienen sich keinen Reim darauf machen zu können, wenngleich auch einige unter ihnen Schamanen für Lügner oder für verrückt hielten. Andere sahen in den Zerstückelungserfahrungen einen weiteren Beweis dafür, dass Schamanismus eine barbarische und primitive Form der Spiritualität sei. Mich allerdings führten die empirisch orientierten Untersuchungen im Rahmen meiner Praxis und Lehrtätigkeit zu ganz anderen Schlussfolgerungen. Der Schlüssel zum Verständnis dieser Erfahrungen besteht im Wissen, dass es zwei Wirklichkeiten gibt. Die schamanische Zerstückelung passiert in der nichtalltäglichen Wirklichkeit, und der Schamane kann sie in allen drei Welten erleben.

Schon als ich Mitte der Neunzehnhundertsiebziger begann, Seminare über Schamanismus abzuhalten, fiel mir auf, dass Studenten, die nie zuvor von der Zerstückelung gehört, genau diese Erfahrungen gemacht hatten, manche sogar im Rahmen des Einführungskurses auf ihrer ersten Reise in die Obere oder Untere Welt. Die Erfahrung des Zerstückeltwerdens konnte völlig unerwartet jederzeit auftreten und war schmerzlos. Darüber hinaus berichteten die Westler von »tiefer Ekstase«, in der sie sich während dieses Erlebnisses befunden hatten. Wobei die »Ekstase«, von der ich hier spreche, nicht nur den theologischen Begriff für einen veränderten Bewusstseinszustand meint, sondern die ekstatische Wahrnehmung des Verschmelzens mit »allem« und des Einsseins mit dem Universum.

Überraschend war auch, wie sehr die Erfahrungen der Westler den Berichten indigener Schamanen, zum Beispiel aus Sibirien, ähnelten. So wurde mir klar, dass die Erfahrungen, die wir da dokumentierten, nicht auf kulturellen Prägungen beruhten. Lassen Sie uns mit einem unter Anthropologen sehr berühmten repräsentativen Erlebnis aus Sibirien beginnen, über das A. Popov berichtete.

Zerschnitten und in einem Kessel gekocht: der Bericht eines sibirischen Samojeden

Ein samojedischer Schamane war so krank, dass mit seinem baldigen Ableben gerechnet wurde. Fast bewusstlos unternahm er spontan eine Reise in die Untere Welt. Dort wurde er von zwei Helfertieren weitergeführt, einer Maus und einem Hermelin. Er folgte ihnen, »kam in eine Wüste und sah von ferne einen Berg. Nach einer dreitägigen Reise hatte er ihn erreicht …« Bitte beachten Sie, dass sich alle Reisen, die aus unserer Welt herausführen, »außerhalb der Zeit« abspielen und es sich deshalb um »drei Tage« in der nichtalltäglichen Wirklichkeit handelt. Dasselbe gilt für die »drei Jahre«, von denen gleich die Rede sein wird.

> *… [Er] trat durch eine Öffnung und stieß auf einen nackten Mann, der einen Blasebalg betätigte. Auf dem Feuer stand ein Kessel »so groß wie die Erde«. Der nackte Mann entdeckte ihn und packte ihn mit einer riesigen Zange. Der Neuling [Schamane] hatte gerade noch Zeit zu denken: »Ich bin tot!« Der Mann schnitt ihm den Kopf ab, zerteilte seinen Körper und warf alles in den Kessel. Dort köchelte der Körper drei Jahre lang … [Später] fischte der Schmied die Knochen [des Samojeden] aus dem Fluss, in dem sie trieben, setzte sie zusammen und bedeckte sie wieder mit Fleisch.*[2]

Auch tauschte der Schmied die Augen des Samojeden aus, damit dieser schamanisch sehen könne; dann richtete er dessen Ohren so aus, dass er die Sprache der Pflanzen verstehen konnte.

Klarerweise fand das alles auf der Reise in der nichtalltäglichen Wirklichkeit statt. Und auch Westler machen mitunter die Erfahrung, Tage, wenn nicht gar Jahre weg zu sein.

Zerschnitten, in einem Kessel gekocht, Tod und Wiedergeburt: der Bericht eines Westlers

Zum Vergleich hier der Bericht eines Amerikaners europäischer Abstammung aus unserer Zeit, der nie etwas von Zerstückelungserfahrungen gehört oder gelesen hatte. Seine Aufgabe bestand lediglich darin, in die Untere Welt zu reisen und dort ein unbekanntes Tier zu treffen. (Die Zerstückelungserfahrungen der heutigen Westler in der Oberen und der Unteren Welt sind einander ähnlich; aus der Mittleren sind keine bekannt.) Hier der Bericht über sein spontanes, unerwartetes Erlebnis.

Zum monotonen Trommeln stieg er durch ein Loch im Wurzelwerk eines Baumes ab, den er aus der alltäglichen Wirklichkeit kannte, dann ging er durch eine Höhle weiter und gelangte auf die erste Ebene der Unteren Welt, wo die Sonne schien. Dort traf er auf ein Rehkitz, das ihn zu einer Anhöhe mit Gras und Bäumen führte, wo sich weitere Rehe aufhielten. Ähnlich wie in manchen Kulturen die Schamanen ihre Erfahrungen bei der Reise singen, sprach er seine in einen Kassettenrekorder, während er das Trommeln über Kopfhörer hörte. Den Rest können Sie hier in seinen eigenen Worten lesen:

Ich weiß nicht, was ich tun soll – mich hinsetzen, stehen bleiben oder gehen oder ... o, das Reh ist weg. Es ist, als wäre ich die ganze Zeit auf der Anhöhe gewesen, aber inzwischen ist die Sonne untergegangen. Jetzt ist es dunkel und ein Feuer brennt.

Jetzt soll ich bei dem Tier sein, aber es ist, als wäre rund um das Feuer irgendetwas los. Als würde da ein Topf oder ein Kessel am Kochen sein. Die Stimmen rufen, ich soll näher kommen. Ich soll in den kochenden Topf schauen. Aber ich weiß gar nicht, ob ich das will.

Ich frage mich, wo das Reh ist, denn das war das Einzige, was ich tun sollte: bei diesem Tier bleiben. Ich weiß nicht, aber irgendwie habe ich das Gefühl, dass es da ist. O, ich bin das Reh. Es ist, als wäre ich jetzt das Tier. Ich bin wie das Kitz und bin sehr zurückhaltend, was das An-den-Topf-treten-und-Hineinschauen angeht.

Meine Güte! Die Szene hat sich verändert. Als wäre es dunkel geworden. Und ich dachte, ich wäre das Reh, und dann bin ich wieder ich selbst geworden. Und das Reh war von mir getrennt.

Jetzt ist es wie eine Dorfszene. Es scheint zu dämmern und es ist wie ein Tipi und da laufen Menschen umher. Ich glaube, ich bin hier im Mittelpunkt, denke aber nicht, dass mich jemand sieht.

Ich könnte nicht sagen, wo das Reh abgeblieben ist. Es ist, als wäre ich das Reh und alle springen auf mir herum oder so. Und ich bin das Reh und alle zerschneiden mich und werfen mich in den Topf. Deshalb, – wow, mpf – ja, deshalb. Ich war das Reh und wollte nicht zu dem Topf. Weil jetzt bin ich das Reh und mir hat keiner etwas gesagt, aber ich bin hier. Und jetzt sind alle auf mich losgegangen. Sie haben Messer in mich gestoßen und mich aufgeschnitten und zerlegt und ich bin im Topf am Kochen.

Und jetzt essen mich die Leute. Versteht ihr, es ist wie ... ich werde in einem Eintopf aufgekocht. Bizarr. Ich werde in einem Eintopf abgekocht und es ist, als würden alle von dem Reh essen, aber ich schaue ... ich weiß nicht, von wo aus ich zusehe. O, verstehe. Irgendwie von oben. Ich bin über denen und schaue nur zu. Und ich bin tot. Und ich bin in ihrem Topf und am Kochen über ihrem Feuer. Und ich schaue ihnen bei ihrem Leben zu. Es ist fast so, als wäre ich gar nicht gestorben. Ich meine, ich habe immer noch das Gefühl, am Leben zu sein oder so, und ich beobachte sie, habe aber keinen Körper mehr.

Und ich tauche jetzt … mhm … echt weit unter. Keine Ahnung, was da los ist. So, als würde ich langsam verschwinden. (Singt.) Ah! (Lacht.) Ja, ich bin gestorben und zu diesen singenden Stimmen gegangen und in die Dunkelheit, aber ich sehe, dass da noch Licht ist.

Es ist, als könnte ich von hier, wo ich tot bin, weitergehen und (lacht) wieder zurückkommen. (Schweres Atmen.) … Wow![3]

Bei dieser Erfahrung wurde der Reisende aus der westlichen Welt nicht nur zerschnitten und in einem Kessel gekocht, wie es auch dem samojedischen Schamanen widerfahren war, sondern er erlebte zunächst das Verschmelzen mit dem Reh und dann die neuerliche Trennung von ihm. Als er schließlich zerteilt wurde, wurde er wieder eins mit dem Tier. Anschließend sah er eine Szene, wie sie auch von Nahtoderlebnissen berichtet wird. So lernte er, dass er, obwohl er keinen Körper mehr hatte, immer noch existierte – eine wichtige Erkenntnis. Als Zuschauer beobachtete er, wie sein Fleisch (das zugleich auch das des Rehs war) verzehrt wurde. Das erinnert an die Berichte von Inuit-Schamanen, die ihre Knochen ebenfalls häufig von außen sahen. Darüber hinaus hörte er Gesang.

Alle diese Offenbarungen hatte er in einem tiefen schamanischen Bewusstseinszustand, worauf sein schweres Atmen hinweist. Auch lernte er wie schon Schamanen lange vor ihm: »Ich kann von hier, wo ich tot bin, weitergehen und [lacht] wieder zurückkommen.«

Der Tod wird für ihn nie mehr dieselbe Bedeutung wie früher haben. Sein Lachen ist ein Zeichen der Freude und der tief greifenden Ekstase, die er in dieser Zerstückelungs- und Wiederauferstehungserfahrung erlebte.

»Initiation« und Zerstückelung

Die Lebendigkeit und Unglaublichkeit der Zerstückelungserfahrungen hat viele Wissenschaftler aus dem westlichen Kulturkreis veranlasst, darin ein *»rite de passage«* (ein Übergangsritual) oder auch die »Initiation« des Schamanen schlechthin zu sehen. Gewiss können solche Erfahrungen als Initiation aufgefasst werden, aber das heißt nicht, dass ein Mensch, der so etwas erlebt, automatisch zum Schamanen wird. Normalerweise braucht es viele Monate, wenn nicht gar Jahre erfolgreichen Heilens und Helfens mithilfe schamanischer Methoden, bevor jemand als Schamane bezeichnet wird. Das eigentliche Kriterium ist die Fähigkeit des Betreffenden, mit seiner schamanischen Arbeit Heilwunder zu wirken, und nur diejenigen, die Zeugen einer Heilung wurden, befinden darüber, ob jemand als Schamane bezeichnet wird oder nicht.

Wenn man ernsthaften Schamanismus betreibt, ist die Initiation durch die Geister ein Vorgang, der in Wahrheit niemals endet. Oft sind die besten Schamanen und schamanisch Praktizierenden diejenigen, die über die längste Praxis und die größte Erfahrung verfügen, zu der auch die wiederholte Zerstückelung gehört.

Die sibirischen Schamanen, die ich kenne, liefern einander beinahe Wettkämpfe, wer mehr Zerstückelungserfahrungen gemacht hat. Das liegt wahrscheinlich daran, dass diese sowohl tief greifende Unterweisungen als auch Heilungen sind, die den schamanisch Reisenden auf spiritueller Ebene grundlegend verändern. Die folgende Reise einer europäischstämmigen Amerikanerin illustriert diesen Aspekt hervorragend.

Eine Westlerin wird zerstückelt und mit einem neuen Körper wiedergeboren

Auch Nicolina Halvorson (im Folgenden NH), die ihren Lehrer in der Oberen Welt aufsuchen wollte, hatte von einer Zerstückelungserfahrung weder gehört noch gelesen. Nachdem sie ihre Lehrerin gefragt hatte, wie sie zu optimaler Gesundheit gelangen könne, wurde sie zu ihrer großen Überraschung zerstückelt und aus neuen Körperteilen wieder zusammengesetzt.

Sie sprach ihre Erlebnisse zeitgleich mit ihrer Reise auf Band:

Vom Plateau aus schwebe ich langsam aufwärts. Ich durchquere eine Wolke, schwebe weiter. Es ist eine graue Kumuluswolke. Immer noch schwebe ich empor. Jetzt komme ich durch etwas anderes: eine helle Dunstschicht.

Ich stehe auf einer Ebene. Der Boden ist ein verschwommenes Gelb. Eine Art Geisterpferd mit einem Indianer auf dem Rücken kommt mir entgegen. Er dreht um und reitet auf ein verschwommenes Gebirge zu. Dort sind weitere zwei Pferde mit indianischen Reitern. Sie wirken ätherisch und geisterhaft.

Jetzt wende ich mich in eine andere Richtung. Ich sehe eine schöne prinzessinnenhafte indianische Göttin. Sie trägt ein Kleid aus Wildleder mit einer Glasperlenstickerei auf der Brust. Das Muster besteht aus einer violetten Blume mit gelben Blättern, die von schwarzen Perlen eingefasst sind. Am Gürtel, den sie um die Hüften trägt, baumelt ein Tierschwanz, der eines Hermelins. Die Mokassins, die sie anhat, sind mit gleichen Perlen besetzt wie das Kleid.

Jetzt kann ich ihr Gesicht deutlicher erkennen. Sie ist groß, schlank und hat hohe Wangenknochen. In den Haaren trägt sie ein besticktes Band, von dem an beiden Seiten irgendetwas von einem Tier herabhängt, direkt an ihren Schläfen. Sie lächelt.

»Bist du meine Lehrerin?«

Ja, sie ist meine Lehrerin.

»Ich habe eine Frage. Ob du mir die bitte beantworten könntest? Wie kann ich optimale Gesundheit erreichen?«

Sie greift nach meiner Hand. Hat jetzt ihre Hände auf meinen. Ihre Haut ist weich und warm. Ich habe ein Gefühl, als ginge elektrischer Strom von ihren Händen aus, der meinen Arm bis zum Ellbogen durchfließt. Irgendwie scheint grünes Licht in meinen Arm zu sickern, bis in die Schultern. Neonartiges lila Licht wirbelt um meine Schultern.

Unsere Hände sind eins geworden. Wir sind an den Händen verschmolzen. Allmählich nehme ich Energie auf, die aus ihrem Körper fließt. Ein Strahl neonartigen Lichts in Rot schießt aus dem Lila an meinen Schultern in meinen Brustbereich.

Sobald die Lehrerin NHs Hände nimmt, bekommt sie ein »elektrisches Gefühl«, das in sie einfließt. Etwa so kann sich spirituelle Kraft anfühlen, wie eine Energie, die auf den Schamanen übertragen wird, oder vom Schamanen auf einen Patienten. Und auch NH erkennt sofort, dass sie »Energie aufnimmt«.

Die Kraft beziehungsweise Energie manifestiert sich in Form grünen und lila Lichts, welches seinerseits rotes Licht in ihre Brust strömen lässt. Danach wird weißes Licht aus ihrer Brust strömen. Ähnlich sehen die Shuar-Schamanen vom Amazonas die Kraft einer Person in deren Brust als Licht in den Farben des Regenbogens und manchmal auch, vor allem bei besonders kraftvollen Personen, als weißes Licht.[4]

NH erfährt spirituell Tod und Wiedergeburt. Wie Eliade beobachtet hat: »Alle Erfahrungen des übersinnlichen Lichts haben denselben gemeinsamen Nenner: Jeder, dem eine solche Erfahrung zuteilwird, erfährt eine Veränderung seines Seins … eine Begegnung mit dem Licht verweist auf eine spirituelle Wiedergeburt.«[5]

NH fährt fort:

Ein weißes Licht fließt aus meiner Brust. Es explodiert, bringt ein Feuerwerk hervor, Leuchtraketen, die in die Luft schießen und rechts und links von mir wieder herunterkommen. Jetzt strömt das weiße Licht von meinem Herzen zu ihrem. Wir sind über unsere Herzen miteinander verbunden. Der Strom des weißen Lichts wird ziemlich gewaltig. Am Brustkorb sind wir durch weißes Licht verbunden.

Daran, dass es explodiert, zeigt sich, dass es sich bei dem weißen Licht, das aus der Brust der Reisenden fließt, um eine Form der Kraft handelt. Auch die Shuar etwa haben mitunter im veränderten Bewusstseinszustand Kraftvisionen (*arutam*), bei denen in der Dunkelheit oder an einem heiligen Wasserfall Licht explodiert. [6]

Dann dringt das weiße Licht aus NHs Herzen. Solche Lichtausstrahlungen aus dem Körper bezeichnen die Iglulik-Eskimo als »Blitze« oder »Erleuchtung« und für sie sind sie Teil der schamanischen Initiation.[7] Einer ihrer Schamanen beschreibt sie so:

> *Ich hatte mein* gaumang, *meine Erleuchtung, erreicht, das Schamanenlicht von Hirn und Körper, und zwar so, dass nicht nur ich die Dunkelheit des Lebens durchschauen konnte, sondern ebendieses Licht ging auch von mir aus, unsichtbar für die Menschenwesen, aber sichtbar für alle Geister der Erde, des Himmels und der Meere, und diese kamen nun zu mir und wurden zu meinen helfenden Geistern.*[8]

Das oben beschriebene Licht, das von NHs Herzen ausging, verbindet sich mit dem ihres Schutzgeistes oder dem der Lehrerin. Sie verschmilzt mit ihrer Lehrerin und wird eins mit ihr. Dieses »Verschmelzen mit dem Lehrer« ist ein weiterer klassischer Schritt in der schamanischen Praxis, zum Beispiel bei den sibirischen Stämmen und bei den Tamang in Nepal, deren Schamanen sich in der Oberen Welt mit ihren Lehrern verbinden und im weißen Licht eins mit ihnen werden, wie es Larry Peters beschreibt.[9]

NH fährt fort:

Die Verbindung greift jetzt auch auf unsere Stirnen über. Jetzt ist es gelbes Licht, das zu einem goldgelben festen Stab wird. Das Licht hat sich zwischen meiner Stirn und ihrer verfestigt. Wir werden eins. Grünes Licht umkreist meine Taille und wird zu einer Acht, die ihre Taille mit meiner verbindet und zwischen uns schwebt.

Ihre Hände liegen nicht mehr auf meinen. Jetzt sind wir an den Fingern verbunden. Wir haben einen gemeinsamen Satz Finger, die von meiner zu ihrer Hand gehen. Fingernägel haben wir keine. Wir sind an den Fingerspitzen verbunden. Um unsere Becken ist ein violetter Lichtstreifen. Unsere Beine verschmelzen an den Knien mit einem rosa Licht. Unsere Zehen sind eins geworden.

Goldenes Licht umgibt uns. Wir werden eins. Unsere Körper verschmelzen. Wir sind eins. Wir drehen uns um uns selbst. Wir sind eine Kugel. Die sich dreht. Wir tanzen über eine Landschaft. Lichtfunken stieben aus uns heraus. Wir sind ein Wirbelwind aus Licht. Wir sind wirbelndes Licht. Wir sind ein wirbelndes Licht. Goldenes Licht. Zuckend, Funken sprühend. Wir sind jetzt reine Elektrizität.

Gelbes Licht wird zu einem goldenen Stab, der ihre Stirn mit der ihrer Lehrerin verbindet. Bei den Schamanen der australischen Aborigines sitzt das »starke Auge«, mit dem sie schamanisch sehen, mitten auf der Stirn.[10] Die Verschmelzung mit der Lehrerin geht weiter, indem sie durch eine »Acht« verbunden werden. (Dieses Zeichen für Unendlichkeit erschien vielen Westlern auf Reisen.) Dann wurden sie eins, reine Energie beziehungsweise Kraft.

NH berichtet:

Wir sind mit irgendetwas zusammengestoßen. Wir sind in einen Stein hineingerollt, so etwas wie einen riesigen Granitblock, und haben uns in zwei Hälften gespalten. Ich bin ein Stück reines Gold. Habe die Form eines goldenen Steins. Auch sie hat die Gestalt eines goldenen Steins. Ich bin ein Stück solides Goldgestein. Ich bin aus Gold. Ich habe die Form von Gold. Meine menschliche Gestalt ist weg.

Ich frage mich, ob ich meine menschliche Gestalt je zurückbekommen werde, und das macht mir Angst, denn aus Gold zu sein ist ja wie gelähmt zu sein.

Aus der anderen Hälfte des Goldes kommt eine Hand hervor. Sie greift nach mir. Auch von mir ragt ein Arm aus dem Gold. Wieder halten wir einander an den Händen. Meine Rechte in ihrer Linken. Sie tritt aus ihrer Hälfte der Goldkugel heraus. Jetzt sehe ich sie wieder.

Sie versucht, mich herauszuziehen. Das ist gar nicht so einfach. Nur meine Arme ragen heraus. Ich bin ein Skelett. Ein Skelett aus violett scheinendem Licht. Mein Skelett ist aus Amethyst. Mehr ist nicht von mir.

NH wird zum Skelett, erst einem aus Licht, dann aus Amethyst, einem Bergkristall. »Mehr ist nicht von mir«, sagt sie. Zum Skelett zu werden, ist eine der am weitesten verbreiteten schamanischen Initiationserfahrungen, das in allen Einzelheiten nicht nur von den sibirischen Völkern beschrieben wird, sondern auch von den Eskimo und in Australien.

NH fährt fort:

In meinen Augenhöhlen sind zwei Smaragde. Ich werde geheilt. Von Grund auf. Aus der tiefsten Tiefe. Bis auf die Knochen. Wo sonst mein drittes Auge wäre, ist ein Diamant, ein geschliffener Diamant. Seine Facetten senden Licht aus. Ich bin ein Amethyst-Skelett mit zwei Smaragden in den Augenhöhlen und einem geschliffenen Diamanten an der Stelle meines dritten Auges. Das bin ich gerade. Just in diesem Augenblick.

Sie bekommt Smaragde und einen Diamanten in den Kopf, was eine weitere kulturübergreifende Initiationserfahrung, die des Kraftempfangs, darstellt. Auch bei den südamerikanischen Cobeuo-Indianern »führt (der Schamane) Bergkristalle in den Kopf des Novizen ein; diese … nehmen dann den Platz der Organe ein und werden zu seiner ›Stärke‹«.[11]

In vielen schamanischen Kulturen ist bekannt, dass die Kraft der Steine (gewöhnlich die von Bergkristallen) dem Schamanen beim Sehen hilft.[12] Bei den australischen Wiradjuri zum Beispiel wurde Wasser getrunken, in dem Bergkristalle gelegen hatten, um einem das »Gespenster«- (beziehungsweise Geister-)Sehen« zu ermöglichen.[13] Wenn die Aborigines in die Obere Welt reisten, »sang« ihnen der Lehrer Baiame einen Bergkristall in die Stirn, damit sie »direkt in die Dinge hineinsehen« konnten.[14]

Weiter sagt NH:

Meine Lehrerin sieht jetzt wieder aus wie am Anfang, als ich sie zum ersten Mal gesehen habe. Ich aber sehe aus wie irgendwas aus dem Weltall. Ich habe kein Fleisch. Eine Flüssigkeit regnet auf mich herab. Eine Art flüssiges Gold ergießt sich auf mein Skelett. Es wird zu Blutgefäßen. Ich sehe mein Herz. Es ist golden. Jetzt bekomme ich Venen, und sie sind aus flüssigem Gold. Und mein Herz ist golden.

Flüssiges Gold dringt in sie ein, es wird zu Arterien, Venen und Herz. Das erinnert an Berichte über schamanische Reisen der sibirischen Jakuten, aus denen hervorgeht, dass der angehende Schamane neues Blut erhält, nachdem er auf ein Skelett reduziert worden ist.[15]

NH fährt fort:

Ich bin ein Amethyst-Skelett mit Smaragdaugen und einem geschliffenen Diamanten in der Stirn. Jetzt habe ich auch ein goldenes Herz mit Arterien und Venen aus Gold. Irgendwo entsteht eine Leber für mich. Sie besteht aus ... es sieht aus wie Rubin. Wie flüssiger Rubin. Ich sehe Hände, die sie an die Stelle legen, an der meine Leber sein sollte.

Da ist sie. Jetzt geben mir die Hände noch andere Organe. Das geht so schnell, dass ich kaum mitbekomme, welche. Jetzt ist da meine Milz – wie flüssiger Saphir.

Ich bestehe, glaube ich, aus Steinen. Das ist seltsam. Diese Steine sind spirituelle Helfer für meinen Körper. Diese Steine heilen mich. Mein Körper wird geheilt.

Sie empfängt neue Organe in Form heilender Steine, also Kraftsteine. Das entspricht der schamanischen Initiation bei den Anmatyerre in Australien, die dem Aspiranten *atnonqara*-Steine in den Körper pflanzen, um ihn mit neuen inneren Organen zu versorgen.[16] Eine ähnliche Initiationserfahrung wird auch vom Stamm der Binbinga berichtet.[17]

NH fährt fort:

Fleisch kommt herein. Es ist Fleisch. Neues Fleisch. Muskeln habe ich jetzt auch. Sie sind stark. Es sind starke neue Muskeln. Das Fleisch ist neu. Mein Haar ist neu. Die Zähne sind neu. Ich werde auf Zellebene geheilt. Von Edelsteinen.

Ich erkenne mich immer noch nicht wieder. Hab fast das Gefühl, ich hätte Flügel, als wäre ich ein Engel. Ich fühle mich, als wäre ich gestorben.

Dieses Empfangen von neuem Fleisch ist typisch für die Zerstückelung von Stammesschamanen. Die Heilung wird damit abgeschlossen, dass die Reisende einen vollkommen neuen Körper bekommt. Wissenschaftler sehen darin im Allgemeinen ein Symbol für den Tod des Betreffenden und die anschließende Wiedergeburt als Schamane oder Schamanin. Und NH sagt ja wirklich: »Ich fühle mich, als wäre ich gestorben.« Ganz ähnlich wie es in dem bereits zitierten Bericht eines Westlers ausgedrückt wurde, der das Gefühl hatte, gestorben und dann wiedergekommen zu sein.

NH sagt weiter:

Ich bin ein Engel. Ich habe Flügel. Goldene Flügel. Ich trage eine weiße Robe. Und aus meinem Kopf kommt ein goldenes Licht.

Auch dies spiegelt die Erfahrungen von Schamanen in anderen Kulturen wider. Bei den australischen Wiradjuri etwa wachsen dem Reisenden Flügel, nachdem ihm Baiame in der Oberen Welt Bergkristallwasser gegeben hat.[18]

Wie Eliade bemerkt, ist »das Wachsen von Flügeln als Ergebnis einer mystischen Initiation ein wohlbekanntes Motiv, das man auch in den höher entwickelten Religionen findet. Die Taoisten zum Beispiel glauben, dass jemandem Federn am Körper wachsen, wenn er das Tao empfängt«.[19]

NH fährt fort:

Meine Lehrerin berührt mich mit den Händen. Ich kehre in meine menschliche Gestalt zurück. Ich knie. Sie sagt: »Du hast jetzt einen neuen Körper. Und du wirst wissen, wie du ihn pfleglich behandelst.«

Meine Gesundheit ist wiederhergestellt. Die Steine haben mich geheilt. [Sie singt.] Ein goldener Stab aus Lichtern dringt durch den Kopf in mich ein und kommt an den Zehen beider Füße heraus. Er bringt ein summendes Geräusch hervor.

Das Verständnis, ihren Körper pfleglich zu behandeln, ist vermutlich ein Ergebnis der Kraft und des Wissens, die ihr zuteilwurden. Die Reisende sagt selbst: »Meine Gesundheit ist wiederhergestellt.« In tiefer Ekstase singt sie und ist sich bewusst, dass ihr Körper jetzt frei ist von Krankheiten.

Wie diejenigen unter uns, die es erlebt haben, wissen, stellen Zerstückelung und Wiederherstellung eine Heilung dar, bei der der Reisende spirituell einen neuen Körper erhält, der frei ist von Krankheit und Schmerz, was sich auch in der alltäglichen Wirklichkeit positiv auf die Gesundheit auswirkt.

NH setzt fort:

Jetzt lege ich mich hin. Meine Lehrerin setzt sich neben mich. An meinen Füßen sehe ich grüne Gestalten. Ich weiß nicht, ob es sich bei ihnen um echte Personen handelt oder ob es vielleicht ägyptische Mumien sind. Menschlich sehen sie eigentlich nicht aus. Nur die in der Mitte. Ich glaube, sie hat eine Botschaft für mich. Auf einem Tablett reicht sie mir etwas. Eine Kugel. Eine Glaskugel.

Sie sagt: »Sie ist mit Licht und Energie gefüllt. Es ist genau die Energie, die du brauchen wirst.«

»Danke. Danke.«

Es ist ein Geschenk. Ein Geschenk von einem sehr alten Wesen. So ein wichtiges Geschenk. Drei Menschen waren nötig, um es mir zu übergeben – einer, der die Energie bereithielt, und die beiden anderen waren irgendwie dabei behilflich und haben sie beschützt. Es ist ein großartiges, wunderbares Geschenk. Ich bin sehr dankbar dafür.

Ich weiß gar nicht, was ich sagen soll. »Danke.«

Es war ein Geschenk der Kraft. Sie bekam eine »mit Licht und Energie gefüllte« Glaskugel. Dass sie von »Glas« spricht statt von »Kristall«, bedeutet, dass sie etwas sieht, was sie nicht recht versteht. Die Kugel aus Bergkristall, die ursprünglich aus einem großen Kristall stammt, ist ein unmittelbarer Abkömmling des Bergkristalls des Schamanen, der Licht und Kraft repräsentiert. Für viele Stammesschamanen, zum Beispiel am oberen Amazonas und unter den australischen Aborigines, galt der Bergkristall als das Kraftobjekt schlechthin.[20]

NH weiter:

»Danke« reicht bei Weitem nicht aus. Ein violettes Licht strömt wie Lichtstäbchen aus meiner Schulter.

Jetzt werde ich von der Trommel zurückgerufen. Meine Lehrerin hilft mir auf. Wir umarmen einander. Ich bedanke mich bei ihr.

Ich gehe zurück. Sie ist hinter mir, aber ich weiß nicht, ob sie mitkommt. Ich treibe abwärts. Treibe abwärts. Auch Rosenblätter treiben abwärts. Jetzt bin ich zurück und sitze auf dem Plateau.

Das war eine höchst emotionale Reise. Im Anschluss sagte NH darüber:

> *Ich hatte gefragt, wie ich meinen Gesundheitszustand optimieren könnte, und wurde verändert, energetisiert, wurde erst zu reiner Energie und dann zu Metall. Ich hatte das Gefühl, wirklich aus Metall zu sein. Dann*

wurde ich vom Skelett aus neu aufgebaut und bekam Hilfe aus dem Reich der Mineralien und Steine. Ich wurde wiederhergestellt und bekam die Energie, die ich brauchte. Und ich erfuhr, dass ich wissen würde, wie ich mich bestmöglich um mich kümmern kann. So oft in immer wieder andere Formen verändert zu werden, hat mich etwas überwältigt. Aber ich habe das Gefühl, dass meine Frage beantwortet wurde, und zwar umfassender, als ich erwartet hatte.

Manchmal hatte ich Angst. Einfach, weil ich viele Gestalten annahm, die so ganz anders waren als die gewohnten. Als ich erst aus Metall war und dann das Skelett, fürchtete ein Teil von mir, dass ich den Rest meines Körpers vielleicht nie zurückkriegen würde. Auch als ich schon ein Engel war, wusste ich noch nicht, ob ich meinen Körper zurückbekommen würde. Mir war oft bange angesichts dessen, was mit mir geschah – diese vielen Energieveränderungen. Es dauert, glaube ich, noch ein bisschen, bis ich das alles verdaut und integriert haben werde. [Meine Lehrerin] hat mir nicht verraten, dass ich geheilt beziehungsweise wiederhergestellt würde. Gar nichts hat sie mir gesagt. Ich wusste nicht das Geringste. Es fing einfach an. Das hat mich ziemlich mitgenommen.

Ich glaube, ich hatte das Gefühl, gestorben zu sein.

Als ich zurückkam, hatte ich erst einmal Angst, weil ich mich fragte, ob ich meine Kinder noch erkennen würde. Überhaupt irgendjemanden von früher. Aber das legt sich mit der Zeit, da bin ich mir ganz sicher. Bestimmt erkenne ich alle wieder. Aber ich fühle mich immer noch wie neu. Ich bin neu erschaffen, statt aber wieder ich zu werden, wurde ich erst einmal zu einem Engel. Schließlich hatte ich wieder einen Körper, aber es war der eines Engels. Da wusste ich, dass ich noch nicht zurück war. Dann berührte mich meine Lehrerin an der Wange, und ich kehrte in mich zurück. Sie war mir dabei behilflich. Ich erfuhr, dass mein Körper jetzt neu war und dass ich wissen würde, wie ich ihn pfleglich zu behandeln habe. Das war, als hätte ich eine zweite Chance bekommen.[21]

»Eine zweite Chance« heißt mit anderen Worten, dass sie ein neues Leben begonnen beziehungsweise eine Initiationserfahrung durchgemacht hat. Sie war von Grund auf neu aufgebaut worden: wiederaufgerichtet, wiedererstanden, mit neuen Gliedmaßen versehen (*remembered*) worden – alle diese Ausdrücke sind treffend.

Ein wichtiger Grund, warum Schamanen in dieser Zerstückelung und Wiederzusammensetzung (*dismemberment-rememberment*) einen so entscheidenden, ja sogar initiatorischen Vorgang sehen, ist, dass sie einen nicht nur mit neuer Kraft wiederauferstehen lässt, sondern dass sie auch die Sicht des Schamanen darauf, was Wirklichkeit ist, radikal verändern und erweitern kann. Durch diese Erfahrung wird viel von der persönlichen Geschichte des schamanisch Reisenden in der Alltagswelt ausgelöscht. Und das ist wichtig, um sich des Einsseins mit der nichtalltäglichen Wirklichkeit erinnern (*remember*) zu können.

Betrachten wir zum Vergleich den Fall eines Mannes namens Ilpailurkna, eines Angehörigen des australischen Stammes der Anmatyerre. Wie die Frau aus dem Westen, deren Erfahrungen wir soeben kennengelernt haben, erlebte auch er zunächst eine Zerstückelung und dann die Wiederherstellung mithilfe von Steinen, die an die Stelle seiner inneren Organe traten. Als er aus dem veränderten Bewusstseinszustand zurückkehrte, hatte er keine Ahnung, wo er sich befand.

> *Ilpailurkna hatte vollkommen vergessen, wer er war, und auch sein gesamtes bisheriges Leben. Nach einiger Zeit führte ihn der alte Mann [sein Mentor in der alltäglichen Wirklichkeit] zu seinem Zelt zurück und zeigte es ihm. Auch sagte er ihm, dass es sich bei der Frau dort um seine lubra handelte, denn auch an sie erinnerte er sich nicht mehr. Zusammen mit seinem merkwürdigen Verhalten zeigte seine Rückkehr den anderen Eingeborenen sofort, dass er zum Medizinmann gemacht worden war.*[22]

Obwohl NH, unsere westliche Reisende, vor ihrer eigenen Erfahrung nie etwas von der schamanischen Zerstückelung gehört hatte, sagte sie bei ihrer Rückkehr: »… hatte ich erst einmal Angst, weil ich mich fragte, ob ich meine Kinder noch erkennen würde. Überhaupt noch irgendjemanden von früher.« Das entspricht fast eins zu eins dem Bericht über Ilpailurknas Erlebnis. Zwar fürchtete sie zunächst, nach der Rückkehr von ihrer Reise niemanden mehr zu kennen, stellte aber bald darauf fest, dass diese Sorge unbegründet war. Diese Beispiele – die Frau aus dem Westen und der australische Aborigine – zeigen, dass das Zerstückelungserlebnis viel mehr ist als das einfache Ersetzen von Körperteilen. Denn das *Remembering* der Organe, zu denen auch das Hirn und das Herz gehören, stellt zugleich ein Erwachen aus der egozentrischen Beschäftigung mit der eigenen Geschichte in der alltäglichen Wirklichkeit und des Rückbesinnens auf oder des Neuverbindens mit einer sehr alten und heiligen Erinnerung dar.

Remembering, Dismembering und Einssein

Was ist dieses *Remembering* eigentlich? Es ist *eine* Erinnerung und doch viele. Es ist die Traumzeit. Die mythische Wirklichkeit. Es ist die Realität, in der es keine Zeit gibt. Die Erinnerung an die Einheit mit dem Universum, die bestand, bevor wir durch Empfängnis und Geburt individuell in diese alltägliche Wirklichkeit geworfen wurden. Es ist die Erinnerung an das kosmische Bewusstsein, aus dem wir kamen und in das wir zurückkehren werden. Neben der neuen Kraft, die daraus resultiert, besteht ein wichtiges, unerwartetes Geschenk des Zerstückelt-und-wieder-zusammengesetzt-Werdens in der wenn auch nur kurzen Erfahrung der Zerschlagung oder eben Zerstückelung unseres Alltagsbewusstseins und der Neuzusammensetzung nicht nur des Körpers, sondern auch des Geistes, der Rückbesinnung auf unsere Verbundenheit mit dem Unendlichen, dem Unbeschreiblichen, dem gesamten Universum.

Weil es Einssein ist, hat dieses *Remembering* keine bestimmenden Charakteristika, keine, die es definieren könnten; daher ist es unbeschreiblich und undefinierbar. Nicht einmal die klassischen Geschichten über dieses heilige Einssein in den Legenden der großen Religionen können diese Erfahrungen der tiefen ekstatischen Verbundenheit vermitteln, denn es handelt sich dabei um unaussprechliche Erfahrungen, die auszudrücken Worte zu schwach sind.

Dass Ethnografen und andere westliche Beobachter von Schamanen so gut wie keine Informationen über derartige Erlebnisse bekommen haben, kann nicht überraschen. Es gibt aber auch nur wenige Hinweise darauf, dass sie solche unaussprechlichen Erfahrungen bei »primitiven« Völkern überhaupt für möglich gehalten haben. Eine große Ausnahme bildete, wie bereits erwähnt, Knud Rasmussen, halb Eskimo, Ethnograf (und wahrscheinlich selbst Schamane).[23]

Als im Grunde unbeschreibliche Erfahrung wurde die tiefe Ekstase, die die Zerstückelung begleitet, gegenüber Wissenschaftlern äußerst selten erwähnt und ist deshalb auch kaum dokumentiert. Im Gegensatz dazu ließen sich die leicht beschreibbaren Details der berichteten Zerstückelungen ohne Weiteres aufzeichnen und fanden so Eingang in die westliche ethnografische Literatur.

Deshalb ist es verständlich, dass viele westliche Gelehrte den voreiligen Schluss gezogen haben, Schamanen wären auf eher »unappetitliche« Erfahrungen beschränkt und in ihrer spirituellen Arbeit weniger weit »entwickelt« als die Anhänger der großen geistlichen Lehren Europas und Asiens.

Aber auch westliche Reisende tun sich schwer, wenn sie gebeten werden, ihre emotionalen Erfahrungen bei der Zerstückelung zu beschreiben. Einer von ihnen sagte zum Beispiel: »Es ist, glaube ich, das, was wir Liebe nennen … Es scheint dort keine unabhängige Intelligenz zu geben, keine Trennung … Es ist eine ungeheuer große Präsenz, die einfach ist. [Weint, schluchzt.] Es fühlt sich wie nichts an, ist aber alles. Ich versuche es zu beschreiben, aber im Grunde habe ich keine Worte dafür.[24]

Eine andere Form der Zerstückelung: die absichtliche

Gerade in den ersten Jahren meiner Lehrtätigkeit kam es auf den Reisen meiner Studenten in die Obere oder Untere Welt häufig spontan zu Zerstückelungserfahrungen, ohne dass ich diese Möglichkeit je erwähnt hätte. Doch in dem Maße, in dem sich die Studenten angesichts ihrer unerwarteten, tief greifenden Zerstückelungserfahrungen in der Oberen und Unteren Welt immer begeisterter zeigten, beschloss ich herauszufinden, ob Fortgeschrittene sie auch absichtlich herbeiführen konnten. Dies gelang, und einige Beispiele werde ich später geben.

Einer zweckgerichteten Reise mit dem Ziel, zerstückelt zu werden, sollte eine gründliche Ausbildung in fortgeschrittenem Schamanismus vorangehen, denn es handelt sich dabei um eine wichtige Initiation. Auf keinen Fall sollte sie lediglich auf der Basis dieses Buches versucht werden. Schamanische Reisen, bei denen es gezielt um das Zerstückeltwerden geht, sind, wie ich in diesem Buch darlege, Teil einer sorgfältig aufgebauten Folge von Initiationen. Sie sind von mir strategisch für Studenten geplant, von denen ich mich überzeugt habe, dass sie für die nächste Stufe bereit sind.

Ich möchte betonen, dass die Übung des Aufstiegs in die Obere Welt mit dem Ziel, zerstückelt zu werden und wieder zurückzukommen, nicht aus der Literatur der vergleichenden Religionswissenschaften stammt, sondern sich unmittelbar aus dem empirischen Ansatz des Core-Schamanismus ergibt. Rückblickend kann ich heute sagen, dass diese einfache und grundlegende Übung der Foundation for Shamanic Studies an die fortgeschrittenste Chöd-Praxis tibetischer Lamas erinnert; allerdings weiß ich nicht, ob und wieweit einige von ihnen dabei überhaupt aus der Mittleren Welt hinausgehen. Die Ziele und Rituale der Chöd-Praxis sind komplex und werden durch örtliche spirituelle und religiöse Unterschiede kompliziert; so folgen etwa Dorfschamanen einem anderen Ansatz als die Lamas.

Für die Dorfschamanen der Tamang in Nepal, die sprachlich und kulturell Tibeter sind, gehört die Chöd-Zerstückelung zu den Methoden des Heilens einer Gemeinschaft und findet in der Mittleren Welt statt. Die Absicht des Schamanen besteht darin, den Schmutz, der sich an bestimmten Stellen seines Dorfes sammelt, in seinen eigenen Körper zu ziehen. Danach lädt er die lokalen Geister, die sich von lebenden Angehörigen der Gemeinschaft ernähren und damit Krankheiten verursachen, ein, in seinen Körper einzutreten, um sich stattdessen den Schamanen einverleiben und die Verschmutzung aufzunehmen. Dadurch, dass sich die Schamanen bei dieser besonderen Form der Zerstückelung aufessen lassen, stillen sie den Hunger der Geister und bewirken zugleich die Beseitigung der Verschmutzungen in der Gemeinschaft. Im Anschluss an diese Zerstückelung verschmelzen die Schamanen oft mit einem Geist; abschließend kommt es manchmal zu einem grenzenlosen Einssein.[25]

Nach W. Y. Evans-Wentz war die fortgeschrittene Form der Chöd-Zerstückelung eine geheime Technik tibetischer Lamas, um die heilige Vereinigung zu erreichen.[26] Bereits als Initianden lernen die Lamas, die auf eine Zerstückelung aus sind, dieses mit Egoverlust verbundene mutmaßlich unendliche Einssein anzustreben; und schon allein deshalb ist es schwer zu sagen, ob ihre späteren Erfahrungen unabhängig von ihrer vorherigen Programmierung sind.

Ihre Zerstückelungsübungen unterscheiden sich offensichtlich von denen, die ich für die Foundation entwickelt habe, denn erst nach Jahren des Unterrichtens begann ich, meinen Studenten die Möglichkeit unbegrenzten Einsseins anzubieten. Die Übung der Zerstückelungsreise, die ich schließlich entwickelte, steht im Einklang mit den Prinzipien und der Praxis des Core-Schamanismus; sie ist daher von keinen kulturspezifischen Traditionen oder Erwartungen belastet. Sie kommt ohne große Anleitungen aus, sodass Reisende ganz unabhängig ihre eigenen Entdeckungen machen können.

Es folgen jetzt einige Berichte von Zerstückelungsreisen in die Obere Welt.

Das gesamte Universum erfahren

Ich bat meine liebevollen, mitfühlenden Geisthelfer, mich in die Obere Welt zu bringen, um zerstückelt zu werden.

Ich ging durch einen Tunnel in die Obere Welt und wurde am Ende in die Sonne geworfen – es war wie ein langsames Verbrennen, bei dem mein Körper Schicht für Schicht abschmolz. In der Sonne verschmolz ich erst zu Asche, dann zu ganz feinen Partikeln. Die Partikel wollten sich mit den anderen verbinden und durften das auch. Dann trat ich in einen Zustand des Träumens ein. Der ganze Traum und ich wurden erneut in die Sonne geworfen, und das langsame Verbrennen wiederholte sich. Mein Traum und ich verwandelten uns in Asche und Partikel; dann geriet ich wieder in einen träumerischen Zustand; und sobald ich zu träumen begann, wurden der ganze Traum und ich ein weiteres Mal in die Sonne geworfen. Dieser Zyklus wiederholte sich mehrfach.

Als das Rückholsignal kam, war ich in meiner Ganzheit von Raum erfüllt. Es war, als wäre mein Körper eine Hülse, die das gesamte Universum enthielt. Ich war vollständig hohl und leer (kein Körper mit Organen und Knochen), und doch vom ganzen Universum erfüllt. Ich fühlte mich wie eine Hülse mit einem Fenster, durch das ich das ganze Universum sehen und es erleben konnte.

Als ich nach der Zerstückelung im Freien war, hatte ich den Eindruck, dass die Pflanzen im Garten genauso waren wie ich – Hülsen, die das gesamte Universum in sich bargen. Das war sehr schön.[27]

»Das gesamte Universum war in meinem Körper enthalten«

... die vier, die die Zerstückelung verrichtet hatten (Elefant, Merlin, Der Alte Mönch und der Silberne), nahmen den Rest von mir, der wie ein dünner, durchsichtiger Faden aussah, und dehnten ihn in alle vier Himmelsrichtungen aus. Sie zogen und zogen, von der Mitte ausgehend immer weiter nach außen, über die Erde hinaus, an der Sonne und den Planeten vorbei, den Sternen und Galaxien bis hin in die entferntesten Bereiche des Universums. Als sie die Grenzen erreicht hatten, wurde der ursprüngliche Faden (wie ein extrem dünnes Spinnennetz) plötzlich zur äußeren Grenzlinie des Universums. Zur gleichen Zeit wurde ich wieder ich, wie bei einer plötzlichen Zusammensetzung, aber jetzt war das gesamte Universum in meinem Körper enthalten. Ich hatte nur wenig Zeit, diese neue Form des Einsseins mit dem Universum zu erleben, denn das Rückholsignal kam gleich.

Das war vielleicht eine Erfahrung, das gesamte Universum in meinem Körper zu haben! Sterne und Galaxien, Mäuse und Schlangen, Insekten und Vögel, Bäume und Blumen, Berge und Flüsse – also Dinge, die man normalerweise als voneinander getrennt erlebt – sind jetzt auf höchst intime Weise ein Teil von mir.[28]

Die universelle Lebenskraft – wir sind eins

Bevor ich zu dieser Reise aufbrach, vergegenwärtigte ich mir meine Absicht immer wieder und bat die mitfühlenden Geister, mich zu zerstückeln. Ich reiste in die Obere Welt und schnell zu Celeste, meiner Planetenlehrerin; viele Male kreiste ich in ihrem Bereich umher und verließ ihren Ring schließlich wieder. Dann umkreiste ich die Erdatmosphäre und sah all die schönen Lebewesen; dann wurde ich hoch, hoch, ganz hinauf gebracht in die Weiten des Weltalls ... an Sternen, Galaxien und Lichtenergien vorbei. Mein Körper, wie er zu der Zeit noch war, wurde kalt, und alle seine Bestandteile – jedes bisschen, bis hinab zu den Zellen – wurden zu einer gefrorenen festen Masse ... ein großer Eiswürfel im Weltall. Das war der Anfang der Zerstörung, der

Zerstückelung: Alle Zellverbindungen froren ein. Dann raste von Weitem eine heiße, lichte Kugel auf mich zu, eine Supernova; als sie näher kam (aber immer noch weit entfernt war), begann ich langsam zu schmelzen – tropf, tropf, tropf –, wie auf einem Bild von Salvador Dalí. Und dann, als die Supernova immer näher kam, wurde ich aufgrund ihrer enormen Hitze in meiner Gesamtheit geschmolzen, und »ich« als »ich« war weg ... ins Universum eingeschmolzen ... kleine Tröpfchen (Stückchen) eines geschmolzenen Wesens ... aufgelöst in der Weite des Universums. Ich war eins mit den himmlischen Wesen und der Natur der Oberen Welt. Ich verbrachte eine lange Zeit damit, mit dieser Energie und dem Rhythmus zu verschmelzen, und die Geister sagten, ich solle sie einfach aufsaugen. Sie zeigten mir verschiedene Lichtenergien – violette und gelbe – und brachten mich zur Erde, damit ich mit verschiedenen Tieren, Pflanzen und Gewässern verschmelzen konnte. Ich fragte, ob es bestimmte Teile von mir gebe, die verändert werden müssten ... und sie sagten: nein, keine bestimmten Teile, sondern eine generelle Verlagerung der Energie ... hin zu »Herz« und »Licht«.

In den äußeren Sphären des Universums setzten sie mich wieder zusammen ... und ich konnte meine ganze Muskulatur körperlich spüren, vom Kopf bis zu den Zehenspitzen – sie wurde wieder zu einer Einheit – von unglaublicher Stärke und Friedfertigkeit. Eine Weile existierte ich in dieser Form im Universum (und dachte dabei, dass ich wieder vollständig zusammengesetzt würde). Während ich so dalag, geschah mehreres zugleich. Sternenstaub ergoss sich auf meinen Körper und wurde durch die Haut aufgenommen ... wieder tauchten Lichtenergien auf (violett und gelb) ... und mit dem allem verschmolz ich einfach.

Dann pochte es plötzlich in meiner Brust, und zwar sehr real und sehr physisch. Sie sagten, sie würden mir den Herzschlag des Universums schenken – und dass ich in dieser Hinsicht nie mehr (vom Universum) getrennt sein würde. Für mich bestand die Lektion darin, mich von der Vorstellung meines Getrenntseins zu verabschieden. Der Herzschlag, den sie mir schenkten, war/ist der Herzschlag des Universums, und jetzt ist dieser Herzschlag (meiner und der des Universums) ein und derselbe. Jetzt, wieder in meinem Körper, würde diese Verbundenheit mit der universellen Lebenskraft immer bestehen bleiben – wir sind eins.

Dieser Herzschlag gibt mir das Leben in dieser Form – in dieser Wirklichkeit bin ich Individuum der empfundenen Isolation –, aber ich sollte nie vergessen, dass der Herzschlag in diesem meinem Körper der Herzschlag des Universums ist. Er verbindet mich mit allen Dingen. Es ist der direkte Draht zur Welt der Spirits. Das möge ich nie vergessen, verleugnen oder mich davor verstecken. Durch das Pochen in meiner Brust ist mir diese Verbundenheit sehr gegenwärtig (so, als hätte sie schon immer existiert; es ist ein Wieder-Erwachen ... ein Wieder-Erinnern *(re-remembering)* ... ein wahres Geschenk der Geister. Körper-Seele-Geist sind jetzt bewusst verbunden – und das wird nie mehr vergessen. Es ist erlebt worden.

Ich kam auf der Supernova zur Erde zurück, taumelte durch die Atmosphäre und zu meinem Baum. Ich landete in meinem Nest – und wurde dort gehalten.[29]

Das Mitgefühl des Universums als unwiderstehliche Kraft

Kaum hatte ich meine Absicht, um eine Zerstückelung zu bitten, erklärt, packte mich das Adler-Weibchen mit den Klauen. Es flog mit mir in sein Nest, zog mir das Fleisch von den Knochen, verzehrte mich und erbrach mich in die Schnäbel seiner Jungen. Ich wurde von den Küken verdaut und Teil ihrer Zellen, als sie heranwuchsen und das Nest verließen. Über Felsen schieden sie mich aus. Als es regnete, verflüssigte ich mich, und ich wurde zu Erde.

Ich reiste durch feine Haarwurzeln von Bäumen, in die Höhe, die Stämme hinauf, in die Zweige und Blätter. Dort verdunstete ich in den Himmel. Verfestigte mich als Dunst zu Wolken. Wurde vom Wind dahingetrieben, wurde dick, platzte und wurde Regen. Aus dem Regen wurden Bäche, Flüsse und ein großer See mit Booten darauf.

Ich bin das Wasser. Bin die Welle hinter dem Boot, stürme wütend dahin, fliege in die Luft. Ich fließe über einen Damm und dann noch einmal in einen Fluss. Ich bewege mich vorwärts und werde zum Wasser in den Aufbereitungsanlagen, das die Menschen versorgt. Ich fließe aus dem Hahn in ein Glas. Werde von einem Menschen getrunken. Ich bewege mich durch seinen ganzen Körper und werde dann als Urin ausgeschieden. Ich verschmelze mit anderem Wasser und werde weggespült, in eine weitere Aufbereitungsanlage und dann in den Ozean. Ich bin die Gischt des Meeres, die von den Wellen in die Luft gespritzt wird. Ich bin ein winziges Molekül. Ich treibe aufwärts und werde zu den Eiskristallen eines Jetstreams. Ich treibe, verschmelze, steige hinauf, bis jenseits der Grenzen unserer Galaxie. Ich schwebe in die Stille.

Ich sehe einen großen implodierenden Nebel und werde von seiner Kraft aufgesogen. Zurückgespien werde ich als Millionen meinesgleichen, die im Universum dahintreiben. Erneut sammle ich mich in einem winzigen Tropfen, und das Adler-Weibchen erscheint, nimmt ihn in den Schnabel und fliegt mit mir zur Sonne.

Ich verdunste zu Wasserdampf. Mit einem Flügelschlag sammelt das Adler-Weibchen alle meine Teilchen auf und ich werde zu einem Kristall mit vielen Facetten. Es bringt mich wieder in sein Nest. Auf dem Boden darunter liegt ein Abbild meines menschlichen Ichs, wie eine aufblasbare Gummipuppe, aus der die Luft entwichen ist. Das Adler-Weibchen nimmt mein Kristall-Ich hoch und legt es auf den Solarplexus meines platten Ichs.

Daraufhin blase ich mich auf und nehme wieder menschliche Gestalt an. Der Kristall befindet sich jetzt in meinem Inneren.

Das Adler-Weibchen sagt: »Du warst eins mit dem Universum, und jetzt ist das Universum in dir.« Ich danke ihm für dieses wunderschöne Geschenk und die ganze Reise.

Dann höre ich das Rückholsignal und komme in die alltägliche Wirklichkeit zurück.[30]

Auf der Suche nach der kosmischen Einheit ohne Zerstückelung

Die folgenden beiden Berichte sind von Westlern, die aufgefordert wurden, sich in der Oberen Welt um das kosmische Einssein zu bemühen. Die Zerstückelung wurde nicht erwähnt. Einer von ihnen machte gleich mehrere Einheitserfahrungen. Der andere erlebte vermutlich Ähnliches, allerdings erst nach einer unverhofften Zerstückelung gegen Ende seines Aufstiegs.

Eine unwiderstehliche Kraft

Allein die Idee dieser Reise finde ich höchst erstaunlich. Ich kam mit den verblüffendsten Erfahrungen zurück und kann sie kaum in Worte fassen. Wovon ich berichten kann, sind die Geschehnisse dieser Reise; was sich jedoch nicht ausdrücken lässt, ist die Wirkung, die sie auf mich hatte.

Am Anfang sah ich zwei vom Aussterben bedrohte Tierarten, die mir sehr am Herzen liegen – den Eisbären und den Schneeleoparden. Da wurde mir klar, dass ich sie in Wahrheit nie verlieren werde, weil ich ja ihre Geister immer besuchen kann. Dann dämmerte mir, dass ich eins mit ihnen bin; und dann, dass ich sie bin. Als Nächstes sah ich eine Freundin von mir, die schwer depressiv ist. Dass ich mich so um sie sorgte, wurde mir klar, liegt zum Teil daran, dass ich hier, während ich mich der kosmischen Vereinigung nähere, sie bin.

Nach diesen Begegnungen, die sich noch ziemlich in der Nähe meines Hauses ereigneten, reiste ich ganz weit weg. Am Himmel sah ich einen intensiv goldenen Flecken, so wie einen goldenen Sonnenuntergang, umgeben von dunklen Wolken. Ich tauchte darin ein und war von goldenem Licht umgeben und erreichte das Ende des Kosmos, wie mir schien, obwohl das eigentlich ein Widerspruch in sich ist. Hier gab es nichts als reines Mitgefühl. Es umgab mich und durchdrang mich. Ich wurde davon überwältigt, wie sehr ich mich um alles sorgte. Ich erlebte das Mitgefühl des Universums als eine unwiderstehliche Kraft, die sich fortwährend zum Ausdruck bringen muss.

Ich habe das Gefühl, dass sich meine Existenz als schamanisch Praktizierender am besten als ein großer Flaschenhals beschreiben lässt, durch den nur das kleinste, subatomare Teilchen dessen, was »da draußen« ist, zum Ausdruck gebracht werden kann.[31]

Es war nichts und alles zusammen

Die Reisende, die den folgenden Bericht verfasst hat, befand sich noch nicht in der Oberen Welt (sondern noch im Universum der Astronomen) und tauchte dann in das Wurmloch einer Galaxie ein.

Ich verließ den vorgesehenen Startplatz und ging hinaus, am Himmel und an den Sternen und anderen Planeten und anderen Zeiten und anderen Orten vorbei. An einem Punkt kam ich am Wurmloch irgendeiner Galaxie vorbei. Ich war weit gereist und hatte Kulturen und Planeten und Farben und Wesen gesehen, die ich alle schon im Zusammenhang mit anderen Reisen beschrieben habe und die ich deshalb hier nicht wiederholen möchte.

Als ich an diesem Wurmloch vorbei war, wusste ich: Das ist der Ort, und drehte mich um und tauchte hindurch. In diesem Moment wusste ich nicht, welches Ende oben war oder welcher Weg vorwärts beziehungsweise zurückführte. Ich fühlte mich so, wie sich Alice im Wunderland gefühlt haben muss, als sie durch den Spiegel trat.

Ich stieg hinunter, immer tiefer. Ich kam durch Dinge, die so groß und komplex waren wie Planeten und Galaxien, die schon vor langer Zeit in diesen Strudel hineingeraten waren. Ich drang in sie und in die Dinge ein, die sich darin befanden.

Ich ging in Planeten hinein und sah, dass sie aus allerlei Dingen bestanden. Nicht nur aus erdartigen Materialien wie Felsen und Wasser, sondern auch aus Gasen und Mineralien und Dingen, von denen ich mir nie vorgestellt hätte, dass sie darin leben könnten. Da waren große und kleine Wesen. Die kleinen waren in der Mehrzahl. Ich möchte sie nicht direkt als Käfer bezeichnen, aber sie schienen ihre ganz eigene Zivilisation zu haben. Ihr eigenes Regelwerk. Die Botschaft, die ich erhielt, war, dass dies der einzige Ort war, an dem sie leben konnten, und deshalb waren sie eben da.

In einige der Teile, die ich sah, drang ich tiefer ein, und da waren weitere Zivilisationen von Wesen, die sogar noch winziger waren als die, die mich eben zum Staunen gebracht hatten. Die lebten auch da. Manche in Feuern, die hier brannten, und darüber schienen sie sehr glücklich zu sein. Andere wiederum lebten an Orten, die ich als eiskalt empfand.

Ich entdeckte weitere Stoffe und ging in sie hinein. Als Moleküle, Atome oder Pi-Mesonen oder so kann ich sie nicht bezeichnen, denn das sind keine Begriffe, die hier verwendet würden. Die Ausdrücke unserer Welt haben an diesem Ort keinerlei Bedeutung.

Diese Teile waren klein, und als ich hindurchreiste, stieß ich auf mehr und mehr Zivilisationen, eine kleiner als die vorherige. An einem Punkt muss ich dann wohl eine Art kritischer Masse erreicht haben, denn plötzlich war ich von riesigen Wesen umgeben, deren Welt sehr seltsam war. An einigen Orten war es hell und an anderen sehr dunkel.

Ich stieg weiter ab, tauchte in jedes Material ein, auf das ich stieß, und bewegte ich mich auf die Mitte zu, die ich irgendwo in der Tiefe dieses Wurmloches vermutete. Dieser Strudel sog alles im Universum in sich hinein, sodass ich an irgendeinem Punkt an ein Ende gelangen würde.

Jetzt fühlte ich mich merkwürdig. Es war, als würde ich aus mir heraustreten, weil ich irgendwie zu groß war oder so.

Ich begann auseinanderzufallen, und Stückchen von mir gerieten in den Strudel, der durch das hindurchfegte, was wir Zeit und Raum nennen würden, was aber, wie mir jetzt klar wurde, weder Zeit noch Raum war. Diese Dinge existierten für mich nicht mehr. Ich war einfach nur. Ich war einfach da, und das war das kosmische Einssein, und es war alles auf einmal, turbulent und friedvoll. Es war bunt und farblos zugleich. Es war nichts und alles zusammen und ich durfte von Glück sagen, da zu sein.

Aber ich wusste auch, dass ich zurückmusste, denn ich habe eine Mission für dieses Leben und musste dort wieder hin. Ich ging durch den Strudel zurück und [kam zurück].[32]

Heilkraft

Was die Geister bei unseren Aufstiegen und anderen Reisen mit uns vorhaben, geht weit über die Ziele hinaus, die wir im Auge haben, denn ihre Geschenke richten sich nach unseren Bedürfnissen und nicht nach unseren Erwartungen. Kosmisches Einssein ist eines dieser Geschenke, und zwar eines, das den Reisenden mit der überwältigenden Kraft des Universums verschmilzt. Auf diese Weise wachsen die Schamanen über sich hinaus, denn jetzt können sie zu Geburtshelfern von Wundern werden, von Wundern der Hilfe und Heilung.

Die kosmischen Zerstückelungen in der Oberen Welt unterscheiden sich von denen in der Mittleren, wie wir am Beispiel der tibetischen Tamang-Schamanen gesehen haben. Bei den Zerstückelungen, die unsere Westler in der Oberen Welt erlebt haben, war von »hungrigen Geistern« nicht die Rede, weil es jenseits unserer Mittleren Welt weder Hunger noch Schmerz gibt, und die »leidenden Wesen«, die »Gespenster«, hier zurückbleiben. In der Oberen Welt verschmolzen die Reisenden nicht mit den leidenden Wesen der Mittleren Welt, sondern mit dem gesamten Universum, sie erfuhren also kosmische Einheit.

Angesichts dieser kosmischen Einheit, des Einsseins mit dem Universum, können wir jetzt sagen, dass die Suche nach Heilkraft, die am Anfang dieses Buches stand, beinahe zu Ende gekommen ist. Wenn man so will, besteht der nächste Schritt nun darin, diese immense kosmische Kraft durch die Vermittlung der mitfühlenden Geister anzunehmen und die klassische Heilarbeit des Schamanen zu verrichten, um den Leidenden und Schmerzgeplagten zu helfen.

Wie Essie Parrish, die große Schamanin der kalifornischen Pomo-Indianer, einmal sagte:

> *»Sei vorsichtig bei deinen Reisen«, warnten sie mich, »bei deinen Reisen in den Himmel. Also machte ich mich auf den Weg … Und als ich dann in diesen Ort eintrat, wusste ich: Sobald du den Himmel betrittst, wirst du wohl arbeiten müssen.«*[33]

12

Geister, Himmel und spirituelle Freiheit

Vom Power Quest in der Höhle sind wir bis zur kosmischen Krafterfahrung als Folge einer Zerstückelung gelangt. Für die Westler, deren Erfahrungsberichte in der nichtalltäglichen Wirklichkeit Teil der Celestia-Study sind, ist dazwischen noch mehr geschehen. Allerdings fehlt hier leider der Platz, um näher darauf einzugehen.

Nun, da wir im letzten Kapitel angekommen sind, möchte ich noch einige Themen ansprechen, die Ihre Aufmerksamkeit verdienen.

Geister und Naturwissenschaft

Die weitverbreitete Ansicht, dass Geister, etwa menschliche Seelen, wirklich existieren, ist für die moderne Wissenschaft inakzeptabel, und das schon seit einigen Jahrhunderten. Ein Geist, nämlich Gott, wird zwar mitunter erwähnt (zum Beispiel von Einstein), in ihrer Gesamtheit aber gelten Geister und Seelen als Anathema und unvereinbar mit naturwissenschaftlichem Weltverständnis. Anders ausgedrückt: Die westliche Naturwissenschaft beruht auf einem Glauben – dem Glauben, dass Geister nicht existieren können.

Historisch hängt diese Haltung mit den Angriffen der Kirche auf so bahnbrechende Forscher wie Galileo Galilei und Nikolaus Kopernikus in den Zeiten der Renaissance und Reformation zusammen. Als Reaktion verfügten westliche Naturwissenschaft und Medizin während der »Aufklärung«, es gebe keine Geister und Seelen; deshalb seien sie weder für die wissenschaftliche Forschung noch für die medizinische Praxis von Bedeutung.

Historisch mag diese Position verständlich sein. Dass sie aber auch heute noch vertreten, also das Apriori, bestimmte Phänomene würden nicht existieren, noch aufrechterhalten wird, schränkt die Wissenschaft erheblich ein. Mit dieser Auffassung stehe ich keineswegs allein. Mein Kollege Paul Uccusic hat mich darauf hingewiesen, dass schon der große Philosoph Immanuel Kant über Geister sagte: »Was können wir nun von den Geistern *a priori* erkennen? *Wir können uns Geister nur problematisch denken, das heißt es kann kein Grund a priori angeführt werden, dieselben zu verwerfen.* … Wir können uns recht gut Wesen vorstellen, die gar keinen Körper haben und dennoch denken und wollen können.«[1] (Hervorhebungen im Original).

Auch heute muss die Naturwissenschaft die Nichtexistenz von Geistern erst noch beweisen. Denn wie Karl Popper feststellt, gehört die Widerlegung beziehungsweise Falsifizierung einer Theorie zu den Grundpfeilern der Wissenschaft.[2] Und solange die Theorie der Existenz von Geistern nicht widerlegt ist, kann sie logischerweise nicht einfach ignoriert werden. Mit anderen Worten: Die ziemlich unwissenschaftliche Haltung der Wissenschaft, der zufolge es keine Geister gibt, ist reine Glaubenssache – und erinnert ironischerweise an religiöse Dogmen.

Eine bemerkenswerte Ausnahmeerscheinung innerhalb der wissenschaftlichen Gemeinde war der große Naturforscher Alfred Russel Wallace, der zeitgleich mit Charles Darwin eine Theorie der natürlichen Auslese aufstellte. Nachdem Darwins revolutionierendes Werk *Über die Entstehung der Arten* 1859 erschienen war, widmete sich Wallace akribisch der Erforschung der Geister und veröffentlichte 1874 sein Buch *Miracles and Modern Spiritualism.*[3]

Trotz Wallaces sorgfältiger Recherchen traf das Werk allgemein auf Ablehnung. Als Reaktion auf seine Kritiker schrieb der Autor im Jahr 1896 in einer späteren Ausgabe seines Buches:

> *Jene Theorie ist die wissenschaftlichste, die die ganze Reihe von Phänomenen erklärt; deshalb behaupte ich, dass die Geister-Hypothese die wissenschaftlichste ist, denn selbst die, die ihr am heftigsten widersprechen, räumen oft ein, dass sie alle Fakten erklärt, was sich über keine andere Hypothese sagen lässt.*[4]

Anders als die Westler, die Wallaces Buch ablehnend gegenüberstanden, waren indigene Schamanen schon lange zuvor zu ganz ähnlichen Schlussfolgerungen gelangt wie er. Die Ergebnisse, die sie in zahllosen Heilexperimenten an ihren Patienten erzielt hatten, und das oft in Situationen, in denen es um Leben oder Tod ging, bestätigten Wallaces Schlüsse (oder besser gesagt umgekehrt: Seine bestätigten die ihren). Und das schon seit vielen Jahrtausenden in Tausenden unterschiedlichen Kulturen unabhängig voneinander auf fünf Kontinenten. Was nicht weiter überrascht: Die Grundlagen der indigenen schamanischen Praxis sind einander überall auf der Welt bemerkenswert ähnlich und bilden auch die Basis des Core-Schamanismus.

Wie Wallace gezeigt hat, lassen sich solche Phänomene am besten anhand des wissenschaftlichen Prinzips der Sparsamkeit im Umgang mit theoretischen Annahmen (»Ockhams Rasiermesser«) erklären, und entsprechend lautet die Erklärung einfach: Geister existieren. Was nicht heißt, dass man auf den Versuch verzichten sollte, auch nichtspirituelle Erklärungen für die schamanischen Phänomene zu finden.

Zu den berühmtesten dieser »unmöglichen« Phänomene gehören die Berichte über Nahtoderfahrungen. Für die Wissenschaft sind sie nach wie vor unerklärlich. Ein Spezialist sagt zur herrschenden Situation: »In dreißig Jahren wissenschaftlicher Forschung ist es immer noch nicht gelungen zu erklären, wieso es überhaupt zu Nahtoderfahrungen kommt.«[5]

Als ich Charles Tart – einen Pionier strikt wissenschaftlicher Ansätze auf dem Gebiet der Parapsychologie – einmal fragte, auf welchen Mechanismen eigentlich die Telepathie beruht, antwortete er ähnlich: »Ich habe nicht die geringste Ahnung und kann mir auch nicht vorstellen, dass es irgendjemandem anders geht.«[6] Später fügte er hinzu: »Die wissenschaftlichen Versuche, Nahtoderfahrungen und parapsychologische Phänomene zu erklären, sind an ihre Grenzen gestoßen, und zwar teilweise aufgrund vieler psychologischer Schwierigkeiten auf diesen Gebieten, zum Teil aber auch, weil die Existenz von Geistern a priori bestritten wurde.«[7]

Diese Grenzen mögen sich jetzt verschieben, und Charles Tart schließt die Möglichkeit nicht mehr aus, dass Geister auf seine Versuche einwirken könnten. Denn er sagte: »Selbstverständlich bin ich offen gegenüber der Tatsache, dass es eine irgendwie geartete geistige Welt gibt und ich manchmal, vielleicht sogar oft, ›Mit-Experimentatoren‹ habe, von denen ich nicht weiß, was sie mit diesem oder jenem Experiment beabsichtigen.«[8]

Alfred Russel Wallace zufolge bietet die Existenz von Geistern Erklärungen für eine Vielzahl ansonsten unerklärlicher Phänomene, die von anderen in die nichtkausalen Kategorien »Zufall« oder »Synchronizität« abgeschoben werden.[9]

Überraschen sollte uns seine Aussage allerdings nicht; schließlich wird die Existenz der Geister kulturübergreifend seit Jahrtausenden von Schamanen bekräftigt, und getestet wurde sie von ihnen obendrein. Sobald man verstanden hat, dass es Geister wirklich gibt, wird vieles, was Außenstehende für ausgeschlossen halten, verständlich. Und es lässt sich auch reproduzieren. Ein Beispiel dafür ist das folgende Phänomen.

Das Wunder des entfesselten Schamanen: eine Einladung an die Wissenschaft

In der arktischen Region Sibiriens, in Nordamerika, Grönland sowie den westlichen Ebenen und subarktischen Gebieten Nordamerikas wurden Besucher Zeuge eines der größten Mysterien des Schamanismus: Im Rahmen öffentlicher Séancen befreiten sich Schamanen spontan und ohne sichtbare Hilfe von Fesseln, die ihnen angelegt waren. Manche Beobachter meinten, ein solcher Kraftakt sei schlichtweg unerklärlich, andere sprachen von Schwindel oder gar Betrug.

Statt dieses Geheimnis als Taschenspielertrick oder als »unerklärlich« im »Mülleimer der Anthropologie« zu belassen, sah ich darin eine spannende Herausforderung. Allerdings hatte ich beim Lösen des Rätsels der auf wundersame Weise entfesselten Schamanen einen Riesenvorteil: Ich wusste aus eigener Erfahrung, dass es Geister gibt.

Deshalb musste ich nichts anderes tun, als die bekannten Fakten zusammenzutragen, Hypothesen darüber zu entwickeln, wie und warum die Geister sich in einer bestimmten Situation so verhielten, wie sie es getan hatten; sodann diese Hypothesen anhand eigener Experimente zu überprüfen und zu verbessern und die »unmöglichen« beziehungsweise »wundersamen« Ergebnisse schließlich öffentlich vor Zuschauern zu wiederholen. Irgendwann würde ich dann Studenten in die entsprechenden spirituellen »Geheimnisse« einweihen und herausfinden können, ob auch sie in der Lage waren, sich von ihren Fesseln zu befreien. Wenn ja, wäre das ein weiterer Beleg für die Existenz der Geister.

Bei meinen ersten schamanischen Entfesselungsexperimenten wurde getrommelt, um mir beim Eintritt in den schamanischen Bewusstseinszustand, den ich schon beschrieben habe, zu helfen. Dann wurden meine Hände und Füße mit einem Seil fest zusammengebunden, ich wurde von Kopf bis Fuß in eine Decke gehüllt und als Ganzes noch einmal gefesselt. Während um mich herum getrommelt wurde, rief ich einige meiner persönlichen helfenden Geister an, um mir zu helfen, mich zu befreien. Das Ganze dauerte ungefähr drei Minuten.

Angesichts dieses schnellen Erfolges kamen mir Zweifel, ob ich auch tatsächlich fest genug gefesselt war. Deshalb bat ich bei meinem nächsten Experiment, das vor Studenten stattfand, darum, man möge mich so fest wie möglich verschnüren, damit nicht die geringste Chance bestand, allein aus der Verschnürung herauszukommen. Wieder bat ich die mitfühlenden Geister um Hilfe. Und obwohl meine Fesseln diesmal noch enger saßen, gelang es mir, mich ihrer zu entledigen.

Mehrfach wiederholte ich dieses öffentliche Experiment. Die Fesseln waren dabei extrem angezogen und taten ordentlich weh. Aber das Ergebnis war immer das gleiche: Ich kam frei. Aber warum? Meine Hypothese war – und ist es bis heute –, dass das Leid des Gefesselten die mitfühlenden Spirits anspornt, einem zu helfen.

Trotzdem war ich noch nicht ganz mit dem Ergebnis zufrieden, denn um den Geistern meinerseits bei der Befreiung behilflich zu sein, hatte ich mich körperlich ein bisschen angestrengt. Dann fiel mir wieder ein, dass die Spirits ihre Existenz unter Beweis stellen möchten, wenn sie ernsthaft eingeladen werden. Deshalb beschloss ich, beim nächsten Mal als Experiment nicht nur die mitfühlenden Geister allein um Hilfe anzugehen, sondern auch die Spirits von überall in der Mittleren Welt einzuladen, damit sie dem »Publikum« ihre Existenz beweisen konnten, indem sie kamen und mich aus den Fesseln lösten. Unterstützt vom zwei- oder dreiminütigen schnellen Trommeln der Anwesenden bat ich alle diese Geister immerzu, mich zu befreien. Plötzlich lockerten sich die Fesseln beziehungsweise fielen einfach ab, ohne irgendeine Anstrengung.

Die »Geister von überall in der Mittleren Welt« anzurufen ist keine Methode, die man bei der regulären Heilarbeit anwenden sollte, denn viele von ihnen, wie zum Beispiel die leidenden Wesen, sind entweder nicht qualifiziert oder nicht in der Lage, bei Heilungen behilflich zu sein. Heilen obliegt grundsätzlich den mit dem Schamanen zusammenarbeitenden mitfühlenden Geistern. Ein entscheidendes Charakteristikum der Entfesselung besteht darin, dass sie den Geistern die Möglichkeit gibt, ihre Existenz öffentlich zu demonstrieren, worauf die meisten sehr erpicht sind. Anschließend bedankt sich der mittlerweile befreite Schamane bei ihnen und sagt ihnen, sie könnten jetzt dorthin zurückkehren, woher sie gekommen sind.

Nachdem ich dieses Experiment bei verschiedenen Gelegenheiten und an verschiedenen Orten erfolgreich wiederholt hatte, erklärte ich das Verfahren einigen unserer fortgeschrittenen Studenten und ließ es sie selbst machen. Im Allgemeinen gelang es auch ihnen, sich ohne Anstrengungen zu befreien, manchmal gerade dann, wenn ihre Fesseln besonders fest saßen. Und was wichtig war: Die meisten Studenten konnten das Ergebnis in der Öffentlichkeit schnell reproduzieren, indem sie sich der Hilfe der Spirits so versicherten, wie ich es ihnen beigebracht hatte. Das heißt: Die Entfesselung ließ sich von anderen beliebig wiederholen.

Dabei zeigen sich die Geister – meist im Dunkeln (Finsternis fördert den schamanischen Bewusstseinszustand) – auch auf andere Weise. Zum Beispiel kann plötzlich der Saal wackeln wie bei einem Erdbeben – ein Phänomen, das aus der nordamerikanischen ethnologischen Literatur als das »bebende Zelt« (»shaking tent«) bekannt ist. Manchmal erscheinen auch kleine Lichter, die in der Dunkelheit flackern. Und der eine oder andere sieht riesige menschenähnliche Gestalten. Oder ein kalter Wind bläst durch den Raum. Unsichtbare Tiere, Hände und Gegenstände können die Anwesenden berühren, wie es auch bei indigenen Völkern geschieht. Alle diese Dinge passieren regelmäßig und stoßen selbst Menschen zu, die nie davon gehört haben.

Warum die Geister die öffentlichen Séancen aufsuchten, um die Schamanen zu befreien, den Raum zum Beben zu bringen oder ähnliche Kunststückchen zu präsentieren? Die Antwort schien schon in dem Kapitel unter dem Titel »Es gibt uns! Die Geister rufen um Anerkennung« auf.

Sobald das reproduzierbare schamanische Entfesselungsphänomen einmal wissenschaftlich untersucht wird, erhalten die Geister vielleicht die Anerkennung, die sie verdient haben. Eines muss dazu allerdings gesagt werden: Die vorhersehbaren Ergebnisse beruhen darauf, dass der Experimentator von der Existenz der Geister ausgeht, genau wie bei

Experimenten in der newtonschen Physik vom Gravitationsgesetz ausgegangen werden muss.[10] *Doch Vorsicht:* Dieses Experiment sollte nur unter der Aufsicht eines Fakultätsmitgliedes der Foundation for Shamanic Studies gemacht werden, das diese Übung unterrichtet. Dabei müssen verschiedene Sicherheitsmaßnahmen beachtet werden, zu denen unter anderem gehört: Die benutzte Decke muss so luftdurchlässig sein, dass die gefesselte Person noch atmen kann; der Hals des Probanden muss frei bleiben; komplett zugedeckt und gefesselt sein darf die Versuchsperson höchstens drei Minuten lang; wer unter Atem- oder Herzproblemen leidet, darf diese Übung nicht machen. Im Zweifelsfall vorher den Arzt fragen.

Himmel

Definition von »Der Himmel« oder »Die Himmel«

Aus den Berichten der Westler wissen wir, dass sie in der Oberen Welt üblicherweise himmelartige Gefilde mit himmlischer Musik oder schönem Gesang betraten. Kann man dabei aber wirklich vom »Himmel« sprechen? Um dieser Frage nachzugehen, habe ich *Webster's New Universal Unabridged Dictionary* zurate gezogen, weil es den im Amerikanischen üblichen Wortgebrauch erklärt.

Im *Webster* steht, dass der Ausdruck »Himmel« oft für »die himmlischen Mächte; Gott« verwendet wird.[11] Unsere Westler begegneten zwar »himmlischen Mächten« (vgl. Kap. 8–11), auf ein Wesen in menschlicher Gestalt, das man als »Gott« bezeichnen könnte, stießen sie jedoch so gut wie nie. Dies steht im Einklang mit einem Zitat, dem wir bereits früher begegneten. Über die, die in den Himmel trommeln, sagen die kanadischen Athabaskan-Völker: »... sie sehen nicht Gott. Sondern nur die Leute, die für ihn arbeiten.«

Vieles hängt natürlich davon ab, wie man »Gott« definiert. Manche sehen in der unbeschreiblichen ekstatischen Vereinigung mit dem Kosmos die Verbundenheit mit »Gott«, während für andere die Vorstellung von »Gott« in jedweder Form unannehmbar ist. Letztlich bleibt es aber jedem, der in die Obere Welt aufsteigt, selbst überlassen, ob derartige Erfahrungen für ihn die Existenz eines höheren Wesens beweisen oder nicht.

Einer anderen Definition des *Webster* zufolge bezieht sich der Begriff »Himmel« auf »einen Ort oder Zustand höchster Glückseligkeit«. Wie wir gesehen haben, berichteten die Westler im Allgemeinen, dass sie in der Oberen Welt starke Glücksgefühle und Freude erlebten, bis hin zu tiefer Ekstase und dem Empfinden von Einheit. Als weiteres Charakteristikum des »Himmels« wird in dem Lexikon genannt, dass es der Ort sei, »an den die Seligen nach ihrem Tod« kommen. Dies entspricht den Begegnungen mit Verstorbenen, über die in den Kapiteln acht bis zehn berichtet wurde.

Zwar finden sich im *Webster* noch andere Ausdrücke für den oder die »Himmel«. Aber wenigstens was die Definition angeht, stimmen die Beschreibungen mit den Erfahrungen der Westler in der Oberen Welt überein. Deshalb sage ich im Folgenden, dass sie im Himmel waren.

Die Himmel und die organisierte Religion

In vielen Kosmologien der nordamerikanischen Ureinwohner wird auch die Untere Welt als ein himmlischer Ort betrachtet, an dem man sich nach dem Tod gern aufhalten würde. Dies widerspricht allerdings der Auffassung vieler großer Weltreligionen, deren Anhänger in die Milliarden gehen und für die die unteren Welten üblicherweise als Hölle, als Ort des Leids gelten – wo sich also nach seinem Tod niemand gern aufhalten würde. Solche Vorstellungen reichen vom Christentum im Westen bis zum Buddhismus im Osten. Die theologisch vermittelte Kosmologie führt also dazu, dass da niemand hin will – unter keinen Umständen.

Die meisten organisierten Religionen legen den Himmel tendenziell in die Obere Welt. Die überlieferten Berichte über die Aufstiege ihrer Gründer bilden oft die Grundlage der Lehre und genießen damit höchste Autorität.

Roger Walsh wies darauf hin, dass die Erfahrungen der Religionsgründer, die in den heiligen Texten festgehalten sind, an schamanische Reisen erinnern.[12] An die Offenbarungen, die sie dabei erhielten, glauben heute Hunderte Millionen. Doch im Unterschied zu den Religionsgründern erwartet man von ihnen nicht, dass sie in diese Gefilde aufsteigen (manchmal ist es ihnen sogar untersagt) – höchstens nach dem Tod und auch nur dann, wenn sie sich nach den Dogmen ihrer jeweiligen Konfession dafür qualifiziert haben. Und da die »Toten nicht reden«, haben wir es mit hermetisch abgeschlossenen theologischen Systemen zu tun, solange niemand, auch kein Schamane, tatsächlich in die Obere Welt geht und nach seiner Rückkehr über Dinge berichtet, die sich erheblich von der offiziellen Version unterscheiden.

Mehrere Himmel

Wenn wir annehmen, dass die Berichte der Gründer der unterschiedlichen Weltreligionen über deren himmlische Erfahrungen stimmen, dann haben wir damit Beweise für die Existenz mehrerer Himmel, von denen jeweils einer für den Betreffenden angemessen war. Auch unsere Westler fanden mehrere Himmel, und jeder entdeckte seinen eigenen.

Bei den Definitionen im *Webster* ist von einer Ähnlichkeit oder Einheitlichkeit der Himmel keine Rede. Und tatsächlich, wenn es in einem »Himmel« »himmlisch« sein soll, scheint es nur natürlich, dass jeder Reisende einen Himmel erlebt, der perfekt für ihn ist. Mehr noch: Wie bereits ausgeführt ist die gesamte nichtalltägliche Wirklichkeit perfekt auf den Menschen zugeschnitten, der sie erlebt. (Was nicht heißt, dass die nichtalltägliche Wirklichkeit insgesamt, etwa die der Mittleren Welt, für den Betreffenden himmlisch wäre.)

Bemerkenswert scheint zu sein, dass in den Himmeln der Westler, so unterschiedlich sie auch waren, doch stets dieselben Themen und Erfahrungen vorkamen, wie wir am Beispiel der himmlischen Musik und der himmlischen Chöre gesehen haben (vgl. etwa Kapitel 8). Daraus den Schluss zu ziehen, dass die Westler tatsächlich Zugang zu ihren Himmeln gefunden haben, scheint mir nur vernünftig. Aber es gibt dafür noch mehr Beweise.

Das Geheimnis nicht entzifferbarer Bücher und Schriften

Wie unsere Westler berichten, betraten sie bei ihrem Aufstieg in die Obere Welt manchmal einen Tempel. So ging es auch dem Reisenden, der im Folgenden zu Wort kommt. Er war noch nie zuvor in der Oberen Welt und wusste nicht, was ihn dort erwartete. Er sah einen schreibenden Mönch, was er »sehr interessant« fand. Trotzdem beschloss er weiterzugehen.

Ein schreibender Mönch in einem prächtigen Saal

Ich begann mit einer Wasserhose, die ich einmal von einem Schiff im Südpazifik aus gesehen hatte. Ich trat hinein und stieg in die Dunkelheit auf, dann umkreiste ich kurz die Sonne …

Ich überwand einen wolkenartigen Widerstand, die Barriere zur Oberen Welt. Froh war ich, nicht auf Petrus und die Himmelspforten gestoßen zu sein, denn das hätte mich enttäuscht. Stattdessen handelte es sich um einen der großen *wats* [buddhistische Tempel], wie man sie in Thailand findet.

Ich betrat den riesigen Tempel und gelangte in diesen großen Saal. Er war rundum vergoldet und einfach prächtig. Dann ging ich ins Arbeitszimmer, und da saß ein kleiner, tibetisch wirkender Mönch. Er schrieb etwas. Das fand ich sehr interessant. Ich fragte mich, ob ich wohl in irgendeiner Beziehung zu ihm stand, und wenn ja, in welcher.

Ich beschloss, einfach weiterzugehen. Dann ertönte das Rückholsignal der Trommeln. Also eilte ich auf demselben Weg zurück, sehr schnell. Ich kam durch die Wasserhose und sprang wieder auf das Schiff.[13]

Ein Buch mit arabisch wirkender Schrift

Im folgenden Bericht betritt ein Westler eine »Art magisches Labor« und bemerkt dort ein großes Buch mit einer arabisch wirkenden Schrift, die verschwindet, während er darauf zugeht.

Als ich heute früh in die Obere Welt aufstieg, fand ich auf der zweiten Ebene eine große Stadt mit einer Burg am Rand. Ich hielt an und kletterte die Mauer hinauf. In der Höhe von ungefähr zwei Stockwerken war das erste Fenster mit einem Sims. Ich stieg ein und geriet in eine Art magisches Labor, in dem ich allerdings nicht viel erkennen konnte. Dass es sich um ein Labor handelte, wusste ich, weil da ein Merlin-ähnliches Wesen war. »Merlin« trug eine Robe und einen spitzen Hut. Er hatte, glaube ich, weiße Haare, aber so genau habe ich darauf nicht geachtet.

Ich wurde augenblicklich von einem großen Buch angezogen, das auf einem der Tische lag und eine arabisch wirkende Schrift enthielt. Als ich darauf zuging, verschwanden die Buchstaben. Ich fragte den Magier, was im Buch drinstehe. Da er mir aber keine Antwort gab, stieg ich in höhere Ebenen auf.[14]

Auf der siebten Ebene: alte Schriftrollen mit unverständlicher Sprache und Zeichen

Der Lehrer des Mannes, von dem der folgende Bericht stammt, brachte ihn auf eine Ebene der Oberen Welt, von der er das Gefühl hatte, es könne sich um die siebte handeln. Dort erlebte er mehrere Abenteuer. Unter anderem ging er durch zusammenschlagende Felsen (was bei dieser Reise seine einzige Aufgabe war). Dann gelangte er an eine große Anlage aus weißem Marmor, die ihn an die Bibliothek von Alexandria erinnerte. Mithilfe eines dritten Auges, das er erhalten hatte, konnte er die Schrift auf den Rollen erkennen, »aber sie waren in Sprachen verfasst und enthielten Zeichen, die ich nicht verstand«. Wie ihm mitgeteilt wurde, war er noch nicht bereit, die Bedeutungen zu begreifen. Hier sein Bericht:

Mein Lehrer brachte mich an einen Ort, von dem ich das Gefühl hatte, dass er sich auf der siebten Ebene der Oberen Welt befand. Da war eine Schlucht mit einer steilen Wand hinten. Fast ganz oben gab es eine höhlenartige Öffnung aus großen Felsen, die sich öffneten und schlossen. Die Felsblöcke waren bis zu vier Meter hoch und oben wie mit einem Scharnier verbunden. Sie öffneten und schlossen abrupt und machten dabei Lärm. Insgesamt gab es acht solcher Anordnungen. Jede dieser Gruppen war zwischen sechzig und hundert Zentimeter tief. Ich überlegte, wie ich da durchkommen sollte, und fragte meinen Lehrer. Der sagte, ich müsse es allein tun, könne mich dabei aber auf meine Intuition verlassen.

Nachdem ich das Ganze eine Weile beobachtet hatte, erkannte ich, dass sich die Steine nach einem bestimmten Muster öffneten. Daran orientierte ich mich und gelangte auch beinahe hindurch. Doch als ich es etwa zur Hälfte geschafft hatte, geriet ich aus dem Konzept. Seitlich in der Höhle bemerkte ich eine kleine Vertiefung, in der ich warten konnte, bis ich mich wieder auf die Bewegung der Steine eingestellt hatte.

Dahinter lag eine große Ebene, auf der es so hell war, dass ich kaum etwas sehen konnte. Trotzdem fand ich einen Pfad, den ich einschlug. Es war wie in Afrika. Der Weg machte eine Kurve, und ich traf auf einen sehr alten Mann, der nur einen Lendenschurz trug und von sehr dunkler Hautfarbe war. Ich glaube, er kam aus Indien. Er sagte nichts, händigte mir aber ein schönes blaues Auge aus, von dem ich sofort wusste, dass es mein drittes Auge war.

Ich ging weiter, bis ich einer Löwin begegnete. Sie sagte, sie hätte ein Geschenk für mich. Es war Mut, der Mut, an das, was ich mit meinem dritten Auge sah, zu glauben.

Ich ging weiter und erreichte einen großen Gebäudekomplex aus weißem Marmor. Die Bauwerke schienen sehr alt zu sein. Ich musste an die Bibliothek von Alexandria denken. Ich betrat sie. Niemand war da. Es gab Bänke und Tische, und an den Wänden hingen Schriftrollen aus Pergament. Ich nahm einige ab, aber es schien nichts darauf zu stehen.

Ich überlegte lange, wie ich an die Informationen kommen könnte, bis mir schließlich klar wurde, dass ich das dritte Auge verwenden musste, das ich erhalten hatte. Mit ihm konnte ich zwar Schrift erkennen, aber es handelte sich um Sprachen und Zeichen, die ich nicht verstand. Laut fragte ich, was das zu bedeuten hatte, und mir wurde bedeutet, dass ich es später erfahren würde – sobald ich dafür bereit wäre.

An diesem Punkt kam das Rückholsignal. Ich kehrte auf demselben Weg zurück, den ich gekommen war, nur dass ich dieses Mal ohne Probleme durch die zusammenschlagenden Felsen kam.[15]

Endlich gibt ein Buch ein Wort preis

Von nicht zu entziffernden Büchern oder Schriften in der Oberen Welt oder sonst irgendwo hatte den Westlern nie jemand etwas gesagt. Ich muss sogar zugeben, dass ich deren Erwähnung in den Berichten zunächst keine besondere Bedeutung beimaß. Doch das folgende Protokoll erregte meine Aufmerksamkeit. Endlich war jemand in der Lage, wenigstens eines der Worte in den ansonsten unentzifferbaren Büchern und Schriften zu lesen.

[Das Buch] ist sehr dick und riesig – wie eine dieser alten illustrierten Handschriften. Es wiegt ziemlich viel, ist sehr schwer. Ich öffne es. Kann es aber nicht lesen.

Da steht irgendetwas, was darauf hinweist, worum es in dem Buch geht, aber das ist nicht klar. Es ist eine alte Schrift. Ich blättere um und stoße auf eine Seite, die ganz klein bedruckt ist. Am Anfang steht ein schön gezeichneter Buchstabe, wie das in alten Büchern oft vorkommt. Es sieht schön aus. Wie die Sachen, die wir gedruckt haben, als ich in einer kleinen Druckerei beschäftigt war. Aber ich kann es nicht lesen.

Also drehe ich mich zu meinem Lehrer um, der sich sehr für alles, was ich tue, zu interessieren scheint. Da er mich beobachtet, blättere ich eine weitere Seite um. Seite um Seite, wunderschön ... aber ich kann nichts lesen. Ich halte das Buch ganz nahe vor die Augen. Schaue mich wieder nach meinem Lehrer um. Er hebt beiläufig die Arme, als wollte er mir signalisieren, das sei nicht von Bedeutung. Ich öffne das Buch in der Mitte, ganz hinten. Es ist überall gleich. Überall in dem Buch steht etwas, aber ich kriege nicht mit, was. Es ist einfach nicht scharf genug. Ich kann mich nicht darauf konzentrieren.

Ich frage, ob ich versuchen soll weiterzulesen. Er nickt. Ich öffne die Seite, drehe sie um. Da ist irgendetwas mit einer Insel. Das Wort »Insel« ist ganz plötzlich aufgetaucht. Aber ich weiß nicht, was es damit auf sich hat. Er zuckt die Achseln.

Ob ich es weiter versuchen soll? Nein, soll ich nicht. Also klappe ich das Buch zu. Schiebe es ins Regal zurück. Und da steht es, als wäre es nie daraus entfernt worden.

Ich nehme ein anderes Buch heraus. Öffne es im ersten Drittel. Es ist wie ein Riesenfoto, das über die Ränder hinausreicht. Es ist schwarz – nein, grau. Ich habe das Gefühl, als könnte ich direkt hineinfallen.

Also schaue ich mich wieder nach dem Lehrer um. Seine Reaktion ist nicht eindeutig. Was soll ich also tun? Ich glaube, ich sollte das Buch zumachen. Also klappe ich es zu.

Er nickt – falsches Buch oder so. Er bedeutet mir, ich solle es ins Regal zurückstellen. Das war ein merkwürdiges Gefühl, so als hätte ich kopfüber in das Buch fallen können. Wirklich sehr merkwürdig. Ein Buch mit irgendeiner Kraft. Es ist wie ein Fenster. Gut, aber jetzt steht es wieder im Regal.

Ich gehe zu meinem Lehrer zurück. Soll ich noch mehr lesen? NEIN. Ich glaube, für heute ist es genug.[16]

Das einzige Wort, das die Reisende nennen konnte, war »Insel«. Dass sie den Büchern auch nur eines entlocken konnte, war bereits ein Triumph. Aber was hatte es zu sagen?

Da es ihr Aufstieg war, wäre es natürlich an ihr gewesen, die Bedeutung zu entschlüsseln. Aber sie war nicht erreichbar, und ich konnte meine Neugier nicht zügeln. Also suchte ich im Register der sechzehnbändigen *Encyclopedia of Religion*, deren Chefredakteur Eliade war, nach einem Eintrag zu »Insel«. Es gab keinen, wohl aber einen für »Inseln«. Und da stand: »Inseln sind Symbole für das Paradies.«[17] Das fand ich aufregend, aber ich hatte nach »Insel« gesucht und nicht nach »Inseln«. Der Registereintrag verwies mich auf eine bestimmte Seite in einem anderen Band. Den zog ich aus dem Bücherregal und öffnete ihn auf der entsprechenden Seite. Dort sah ich die Überschrift »Insel«. Und sie bezog sich auf einen Eintrag, der den Titel »Paradies« trug![18] Paradies! Ich traute meinen Augen kaum. Es war, als hätten die Himmel selbst die Antwort auf die Frage gegeben, ob es sich bei dem, was die Westler besucht hatten, wirklich um Himmel handelte.

Das himmlische Buch und seine Lehren

Da sie vorher nicht wussten, dass Schriften irgendeiner Art Teil ihrer Aufstiegserfahrungen sein könnten, haben unsere Westler eine große Entdeckung gemacht. Bei den Schriften und Büchern, auf die sie in der Oberen Welt gestoßen sind, kann es sich um das Himmlische Buch gehandelt haben, wie es Geo Widengren und andere bedeutende Wissenschaftler nennen: »Im Alten Orient haben wenige religiöse Vorstellungen eine wichtigere Rolle gespielt als die von den Himmlischen Tafeln beziehungsweise vom Himmlischen Buch.«[19] Er weist darauf hin, dass sowohl Moses als auch andere Propheten und Heilige beim Aufstieg in den Himmel Tafeln oder Bücher gefunden haben, wie es in den heiligen Schriften des Nahen Ostens seit den Zeiten Babylons vermerkt ist.

Widengren spricht auch das Thema der sieben Himmel (»Ebenen«) an, zum Beispiel in der folgenden Bemerkung über Moses' Aufstieg: »Einer neu-hebräischen Beschreibung zufolge ... stieg Moses durch die sieben Himmel auf ...«[20] Interessanterweise stieß einer unserer Westler tatsächlich im siebten Himmel auf nicht entzifferbare Schriftrollen (vgl. S. 319f.). Im schamanischen Volk der Ostjaken in Sibirien herrscht der Glaube, eine Göttin habe das Schicksal jedes Einzelnen auf einen siebenstöckigen Berg geschrieben.[21]

Mit anderen Worten: Von Propheten, den Alten und anderen Heiligen ist bekannt, dass sie in die Himmel aufstiegen und dort das Himmlische Buch vorfanden. Das scheint ein weiterer Beleg dafür zu sein, dass die Westler der Celestia-Study tatsächlich in die Himmel aufstiegen, insbesondere, weil sie nicht damit rechneten, auf Schriften oder Bücher zu stoßen. Andere Hinweise darauf, dass sie solche Gefilde erreicht hatten, wurden bereits genannt, zum Beispiel die himmlischen Chöre und die himmlische Musik. In der nichtalltäglichen Wirklichkeit gibt es die Himmel der Oberen Welt also tatsächlich, genau wie das Himmlische Buch, über das die Alten berichteten, die darauf einige der großen Religionen des Nahen Ostens gründeten.

Zusammengefasst: Mithilfe der Aufstiegsmethoden des Core-Schamanismus fanden die Westler von heute Eingang in die Himmel und machten dort Erfahrungen, von denen es vorher generell hieß, sie seien allein den großen Religionsgründern vorbehalten. Zu diesen Erfahrungen gehörten das Hören himmlischer Chöre und Musik, das Betreten herrlicher Gefilde, Begegnungen mit Gottheiten und Verstorbenen, himmlische Zerstückelung, die kosmische Verschmelzung sowie die Entdeckung nicht entzifferbarer Schriftrollen und Bücher. Von denen schließlich eines, wie erwähnt, das bedeutende Wort »Insel« preisgab. Es stellt sich also heraus, dass die Himmel weder in der Vergangenheit noch in unseren Tagen ein Produkt der Fantasie sind, sondern auf bemerkenswert ähnliche Weise von Menschen gesehen (und gehört) werden, zwischen denen Jahrtausende liegen.

Die alten Berichte über das Himmlische Buch sprechen von Tafeln oder Schriftrollen mit unterschiedlichen Schwerpunkten. (»Alt« bezieht sich auf die vorchristlichen, vorislamischen Zeiten.) Ein Beispiel dafür sind die Gesetzestafeln, die Moses empfangen hat.[22] Angefangen im alten Mesopotamien soll das Himmlische Buch etwa folgende Themen behandelt haben: die Götter, das Mysterium des Himmels, die Geheimnisse von Himmel und Erde, Vorsehung, Weisheit, das Gesetz der Erde und des Himmels, Wahrheit, das Geheimnis der Schöpfung und der Ursachen aller Dinge, das Leben und die Unterscheidung von guten und schlechten Taten.[23]

Um noch einmal auf das Buch zurückzukommen, das einer Westlerin das Wort »Insel« offenbart hat, welches sich als Synonym für »Paradies« herausstellte: Es wäre interessant zu erfahren, was sonst noch auf den Seiten stand. Idealerweise offenbart sich das Himmlische Buch eines Tages einer weiteren Westlerin oder einem Westler auf der schamanischen Reise und gibt mehr von seinem Inhalt preis.

Ein neuerlicher Besuch der Unteren Welt: kurze Einblicke in den Himmel

Für Leser, die sich immer noch fragen, ob die Westler vor ihrem Aufstieg in die Obere Welt »programmiert« wurden, genau das zu erfahren, was ihnen ihre Kultur an Erwartungen eingegeben hat, können deren Entdeckungen in der Unteren Welt aufschlussreich sein. Anders gefragt: Fanden sie dort eine Hölle vor – oder gar mehrere?

Zunächst einmal erwartete die Westler in der Unteren Welt nicht allein die Begegnung mit Krafttieren, wie sie im 6. Kapitel beschrieben wurde. Denn abgesehen von der Tatsache, dass wir noch nicht in der Lage waren, eine genaue Netheria-Study der Unteren Welt zu erstellen, weiß ich schon seit Jahrzehnten, dass: 1. die Untere Welt für Westler tendenziell dichter und weniger flüchtig ist als die Obere; und dass 2. statistisch gesehen tierische Gestalten in der Unteren Welt dominieren und menschliche in der Oberen, obwohl beide Formen in beiden Welten auftreten können.

Als Vorschau auf die geplante Netheria-Study werden wir auf den folgenden Seiten einige wichtige Parallelen zwischen Oberer und Unterer Welt betrachten. In den zitierten Beispielen trafen die Westler unter anderem auf eine himmelsartige Umgebung (»ein Garten Eden«), einen Lehrer, bei dem es sich um einen christlichen Heiligen handelte, ein mögliches Himmlisches Buch und auf Musik, wie im ersten der folgenden Berichte.

Fantastische Musik

Am Anfang bewegte ich mich ziemlich schnell, nicht direkt durch einen Tunnel, aber ich kam gleich zu einem Mann mit einem Siegel [Membran]. Darauf konnte ich mir keinen rechten Reim machen, deshalb strömte ich einfach durch das Siegel. Ich reiste durch die Dunkelheit und dann plötzlich durch viele Bögen und Erhöhungen und unterirdische Ströme. Darin bewegte ich mich einfach eine Zeit lang.

Dann fand ich mich an einem geschmolzenen Ort wieder. Plötzlich hörte ich eine fantastische Musik. Ohne Worte, rein klanglich, am ehesten wie Strahlen, Harmonie. Es war eine Harmonie von Schwingung, Atomstruktur. Erst ganz winzig, dann unglaublich groß, massiv.

An diesem geschmolzenen Ort konnte ich nur auf dem Ton weiterreisen, einem einzigen Ton, um in größere Harmonie zu gelangen. Ich schien an eine Zentralsonne oder einen Kern zu kommen, aus dem ein Herzschlag und ein harmonischer Klang wurde, der sich in alle Richtungen ausbreitete. Es war fast, als würde ich zur Erde, zur Sonne, zu den Sternen und zum Mond. Es war, als gäbe es einen inneren Klang, mit dem ich verbunden war – ein kosmischer Klang, und sie sprachen miteinander. Er war sowohl außerhalb von mir als auch in meinem Herzschlag.

Ich kehrte sehr schnell zurück. Ein paar Mal flog ich durch Dunst und fand mich dann auf der anderen Seite des Siegels wieder. Eine Zeit lang war ich noch im Tunnel. Ich war zurück.[24]

Im Garten Eden

... Ich befinde mich auf einem leeren Feld. Ein Loch im Boden öffnet sich, und ich »falle« hinein. Ich lande an einem Ort, von dem ich das Gefühl habe, dass ich da schon einmal war ... nur dass da diesmal nicht nur Skelette und Felsen und ein Fluss aus Feuer sind ... es ist, als wäre alles »an« ... opulent; die Tiere und die Menschen, die da umhergehen, sind von erlesener Schönheit ... und sehr vielfältig, alle möglichen Tierarten, alle Menschenrassen. Jeder Einzelne ist vollkommen ... mir wird klar, dass ich im Garten Eden bin. Diesmal weiß ich zwar, dass ich hier ein »Fremder« bin, und doch habe ich nicht das Gefühl aufzufallen ... die Leute reden mit mir, nicken mir zu und lächeln.

Die Luft ist warm und duftet nach Nelken und Ingwer. Mir ist sehr, sehr wohl.

Eine unglaublich schöne Frau mit langem kastanienbraunem Haar, das ihr bis über die Taille reicht, bringt mir ein unglaubliches goldenes Elixier. Erwartungsvoll nehme ich es entgegen und trinke es. Es ist das Wunderbarste, was ich je gekostet habe ... warm, dickflüssig, süß wie Honig und nahrhaft. Schon während ich trinke, fühle ich mich stärker und unglaublich sinnlich. Das Elixier ist sehr kraftvoll ... fühlt sich beinahe wie eine Droge an.

Als Nächstes führt mich die Frau zu einem Sessel aus Zweigen und bittet mich, Platz zu nehmen. Ich lasse mich auf das nachgiebige Polster fallen; es umfängt meinen Körper perfekt und ich fühle mich wie in einem Kokon.

Unmittelbar darauf träume ich, ich wäre ein weißes Pferd, groß, kraftvoll, stark und ich galoppiere in hohem Tempo durch Zeit und Raum ... alles ist unscharf. Ich fühle mich unglaublich stark, so als könnte ich ewig weitergaloppieren. Nach einer gewissen Zeit komme ich an einen Strand mit blendend weißem Sand und azurblauem Wasser. Ich trinke davon, denn ich habe

Durst und weiß, dass es richtig ist zu trinken. Das Wasser schmeckt wie eine sanftere Variante des Getränks, das ich zuvor bekommen habe, etwas weniger dickflüssig.

Ich falle in einen tiefen Schlaf. Nachdem ich aufgewacht bin, sitzt mein Tier neben mir, es leckt mich ab, säubert mich behutsam mit seiner rauen Zunge ... immer wieder. Sie führt mich zum Wasser zurück und ich nehme ein Bad, reinige mich jetzt selbst. Dann weiß ich, dass die Zeit zur Rückkehr gekommen ist.[25]

Begegnung mit einem Lehrer – dem heiligen Franziskus

Einige Westler begegneten in der Unteren Welt auch Lehrern. Der folgende Bericht eines Mannes, dessen Mutter – eine katholische Lateinamerikanerin – im Sterben lag, wurde in Form eines Interviews aufgezeichnet. Mit ihrer Zustimmung wollte er sie als Vorbereitung auf den Tod mit der nichtalltäglichen Wirklichkeit bekannt machen. Er bat seine Mutter, nach einem Tier Ausschau zu halten – die übliche Anfangsübung für die Reise in die Untere Welt. Sein Bericht wurde um Informationen aus einem anschließenden Interview ergänzt.

Meine Mutter war unheilbar an Krebs erkrankt. In den letzten vier oder fünf Monaten wurde ihr allmählich klar, dass sie sterben musste. Sie hatte starke Schmerzen, gegen die kein Medikament half.

Mein Bruder bot ihr an, sie in das schamanische Reisen einzuführen. Sie stimmte bereitwillig zu. Als Kind hatte sie mediale Fähigkeiten, die jedoch schwanden, als sie älter wurde. Zu der Zeit, als ihr mein Bruder diesen Vorschlag machte, litt sie so unter Schmerzen, dass sie nach jedem Strohhalm griff.

Bei ihrer ersten Reise ging sie durch den Tunnel, den sie auch sehr lebendig beschrieb. Sie benannte die einzelnen Teile des Tunnels, der in eine schöne Landschaft führte. Während sie auf das Tier wartete, saß sie auf einem kleinen Schemel. Bei ihrer ersten Reise tauchte kein Tier auf, auch bei der zweiten nicht.

Beim dritten Mal schließlich zeigte sich eine Gestalt. Aber kein Tier, sondern der heilige Franziskus. Als Katholikin kannte sie ihn natürlich, aber ihr Lieblingsheiliger war er nicht. Allem Anschein nach handelte es sich um ihren Helfer. Er unterhielt sich auf geistiger Ebene mit ihr; Worte verwendete er nie. Auf weiteren Reisen wusste sie in dem Augenblick, da sie den Tunnel verließ, dass sie sich auf ihren Hocker setzen und auf ihn warten müsse.

Alles, was sie erlebte, notierte sie genau. Der heilige Franziskus kam oft und berührte sie nur, und sie berührte ihn an der Kleidung ... Auch andere Heilige erschienen, deren Namen ich aber nicht kannte. Sie ging immer wieder auf Reisen, und ich glaube, bei einer davon kamen gleich zwei Heilige, die auch ihre Helfer wurden. Sie sagten ihr, dass sie wohl werde gehen und schauen müssen (vielleicht was danach kommen würde?).

»Wann?«, fragte sie immer wieder.

Und der heilige Franziskus versicherte ihr wiederholt: »Noch ist es nicht so weit.«

Während einer ihrer späteren Reisen beschloss er schließlich, sie tiefer in diese schöne, schöne Landschaft zu führen. Aber jedes Mal weinte sie, weil sie nicht zurückkommen wollte. Er nahm sie, und beide schwebten auf diese schöne Landschaft zu, und sie landete am Rand einer Schlucht. Sie sah alle die Gestalten in ihren Gewändern jenseits des Abgrunds. Da es sich um eine *sanca* [spanisch für tiefe Schlucht] handelte, konnten sie einander nicht treffen. Zunächst war die Kluft sogar so breit, dass sie niemanden genau erkennen konnte.

Immer wenn sich ihre Schmerzen [in der alltäglichen Wirklichkeit] verschlimmerten, forderte der heilige Franziskus sie auf zurückzugehen [an den Anfang ihrer Reise]. Daran gewöhnte sie sich so, dass sie den Tunnel im Bruchteil einer Sekunde überwinden und auf die andere Seite übertreten konnte. Dort, so wusste sie, musste sie sich hinsetzen und warten.

Manchmal wartete sie, ohne dass der heilige Franziskus gekommen wäre. Meistens aber tauchte er auf und brachte sie wieder zu der Schlucht. Diese wurde jedes Mal schmaler und schmaler, bis sie schließlich auf der anderen Seite einzelne Menschen erkennen konnte. Sie sah meinen kleinen Bruder, der schon hinübergegangen war; er war mit zwei Jahren an den Folgen einer Vergiftung gestorben. Er wartete auf der anderen Seite. Dann sah sie meinen Großvater und meinen Vater und einige andere Verwandte, die sie nicht identifizieren konnte. Dieses Kind (mein kleiner Bruder) und mein Großvater hatten ihr sehr am Herzen gelegen.

Sie streckten die Hände nach ihr aus und wollten, dass sie hinüberginge. Meine Mutter wünschte sich sehr, dem Kind nahe zu sein, und mein Großvater lächelte ihr zu. Das ging viele, viele Reisen so weiter, bis sie bemerkte, dass die *sanca* immer kleiner und kleiner wurde (manchmal allerdings auch wieder größer). Ganz gegen Ende, etwa einen Monat vor ihrem Tod, war die Kluft fast nicht mehr vorhanden. Sie hätte den Graben leicht überqueren können.

Danach wollte sie nicht mehr reisen; sie hatte nicht mehr die Energie dafür. Vier Wochen vor ihrem Tod fiel sie ins Koma. Aber vorher hatte sie alle ihre Erfahrungen genau aufgeschrieben.[26]

Ein nicht zu entzifferndes Buch in der Unteren Welt

Während die alten babylonischen Schriften nur vom *Aufstieg* zum Himmlischen Buch sprechen, ist bei den alten Ägyptern vom *Abstieg* die Rede und davon, dass das Buch in einem unterirdischen Gemach gefunden wurde.[27] Die Westlerin, deren Bericht Sie als nächsten lesen werden, erlebte vielerlei Abenteuer in der Unteren Welt, bevor sie schließlich auf ein unentzifferbares Buch stieß, das stark an die erinnert, die in der Oberen gefunden wurden.

Ich ging in die Untere Welt ... Als ich dort war, holte mich mein Krafttier ab – ein Büffel [Bison] ... Er ließ mich auf sich reiten. Ich saß auf seinem Rücken und wir liefen über die Prärie. Ich bemerkte, dass ich Kleidung und Kopfschmuck eines Häuptlings amerikanischer Ureinwohner trug. Obwohl ich auf dem Rücken des Büffels saß, hielt ich einen langen Stecken in der Hand, mit dem ich bei jedem seiner Schritte auf den Boden tippte.

Als wir an einen Aussichtspunkt kamen, konnten wir die Ebenen unter uns in ihrer Gesamtheit überblicken. Dann machte er einen Sprung und wir stiegen durch die Luft auf und in den Weltraum. Wir tanzten zwischen den Sternen umher und kehrten danach an den Rand der Prärie zurück. Dann gingen wir wieder über den Boden und hinauf in ein dicht bewaldetes Gebiet. Ich liebte und bewunderte den Büffel sehr und war so stolz, auf seinem Rücken sitzen zu dürfen. An einer Lichtung im Wald stieg ich ab.

Dann begriff ich zu meinem Entsetzen, dass ich meinen guten Freund, den Büffel, töten sollte. Das widerstrebte mir sehr. Mein Verstand sagte immer wieder: »Nein, nein, das kann ich nicht«, zugleich aber wusste ich, dass ich es tun musste. Ich wusste es einfach, ganz tief in meinem Inneren. Dabei war ich mir beider Wirklichkeiten bewusst, der alltäglichen und der nichtalltäglichen. Während ich in der alltäglichen Wirklichkeit weinte, lebte ich in der nichtalltäglichen.

Ich stieg ab und blickte dem Büffel in die Augen. Streichelte seinen Kopf, entschuldigte mich bei ihm. Er schien mich zu verstehen. Ich nahm meinen Stecken, an dessen Ende eine Klinge war, und stieß ihn in den Büffel. Als er tot auf dem Boden lag, schlitzte ich ihn auf und entnahm ihm Herz und Leber. Ich wusste, dass ich sie aufessen musste, kämpfte aber dagegen an. Immer wieder sagte ich: »Nein, nein, ich kann das nicht.« Auf einer tieferen Ebene wusste ich aber, dass mir nichts anderes übrig blieb. Schließlich aß ich die Organe roh.

Dann stülpte ich mir seinen Kopf über und zog seine Haut an. Wir verschmolzen. Ich wurde der Büffel, behielt aber meinen eigenen Geist. Ich ging und spürte, wie meine vier Beine den Boden berührten. Empfand die tiefe, kraftvolle Weisheit, von der ich wusste, dass sie die des Büffels war. Das war ein sehr starkes, bewegendes Gefühl. Während ich so dahintrottete, fragte ich mich, ob das wohl die nächste Lebensform in unserem Universum wäre – die Verschmelzung von Mensch und Tier.

Ich ging an den Rand eines Felsvorsprungs und begann, mit dem Fuß auf den Felsen zu stampfen. Jedes Mal, wenn ich das tat, sprühten Funken. Ich schaute ihnen nach und fragte mich, warum ich das tat. Fragte mich, ob die Funken in der Ferne auf den Boden fallen und eine neue Lebensform hervorbringen würden.

Während ich genau hinschaute, um herauszufinden, was es mit den Funken auf sich hatte, öffnete einer von ihnen ein Wurmloch im Weltall, das ich dann mit hoher Geschwindigkeit durchreiste. Es war in Farbe getaucht, orange, gelb und weiß.

Es handelte sich um eine lange Röhre, und als ich schließlich am anderen Ende herauskam, stand ich vor einem Podest, auf dem ein sehr, sehr großes in Leder gebundenes Buch lag. Mit großer Mühe versuchte ich herauszufinden, was auf den Pergamentseiten stand.

Sie waren zwar beschrieben, aber so, dass ich mich partout nicht darauf konzentrieren konnte – die Schrift war einfach nicht zu erkennen. Was ich allerdings verstand, war, dass sie äußerst wichtig war und ich nicht in der Lage sein sollte, sie zu lesen. Ich sollte nur wissen, dass es sie gab. [Hervorhebung M. H.]

In diesem Augenblick wurde ich in das Wurmloch zurückgezogen. Unterwegs vernahm ich das Rückholsignal der Trommel. Als ich in die alltägliche Wirklichkeit zurückgekehrt war, rollten mir die Tränen über die Wangen.[28]

Obwohl niemand sagen kann, ob es sich hier tatsächlich um das Himmlische Buch handelte, entsprach es zweifellos den sonstigen Beschreibungen der nicht zu entziffernden Bücher und Schriftrollen in der Oberen Welt, auch demjenigen, das das Wort »Insel« freigab.

Dass die Untere Welt der Oberen in vieler Hinsicht ähnelt, hat sich in meiner Arbeit mit den Westlern schon früh herausgestellt; auch die wenigen hier zitierten Beispiele aus der Unteren Welt sowie die Ausführungen im 6. Kapitel bestätigen diese Beobachtung. Einige Unterschiede scheint es aber doch zu geben, und gerade auch deshalb ist eine gründliche Netheria-Study dringend erforderlich.

Betrachtung der Oberen und Unteren Welt

Einige Teilnehmer an unserer Studie, die sich den Anweisungen (zu finden im Anhang B) gemäß Zugang zur Unteren Welt verschafften, fanden manchmal auch dort himmlische Gefilde. Im Gegensatz zu kulturell bedingten Erwartungen stießen sie in der Unteren Welt auf nichts, was an eine Hölle nach christlichem Verständnis erinnern würde, sondern eher im Gegenteil. Viele sagten später sogar, dass sie auf der

Grundlage ihrer Erfahrungen im Rahmen der schamanischen Reise nach ihrem Tod lieber dorthin gehen würden als in die Obere Welt. Auch tragen die Berichte der Westler zur weiteren Entkräftung des Arguments bei, es handle sich bei ihren Erlebnissen um das Ergebnis kultureller Projektion.

Wie bereits erwähnt gilt in einigen traditionellen Kosmologien der Ureinwohner Nordamerikas die Untere Welt als himmlischer Ort, an dem man sich nach dem Tod gern aufhalten würde – im Gegensatz zu den Auffassungen der großen Weltreligionen. Deren weitverbreiteter Einfluss hat übrigens dazu geführt, dass viele der noch übrig gebliebenen Schamanen zum Beispiel in der Mongolei oft gar nicht mehr versuchen, in die Untere Welt abzusteigen.[29]

Das, was einer »Hölle« vermutlich noch am nächsten kommt, ist unsere eigene Welt, die Mittlere, mit ihren Schmerzen und ihrem Leiden. Aus der Oberen und Unteren Welt dagegen wird dergleichen faktisch nie berichtet, selbst wenn die Reisenden dort eine Zerstückelung erfahren haben. In den Himmeln gibt es keinen Schmerz.

Bei einigen indigenen Völkern der tropischen Regenwälder in Südamerika gibt es eine Legende, die von einer weit zurückliegenden Zeit erzählt: Himmel und Erde waren durch eine Liane miteinander verbunden, und entlang der Liane konnte man nach Belieben hinauf- und hinunterklettern. Aufgrund unglücklicher Umstände riss die Liane, sodass nur noch die Schamanen in der Lage waren, den Himmel zu besuchen. Und eines Tages gab es auch keinen letzten Schamanen mehr. Und die Menschen klagten, dass es nun nicht mehr möglich sei, den Himmel zu besuchen.

Heutzutage steht es uns mithilfe der Methoden des Core-Schamanismus jederzeit frei, sowohl die Obere als auch die Untere Welt zu bereisen und selbst zu schauen, was dort ist. Dabei kann sich jeder Einzelne von der Existenz der Himmel jenseits der Mittleren Welt überzeugen. Es gibt sie – aber in einer anderen Wirklichkeit – jener Wirklichkeit, die die Schamanen aufsuchen, um anderen zu helfen und sie zu heilen.

Spirituelle Freiheit und Zukunft

Der Schamanismus, und das gilt auch für den schamanischen Aufstieg, ist ein Weg der Unabhängigkeit. Er führt in die spirituelle Freiheit. Damit meine ich die Freiheit zu *wissen* und nicht nur die zu glauben. Diese persönliche Unabhängigkeit kann nie mehr abgeschafft werden, zum Beispiel dadurch, dass man Schamanentrommeln beschlagnahmt. Denn deren Klang ist praktisch überall auf der Welt elektronisch verfügbar, und die Schamanentrommel ist gleichsam zur Wahlurne spiritueller Freiheit geworden.

Der Klang dieser Trommel kann uns wieder durch die Barrieren in die Himmel begleiten und zurück; Barrieren, die uns hoffentlich nie wieder behindern werden. Der Core-Schamanismus stellt uns heute die Instrumente zur Verfügung, mit denen wir in einer anderen Welt Hilfe finden. In den Himmeln erwarten uns die Lehrer, weise und fürsorgliche Spirits, die immer bereit sind zu heilen und ihr Wissen und ihre Weisheit mit uns zu teilen, um uns bei der Lösung unserer Probleme und der der Welt zu unterstützen. Und uns für eine bessere Zukunft zu rüsten.

Dass es uns gelingen kann, diese Probleme zu beheben, scheint vielen unmöglich. Nun aber steht uns auch bei Schwierigkeiten, die »nur durch ein Wunder« aus dem Weg zu räumen sind, unschätzbare Hilfe zur Verfügung. Es ist an der Zeit, dass der Schamanismus die Weltbühne betritt, denn wir brauchen in der Tat Wunder. Und Wunder zu wirken ist die Aufgabe von Schamanen.

Das Wunder des entfesselten Schamanen stellt eine wichtige Lehre dar. So wie die Geister die Fesseln des Schamanen auf wundersame Weise lösen können, sind sie auch in der Lage, die Menschheit von den Fesseln ihres Glaubens und Nichtglaubens zu befreien. Indem wir uns von diesen Banden befreien, können wir uns selbst des Wissens, der Weisheit und Hilfe unserer Lehrer und der anderen mitfühlenden Geister versichern.

Wir sind nicht mehr auf die Lehren der Himmlischen Bücher angewiesen, die uns ein paar wenige in ferner Vergangenheit haben zukommen lassen, denn jetzt sind viele von uns in der Lage, selbst an die heiligen Ursprünge dieser Lehren zu reisen. Wie eine Freiheitsglocke läutet die Schamanentrommel eine spirituelle Revolution ein. Wie lange es auch dauern mag, bis diese sich erfüllt: Die Liane, die in die Himmel führt, hat sich jedenfalls erholt. Und dies gilt ausdrücklich nicht nur nach oben hin, sondern auch für ihre metaphorischen Wurzeln unten, die so lange verleugnet wurden.

Nachwort

Noch einmal die Höhle

Walter Cline hat noch etwas über den Power Quest gesagt. Und zwar berichtete er, dass die Salish-Okanagan Bilder von den Spirits, denen sie in den Höhlen begegnet sind, an die Wände gemalt haben.[1]

Warum sie das taten? Wie die Ältesten der Okanagan Cline erklärten, fertigten »Menschen mit starker Kraft« diese Bildnisse »als eine Art Werbung« an; und auf »unbestimmte Weise« würden diese »den Maler dabei unterstützen, seine Kraft auszuüben«.[2] Dargestellt wurden nur »starke Kreaturen«.[3]

Cline fügte hinzu, dass Kinder auf ihrem Power Quest diese Felsmalereien aufsuchen konnten.[4] Väter schickten ihre Söhne üblicherweise allein zu den Bildnissen, die sie selbst viele Jahre zuvor angefertigt hatten. Dabei scheinen sie ihnen im Allgemeinen nur gewisse Hinweise auf die »Kraftmalereien« (wie ich sie nenne) und die Örtlichkeiten, an denen sie sich finden ließen, gegeben, sie aber nicht direkt angesprochen zu haben.[5] Doch in einem Fall ließ der Vater, wie schon erwähnt, »seinen Sohn an einem Seil in die Höhle in einer Felswand herab und zog ihn am nächsten Morgen wieder hinauf. Während seiner Nacht in der Höhle bekam der Junge die Kraft des Geschichtensteins, die ihn vor allem Unheil bewahrte.«[6] (Den Ausdruck »Geschichtenstein«, »Story Rock«, verwendeten die Ureinwohner im Westen Nordamerikas gern für bemalte Felsen. Wobei sie in diesem Fall auch dafür bekannt waren, dass sie über Kraft verfügten.) Die Absicht der Okanagan bestand immer darin, den Kindern bei der Suche nach einem schützenden Geist behilflich zu sein, idealerweise dem eines Vaters.[7]

Und so ist es vielleicht auch kein Zufall, dass sich vor sechsundzwanzigtausend Jahren und am anderen Ende der Welt die Fußabdrücke eines Kindes dem mittlerweile längst ausgehärteten Lehmboden einer Höhle eingeprägt haben: in der jungpaläolithischen Chauvet-Höhle in Frankreich, deren Wände mit gemalten Abbildungen von Tieren bedeckt sind.[8] Die Untersuchung der Fußspuren in einer Vielzahl bemalter Höhlen aus dem Jungpaläolithikum ergab zudem, dass fast alle von Kindern stammen.[9]

So haben die Ältesten der Okanagan die Welt offenbar mit den Missing Links zu einem besseren Verständnis der uralten Felsmalereien in Europa beschenkt.

Aber warum bekamen die Kinder der Okanagan nur indirekte Hinweise auf die Bilder ihrer Väter und die Örtlichkeiten, an denen sie sich befanden? Ich kann natürlich weder für dieses Volk noch für die Menschen von vor sechsundzwanzigtausend Jahren sprechen, doch bei den Shuar gehörte es zum traditionellen Wissen, dass man erst in hohem Alter über die Erfahrungen spricht, die man bei einem Power Quest gemacht hat. Und da ich nun schon dreiundachtzig bin, habe ich mich eben entschlossen, Ihnen gleich am Anfang zu verraten, was ich in der Höhle erlebt habe.

Wenn man will, ist dieses Buch mein persönliches Höhlenbildnis, das ich anderen hinterlasse, die auch diesen Weg gehen, um ihnen damit Hinweise für ihre eigene Krafterfahrung zu geben. Aber das alles sind nur Worte. Es ist an Ihnen, den Leserinnen und Lesern, in die verborgene Welt der Spirits einzutreten und sich selbst ein Bild von der Wirklichkeit zu machen.

Anhang A

Der Aufstieg in die Obere Welt, um Erfahrungen zu vergleichen

Dies ist eine Einladung an Sie, die Leserinnen und Leser, selbst in die Obere Welt zu reisen und mithilfe der Anweisungen, die auch die Westler in der Celestia-Study erhalten haben, »über den Regenbogen« zu gehen. (Im Anhang C finden Sie nützliche Hilfsmittel für Ihren Aufstieg.) Dies ist Teil der spirituellen Freiheit, die der Schamanismus bietet.

Sollte Ihnen das schamanische Reisen ganz neu sein, so haben Sie jetzt die Chance herauszufinden, ob und wie sich Ihre Erfahrungen in der Oberen Welt mit denen der Westler, die in diesem Buch zu Wort gekommen sind, vergleichen lassen. Wie ich herausgefunden habe, sind etwa neunzig Prozent aller Westler in der Lage, die Obere Welt zu bereisen, wenn sie sich strikt an die Anweisungen halten. Und die anderen zehn Prozent? Über die gibt es keine formelle Studie, im Allgemeinen scheint es aber so zu sein, dass sich Personen mit dominanter linker Gehirnhälfte, wie etwa Ingenieure oder Juristen, am schwersten tun.

Da Sie mit den Inhalten dieses Buches nun wahrscheinlich vertraut sind oder bereits Erfahrungen mit dem schamanischen Reisen gemacht haben, können Sie nicht mehr als »naiver« Reisender betrachtet werden. Deshalb schlage ich vor, dass Sie sich ein paar Leute aus Ihrem Freundeskreis suchen, die 1. *Die Wirklichkeit der Schamanen* weder gelesen noch davon gehört haben, und 2. zu Experimenten bereit sind. Sagen Sie ihnen nichts über die Erfahrungen, von denen hier die Rede war, sondern geben Sie ihnen lediglich die in diesem Kapitel folgenden methodischen Anleitungen für den schamanischen Aufstieg. Fragen Sie sie nach den Erfahrungen, die sie bei den Übungen machten.

Vergessen Sie dabei nicht, dass im Sinne des Core-Schamanismus jeder seine Reisen selbst interpretiert. Vergleichen Sie dann die Ergebnisse, diskutieren Sie darüber und ziehen Sie Ihre Schlüsse.

Sollten Sie im schamanischen Reisen bereits geübt sein und Ihre Erlebnisse bei den Aufstiegen in die Obere Welt dokumentiert haben, können Sie die Berichte aus diesem Buch auch einfach mit Ihren eigenen Erfahrungen vergleichen.

Es folgen jetzt die Anweisungen, die den Westlern vor ihrem Aufstieg in die Obere Welt gegeben wurden. Sie sind Teil des Standard-Curriculums des »Basis-Seminars: Der Weg des Schamanen«® der Foundation for Shamanic Studies. Diese habe ich entwickelt, erforscht und experimentell erprobt, bevor ich sie den Mitgliedern der Fakultät der Foundation for Shamanic Studies im Rahmen ihrer Ausbildung zum Unterrichten des Basis-Seminars an die Hand gegeben habe. Diese Personen waren gehalten, sich so eng wie möglich an sie zu halten, damit alle Studenten über dieselben Voraussetzungen für den Besuch von Fortgeschrittenen-Seminaren verfügten.

Obwohl der Wortlaut natürlich nicht immer exakt derselbe war, enthält dieses Kapitel genau das, was alle Fakultätsmitglieder der Foundation, angefangen bei mir selbst, seit Jahren über die Methoden des Aufstiegs in die Obere Welt und der Arbeit dort lehren. Die Mitglieder der Fakultät sind angewiesen, den Kursteilnehmern nicht mehr über die Obere Welt zu verraten.

Die erste Reise in die Obere Welt

Wir geben Ihnen zwar Techniken an die Hand, mit deren Hilfe Sie in der Oberen Welt Wissen und Hilfe bekommen können, die Erfahrungen, die Sie machen, wenn Sie diese Methoden anwenden, sind jedoch ganz Ihre eigenen. Seien Sie nicht überrascht, wenn Sie fantastische, bewegende Dinge erleben, die Freude und Tränen des Glücks bei Ihnen auslösen. Es ist schließlich kein Zufall, dass manche indigenen Völker vom »Weg des Weinens« sprechen. Derartige Erfahrungen sind Zeugnisse tiefer schamanischer Ekstase.

Für Ängste oder Sorgen besteht kein Grund, wenn Sie »außerhalb der Zeit« reisen und die Mittlere Welt verlassen, in der wir leben. Sie werden entdecken, dass Sie in Bereiche kommen, in denen es liebevoller und mitfühlender zugeht als in der Mittleren Welt, in der Schmerz und Leid an der Tagesordnung sind. Wir haben schon vor langer Zeit herausgefunden, dass es außerhalb der Mittleren Welt keinen Schmerz gibt.

Anfänger fragen mich oft nach den Unterschieden zwischen der Unteren und der Oberen Welt.

Das zu beantworten lehne ich immer ab, denn wenn ich das täte und sie mir glaubten, würden wir anfangen, eine Religion zu gründen, und nicht mehr schamanisch arbeiten. Im Schamanismus ist immer das Individuum die Autorität.

Sie selbst müssen den Kosmos der Oberen Welt durch Erfahrung erkunden. Kein Außenstehender kann Ihnen sagen, wo genau in der nichtalltäglichen Wirklichkeit die spirituellen Wesenheiten und Hilfsmittel aufzufinden sind. Das müssen Sie anhand Ihrer eigenen Praxis ganz für sich herausfinden. Von mir erhalten Sie dabei absichtlich nur ein Minimum an Hilfe.

In schamanischen Kulturen, die im Allgemeinen keine Schrift kannten, setzte das Sammeln von Reise-Wissen abgesehen vom ständigen Üben eine große mnemotechnische Disziplin beziehungsweise viel Gedächtnistraining voraus. Eine kontinuierliche Praxis ist auch für uns wichtig, aber wir haben den Vorteil, dass wir uns nach unseren Reisen Notizen machen können und uns deshalb nicht allein auf unser Gedächtnis verlassen müssen. Mithilfe der »simultanen Erzählung« und dem gleichzeitigen Aufzeichnen der Reise, einer Methode, die in diesem Kapitel später noch erläutert wird, können wir unsere Erlebnisse sogar aufnehmen, während sie geschehen. Solche Techniken vermögen unsere Erkenntnisse über den Kosmos der nichtalltäglichen Wirklichkeit zu bereichern und erheblich zu beschleunigen.

Sollten Sie dieses Buch nutzen wollen, um die Methoden des schamanischen Reisens zu erlernen, ist es sehr wichtig, dass Sie sich genau an die Reihenfolge halten, in der die Anweisungen gegeben werden, und dass Sie jede Übung erfolgreich absolvieren, nach Möglichkeit mehrmals, bevor Sie zur nächsten übergehen. Die Anweisungen für das schamanische Reisen beruhen auf meinen jahrzehntelangen Recherchen und Erfahrungen im Unterrichten. Mit ihrer Hilfe habe ich viele Tausende im Schamanismus ausgebildet, so auch die späteren Fakultätsmitglieder der Foundation for Shamanic Studies.

Im Idealfall führen Sie jede Übung durch, bevor Sie die Berichte anderer über ihre Erfahrungen mit der jeweiligen Praxis lesen. Auf diese Weise können Sie Ihre eigenen mit diesen vergleichen, ohne sich fragen zu müssen, ob Sie sich vielleicht von ihnen haben beeinflussen lassen.

In den meisten indigenen Gesellschaften wird mithilfe der monotonen Klänge von Schlaginstrumenten, insbesondere von Trommeln, schamanisch gereist. Unabhängig davon, ob das Trommeln live ist oder von einer Tonkonserve kommt, muss der Reisende dabei fokussiert und in der Lage sein, Absicht und Konzentration aufrechtzuerhalten. Wer nicht fokussiert beziehungsweise mental oder emotional nicht »gut beieinander« ist, wird die Disziplin, die nötig ist, um mithilfe des akustischen Antriebs schamanisch zu reisen, nicht aufbringen können – dann ist es nur Trommeln, sonst nichts.

Die meisten der von Trommeln begleiteten schamanischen Reisen dauern (so auch in Sibirien) keine halbe Stunde, und man kann sie jederzeit beenden, ohne das Ende des Trommelns abwarten zu müssen. Trommeln unterstützt jedoch auch die Rückreise, was kein Nachteil ist.

Sollten Sie trotz des Rückholsignals die bewusste Rückkehr vergessen oder verpasst haben, driften Sie einfach in die alltägliche Wirklichkeit zurück. Das ist leicht, weil das Trommeln, das Sie in der nichtalltäglichen Wirklichkeit halten soll, bereits weggefallen ist. Somit ist das schamanische Reisen in vielerlei Hinsicht sogar ungefährlicher als ein Traum, weil man jederzeit aussteigen kann.

Vorbereitungen für Ihren Aufstieg

Sie werden jetzt bald Gelegenheit haben, der Oberen Welt einen ersten Besuch abzustatten. Bevor Sie starten, sollten Sie sich aber sicher sein, dass Sie die folgenden Anweisungen auch verstehen. Bei dieser ersten Übung können Sie eine Tonaufnahme mit schamanischem Trommeln benutzen (siehe »Das Verlassen der Mittleren Welt«, S. 347).

Ehe Sie zu einer schamanischen Reise aufbrechen, warten Sie, bis Sie ruhig und entspannt sind. Nehmen Sie in den vierundzwanzig Stunden davor keine bewusstseinsverändernden Drogen zu sich – auch keinen Alkohol –, damit Sie sich gut konzentrieren können und Ihr Geist vollkommen klar ist. Sie sollten auch ausgeruht sein, um bei den entspannenden Klängen der schamanischen Trommel nicht einzuschlafen.

Schalten Sie alle Telefone und möglichen anderen Stör- und Geräusch-Quellen aus. Ziehen Sie die Schuhe aus, lockern Sie Ihre Kleidung und legen Sie sich bequem auf den Boden oder ein Bett. Sollten Sie regelmäßig meditieren, können Sie diese Übung auch im Sitzen machen. Dunkeln Sie den Raum bestmöglich ab und legen Sie ein Tuch über Ihre Augen.

Was Ihre Position angeht, ist das Wichtigste, dass sie es Ihnen optimal ermöglicht, Ihren Körper zu verlassen – dass Sie also nicht gezwungen sind, einen Teil Ihrer Konzentration darauf zu verwenden, diese in der alltäglichen Wirklichkeit beizubehalten. Aus diesem Grund bevorzugen viele Angehörige des westlichen Kulturkreises, aber auch mancher indigenen Gesellschaften, zum Beispiel im Westen Nordamerikas, das Liegen. In Sibirien und angrenzenden Landstrichen wird dagegen bei schamanischen Reisen mehr gesessen oder gestanden. Bei Letzterem kommen oft noch Körperbewegungen hinzu, etwa mit zusätzlichen Schlaginstrumenten wie Glocken oder anderen Gegenständen aus Metall.

Die simultane Erzählung

Wenn Sie die Wirkungen einer schamanischen Reise verstärken möchten, können Sie es mit der Methode des simultanen Erzählens versuchen. Bei dieser Technik, die ich Anfang der Achtzigerjahre entwickelt habe, spricht man alles, was man vom Anfang der Reise bis zu ihrem Ende erlebt, laut aus, während es geschieht. Da Sie Trommeln von der CD, vom Tonband (oder einer anderen Quelle) und ein Abspielgerät mit Kopfhörern verwenden, ist der Raum geräuschfrei.

Dabei sollte man ständig sprechen, auch wenn sich gerade nichts ereignet. Dann sagt man eben so etwas wie »Nichts passiert«. Dieses Satzes wird man recht bald müde, und an diesem Punkt kommen die Dinge gewöhnlich ins Rollen. Um den Nutzen des simultanen Erzählens zu optimieren, kann man unabhängig von dem Abspielgerät, von dem das Trommeln kommt, ein Aufnahmegerät (Diktafon) verwenden und in ein damit verbundenes Ansteckmikrofon sprechen.

Auf diese Weise wird alles, was Sie während der Reise erleben, festgehalten. Anschließend können Sie die Aufnahme abhören und somit bei Ihren Notizen auch Details berücksichtigen, die Sie vielleicht vergessen haben. Darüber hinaus stellen die gesammelten Aufnahmen auch ein gutes Archiv Ihrer Erfahrungen dar. Und das kann recht nützlich sein, weil mit zunehmendem Verständnis frühere Reisen oft eine ganz neue Bedeutung annehmen.

Dadurch, dass sich die Aufmerksamkeit durch das simultane Erzählen sehr fokussiert, können die Reisen viel lebendiger werden und oft sogar stärker als mit Live-Trommel-Begleitung. Diese eignet sich übrigens nicht für die simultane Erzählung, weil das Trommeln die menschliche Stimme übertönt und so eine klare Aufnahme praktisch unmöglich wird.

Egal, ob Sie sich der simultanen Erzählung bedienen oder nicht: Wichtig ist, dass Sie nach jeder Reise Ihre Erfahrungen überdenken und sich Notizen machen, auf die Sie später zurückgreifen können.

Die bisher beschriebenen Methoden bilden auch die Grundlagen eines Seminars der Foundation namens »Harner Shamanic Counseling™«.

Live-Trommeln

Wenn Sie sich für eine Live-Begleitung entscheiden, weisen Sie den Trommelnden an, sein Instrument monoton, nicht allzu laut und in hohem Tempo zu schlagen. Lautstärke und Rhythmus sollten immer gleich bleiben. Für die meisten Reisen ist eine Frequenz von 205 bis 220 Schlägen pro Minute optimal. Am besten finden Sie die passende Art und Geschwindigkeit des Trommelns heraus, wenn Sie sich eine der von der Foundation for Shamanic Studies produzierten CDs oder MP3-Aufnahmen anhören.

Längeres monotones Trommeln zur Unterstützung einer schamanischen Reise kann Schwerstarbeit sein. Trotzdem sollte der Trommelnde versuchen, fünfzehn Minuten durchzuhalten (zehn reichen meistens nicht aus). Nach Ablauf dieser Viertelstunde sollten vier kurze Trommelwirbel Ihnen das Signal geben, sich für die Rückkehr bereit zu machen. Anschließend sollte die Trommel etwa dreißig Sekunden lang sehr schnell geschlagen werden (schneller als 205 bis 220 Schläge pro Minute), um Sie auf der Rückreise zu begleiten. Weitere vier Trommelwirbel sind dann das Zeichen, dass Sie wieder im Raum angekommen sein sollten. Mit zunehmender Praxis wird es immer leichter fallen, eine schamanische Reise von fünfzehn Minuten zu trommeln, ohne zu ermüden.

Wenn Sie eine CD verwenden und deshalb keine Rücksicht auf den Trommelnden nehmen müssen, können Sie Ihre Reise bis zu einer Länge von dreißig Minuten ausdehnen. Wollen Sie sich trotzdem auf eine Viertelstunde beschränken, wählen Sie einfach den fünfzehnminütigen Track der CD. Die Trommel-CD für das schamanische Reisen hat, wie alle anderen, die ich seit Beginn der Achtzigerjahre entwickelt habe, genau das richtige Tempo und enthält auch die gerade beschriebenen Rückholsignale. Außerdem haben sie den

Vorteil, dass Sie sich keine Gedanken um den Trommelrhythmus machen müssen und die Lautstärke selbst steuern können. Die CDs und MP3s können über die Foundation for Shamanic Studies bezogen werden (Näheres in Anhang C).

Das Verlassen der Mittleren Welt

Setzen Sie sich Kopfhörer auf und schließen Sie sie an einen CD- beziehungsweise MP3-Player (respektive Computer) an, auf dem Sie eine der empfohlenen CDs/MP3s mit Trommeln für das schamanische Reisen abspielen.

Bedecken Sie Ihre Augen mit einem Tuch, durch das möglichst wenig Licht fallen kann. Gönnen Sie sich dann ein paar Minuten Ruhe, in denen Sie überlegen, wie Sie Ihren Aufstieg beginnen möchten.

Bevor Sie zu Ihrer Reise in die Obere Welt aufbrechen, ist es sehr wichtig, dass Sie (genau wie ein indigener Schamane) einen Ort in der Mittleren Welt (also auf der Erdoberfläche) als Startplatz wählen. Diesen Ort haben Sie irgendwann einmal in der alltäglichen Wirklichkeit besucht. Dabei kann es sich um ein Plätzchen handeln, das Sie sehen, wenn Sie heute bei sich aus dem Fenster schauen, oder auch um etwas, was Sie von früher kennen. Wichtig ist nur, dass Sie diesen Ort in der Mittleren Welt einigermaßen genau lokalisieren und visualisieren können.

Einfach die Augen zu schließen und sich irgendeinen Ausgangspunkt vorzustellen, von dem Sie nicht aus eigener Anschauung wissen, dass er in der Mittleren Welt existiert, reicht nicht. Ohne solche Vorstellungsdisziplin kann der Reisende im Unklaren darüber sein, von welcher Welt und welcher Ebene aus er startet und wo er ankommt. Erfahrene Schamanen haben stets dieselben Ausgangspunkte in der Mittleren Welt und sind dadurch in der Lage, ihre Erlebnisse exakt zu kartieren.

Es kommt nicht darauf an, wie lange Sie Ihren Ausgangspunkt in der Mittleren Welt im alltäglichen Leben nicht mehr gesehen haben. Und es spielt auch keine Rolle, ob er in der alltäglichen Wirklichkeit heute noch so aussieht, wie Sie ihn in Erinnerung haben. Schamanisch ausgedrückt sehen Sie den Geist des Ortes, und der bleibt unabhängig von späteren Veränderungen erhalten.

Sobald Sie sich für einen Startplatz entschieden haben, sollten Sie ihn für alle Ihre schamanischen Aufstiege nutzen. Denn dadurch, dass Sie wiederholt von ein und derselben Stelle aus aufbrechen, wird es Ihnen zunehmend leichter fallen, sich den Beginn Ihrer Reise vorzustellen. Bei Bewährtem zu bleiben, fördert überdies die allmähliche Vertiefung des schamanischen Bewusstseinszustands. Anders gesagt: Allein schon die Vertrautheit mit dieser Anfangsroutine ist wichtig, um in einen veränderten Bewusstseinszustand eintreten und immer lebendigere Erfahrungen machen zu können. Sie beschleunigt das Reisen aber auch und ermöglicht es einem, mehr Zeit in der Oberen Welt zu verbringen.

Besinnen Sie sich auf die klassischen schamanischen Ausgangspunkte, über die ich bereits in früheren Kapiteln gesprochen habe, fühlen Sie sich aber nicht auf sie beschränkt. New Yorker etwa haben nicht unbedingt enge Beziehungen zu Bergen, Bäumen oder offenen Kaminen. Deshalb ziehen sie es vielleicht vor, von einem Wolkenkratzer wie zum Beispiel dem Empire State Building aus in die Höhe zu springen, den sie aufgrund ihrer Alltagserfahrungen leicht visualisieren können. So etwas findet sich in der klassischen Literatur über den sibirischen Schamanismus natürlich nicht, kann für

New Yorker aber gut funktionieren. Bei der Wahl eines Ausgangspunktes geht es nicht um die Frage, ob er von Menschen erschaffen wurde oder natürlichen Ursprungs ist, sondern darum, dass es sich tatsächlich um einen *Ort* handelt (und nicht um ein bewegliches Objekt wie zum Beispiel einen Vogel, ein Flugzeug oder eine abgeschossene Rakete), den man zudem mit eigenen Augen in der alltäglichen Realität gesehen haben muss.

Die Stelle, von der aus Sie in die Obere Welt aufbrechen, sei es nun ein Berg, ein Baum oder etwas anderes, muss nicht notwendigerweise bis in den Himmel reichen, sollte aber höher sein als die Umgebung. Da fällt mir ein Beispiel ein: Vor etwa zwei Jahrzehnten besuchte eine kleine Gruppe von Mitgliedern der Foundation for Shamanic Studies die Karibu-Eskimo (Inuit) im Nordwesten der Hudson Bay. Ein junger Mann wollte sich von uns unterrichten lassen, weil die Missionare den Schamanismus und das schamanische Heilen verboten und in seiner Gemeinde praktisch ausgelöscht hatten. Wir brachten ihm nur die grundlegenden Reise-Techniken bei, damit er den Rest direkt von den Spirits lernen konnte. Da es in der Tundra keine Bäume oder Berge gab, entschied er sich als Ausgangspunkt seines Besuches der Oberen Welt für einen sanften Hügel auf einer Insel in der Nähe seines Heimatdorfes. Und obwohl der eigentlich nicht hoch war, konnte der junge Mann ihn doch mit Erfolg nutzen, weil der Hügel aus der ansonsten flachen Landschaft herausragte.

Entscheidend ist also, dass Ihre Wahl auf einen Ausgangspunkt fällt, der für Sie funktioniert. Dabei könnte es sich, wie gesagt, um einen Baum handeln.

Ein Baum

Ziehen Sie entspannt und in Ruhe Bäume in Betracht, die Sie aus der alltäglichen Wirklichkeit kennen, und entscheiden Sie sich dann für einen eher großen, mit dem Sie sich besonders verbunden fühlen. Er könnte jetzt bei Ihrem Haus stehen, vielleicht aber kennen Sie ihn auch von früher. Wie gesagt, Sie sollten ihn mit eigenen Augen gesehen haben und wissen, wo er ungefähr steht. Ob der Baum in der Zwischenzeit abgestorben ist oder gefällt wurde, spielt keine Rolle, denn Sie arbeiten mit dem Geist des Baumes an diesem Ort. Solange Sie sich des Baumes und der Stelle, an der er steht, erinnern, können Sie ihn als verlässlichen Ausgangspunkt für Ihre Reise in die Obere Welt verwenden.

Schließen Sie die Augen oder bedecken Sie sie mit einem Tuch und versuchen Sie, einen kurzen Blick auf den Baum zu werfen. Aber verlieren Sie nicht den Mut, wenn es nicht auf Anhieb klappt. Vielleicht sind Sie ja ein kinästhetischer Typ und müssen eher spüren, wie Sie den Baum hinaufklettern, statt Ihren Aufstieg vor sich zu *sehen*. Und mit etwas Übung können Sie ihn später auch visuell wahrnehmen.

Beginnen Sie dann mit dem Aufstieg. Und zwar ohne jegliche Erwartung, wo der Baum enden könnte. Vielleicht reicht er bis in die Obere Welt, möglicherweise befinden Sie sich aber auch sofort in seinem Wipfel, lange bevor Sie die Mittlere Welt verlassen haben. In diesem Fall springen Sie einfach vom Baum ab, in die Höhe.

Vielleicht sehen Sie den Baum bei Ihrem Weg nach oben so, wie Sie ihn auch in der alltäglichen Wirklichkeit wahrnehmen würden. Es kann aber genauso gut sein, dass Sie sich selbst von außen beim Klettern beobachten. Beides ist in Ordnung. Letzteres bezeichne ich gern als »Out-of-Spirit«-Erfahrung, weil dabei vom schamanischen Standpunkt aus ein Teil Ihres Geistes beziehungsweise Ihrer Seele den Baum hinaufklettert, während ein anderer zuschaut. Diese Erfahrung – an zwei Orten gleichzeitig zu sein – ist ein Aspekt des Doppelgängerphänomens, das man aus der Literatur kennt. Die meisten erleben es aber nicht gleich zu Beginn ihres schamanischen Wirkens, sondern erst nach längerem Arbeiten.

Ein Schornstein

Die alte europäische Schornstein-Technik, über die ich bereits früher gesprochen habe, ist auch heute noch beliebt, weil die meisten von uns leicht einen Kamin visualisieren können, den sie kennen oder dessen sie sich erinnern und mit dem oft angenehme Gefühle verbunden sind. Versuchen Sie ihn zu visualisieren, wobei es keine Rolle spielt, ob damals ein Feuer brannte oder nicht.

Zu Beginn Ihrer Reise in die Obere Welt betreten Sie den Kamin und steigen dann durch den dunklen Schornstein auf. An seinem oberen Ende gelangen Sie möglicherweise in einen wolkenartigen Tunnel oder erheben sich vielleicht auch in den offenen Himmel und sehen auf dem Weg nach oben die Erde unter sich.

Ein Berggipfel

Wählen Sie einen Berg, den Sie aus der alltäglichen Wirklichkeit kennen und dessen Gipfel Sie auch mit eigenen Augen gesehen haben, wenngleich vielleicht nur aus der Ferne. Visualisieren Sie sich auf der Spitze des Berges und springen Sie von da aus in die Höhe.

Ein Regenbogen

Wenn Sie einen Regenbogen als Ausgangspunkt für Ihre Reise in die Obere Welt nehmen möchten, visualisieren Sie einen, den Sie irgendwann einmal gesehen haben. Dabei darf es sich ruhig auch nur um einen halben Regenbogen handeln. Wichtig ist bloß, dass Sie ihn genau so und am selben Ort visualisieren wie zu dem Zeitpunkt, als Sie ihn in der alltäglichen Wirklichkeit gesehen haben. Sie beginnen Ihre Reise an der Stelle, an der sich der Regenbogen von der Erde in den Himmel spannt, klettern an ihm hinauf und springen auf seinem Scheitelpunkt in die Höhe.

Ihre Aufgabe

Formulieren Sie die Aufgabe Ihrer Reise jetzt dreimal, damit Sie unterwegs nicht vergessen, welches Ziel Sie verfolgen. Um erfolgreich schamanisch reisen zu können, ist diese Absichtserklärung wichtig. Schärfen Sie sich diese deshalb genau ein, bevor Sie aufbrechen. Fürs erste Mal schlage ich vor, dass Sie sich sagen: »Meine Aufgabe (oder: der Zweck meiner Reise) besteht darin, in die Obere Welt aufzusteigen und sie so lange zu erkunden, bis mich die Trommel zurückruft.« Wenn Sie die Technik der simultanen Erzählung nutzen und alles, was geschieht, aufnehmen, können Sie Ihre Absichtserklärung auch laut aussprechen. Stellen Sie dann den Tonträger mit dem schamanischen Trommeln an.

Der Übergang von der alltäglichen in die nichtalltägliche Wirklichkeit: die erste Barriere

Erinnern Sie sich an die Diskussion über die erste Barriere beziehungsweise die Übergangszone zwischen der alltäglichen und der nichtalltäglichen Wirklichkeit und an die Methoden, sie zu überwinden (vgl. S. 144–116). Halten Sie sich an die dort gegebenen Anweisungen und lauschen Sie ein paar Minuten dem schamanischen Trommeln – live oder von einem Tonträger. Der Raum, in dem Sie sich befinden, ist dabei abgedunkelt, Ihre Augen sind geschlossen und mit einem Tuch bedeckt. Hören Sie dem Trommeln weiterhin zu und beginnen Sie, den von Ihnen gewählten Ausgangspunkt für Ihre Reise zu visualisieren.

Für welchen Ausgangspunkt Sie sich auch entschieden haben: Erinnern Sie sich jetzt, wie es dort aussah. Wenn Sie zum Beispiel an einen Kamin denken, gehen Sie hinein und steigen mit den Flammen empor; sollte kein Feuer gebrannt haben, gehen Sie trotzdem in den Kamin und dann den dunklen, leeren Rauchabzug hinauf. Dann gehen Sie von der alltäglichen in die nichtalltägliche Wirklichkeit über, das heißt: Sie überwinden die erste Barriere. Steigen Sie den Schornstein immer weiter hinauf und lassen Sie ihn schließlich unter sich. Wie bereits erwähnt trifft man oft auf eine Art Wolkentunnel, der sich jenseits des Schornsteins fortsetzt. Manchmal ist da aber auch kein Tunnel und man steigt einfach weiter und sieht eventuell auch, wie man sich immer mehr von der Erde entfernt.

Wenn Sie sich für einen Baum, Berggipfel oder Wolkenkratzer als Startplatz entschieden haben, springen Sie einfach in die Höhe, sobald Sie ganz oben angekommen sind. Der Aufstieg dürfte Ihnen eigentlich keinerlei Schwierigkeiten bereiten, denn es ist ja Ihr Geist, der auf die Reise geht, und

Spirits unterliegen nicht der Schwerkraft, wie wir sie aus der alltäglichen Wirklichkeit kennen.

Die zweite Barriere

Aufzusteigen allein genügt nicht, wenn man die Obere Welt erreichen möchte. Selbst wenn Sie die Erde weit unter sich gelassen haben, befinden Sie sich noch so lange in der Mittleren Welt, bis Sie die Barriere zur Oberen Welt überwunden haben. Ohne diesen Schritt getan zu haben, halten Sie sich immer noch in der Mittleren Welt auf, auch wenn Sie bereits unser Sonnensystem oder andere Galaxien hinter sich gelassen haben, denn alles, was der Astronomie bekannt ist, gehört noch zur Mittleren Welt. Wenn Sie weiter emporsteigen, ist es sehr *wichtig, dass Sie die Barriere zur Oberen Welt durchstoßen, denn nur dann können Sie sicher sein, dass Sie auch wirklich dort angekommen sind.*

Gewöhnlich erreicht man diese Barriere ziemlich schnell. Und normalerweise ist sie auch kein Hindernis, sondern eher eine durchlässige Übergangszone wie etwa ein Wolkentunnel oder eine Membran. Diese ist dann oft so dünn wie ein Blatt Papier, das sich allerdings so weit erstreckt, wie die Blicke reichen. Diese Zone ist im Allgemeinen so durchlässig, dass konzentrierte Willenskraft allein genügt, um hindurchgehen zu können.

Nur ganz selten ist kein Durchkommen möglich. Dann aber findet sich in der Regel ein Loch oder eine Öffnung, die Sie nutzen können. Versuchen Sie, entspannt zu bleiben, wenn es Ihnen nicht sofort gelingt, die Übergangszone zu überwinden. Bleiben Sie ruhig, aber entschieden. Ob Ihre Reise von Erfolg gekrönt sein wird, hängt von der richtigen Kombination aus müheloser Beharrlichkeit und entspannter

Konzentration ab. Verlieren Sie nicht den Mut, wenn Sie beim ersten Mal undeutliche Erfahrungen machen, das wird mit zunehmender Übung anders werden. Auch sei gesagt, dass die Bilder, die Sie empfangen, entweder schwarz-weiß oder farbig sein können.

In der Oberen Welt

Die erste Ebene

Sobald Sie die Barriere beziehungsweise Übergangszone überwunden haben, sind Sie auf der ersten Ebene der Oberen Welt. Nehmen Sie die Gelegenheit wahr, sich mit ihr vertraut zu machen. Dabei können Sie auf der ersten Ebene bleiben und diese in allen Richtungen durchstreifen, oder aber Sie steigen zu einer höheren Ebene auf und schauen sich dort um. Jede Ebene hat ihre eigene kleinere Barriere beziehungsweise Übergangszone, die sich in Form einer weiteren Wolkenschicht oder irgendeiner anderen durchlässigen Trennlinie zeigen kann. Wohin Sie auch gehen: Prägen Sie sich sowohl den Weg, den Sie nehmen, als auch die Reihenfolge der Dinge, die Sie sehen, gut ein. Dies erleichtert Ihnen nicht nur die Rückkehr an Ihren Ausgangspunkt in der Mittleren Welt, sondern gibt Ihnen auch die Möglichkeit, bei späteren Reisen in die Obere Welt wieder an dieselben Orte zu gelangen.

Wenn Sie Ihre Reise simultan erzählen, sprechen Sie alles aus, was Sie erleben. Wichtig ist, dass der Redefluss nicht abbricht, denn das Beschreiben dessen, was Sie sehen und erleben, verstärkt die Klarheit Ihrer Reise, die sich, wie gesagt, in

Schwarz-Weiß oder auch in Farbe abspielen kann. Und auch das möchte ich wiederholen: Wenn Sie nichts sehen, sagen Sie mehrmals so etwas wie »Es passiert gerade nichts.«. Angesichts solcher langweiliger Wiederholungen kommen die Dinge alsbald ins Rollen und Sie beginnen etwas wahrzunehmen.

Die zweite Ebene und jenseits von ihr

Wenn Sie auf der zweiten Ebene der Oberen Welt weitermachen möchten, steigen Sie einfach wieder auf. Da Sie schon im Geiste reisen, dürfte es Ihnen diesmal leichter fallen, zur nächsten Ebene aufzusteigen.

Oberhalb der zweiten gibt es weitere Ebenen, die Sie so lange erkunden können, wie die Trommel schlägt, wenn Sie das möchten. Man erreicht sie, indem man jeweils eine weitere Barriere oder Übergangszone passiert. Auch diese Zonen können einem vorkommen wie Wolkenschichten, Membranen, Seidenpapier oder Ähnliches.

Wenn man so will, ist jede Ebene eine Welt für sich; und es gibt in allen Richtungen viel zu erkunden. Sie brauchen sich also nicht zu beeilen, denn wenn Sie es wünschen, können Sie eine bestimmte Ebene jederzeit wieder besuchen.

Im Core-Schamanismus gibt es keine »offizielle« Anzahl von Ebenen in der Oberen Welt. Die genannten Zahlen unterscheiden sich von Kultur zu Kultur erheblich. Die Angehörigen der Stämme am Amazonas, bei denen ich einmal gelebt habe, brauchten zum Zählen selten mehr als die Finger einer Hand, da Geld, Abgaben und Steuern in ihrem Leben noch keine Rolle spielten. Und jede Zahl über fünf war für sie einfach »viele«. Entsprechend zählten auch ihre Schamanen gewöhnlich nur wenige Ebenen. Im Gegensatz dazu sprachen die Schamanen in den zentralasiatischen Regionen Tuwa und der Mongolei von einer Unzahl von Ebenen, was damit zusammenhängt, dass große Zivilisationen nicht ferne waren, in denen man auch mit hohen Zahlen umzugehen pflegte.

Die Angaben von Anzahl und Charakteristika von Ebenen sind also nicht Bestandteil des Core-Schamanismus, sondern spiegeln die Schlüsse wider, zu denen schamanisch Reisende im Zuge ihrer Erkundungen nach und nach kommen. Die Landschaften und Ebenen, die Ihnen auf Ihren Reisen gezeigt werden, sind Ihre Kosmografie – und perfekt auf Sie zugeschnitten. Und das ist alles, worauf es ankommt.

Prägen Sie sich auf Ihren Reisen also nicht nur Ihren Ausgangspunkt gut ein, sondern auch die Anzahl der Ebenen, durch die Sie kommen. Jede Ebene ist durch eine Membran oder Wolkenschicht von anderen getrennt. Mit zunehmender Übung werden Sie allmählich vertrauter mit der Abfolge der Ebenen und mit dem, was Sie dort vorfinden. Auf allen Ebenen gibt es zudem »Schleier«, die je nach Aufgabenstellung und dem, was die Spirits Ihnen offenbaren möchten, zur Seite gezogen werden können.

Es mag Ihnen so scheinen, als hätte ich zu wenig darüber gesagt, was Sie auf den einzelnen Ebenen zu erwarten haben. Das ist beabsichtigt, denn ich versuche, Ihnen nur eine Technik nahezubringen. Zu entdecken, was sich dort abspielt, liegt bei Ihnen. Diese Autonomie gehört zur Natur des schamanischen Arbeitens. Ein hoch angesehener sibirischer Schamane, der zugegen war, als ich einige Russen unterrichtete, meinte sogar, ich hätte ihnen »zu viel verraten«, obwohl er alles, was ich gesagt hatte, korrekt fand.

Die Rückkehr aus der Oberen Welt

Vier Trommelwirbel auf dem Tonträger signalisieren, dass es Zeit ist zurückzukehren. Danach beschleunigt sich der Rhythmus, um Sie auf dem Rückweg zu begleiten. Nehmen Sie die Route, auf der Sie auch aufgestiegen sind, und beeilen Sie sich, denn das Rückholtrommeln dauert nur etwa eine halbe Minute. Sobald es verklungen ist, sollten Sie Ihren Startplatz in der Mittleren Welt wieder erreicht haben. Dasselbe gilt, wenn Sie sich von Live-Trommeln begleiten lassen. Setzen Sie sich dann ungefähr zehn Minuten still hin und schreiben Sie Ihre Erfahrungen auf, damit Sie später wissen, was Sie gelernt haben und künftige Reisen damit vergleichen können.

Versuchen Sie auch, sich an jene Stelle auf der ersten Ebene der Oberen Welt zu erinnern, von der aus Sie zu den nächsten Ebenen weitergegangen sind, damit Sie sie bei weiteren Reisen wieder aufsuchen können. Der wiederholte Gebrauch derselben Startrampen oder Übergangsstellen auf den Ebenen der Oberen Welt wird Ihr künftiges Reisen beschleunigen und hilft dabei, dass sich Ihre weiteren Aufstiege noch lebendiger gestalten.

Weitere Erkundungen

Wenn Sie möchten, können Sie gern ein oder zwei weitere Erkundungsreisen in die Obere Welt machen, um Ihr Wissen zu erweitern, bevor Sie zur nächsten Übung übergehen. Sollten Sie mit der Trommel-CD oder auch anderen Aufnahmen der Foundation for Shamanic Studies arbeiten, können Sie zwischen einer fünfzehnminütigen und einer dreißigminütigen Reise wählen. Werden Sie live von einem Trommler begleitet, ist eine Viertelstunde, wie schon gesagt, wahrscheinlich vorzuziehen. Wobei ich sagen möchte: Obwohl es tatsächlich Schamanen gibt, die bei ihren Reisen selbst trommeln, lenkt es in aller Regel doch sehr ab.

Bei den ersten Reisen sind die Eindrücke oft schwach, flüchtig und lange nicht so lebendig wie das, was man normalerweise als »Wirklichkeit« bezeichnet. Damit müssen Sie rechnen. Wenn man beginnt, schamanisch zu sehen, nimmt man die nichtalltägliche Wirklichkeit erst nach einer gewissen Zeit deutlich wahr. Haben Sie Geduld, Ihre Mühe wird sich auszahlen.

Anfangs kann es Ihnen also womöglich schwerfallen, die nötige Konzentration aufrechtzuerhalten, weil es mit Ihrer Versenkung in den schamanischen Bewusstseinszustand noch nicht zum Besten steht. Dann schweift der Geist ab und wendet sich Dingen der alltäglichen Wirklichkeit zu. Auch in diesem Fall gilt: Seien Sie geduldig und üben Sie weiter. Jede spirituelle Disziplin braucht ihre Zeit – wobei es den meisten erstaunlich schnell gelingt, erfolgreich schamanisch zu reisen.

Nicht jeder ist von Natur aus visuell veranlagt (die Mehrzahl der Menschen allerdings schon). Andere sind eher kinästhetische Typen und sehen weniger, als dass sie ihre Reisen »erspüren«. Wieder andere, zum Beispiel viele Juristen und Mathematiker, berichten, anfänglich hätten sie ihren Weg »denkend« gefunden.

Mit welcher Art von Wahrnehmung Sie auch starten: Verlassen Sie sich darauf. Und mit der Zeit können Sie dann auch die anderen weiterentwickeln. Wichtig ist nur, dass Sie nicht aufgeben. Wenn Sie bei ersten buddhistischen Meditationssitzungen nicht gleich das Nirwana erreichen, würden Sie daraus ja wohl auch nicht schließen, dass dieser spezielle spirituelle Weg nichts für Sie ist, oder?

Das Kartieren Ihrer Aufstiege

Wenn Sie öfter in die Obere Welt aufsteigen, sollten Sie immer wieder die Aufzeichnungen über Ihre früheren Reisen durchlesen, denn wie die Teile eines kosmischen Puzzles werden sich Ihre einzelnen Reisen nach und nach zu einem immer deutlicheren Gesamtbild zusammensetzen. Mit der Zeit sind Sie dann nicht mehr nur Erforscher der Oberen Welt, sondern werden auch zu ihrem Kosmografen. Sorgfältige Aufzeichnungen und Kartierungen erleichtern Ihnen diese Arbeit und beschleunigen Ihre künftigen Reisen. Wenn Sie sich einige Wochen oder Monate lang regelmäßig Notizen machen, kommt schnell ein Archiv unglaublicher Abenteuer in der nichtalltäglichen Wirklichkeit zusammen. Und nichts davon ist Fiktion, denn das alles haben Sie ja selbst erlebt!

In manchen schamanischen Populationen, zum Beispiel bei den Samen und einigen sibirischen Völkern, erstellten die Schamanen Landkarten ihrer Erlebnisse und malten sie auf die Haut ihrer Trommeln (vgl. Abb. 6 und 7). Auch wir in unserer Kultur können so etwas tun – im Notizbuch oder auf einem großen Blatt Papier – und unsere Landkarte jedes Mal ergänzen, wenn wir neue Erkenntnisse gewonnen haben (vgl. Abb. 8 und 9).

Einige meiner Studenten haben die Erlebnisse, die sie auf ihren schamanischen Reisen hatten, sogar in hochdramatischen dreidimensionalen, also plastischen »Landkarten« festgehalten. Aber nicht einmal die besten Karten können den unglaublichen Erfahrungen und der Kosmologie, die den schamanisch Reisenden erwarten, auch nur im Entferntesten gerecht werden.

Scheuen Sie sich nicht, zum Reisen auch Ihren Willen zu gebrauchen. Im Schamanismus setzen wir ihn ähnlich ein wie beim Autofahren, wenn man in einem fremden Land auf unbekannten Straßen unterwegs ist. Wir richten Willenskraft und Absicht darauf, in eine vorgegebene Richtung zu reisen und ein bestimmtes Ziel anzusteuern, ohne vorher zu wissen, was wir entlang der Route im Einzelnen zu sehen bekommen oder was genau geschehen wird.

Wer es mit dem schamanischen Reisen ernst meint, wird herausfinden, dass die nichtalltägliche Wirklichkeit viel mehr zu bieten hat als das, was der Westler von heute gemeinhin als »Fantasie« bezeichnet. In gewisser Weise ist jede Reise ein Experiment. Durch kontinuierliches persönliches Experimentieren werden Sie irgendwann selbst darauf kommen, ob Ihre Erlebnisse in der nichtalltäglichen Wirklichkeit »echt« sind und Ihnen außergewöhnliche Informationen und Hilfestellungen zu bieten haben.

Zusätzliche Praxis in der Oberen Welt

Aufsteigen, um einen Lehrer um Hilfe zu bitten

Wo im Himmel man seinen Lehrer findet? Die genaue Ebene der Oberen Welt, auf der Sie Ihren Lehrer (oder auch mehrere) aufspüren können, müssen Sie selbst herausfinden. (Er oder sie kann sich auf der ersten, aber auch auf der zweiten oder auch einer noch höheren Ebene aufhalten.) Dies zu ermitteln, gehört mit zu Ihrer Aufgabe, persönliches Wissen anzusammeln.

Merken Sie sich die Ebene, auf der Sie dem Lehrer begegnet sind, denn dort finden Sie ihn auf späteren Reisen mit hoher

Wahrscheinlichkeit wieder. Schamanen wissen ganz genau, auf welcher Ebene sich ihre Lehrer oder Lehrerinnen aufhalten, und können sie deshalb jederzeit besuchen.

Durch das Kennenlernen des spirituellen Lehrers und seines Aufenthaltsortes schaffen Sie die Voraussetzung dafür, in den Genuss des unglaublichen Wissens und der Weisheit zu kommen, über die die Lehrer verfügen. Sie werden dieses Wissens teilhaftig, indem Sie Antworten auf Ihre Fragen bekommen.

Viele, die noch keine Erfahrungen mit dieser Divinationsarbeit gemacht haben, wollen wissen, ob sie sich auf die Antworten auch verlassen können. Nun, es ist genau wie in der alltäglichen Wirklichkeit: Ob Sie einem Arzt, einer Rechtsanwältin oder Psychotherapeutin vertrauen können, hängt von den Erfahrungen ab, die Sie mit der betreffenden Person gemacht haben. Am besten erfahren Sie, ob Ihr Lehrer, Krafttier oder ein anderes Geistwesen vertrauenswürdig ist, indem Sie den erteilten Rat ignorieren (was ich allerdings nicht empfehle). Anschließend haben Sie reichlich Gelegenheit herauszufinden, ob es ein Fehler war, den Ratschlag in den Wind zu schreiben oder ihn falsch zu interpretieren. Oft bekommen Sie eine zur Gänze oder nur zum Teil metaphorische Antwort, und die verstehen Sie vielleicht nicht richtig.

Der direkte Weg besteht einfach darin, die Antwort im Alltag umzusetzen und zu schauen, ob sie praktizierbar ist und sich bewährt. Das ist der eigentliche Test. Gleichzeitig dürfen Sie aber auch nicht vergessen, dass die Spirits keine Befehle erteilen, sondern nur Empfehlungen geben. Diese haben Sie mit Ihrem Hausverstand in der alltäglichen Wirklichkeit in Einklang zu bringen. Sie sind für alle Ihre Handlungen in der Alltagswelt selbst verantwortlich. Wenn ich jemanden sagen höre »Aber die Spirits wollten es doch so«, so weiß ich, dass der oder die Betreffende noch nichts vom

Schamanismus verstanden hat, denn die hilfreichen Geister sind nicht unsere Vorgesetzten, sondern Partner.

Wenn Sie einen spirituellen Lehrer getroffen und angefangen haben, mit ihm zu arbeiten, kann es sein, dass er während einer Reise einmal nicht »da« ist. Lassen Sie sich davon nicht entmutigen. Lehrer sind wie vollbeschäftigte Professoren, die Sprechzeiten nicht immer einhalten. Wenn sich der Lehrer nicht an seinem üblichen Aufenthaltsort befindet, so bedeutet dies in der Regel, dass Sie sich einen zweiten suchen dürfen – nicht als Ersatz, sondern als zusätzliche Hilfe bei Ihrer Entwicklung. Wenn Sie Ihren Lehrer also nicht antreffen, sollten Sie das Ziel Ihrer Reise dahingehend erweitern, dass Sie einen zweiten suchen, dem Sie Ihre Frage stellen können.

Genauso gut kann es sein, dass Ihr Lehrer zwar da ist, Sie aber an einen anderen verweist, der auf die Art Ihrer Frage oder Ihres Problems spezialisiert ist. Er bringt Sie vielleicht zu ihm oder zeigt Ihnen, wo Sie ihn finden können. Und wenn Sie gar keinen Hinweis bekommen, steht es Ihnen frei, sich auf eigene Faust nach dem zweiten Lehrer umzusehen.

Geben Sie dem Lehrer eine Chance und gehen Sie nicht davon aus, dass Sie besser wüssten, wer Ihr Lehrer sein sollte, als die Spirits der Oberen Welt. Die Suche nach einem Lehrer ist keine Shoppingtour. Arbeiten Sie während einiger Reisen mit dem Lehrer und schauen Sie sich die Ergebnisse an. Sind Sie dann immer noch nicht zufrieden, brauchen Sie ihn einfach nicht wieder aufzusuchen. Wobei ich sagen muss, dass mir noch nie jemand untergekommen ist, der ernsthaft mit seinem Lehrer gearbeitet hat und mit den Ergebnissen nicht zufrieden war.

Sollte es sich beim Lehrer um einen verstorbenen Angehörigen handeln, der Ihnen in der alltäglichen Wirklichkeit sehr nahe stand, seien Sie nicht überrascht, wenn Sie von

Gefühlen geradezu überflutet werden. Vielleicht müssen Sie sogar weinen. Lernen Sie so eine Erfahrung zu schätzen: Denn Sie bekommen dadurch die Chance, Ihre Verbundenheit mit einem Menschen aufzufrischen, von dem Sie dachten, dass Sie ihn nie wiedersehen würden.

Dabei bietet sich oft auch die Gelegenheit, Unerledigtes zu bereinigen und Dinge anzusprechen, die zu diskutieren vor dem Tod des oder der Betreffenden nicht möglich war. In Stammeskulturen überschreiten die Schamanen regelmäßig die Schranke zwischen den Lebenden und den Toten. Denn für sie ist das, was wir Tod nennen, nicht das Ende. Außerhalb der Zeit ist alles zugänglich.

In der Oberen Welt ist jede Gefühlsregung, sei es Weinen oder Freude, ein gutes Zeichen, denn sie zeigt, dass Sie Ihre Reise ernst nehmen. Darüber hinaus können Gefühle darauf hinweisen, dass Sie ekstatische spirituelle Glückseligkeit empfinden und diesen schier unglaublichen Zustand erreicht haben, in dem man zur gleichen Zeit Tränen vergießt und größte Freude erlebt.

Machen Sie sich keine Sorgen, wenn Sie auf der Reise manchmal Angst bekommen, denn auch das zeigt, dass Sie die andere Wirklichkeit ernst nehmen. Dadurch, dass man zeitweise Angst hat und dann herausfindet, dass es gar keinen Grund dafür gibt, lernt man, dem Himmel zu vertrauen.

Erste Übung: Eine Frage stellen

Die Ergebnisse, die Sie erzielen, wenn Sie auf der Suche nach Wissen sind, hängen in erster Linie von den Spirits ab und davon, inwieweit es Ihnen gelingt, sich ihnen erfolgreich zu nähern. Um sich auf diese Arbeit vorzubereiten, müssen Sie ein weiteres Mal in die Obere Welt aufsteigen. Dabei sollten Sie wieder denselben Ausgangspunkt nehmen, um die Mittlere Welt zu verlassen, aufzusteigen, die Barriere beziehungsweise die Übergangszone zu überwinden und schließlich in die Obere Welt zu gelangen. Anders ist jetzt nur Ihr Ziel, Ihre Aufgabe. Diese Aufgabe müssen Sie sowohl vor dem Aufstieg als auch während der Reise klar vor Augen haben.

Für Ihren ersten Besuch bei einem Lehrer schlage ich vor, dass Sie ihn oder sie um Informationen bitten, die Ihnen bei der Lösung eines Problems, das Sie selbst haben, helfen. Später, wenn Sie auf Ihren Divinationsreisen schon mehr Wissen erworben haben, können Sie auch kosmologische Fragen stellen und um Hilfe für jemand anders bitten, wenn er oder sie das wünscht.

Versuchen Sie eine Frage zu finden, die für Sie persönlich wichtig ist. Welche das sein könnte, wissen nur Sie allein. Genau wie auch jeder andere als Einziger qualifiziert ist zu entscheiden, welche Frage für ihn von Bedeutung ist. Unternehmen Sie keine Divinationsreise ohne die ausdrückliche Zustimmung des oder der Betreffenden. Dies ist eine Frage der schamanischen Ethik.

Dass eine Frage wichtig ist, muss nicht bedeuten, dass sie auch kosmisch von Bedeutung ist. Vielleicht geht es einfach nur um die Organisation Ihrer Arbeitswoche. Worauf es hauptsächlich ankommt, ist, ob die Frage für Sie wichtig ist beziehungsweise für die andere Person, auf deren Wunsch hin Sie um Antwort ersuchen. Zu beurteilen, ob eine Frage für jemanden wichtig ist oder nicht, steht nur dem Fragenden zu.

Sich zunächst auf eigene wichtige Fragen zu beschränken hat den Vorteil, dass Sie fokussiert und während der gesamten Reise bei der Sache sind. Und dann sind Sie hoch motiviert, Antworten zu erhalten. Später, wenn Sie bereits über mehr Erfahrung verfügen, sollte es Ihnen gelingen, auf so ziemlich jede Frage eine Antwort zu bekommen.

Formulieren Sie Ihre Frage eindeutig, denn für eine erfolgreiche Divinationsarbeit ist die richtige Fragestellung schon die halbe Antwort. Vermeiden Sie Wörter wie »und« und »oder«, weil Sie Ihre Frage damit unterteilen. Und wenn Ihnen der Lehrer dann antwortet, wissen Sie womöglich nicht, ob er sich auf den ersten oder den zweiten Teil Ihrer Frage bezieht. Dies gilt insbesondere, wenn Sie eine metaphorische Antwort erhalten.

Ihre Frage sollte einfach und klar sein. Und im Normalfall sollten Sie dem Lehrer bei jedem Besuch nur eine einzige Frage stellen. Ein wichtiger Grund für diese Beschränkung ist, dass Ihnen so während der Reise noch Zeit bleibt, zusätzliche Details zu erfahren. Wie schon gesagt kann es sein, dass der Lehrer irgendwann verschwindet, was aber nicht heißt, dass die Antwort damit schon vollständig wäre. Unabhängig davon, ob der Lehrer bleibt oder nicht, verfügt er über die Kraft (und bedient sich ihrer zumeist auch), die weiteren Erlebnisse auf Ihrer Reise zu lenken beziehungsweise zu beeinflussen. Es kann sich dabei um buchstäbliche oder metaphorische Aspekte der Antwort handeln.

Simpel ist da gar nichts, denn womöglich verwickelt Sie der Lehrer in einen langwierigen Dialog, in dessen Verlauf Sie weitere Fragen stellen. Und mehr noch: Nachdem Ihre ursprüngliche Frage beantwortet wurde, nimmt der Lehrer unter Umständen die Gelegenheit wahr, Ihnen Informationen zu geben, die gar nichts mit dieser Frage zu tun haben, von denen er aber meint, dass Sie sie erhalten sollten. Profitieren Sie davon, indem Sie alles, was Sie während der Reise erleben, in Ihre Überlegungen einbeziehen. Nachdem Sie Ihrem Lehrer begegnet sind, ist nichts mehr unwichtig.

Führen Sie sich jetzt bitte noch einmal alles vor Augen, was Sie über den Aufstieg in die Obere Welt erfahren haben. Dazu gehört: die Wahl eines Startplatzes in der Mittleren Welt, den

Sie aus der alltäglichen Wirklichkeit kennen; die Besinnung auf den Zweck Ihrer Reise vor dem Aufstieg; Aufbruch und Rückkehr.

Machen Sie sich für die Suche nach einem Lehrer bereit und vermeiden Sie jegliche Erwartung bezüglich seiner Identität. Sprechen Sie Ihre Absicht laut aus oder sagen Sie sich im Geiste vor: »Ich möchte meinen Lehrer treffen.« Wiederholen Sie anschließend dreimal die Frage, die Sie ihm stellen wollen. Da es sich um eine Divinationsarbeit handelt, sollte Ihnen diese Frage wirklich am Herzen liegen. Notieren Sie sie am besten, ansonsten wiederholen Sie sie dreimal, damit Sie sie nicht vergessen.

Wenn Sie fürs Trommeln einen Tonträger und Kopfhörer verwenden, können Sie sich der Methode der simultanen Erzählung bedienen (s. Seite 344–345) und Ihre Erlebnisse eventuell auch über ein Ansteckmikrofon in ein Aufnahmegerät sprechen.

Reisen Sie dann auf die erste Ebene der Oberen Welt, wie Sie es schon gelernt haben. Wenn Sie dort angekommen sind, schauen Sie sich nach einer menschenähnlichen Gestalt um.

Sobald Sie jemanden gefunden haben, fragen Sie ihn oder sie: »Bist du mein Lehrer?«. Dies ist wesentlich, damit Sie sicher sein können, dass es sich tatsächlich um Ihren Lehrer handelt und nicht um ein anderes Wesen. Die Antwort – ein Ja oder Nein – wird Ihnen telepathisch, verbal, durch Nicken oder Kopfschütteln übermittelt. Es kann auch passieren, dass Sie ignoriert werden.

Wenn Ihnen das Wesen kein Zeichen gibt, dass es sich bei ihm um Ihren Lehrer oder Ihre Lehrerin handelt, reisen Sie einfach weiter, auf derselben Ebene oder auch auf einer höheren. Die zweite Ebene zu erreichen, dürfte Ihnen nicht mehr schwerfallen, denn Sie sind es jetzt ja schon gewohnt, als Spirit zu reisen. Auf der ersten Ebene trifft man manchmal einen großen weißen Vogel, der bereit ist, einen auf die zweite zu bringen. Er ist ein zeitweiliger Assistent, der nur diese Aufgabe hat. Sollten Sie auch auf der zweiten Ebene niemanden finden, der sich als Ihr Lehrer zu erkennen gibt, reisen Sie auf die dritte weiter. Oder noch höher.

Sobald sich ein Wesen in menschenähnlicher Gestalt als Ihr Lehrer zu erkennen gibt, zögern Sie nicht, sondern stellen Sie ihm unverzüglich Ihre Frage. Achten Sie genau darauf, was unmittelbar danach geschieht. Denn das Erste, was der Lehrer sagt oder tut, ist meist die Antwort, auch wenn Sie sie im Moment nicht verstehen.

Danach kann Verschiedenes passieren. Wenn der Lehrer in Worten oder Gedanken zu Ihnen gesprochen hat, verwickelt er Sie vielleicht in einen Dialog. Bleiben Sie in diesem Zwiegespräch bei Ihrem Thema und stellen Sie keine Fragen, die nichts damit zu tun haben. Denn sonst wissen Sie nicht, worauf sich die Antworten beziehen.

Vergessen Sie nicht: Wenn Sie weitere Erkundigungen einziehen wollen, können Sie Ihren Lehrer jederzeit wieder besuchen. Dies ist keine einmalige Pilgerreise wie die zum Orakel von Delphi im alten Griechenland. Aber selbst dort wäre es wahrscheinlich gut gewesen, sich an die Regel der einzigen Frage zu halten, um die Antwort richtig einordnen zu können.

Es muss aber nicht sein, dass der Lehrer verbal oder gedanklich mit Ihnen kommuniziert; vielleicht macht er auch nur eine Bewegung in eine bestimmte Richtung und zeigt Ihnen damit, wohin Sie gehen sollen. Folgen Sie dem Hinweis und schauen Sie, was passiert. An diesem Punkt verschwindet der Lehrer manchmal und taucht während der ganzen Reise nicht mehr auf. Denken Sie aber nicht, dass Sie keine Antwort bekommen würden. Wie die indigenen Schamanen wissen, verfügen die Lehrer (in denen sie auch Gottheiten oder heilige Ahnen sehen) dort über unglaubliche Kräfte. Und in der Regel inszenieren sie überdies Ihre Reise-Erlebnisse, damit Sie lernen, sie als Teile der Antwort auf Ihre Frage zu deuten.

Sollte der Lehrer Ihnen die Antwort bereits gedanklich oder verbal gegeben haben, stellen die anschließenden sinnbildlich oder buchstäblich zu verstehenden Szenen Ergänzungen dar, die die Antwort weiter ausführen. Brechen Sie daher Ihre Reise nicht ab, sondern achten Sie genau auf alles, was geschieht, auch wenn der Lehrer verschwunden bleibt. Er weiß, wann das Trommeln beendet sein wird. Reisen Sie also einfach weiter – so lange, bis Sie das Rückholsignal hören. Und auch wenn Sie ihn nicht sehen, bedanken Sie sich bei Ihrem Lehrer und kehren schleunigst in die Mittlere Welt, in Ihren Körper zurück.

Sobald Sie in der alltäglichen Wirklichkeit angekommen sind, setzen Sie sich auf und lassen Ihre Erlebnisse Revue passieren. Merken Sie sich, wo Sie den Lehrer getroffen haben, weil Sie ja wissen wollen, wo Sie ihn beim nächsten Mal wiederfinden können. Führen Sie sich insbesondere vor Augen, was geschah, nachdem Sie Ihre Frage gestellt haben. Denken Sie vor allem an das Erste, was der Lehrer gesagt oder getan hat, und überlegen Sie, inwiefern das der Kern seiner Antwort gewesen sein könnte. Und schließlich rekapitulieren Sie alles, was danach geschah.

Prägen Sie sich alles, was Ihnen gezeigt wurde oder was Sie erlebt haben, bis in die Einzelheiten ein und denken Sie darüber nach. Versuchen Sie, diese Details als zusätzliche Aspekte der ursprünglichen Antwort zu begreifen. Anschließend sollten Sie alles in Ihrem Notizbuch festhalten.

Die sibirischen und andere Stammesschamanen hätten es als respektlos gegenüber den Spirits empfunden, die sie in den anderen Welten besuchten, nicht alle von ihnen erhaltenen Informationen zu beachten. Da sie nicht in Schriftkulturen lebten und daher auch keine Notizbücher hatten, gaben sie sich größte Mühe, sich an so viel wie möglich zu erinnern. Auch das Bemalen ihrer Trommeln mit Motiven ihrer Reisen diente ihnen als Gedächtnisstütze. So verhinderten sie das Vergessen ihrer Erlebnisse. Auch wir können den helfenden Geistern unseren Respekt erweisen, indem wir alles, was sie uns sagen und zeigen, sorgfältig vermerken. Zugleich vergrößern wir damit unsere Erfolgschancen auf künftigen Aufstiegsreisen.

Zweite Übung: Um Rat oder Hilfe bitten

Wenn Sie in die Obere Welt aufsteigen, um sich Rat in Gesundheitsfragen zu holen, ersuchen Sie lediglich um Informationen. Die Lehrer haben jedoch so viel Kraft, dass sie Ihnen durch direktes Eingreifen helfen können. Ein Lehrer kann sich also dazu entschließen, Ihnen nicht nur Empfehlungen zur Gesundheit zu geben, sondern auch heilend auf Ihren Zustand einzuwirken.

Diese Spirits können direkt heilen, ohne jemanden mit Erklärungen oder Demonstrationen zu belästigen. Dadurch aber, dass sie Ihnen bestimmte Formen der Behandlung offenbaren, bringen sie Ihnen bei, wie Sie die Heilarbeit später weiterführen können. Vor allem durch derartige unmittelbare Demonstrationen ihrer Lehrer lernen Schamanen die Heilmethoden, die sie später bei ihren Patienten und bei sich selbst anwenden. Diese Techniken sind je nach Patient oder Situation höchst unterschiedlich. Deshalb besuchen Schamanen ihre Lehrer häufig. Dadurch finden sie im Laufe der Zeit heraus, welche Behandlung gegen welche Beschwerden am besten geeignet ist, obwohl es natürlich immer auf den Einzelfall ankommt.

Wenn ein Lehrer Heiltechniken demonstriert, zeigt er Ihnen dabei womöglich auch Methoden, die Sie in die alltägliche Wirklichkeit mitnehmen und dort anwenden können. Vielleicht gibt er Ihnen einen Trunk, erklärt Ihnen, aus welchen Pflanzen er besteht und wie Sie ihn herstellen. Aber er kann Sie auch an spezielle Ärzte verweisen, von denen Sie noch nie gehört haben.

Bereiten Sie sich jetzt auf einen weiteren Aufstieg in die Obere Welt vor, dorthin, wo Sie Ihren Lehrer schon getroffen haben. Diesmal stellen Sie ihm eine Gesundheitsfrage. Sie können aber auch zu ihm reisen und ihn direkt um Heilung bitten – nicht nur für sich, sondern auch für einen anderen Menschen, wenn er dies wünscht. Zu Beginn und solange Sie noch üben, sollten Sie sich jedoch auf sich selbst und Ihre Gesundheit konzentrieren, um sich auf den Tag vorzubereiten, an dem Sie anderen helfen werden. Betrachten Sie das nicht als egoistisch, sondern als Gelegenheit, Erfahrungen zu sammeln. Außerdem sollten Sie selbst erst so gesund wie möglich werden, um für andere von größtmöglichem Nutzen sein zu können. Üben Sie also weiter, damit Sie bereit sind, wenn Ihre spirituellen Dienste verlangt werden.

Entscheiden Sie, welche Heilung Sie genau wünschen. Denken Sie an Ihre Gesundheit: Gibt es einen speziellen Bereich, der Ihnen Sorgen bereitet und für den Sie sich Besserung oder Heilung ersehnen? Den meisten von uns fällt es, gerade wenn wir älter werden, nicht schwer, bestimmte Schmerzen oder Beschwerden zu benennen, die wir gern loswürden. Dabei kann es sich um körperliche oder auch um geistig-emotionale Probleme handeln. Picken Sie sich eines heraus und formulieren Sie eine eindeutige Bitte, zum Beispiel: »Bitte behebe meine Rückenschmerzen.«.

Wenn Sie auf Heilung aus sind, stellen Sie Ihrem Lehrer keine Frage, sondern äußern Sie nur Ihre Bitte. Manchmal zeigt er Ihnen dann nichts, kann sogar verschwinden, normalerweise wird er aber während der ganzen Reise an der Behebung oder Linderung Ihrer Beschwerden arbeiten.

Ich möchte es an dieser Stelle noch einmal sagen: Vergessen Sie nicht, dass Sie womöglich Heilung erfahren, obwohl Sie Ihren Lehrer nur um einen gesundheitlichen Rat gebeten haben. Umgekehrt kann es sein, dass Sie anstelle der Heilung Empfehlungen oder Informationen erhalten. Merken Sie sich deshalb alles und nehmen Sie es sich zu Herzen.

Nachdem Sie Heilung erfahren oder einen Rat bekommen haben, bedanken Sie sich bei Ihrem Lehrer beziehungsweise dem helfenden Spirit, bevor Sie sich verabschieden. Sollten Sie eine Behandlung erhalten haben, wiederholen Sie die Besuche in der Oberen Welt so lange, bis es Ihnen wieder richtig gut geht. Ich empfehle Reisen mindestens einmal pro Woche.

Eine letzte Bemerkung noch: Aus Respekt für die Heiligkeit Ihres Lehrers beziehungsweise der helfenden Geister rate ich Ihnen, deren Identität für sich zu behalten – es sei denn, es geht um einen höheren Zweck (wie es bei einigen Erfahrungsberichten in diesem Buch der Fall war oder auch in einem Seminar).

Bedenken Sie, dass der Schamanismus Teil eines ganzheitlichen Gesundheitskonzepts ist. Wenn Sie diese Arbeit machen, sollten Sie Ihre bisherigen medizinischen oder sonstigen Behandlungen in der alltäglichen Wirklichkeit keinesfalls aufgeben, sondern sie vielmehr um die spirituelle Dimension erweitern, die darin besteht, dass Sie Ihren Lehrer besuchen und ihn darum bitten, dass er sich Ihrer Beschwerden annimmt und sie heilt.

Anhang B

Der Abstieg in die Untere Welt, um Erfahrungen zu vergleichen

In *Der Weg des Schamanen*, meinem ersten Buch über die Methoden des Schamanismus, habe ich Orte beschrieben, die von Stammesschamanen oft genutzt wurden, um in die Untere Welt zu reisen. Auch die Startplätze, von denen ich jetzt sprechen werde, sind den indigenen Schamanen wohl bekannt. Aber genauso gut funktionieren sie für die Westler von heute.

Zu diesen Ausgangspunkten gehören Vertiefungen in der Erde, Höhlen, Quellen, Brunnen, Seen, Meeresbuchten, Bäume mit Löchern (in die man hineingehen und durch die man absteigen kann), Wasserstrudel, die Becken am Fuße eines Wasserfalls (oder Einstiege dahinter).

Welchen Zugang Sie auch wählen, er sollte fest in der Mittleren Welt verankert und Ihnen aus der alltäglichen Wirklichkeit bekannt sein. Wichtig ist, dass Sie nicht einfach nur die Augen schließen und irgendeine Höhle oder eine andere Stelle visualisieren. Um richtig schamanisch reisen zu können, sollten Sie wissen, dass sich die Stelle in der Mittleren Welt befindet und wo sie genau ist. Ich empfehle, für alle Reisen in die Untere Welt denselben Ausgangspunkt zu wählen, damit Sie den Überblick über die Ebenen und Orte, die Sie in der nichtalltäglichen Welt bereits besucht haben, behalten, schnell dorthin zurückkehren und wieder richtig in der Mittleren Welt ankommen können. Einige Eingänge habe ich bereits im 6. Kapitel genannt, hier sind weitere.

Öffnungen an besonderen Stellen

Öffnungen in der Erde waren als Ausgangspunkt für Reisen in die Untere Welt weitverbreitet. Die schamanischen Gesellschaften der Pueblo-Völker im Südwesten Amerikas zum Beispiel benutzten das *Sipapu* (*se pa po* beziehungsweise *sepapu*) als Einstiegsstelle. Für die Hopi war das Sepapu ein spezielles Loch im Grand Canyon, das für sie auch der Mittelpunkt der Welt war.[1] In vielen anderen Pueblo-Kulturen handelte es sich um ein Loch im Boden der Kivas, den unterirdischen oder zum Teil unterirdischen heiligen Räumen dieser Völker – schamanisch gesehen ebenfalls der Mittelpunkt der Welt. Übrigens beruhte ein Einwand der Taos-Ältesten gegen die Einrichtung von Be- und Entwässerungssystemen in ihren Dörfern auf der Befürchtung, sie könnten die heiligen Übergänge zwischen den Kiva-Sipapus und der Unteren Welt gefährden.[2]

Eine andere Art von Eingang findet sich bei einigen Stammesgesellschaften an der Nordwestküste Nordamerikas. Dort stiegen die Schamanen mitunter durch ein Loch ab, das sie in den irdenen Boden ihrer Plankenhäuser gegraben hatten.[3] Bei den Eskimo (Inuit) hoben die Schamanen das Loch typischerweise im Eisboden ihrer Winterbehausung (Iglu) aus und gelangten auf diese Weise bis ins Meer hinab.[4]

Man kann als Loch auch die Eingänge in Erdhöhlen verwenden, die Tiere wie zum Beispiel Füchse, Murmeltiere oder Erdhörnchen bauen. Der durch *Alice im Wunderland* bekannt gewordene Kaninchenbau ist ein gutes Beispiel für die vielen unbewussten schamanischen Bezüge zur klassischen Kinder- und Jugendliteratur. Was ich den Westlern als Ausgangspunkt für Reisen in die Untere Welt nicht empfehle, sind Gullys, Kanalschächte. Abgesehen davon, dass ich sie für heilige Arbeit nicht angemessen finde, führen Kanäle immer nur an eine andere Stelle der Mittleren Welt. New Yorker, die versucht haben, durch einen Gully in die Untere Welt vorzudringen, pflegten im Hudson oder im East River zu landen!

Höhlen

Als Ausgangspunkt für die Reise in die Untere Welt wäre eine Höhle oder Kaverne ideal, die eine gewisse Tiefe und etwas Geheimnisvolles an sich hat, zum Beispiel unterirdische Gänge, die Sie in der alltäglichen Wirklichkeit nie ganz erkundet haben. Dass Sie schon einmal in der Höhle waren, ist nicht nötig, nur ihren Eingang müssen Sie in der Alltagswelt schon einmal gesehen haben. Dass Sie die Höhle nie betreten haben, kann sogar von Vorteil sein, denn es bedeutet, dass Sie nicht wissen, wie es um ihr Inneres bestellt ist. Das sind gute Voraussetzungen für den Übergang in die nichtalltägliche Wirklichkeit.

Obwohl ein Felsvorsprung ohne tiefe Gänge als Ausgangspunkt längst nicht so zufriedenstellend ist wie eine dunkle Höhle, können schamanisch Reisende doch manchmal durch einen Spalt in den Fels eindringen. Da es sich um geistige Reisen handelt, genügt meist ein Spalt von wenigen Zentimetern.

Wenn Sie später den Abstieg in die Untere Welt mithilfe des Trommelns üben, werden Sie Gelegenheit haben, in die Höhle vorzudringen und nach einem Tunnel zu suchen, der nach unten führt.

Eine letzte Bemerkung noch zur Wahl einer Höhle: Nehmen Sie lieber keine hoch oben an einem Berg; sonst müssen Sie damit rechnen, immer noch in der Mittleren Welt zu sein, wenn Sie von dort aus abgestiegen sind. Besser ist eine Höhle, die – wenn überhaupt – nur wenig höher liegt als die sie umgebende Landschaft.

Den Startplatz für den Abstieg in die Untere Welt wählen

Legen oder setzen Sie sich in einem abgedunkelten Raum hin. Schließen Sie die Augen und entspannen Sie sich. Wählen Sie den Startplatz für Ihre Reise in die Untere Welt und erinnern Sie sich, wie er in der alltäglichen Wirklichkeit ausgesehen hat.

Wenn Sie Ihren Startplatz mit geschlossenen Augen auch nur kurz, schwach und farblos wahrnehmen können, nachdem das Trommeln begonnen hat, ist das schon ein Erfolg. Gelingt es Ihnen nicht, versuchen Sie es mit einem anderen Startplatz, an den Sie sich erinnern. Probieren Sie auf der Suche nach der »perfekten Stelle« aber nicht zu viele aus.

Da es sich um spirituelle Reisen handelt, spielt es keine Rolle, ob die Öffnung in der Erde, für die Sie sich entscheiden, groß oder klein ist. Wenn es Ihnen Schwierigkeiten bereitet, den Ort zu sehen, warten Sie, bis Sie die folgende Übung gemacht haben. Sobald man eine spezielle Absicht hat, fällt einem das Visualisieren meist leichter. Mit dem Übergang vom alltäglichen in den schamanischen Bewusstseinszustand mithilfe des Trommelns beginnt das Durchstoßen der ersten Barriere beziehungsweise Übergangszone, der zwischen alltäglicher und nichtalltäglicher Wirklichkeit. Diese Barriere hat man erfolgreich überwunden, sobald man beginnt, sich durch einen Tunnel in die Untere Welt zu bewegen.

Erste Übung: Reise in die Untere Welt, um ein Tier zu treffen

Die Aufgabe Ihrer ersten Reise in die Untere Welt besteht darin, dort ein Tier zu treffen. Meistens wartet es schon auf Sie. Das heißt: Sie »bekommen« kein Tier, sondern besuchen nur eines, das bereit ist, sich Ihnen zu zeigen. Dabei handelt es sich normalerweise um ein Wesen, das bereits mit Ihnen verbunden ist, ob Sie sich dessen nun bewusst sind oder nicht.

Setzen oder legen Sie sich hin. Ihre Augen sind mit einem Tuch bedeckt. Wenn Sie so weit sind, sagen Sie sich dreimal lautlos vor, worin Ihre Absicht besteht. Der Zweck Ihrer Reise besteht in diesem Fall darin, in die Untere Welt zu reisen und darum zu bitten, dass Sie von einem Ihnen unbekannten Tier erwartet werden. Erwarten Sie keine bestimmte Gattung. Das Tier weiß, wer es ist, und mehr ist nicht erforderlich.

Sobald das Trommeln (vom Tonträger oder live) beginnt, gehen Sie durch den Eingang, für den Sie sich entschieden haben, suchen einen nach unten führenden Tunnel und gehen den bis ans Ende. In der Unteren Welt kommen Sie heraus. Bei Ihrer ersten Reise können die Bilder, die Sie erhalten, blass sein. (Weitere Informationen über diesen Übergang finden Sie in *Der Weg des Schamanen*, Kapitel »Die schamanische Reise«/»Erste Reise«.) Wenn Sie eine CD verwenden, wählen Sie den fünfzehnminütigen Track.

Während Sie absteigen, bitten Sie darum, dass am Ausgang des Tunnels in die Untere Welt ein Tier auf Sie warten möge. Wenn Sie ihm begegnen, machen Sie sich einfach mit ihm bekannt. Sprechen Sie diesmal noch nicht mit ihm, sondern genießen Sie seine Gesellschaft. Wenn Sie das Tier sehen (was bei den meisten der Fall sein wird), achten Sie darauf, ob Sie es auch spüren können. Sollten Sie es nicht sehen, seine

Präsenz aber fühlen, versuchen Sie, es auch visuell wahrzunehmen. Jetzt können Sie wählen, ob Sie mit dem Tier an diesem Ort bleiben oder in seiner Begleitung in der Unteren Welt umherstreifen wollen.

Sollte am Ende des Tunnels kein Tier auf Sie warten, dringen Sie tiefer in die Untere Welt ein und senden dabei weiterhin die mentale Botschaft aus, dass Sie ein Tier treffen möchten.

Wenn das Signal zur Rückkehr ertönt (das Trommeln wird schneller), verabschieden Sie sich von dem Tier, bedanken Sie sich für seine Gesellschaft und kehren Sie auf der Route, auf der Sie gekommen sind, schleunigst in den Raum beziehungsweise an Ihren Ausgangspunkt zurück.

Sobald Sie zurück sind, nehmen Sie das Tuch von den Augen und lassen Ihre Reise Revue passieren. Notieren Sie Ihre Erlebnisse nach Möglichkeit. Wenn jemand die Trommel für Sie geschlagen hat, möchten Sie ihm jetzt vielleicht von Ihren Erfahrungen berichten. Anschließend können Sie die Rollen selbstredend tauschen und trommeln, während die andere Person auf die Reise geht.

Wenn Sie mit einem Tonträger gearbeitet und sich darüber hinaus der Methode des simultanen Erzählens bedient haben, die im Anhang A beschrieben wurde, spielen Sie das Protokoll Ihrer Erlebnisse ab und notieren Sie sich alles, was Sie nicht vergessen möchten.

Lassen Sie sich nicht entmutigen, wenn Sie auf Ihrer ersten Reise keinen Erfolg hatten, die Eindrücke nur vage waren oder Sie keinem Tier begegnet sind. Wiederholen Sie diese Übung einfach so oft, bis Sie ein Tier treffen. Wie jede spirituelle Disziplin verlangt auch der Schamanismus Engagement und Praxis, wenn man darin erfolgreich sein möchte. Einem meiner Studenten gelang der »Durchbruch« erst nach achtmonatiger harter Arbeit. Danach aber hatte er sehr lebhafte Reise-Erfahrungen, und das sogar in Farbe.

Verwendet man die alten schamanischen Methoden, wird die Divination oft erstaunlich einfach. Wie fast alles im Schamanismus hängen die Ergebnisse hauptsächlich von den Spirits ab und davon, ob Sie mit ihnen richtig umgehen. Zur Vorbereitung unternehmen Sie eine weitere Reise in die Untere Welt. Diesmal aber geht es nicht einfach darum, ein unbekanntes Tier zu treffen. Vielmehr haben Sie eine präzise, eng umrissene Aufgabe und greifen auf Ihr bereits erworbenes Wissen zurück; Sie haben ja schon gelernt, wie man in die Untere Welt gelangt und sind dort bereits einem Tier begegnet.

Davon ausgehend werden Sie nun die klassische Methode der schamanischen Reise anwenden, um in das Reich des verborgenen Wissens vorzudringen und Antworten auf Ihre Fragen zu finden. Denken Sie zunächst bitte einige Minuten lang an Ihre wichtigsten persönlichen Fragen, mit denen Sie sich schon lange herumgeschlagen haben, ohne zu einer klaren Antwort oder Lösung gekommen zu sein.

Greifen Sie die wichtigste heraus und fassen Sie sie in einen einfachen, klaren Satz, der vorzugsweise mit einem der folgenden Wörter beginnt: »wer«, »was«, »wo«, »wie« oder »warum«. Das Wort »wann« kann ich nicht empfehlen, allerdings aus Gründen, die einem fortgeschrittenen Stadium der schamanischen Ausbildung vorbehalten sind und den Rahmen dieses Buches sprengen würden. Hinweise für die Formulierung Ihrer Frage habe ich schon auf den Seiten 230 und 364 gegeben. Achten Sie vor allem darauf, dass die Frage weder zu lang oder zu kompliziert noch zweideutig ist. Um mögliche Zweideutigkeit zu vermeiden, verzichten Sie beim Stellen der Frage auf die Wörtchen »und« und »oder«, weil Ihr Satz sonst im Grunde aus zwei oder noch mehr Fragen besteht. Und dann wissen Sie hinterher womöglich nicht, welche davon das Tier beantwortet hat.

Schreiben Sie die Frage in Ihr Notizbuch und wiederholen Sie sie dreimal, damit Sie sie nicht vergessen. Wenn Sie mit einem Tonträger samt Kopfhörern arbeiten und sich der Methode des simultanen Erzählens bedienen (vgl. Anhang A, Seite 344–345), ist es sinnvoll, die Frage dreimal laut in das mit dem Aufnahmegerät verbundene Mikrofon zu sprechen.

Sie sollten bei dieser Reise denselben Eingang zur Unteren Welt (auf dem Boden oder im Wasser) nutzen wie bei der vorigen Übung und auch wieder den Weg durch den Tunnel nehmen, um in die Untere Welt zu gelangen. Anders ist jetzt nur das Ziel der Reise. Die Aufgabe muss Ihnen stets präsent sein, nicht nur vor dem Start, sondern während der gesamten Reise.

Erinnern Sie sich Ihres Auftrags: das Tier zu besuchen, das Sie auf Ihrer letzten Reise getroffen haben, und stellen Sie ihm Ihre Frage. Sobald das Trommeln beginnt, visualisieren Sie Ihre Öffnung im Boden oder im Wasser und reisen darin hinab durch den Tunnel, wobei Sie das Tier telepathisch oder verbal bitten, in der Unteren Welt auf Sie zu warten.

Sobald Sie es getroffen haben, stellen Sie ihm sofort (telepathisch) Ihre Frage. Vielleicht antwortet es auf demselben Weg, vielleicht sogar verbal. Häufiger aber schüttelt es den Kopf, nickt oder gibt die Antwort in Form einer Bewegung. In diesem Fall wird Ihnen die Antwort womöglich erst klar, wenn Sie sich mit der Körpersprache des Tieres vertraut gemacht haben. Haben Sie Geduld; je öfter Sie das Tier besuchen, desto mehr werden Sie verstehen.

Wenn Sie die Antwort sofort erhalten, verbringen Sie den Rest der Reise einfach in der Gesellschaft des Tieres. Stellen Sie ihm keine weitere Frage, sondern nehmen Sie die Gelegenheit wahr, sich näher mit ihm bekannt zu machen. Vielleicht nimmt das Tier Sie sogar auf eine kleine Tour durch die Untere Welt mit. Lassen Sie alles geschehen, bis das Rückholsignal ertönt. Erweisen Sie dem Tier dann Ihren Respekt, indem Sie sich bei ihm bedanken und sich verabschieden, dann kehren Sie auf demselben Weg, auf dem Sie gekommen sind, in die Mittlere Welt zurück.

Üblicherweise antwortet das Tier sofort, nachdem ihm die Frage gestellt wurde. Allerdings mit einer wichtigen Ausnahme: Manchmal dreht es sich um und läuft weg. In diesem Fall laufen Sie ihm nach. Das Tier nimmt Sie auf eine Reise mit – und *zeigt* Ihnen die Antwort. Alles, was Sie zu sehen bekommen, sind Aspekte der Antwort. Ein Teil der Arbeit des angehenden Schamanen besteht also darin, dass er lernt, diese Reisen zu »deuten«, das heißt, die Zeichen oder Symbole zu interpretieren, die er gezeigt bekommt.

Wenn Ihre Reise vorbei ist und Sie sich wieder in Ihrem Zimmer beziehungsweise an Ihrem Ausgangsort eingefunden haben, fassen Sie die Antwort, die Sie erhalten haben, für sich zusammen. Dann schreiben Sie sich die Einzelheiten der Reise auf. Wenn Sie ein Aufnahmegerät besitzen (und es nicht während der Reise ohnehin fürs simultane Erzählen genutzt haben), können Sie die Details auch diktieren.

Selbst wenn Sie Ihre gesamte Reise aufgenommen haben, sollten Sie versuchen, sich hinterher Notizen zu machen, denn später ist es praktischer zu blättern, als die gesamte Aufnahme noch einmal abzuhören. Sie können sich gegebenenfalls jedoch auch bestimmte Stellen notieren, die Sie sich noch einmal im Wortlaut anhören möchten. In Ihren schriftlichen Aufzeichnungen können Sie auch Passagen unterstreichen, um wichtige Botschaften und Erfahrungen hervorzuheben. Wenn alles im selben Notizbuch festgehalten wird, entsteht so schnell ein Logbuch Ihrer Fortschritte. Sie sollten sich Ihre Aufzeichnungen ab und zu anschauen, denn manches, was einem bei früheren Reisen unwichtig oder schwer verständlich erschien, kann seine Bedeutung später offenbaren.

Von dem, was Ihnen auf Ihren Reisen gezeigt wird, ist nichts wirklich unbedeutend. In den schriftlosen Kulturen, in denen es nicht möglich war, sich Notizen zu machen, mussten die Schamanen ihr Gedächtnis schulen, damit sie sich so viele Details ihrer Reisen wie möglich merken konnten. Etwas von dem, was ihnen die Spirits gesagt oder gezeigt hatten, zu vergessen, wäre für sie respektlos gewesen und hätte dazu führen können, dass die Geister ihnen künftig ihre Unterstützung verweigerten.

Wenn Sie lange genug schamanisch gearbeitet haben, werden Sie feststellen, dass die Ratschläge, die die Krafttiere erteilen, nicht nur von Mitgefühl zeugen, sondern auch von Humor. Sie verhalten sich wie gute Freunde. Zur gleichen Zeit flößen die Reisen auch Ehrfurcht ein, es sind heilige Erfahrungen von immensem Wert.

Wie für den Schamanismus insgesamt ist auch für das Reisen Disziplin notwendig. Es ist wichtig, für eine schamanische Reise ein Anliegen zu haben, eine Aufgabe, ein Ziel. Sie überlegen sich vorher klar den Zweck und verfolgen ihn während der Reise. Um Unklarheiten zu beseitigen, können Sie beliebig oft weitere Reisen machen. So lange, bis Sie alle nötigen Informationen beisammen haben.

Anhang C

Trainingsmaterialien

Wenn Sie mithilfe der Informationen aus den Anhängen A und B Ihre persönlichen Erfahrungen auf der schamanischen Reise vergleichen möchten, lege ich Ihnen nahe, sich der auf den Seiten 344–345 beschriebenen Methode des simultanen Erzählens zu bedienen und eine hochwertige Trommelaufnahme für das schamanische Reisen zu verwenden, die als CDs bei der Foundation erhältlich sind (Kontaktinformationen unten).

Falls Sie sich intensiver mit dem Core-Schamanismus befassen möchten, empfehle ich Ihnen die Teilnahme am Basis-Seminar der Foundation, »Der Weg des Schamanen®«, das eine Einführung in das Erleben der Oberen und Unteren Welt bietet, mit dem Ziel, dort um Hilfe und Heilung zu bitten. Die Teilnahme an diesem Seminar ist auch Voraussetzung, um die Fortgeschrittenenkurse besuchen zu können, in denen es um alle drei Welten geht, zum Beispiel »Schamanische Extraktion«, »Tod und Sterben in schamanischer Sicht« oder »Schamanische Traumarbeit« und viele andere. Alle Seminare werden von sorgfältig ausgesuchten Lehrbeauftragten der Foundation for Shamanic Studies Europa gehalten, die über jahrelange Erfahrungen im schamanischen Heilen und anderen Aspekten des Schamanismus verfügen.

Weitere Informationen finden Sie auf der deutschsprachigen Website der Foundation: www.shamanicstudies.net

Oder postalisch bei
Foundation for Shamanic Studies Europa
Mag. Roland Urban
Untere Reitling 26
A-4231 Wartberg ob der Aist
Tel.: 0043-650-7700660

Beziehungsweise per E-Mail:
office@shamanicstudies.net

Anhang D

Core-Schamanismus und Heilen: Informationen für Ärzte und Angehörige anderer Heilberufe

Verfasst mit Sandra Harner, PhD

So außergewöhnlich und lebensverändernd die Erfahrungen, von denen in diesem Buch die Rede war, auch sein mögen, besonders wichtig sind die darin enthaltenen Informationen über die Kraft der Spirits doch im Hinblick auf die Linderung der Leiden und Schmerzen anderer. Dieses Kapitel richtet sich speziell an die Angehörigen von Heilberufen, soll aber auch alle anderen Leserinnen und Leser an einige wichtige Aspekte des Core-schamanischen Heilens heranführen. Wie bereits ausgeführt besteht der Core-Schamanismus aus den universellen, beinahe-universellen und weitverbreiteten Prinzipien und Techniken des Schamanismus in Verbindung mit Reisen in andere Welten, einem Charakteristikum des Schamanismus. Diese Reisen werden im Allgemeinen unternommen, um spirituelle Kraft zu erwerben, speziell für die Heilarbeit.

Das Lehren und die Anwendung der grundlegenden Prinzipien und Techniken des Core-Schamanismus haben im

Westen und anderswo schnell eine Renaissance der schamanischen Heilmethoden ausgelöst. In den meisten westlichen Ländern wird heute hauptsächlich das, was in diesem Buch als »Core-Schamanismus« bezeichnet wird, praktiziert. Freilich bestehen sowohl in indigenen Gesellschaften als auch im Westen bestimmte lokale oder regionale schamanische oder nahezu schamanische Traditionen weiter. Solcher kulturspezifischen Formen bedienen sich vor allem die indigenen schamanisch für ihre jeweiligen Gemeinschaften (Communities) Arbeitenden in den Vereinigten Staaten und Kanada. In diesem Zusammenhang ist es uns wichtig, darauf hinzuweisen, dass dieses Kapitel lediglich eine kurze Einführung in die schamanische Heilarbeit darstellen soll, wir hier aber weder umfassend auf die Vielfalt spiritueller Krankheitsursachen eingehen noch das breite Spektrum der schamanischen Diagnose- und Behandlungsmethoden abdecken können.

Dadurch, dass der Core-Schamanismus keine spezielle kulturelle Tradition nachahmt, eignet er sich besonders für Westler, die sich ein von Traditionen relativ unabhängiges System wünschen, das sie ihren Bedürfnissen anpassen und leicht in ihr Leben integrieren können. Der folgende Überblick über die schamanischen Praktiken konzentriert sich auf die grundlegenden kulturübergreifenden Gemeinsamkeiten, die als Core-Schamanismus bekannt sind, und ist keine Einführung in spezifische indigene Stammes- oder regionale Varianten.

Einige der Prinzipien und Techniken des Core-Schamanismus werden in Michael Harners *Der Weg des Schamanen*[1] und »A Core Shamanic Theory of Dreams«[2] erläutert sowie in Veröffentlichungen seiner Studenten, zum Beispiel in Tom Cowans *Shamanism as a Spiritual Practice for Daily Life*.[3] Die eigentliche Praxis aber spiegelt sich weder im Core- noch im indigenen Schamanismus in Büchern oder Artikeln wider;

zunächst einmal, weil sie sich im Wesentlichen in schriftlosen Kulturen abgespielt hat, vor allem aber, weil sie auf empirisch von Mensch zu Mensch weitergegebenen Anleitungen beruht, auf Vorbildern, den unmittelbaren Botschaften der Spirits und eigenen Experimenten und eigener Praxis. Außerdem sind die Ergebnisse dieses empirischen Lernens zum Großteil unbeschreiblich und ließen sich westlichen Anthropologen und Beobachtern deshalb schwer vermitteln. Aus diesen Gründen ziehen wir auf den folgenden Seiten nur ganz selten Literatur hinzu. Wer selbst eine empirische Ausbildung im Schamanismus und im schamanischen Heilen machen möchte, sei auf Anhang C verwiesen.

Das Grundkonzept des Core-Schamanismus

Es folgt eine Zusammenfassung der wichtigsten Auffassungen des Core-Schamanismus und seines allgemeinen Zugangs zu Krankheit und nötigen Eingriffen.

I. Annahmen über Natur und Menschheit
II. Pathogenese/Ätiologie von Gesundheit und Erkrankungen
III. Diagnose
IV. Therapie
V. Ausbildung und Praxis im Core-Schamanismus

I. Annahmen über Natur und Menschheit

Schamanen gingen schon immer davon aus, dass die Menschen ein Teil der Natur, mit allen anderen biologischen Erscheinungsformen verbunden und ihnen nicht überlegen sind. Diese »heidnische« (pagane) Auffassung war einer der Gründe dafür, dass die Schamanen in Europa von der Inquisition verfolgt und indigene Schamanen anderswo von westlichen Missionaren der Lächerlichkeit preisgegeben wurden, die darin einen Gegensatz zum biblischen Verständnis von der Entstehung des Menschen sahen. Und erst nach dem Erscheinen von Darwins Werken *Die Entstehung der Arten*[4] und *Die Abstammung des Menschen und die geschlechtliche Zuchtwahl*[5] sind die Abendländler, wenn auch oft widerstrebend, zur Anerkennung unserer Verwandtschaft mit allen anderen Lebensformen zurückgekehrt. Viele Anhänger der größeren Religionen haben damit aber aus Glaubensgründen noch heute ihre Schwierigkeiten.

Eine weitere, gewöhnlich eher implizite als explizit ausgesprochene, Annahme des Schamanismus betrifft die Existenz zweier Wirklichkeiten, deren Wahrnehmung von dem Bewusstseinszustand abhängt, in dem man sich jeweils befindet. Wer im »alltäglichen Bewusstseinszustand« ist, nimmt demzufolge nur die »alltägliche Wirklichkeit« wahr. Im »schamanischen Bewusstseinszustand« dagegen ist man in der Lage, in die »nichtalltägliche Wirklichkeit« einzutreten und diese wahrzunehmen. »Wirklichkeit« beziehungsweise »Realität« werden beide genannt, weil beide empirisch erlebt werden können. Jede verfügt über ein eigenes Wissen und hat ihre eigene Bedeutung für die menschliche Existenz.[6]

Die nichtalltägliche Wirklichkeit wird nicht von jedem (an)erkannt. Anderenfalls hätten die schamanisch Arbeitenden auch keinerlei Funktion, denn ihre Verantwortung besteht ja gerade darin, dass sie etwas wahrnehmen können, was anderen verschlossen ist. Eines der entscheidenden Charakteristika des Shamanic Practitioners besteht darin, dass er sich nach Belieben diszipliniert und zielorientiert zwischen diesen Realitäten hin- und herbewegen kann, um andere zu heilen und ihnen zu helfen.

Damit geht die Annahme einher, dass die Wesen, denen man in der nichtalltäglichen Wirklichkeit begegnet, tatsächlich existieren. Sie werden als »Geister« oder auch »Spirits« bezeichnet und von den schamanisch Arbeitenden deshalb für real gehalten, weil sie direkt mit ihnen interagieren bzw. der Schamane sie mit allen Sinnen wahrnehmen kann. Mit anderen Worten: Für den Shamanic Practitioner ist die Existenz der Spirits keine Sache des Glaubens, sondern eine der Erfahrung.[7] In der nichtalltäglichen Wirklichkeit kann man die Geister üblicherweise sehen, berühren, riechen und hören; sie sind also nicht weniger wirklich als die Menschen, mit denen man in der alltäglichen Realität Umgang pflegt. Im Zuge seiner Arbeit entdeckt der schamanisch Tätige, welche der Geister, denen er begegnet, seine persönlichen helfenden und behütenden Spirits sind, also diejenigen, die ihm verlässliche Informationen geben und auf wundersame Weise beim Heilen behilflich sind.

Eine weitere zentrale These besagt, dass alle Lebewesen, auch die Menschen, eine Seele beziehungsweise einen lebenslangen persönlichen Spirit besitzen. Die Seele eines Individuums wird als dessen spirituelle Essenz definiert, die es braucht, um am Leben zu sein. Deshalb ist sie von der Empfängnis bis zu seinem Tod präsent, wenn auch vielleicht nicht immer in demselben Maße. Nach dem Tod existiert die Seele weiter, wie sie auch vor der Empfängnis schon existiert hat, aber die Zeitspanne, in der sie als identifizierbares Wesen fortbesteht, ist nicht bei allen Individuen gleich. Für schamanisch Arbeitende sind Seelen identifizierbare Wesen, weil sie ihnen, genau wie den anderen Spirits, in der nichtalltäglichen Wirklichkeit direkt begegnen.

Die Erforschung der Spirits obliegt vor allem den Schamanen. Denn sie führen seit vielen Jahrtausenden und in Tausenden unterschiedlichen Kulturen auf fünf verschiedenen Kontinenten unabhängig voneinander zahllose Heilexperimente mit ihren Patienten durch, oft in lebensbedrohlichen Situationen, und die Resultate, die sie dabei erzielt haben, beweisen die Existenz der Spirits. Deshalb sind die Grundlagen der indigenen schamanischen Praxis überall auf der Welt auch so bemerkenswert ähnlich, unabhängig davon, dass die indigenen schamanischen Traditionen aufgrund regionaler historischer Faktoren zum Teil modifiziert oder gar zerstört wurden.

Ein weiteres Charakteristikum des Schamanismus ist die Unterteilung des Universums in drei Welten: die Obere, die Mittlere und die Untere. Die Mittlere Welt, die, in der wir leben, verfügt sowohl über alltägliche (nichtspirituelle) als auch über nichtalltägliche (spirituelle) Aspekte. Im Gegensatz dazu sind die Untere und die Obere Welt rein spiritueller Natur und befinden sich ganz in der nichtalltäglichen Wirklichkeit, wo sie »außerhalb der Zeit« existieren. Die Schamanen unternehmen oft »außerkörperliche« Reisen in die Obere und Untere Welt, um bei den mitfühlenden Wesen dort Unterstützung für ihre Heil- und Divinationsarbeit zu finden.

Bei den helfenden Spirits des Core-Schamanen handelt es sich typischerweise um die Geister von menschlichen oder nichtmenschlichen Wesen, die einmal in der alltäglichen Wirklichkeit gelebt und die Mittlere Welt nach ihrem Tod verlassen haben, um in die Obere oder Untere Welt einzugehen.

Dort herrschen jene göttliche Einheit und Liebe, über die Überlebende von Nahtoderlebnissen, praktisch alle spirituellen Traditionen und selbstverständlich die schamanisch Reisenden sprechen. In dem Maße, in dem diese Geister von Verstorbenen tiefer in die Obere oder Untere Welt vordringen, verschmelzen sie mit dem verborgenen, liebevollen Universum und werden zu kraftvollen, mitfühlenden Wesenheiten.

Core-schamanische Annahmen über Natur und Mensch

Einheit
Wir Menschen sind Teil der Natur, mit allen anderen Lebensformen verbunden und ihnen nicht überlegen.

Zwei Wirklichkeiten
Im alltäglichen Bewusstseinszustand hat man Zugang zur alltäglichen Wirklichkeit, im schamanischen Bewusstseinszustand Zugang zur nichtalltäglichen Wirklichkeit.

Das Universum
Drei Welten: Obere, Mittlere und Untere Welt.

Seelen
Jedes Lebewesen, auch der Mensch, hat eine Seele (seinen persönlichen bleibenden Geist).

Hilfreiche Spirits
Ihre Existenz: empirisch bewiesen; eine Vielfalt verschiedener Typen; außerhalb der nichtalltäglichen

Wirklichkeit nicht allmächtig; können mit schamanischer Unterstützung dort aber beträchtlichen Einfluss ausüben, z. B. bei Heilungen.

Reise
Schamanische Reise in die nichtalltägliche Wirklichkeit, insbesondere die Obere und Untere Welt, mit dem Ziel, dort Unterstützung für Heilung und Divination zu finden.

Solange die Spirits von Verstorbenen die Mittlere Welt noch nicht verlassen haben, verfügen sie normalerweise nicht über Mitgefühl und Kraft. Dies ist einer der Gründe dafür, dass Core-schamanisch Arbeitende gewöhnlich in die Obere und Untere Welt reisen, um ihre spirituellen Helfer zu finden. Im Zuge dieser Reisen und ihrer Arbeit für ihre Klienten finden sie heraus, welche dieser Geistwesen ihnen beim Heilen am erfolgreichsten beistehen. Da die schamanisch Praktizierenden ihre helfenden Geister durch direkte persönliche Beobachtung, Interaktion und das Austesten ihrer Kräfte ermitteln, muss es sich dabei nicht unbedingt um in der jeweiligen Kultur allgemein verehrte oder bekannte Wesenheiten handeln.

Diese mitfühlenden helfenden Geister jenseits der Mittleren Welt möchten die Leiden und Schmerzen unserer Welt der alltäglichen Wirklichkeit lindern, und zwar unter anderem aus folgenden Gründen: 1. Jetzt existieren sie in der Verschmelzung mit den Gefilden der göttlichen Liebe, ohne Schmerzen; 2. da sie zuvor in der alltäglichen Wirklichkeit gelebt haben, verstehen sie unsere Schmerzen und unser Leid und empfinden Mitgefühl mit uns; 3. scheinen sie das Ausmaß unseres Leidens und unserer Schmerzen sogar noch besser zu verstehen als wir selbst, weil sie unsere Wirklichkeit überwunden haben und deshalb vergleichen können; 4. schauen sie auf die Lage zurück, in der wir uns befinden, und haben Mitleid mit uns; 5. folglich möchten sie helfen, unser Leid und unsere Schmerzen zu mildern.

Die mitfühlenden Geister sind in unterschiedlicher Form eigentlich in allen Kulturen bekannt. In vielen Stammesgesellschaften zählen die Spirits der Ahnen ebenso dazu wie die von Tieren und Pflanzen. Im Hinduismus und im Christentum sind es zum Beispiel die Heiligen, das heißt deren Geister.

In einem breiten Spektrum von Kulturen wenden sich sowohl »normale Menschen« als auch Priester im Gebet an die Geister. Bitten durch Beten kann dabei helfen, Unterstützung aus der anderen Wirklichkeit zu bekommen, und ist durchaus Teil der schamanischen Praxis. Dennoch werden Gebete im Schamanismus allgemein für weniger wirksam gehalten als der unmittelbare schamanische Austausch mit einem oder mehreren helfenden Geistern und die Übermittlung dieser Hilfe an den Patienten.

Der Schamane sieht einen wichtigen Grund dafür, dass das Beten oft nur mäßig erfolgreich ist, darin, dass die mitfühlenden Geister der Oberen und Unteren Welt außerhalb der Bereiche, in denen sie sich üblicherweise aufhalten, nicht allmächtig sind. Und da ihre Möglichkeiten, auf die Lebensumstände in der Mittleren Welt einzuwirken, begrenzt sind, brauchen sie in aller Regel Verbündete in der alltäglichen Wirklichkeit, die ihnen helfen, Öffnungen und Durchgänge zu erschaffen, um Schmerz und Leid lindern zu können. Solche Verbündete sind die Schamanen; durch ihre Reisen knüpfen sie starke Heilverbindungen in die Mittlere Welt.

Demzufolge ist die schamanische Reise das Herzstück des Core-Schamanismus, denn sie bringt beide Welten zusammen, um beim Lindern von Leiden »unmögliche« (also vermeintlich übernatürliche) Ergebnisse zu erzielen. Dadurch, dass der schamanisch Reisende in die andere Wirklichkeit hinübergeht, nimmt er Kontakt zu den mitfühlenden heilenden Geistern auf und kehrt oft als mit ihnen verschmolzen – quasi als deren Abbild – zurück. Diese Wechselwirkung zwischen Mensch und Spirit in Form der Verschmelzung ist in der Regel nur von kurzer Dauer, weil sie ein Höchstmaß an Konzentration im schamanischen Bewusstseinszustand verlangt. In diesem Zustand ist der schamanisch Arbeitende nicht Bittsteller, sondern vielmehr aktiv mit einem helfenden Geist verbunden, um das Leiden und die Krankheit eines Klienten zu lindern. Es ist dieses innige Bündnis, das die Angehörigen der indigenen Kulturen veranlasst, von ihren Schamanen bessere Ergebnisse zu erwarten, als sie beim alleinigen Beten möglich wären.

Abgesehen von den mitfühlenden Geistern der Oberen und Unteren Welt, die die heilenden Helfer der schamanisch Arbeitenden sind, gibt es auch die Spirits von Verstorbenen, die sich nach wie vor in der Mittleren Welt aufhalten, an den Schnittstellen zur Oberen beziehungsweise Unteren Welt. Diese körperlosen Wesen der Mittleren Welt, die allen Arten angehören können, sind nicht nur eine unzuverlässige Quelle, was das mitfühlende Helfen betrifft, sondern stellen für die noch Lebenden sogar oft eine gesundheitliche Gefahr dar. Viele dieser Geister sind verwirrt, wissen mitunter nicht einmal, dass sie tot sind, und haben ihre Verhaltensweisen, die sie als Lebende hatten, beibehalten. Leidend und ziellos irren sie in der Mittleren Welt umher und werden vielfach zur Ursache von Erkrankungen, zum Beispiel als Eindringlinge oder in Form unfreiwilliger Besessenheit.

II. Pathogenese/Ätiologie von Gesundheit und Erkrankungen

Gesundheit und körperliche Unversehrtheit gelten (außer im sehr hohen Lebensalter) als der Normalzustand des Menschen. Beschwerden, Krankheiten und ernsthafte Verletzungen gehen gewöhnlich auf besondere spirituelle und nichtspirituelle Faktoren zurück, und die Aufgabe des schamanisch Praktizierenden besteht darin, sich der spirituellen Faktoren anzunehmen, die bei einer Erkrankung oder Verletzung im Spiel sind.

Es gibt im Wesentlichen zwei Formen von spirituellen Faktoren, die zum Entstehen einer Krankheit beitragen oder sie verursachen: 1. der Verlust eines Spirits, der für das Wohlbefinden des Patienten wichtig ist, und 2. das Einwirken eines Spirits mit schädlichen Folgen für das Wohlergehen des Patienten.

A. Verlust eines Spirits, der für die Gesundheit und das Wohlbefinden des Patienten wichtig ist

Seelenverlust

Schon ein kleines körperliches Trauma – wenn man sich zum Beispiel mit dem Hammer auf den Daumen haut – hat zumeist nur einen geringen Seelenverlust an der betreffenden Stelle (in diesem Fall dem Daumen) zur Folge. Ein größeres Trauma, wie etwa ein schwerer Schock oder eine ernsthafte körperliche Verletzung, zieht dagegen normalerweise einen erheblichen Seelenverlust nach sich. Ein komatöser Zustand entspricht dem nahezu vollständigen Verlust der Seele, und der Tod geht mit deren vollständigem Verlust einher.

Seelenverlust manifestiert sich im Allgemeinen als Zustand der Kraft- oder Mutlosigkeit, dessen Schwere sowohl vom Ernst des aktuellen Verlustes als auch von den Seelenverlusten abhängt, die der Patient im Laufe seines Lebens bereits erlitten hat. Wer schon mehrmals Seelenverlust erfahren musste, scheint gewöhnlich »nicht vollständig« oder »nicht ganz bei sich« zu sein – dieser volkstümliche Ausdruck, in dem sich das unbewusste Wissen um diesen Zustand in unserer Kultur widerspiegelt, trifft es recht gut. In der Kultur Lateinamerikas ist man sich möglichen Seelenverlustes bewusst, denn dort gibt es einen Ausdruck für die Krankheit, die aus einem Trauma resultiert und zum Seelenverlust führt, das spanische *susto* – »Schreck«. Informelle Studien haben ergeben, dass auch Amerikaner der Mittelklasse, die keine Latino-Wurzeln haben, auf Anfrage davon sprechen, dass sie irgendwann in ihrem Leben einmal Seelenverlust erlitten haben, selbst wenn ihnen dieser Begriff vorher nicht bekannt war.

Der Verlust des Schutzgeistes

Eine andere sehr wichtige Gegebenheit für die Entstehung einer Erkrankung ist das Schwinden der persönlichen spirituellen Kraft – als Folge des Verlustes eines Schutzgeistes, der bisher dazu beigetragen hat, Krankheiten, Verletzungen und Widrigkeiten im Allgemeinen von dem oder der Betreffenden abzuhalten. (Gegen Epidemien sind die Schutzgeister allerdings machtlos.)

Im Unterschied zum Seelenverlust ist der Verlust der spirituellen Schutzkraft in der Regel nicht Folge eines Traumas, sondern schafft eher die Voraussetzungen dafür, dass man für

Traumata und ernsthafte akute oder chronische Erkrankungen anfällig wird. Und da der Verlust der spirituellen Kraft eben die Wahrscheinlichkeit, dass es zu einem bedeutenden Trauma kommt, erheblich erhöht, steigt damit auch die Gefahr, Seelenverlust zu erleiden.

B. Einwirken eines Spirits mit schädlichen Folgen für das Wohlergehen des Patienten

Ein Mensch, der einen Großteil seiner persönlichen spirituellen Kraft verloren hat, ist besonders anfällig für Krankheiten, die auf das Eindringen eines Spirits zurückgehen. Wer zusätzlich erheblichen Seelenverlust erlitten hat, läuft Gefahr, sich eine unfreiwillige Besessenheit durch einen Geist zuzuziehen. Beides geht gewöhnlich mit dem Einwirken eines Spirits einher, das schädliche Folgen für die geistig-emotionale oder auch physische Gesundheit des oder der Betroffenen hat.

1. Spirituelle Eindringlinge

Wenn jemand seinen persönlichen Schutzgeist verloren hat, schwindet dessen behütende Kraft allmählich – mit der Folge, dass der Betreffende anfällig wird für nichtalltägliche beziehungsweise spirituelle Eindringlinge, die lokal begrenzte Erkrankungen oder Schmerzen verursachen.

Wenn ein solcher Eindringling stark genug ist, um in den Körper eines Menschen gelangen zu können, so bedeutet das im Allgemeinen, dass er von einer Person (oder auch mehreren) geschickt wurde. Dies kann bewusst oder unbewusst geschehen. In indigenen Gesellschaften sind derartige Eindringlinge gemeinhin die Folge eines bewussten feindseligen

Aktes von Zauberern. Verwünschungen und feindliche Bannsprüche stellen ebenfalls ein bewusstes, wenn auch etwas anders gelagertes Phänomen dar. In den Gesellschaften des Westens erfolgen solche spirituellen Eingriffe üblicherweise unbewusst, weil die meisten gebildeten Westler gar nicht wissen, dass eine solche Möglichkeit überhaupt existiert. Sie wissen zwar, dass man beten kann, um andere zu heilen und ihnen zu helfen, der Kraft negativer Wünsche – also des schädlichen Pendants zum Gebet –, die darauf abzielen, die Krankheit eines anderen zu verschlimmern, sind sie sich jedoch meistens nicht bewusst.[8] Mit anderen Worten: Sie sind nicht gebildet genug, um verhindern zu können, dass sich ihr emotionaler Zustand auf der spirituellen Ebene als feindlicher Akt manifestiert.

Derartige Manifestationen können nicht nur demjenigen schaden, der Gegenstand der Feindseligkeit ist, sondern auch dem, der die abträglichen spirituellen Energien bewusst oder unbewusst aussendet. Im Schamanismus kennt man so etwas wie karmische Reziprozität. Genauer gesagt: Was man spirituell aussendet, sei es Hass oder Mitgefühl, kehrt auf ähnliche Weise, nur um ein Vielfaches verstärkt, zu einem zurück. Ein schamanisch geschulter sensibler Mensch vermeidet deshalb akribisch jedweden spirituell feindlichen Akt. Alles andere wäre nicht nur unethisch, sondern könnte möglicherweise sogar lebensbedrohliche Folgen haben.

Weil sie an einer bestimmten Körperstelle lokalisiert sind, neigen spirituelle Eindringlinge dazu, ebendort Schmerzen, Beschwerden und Krankheitssymptome hervorzurufen. Sie können mit Infektionen in der alltäglichen Wirklichkeit einhergehen oder unabhängig davon auftreten.

2. Krankheitsverursachende unfreiwillige Besessenheit

Wenn jemand nicht nur seines persönlichen Schutzgeistes verlustig gegangen ist, sondern er darüber hinaus auch einen bedeutenden Seelenverlust erlitten hat, wird dieser Mensch besonders anfällig für eine Krankheit in Form einer unfreiwilligen Besessenheit durch einen Spirit. Ohne die behütende Kraft, die ihm der Schutzgeist zuvor bereitgestellt hat, wird dieser Mensch aufgrund seines Seelenverlustes sozusagen zu einem spirituell leeren Gefäß. Dies verschafft einer anderen Seele die Gelegenheit, in den Betreffenden einzudringen und dessen Körper (inklusive Geist) zu übernehmen. Wenn dies geschieht, kann man mit Fug und Recht von einer Krankheit sprechen, die von einer unfreiwilligen spirituellen Besetzung hervorgerufen wurde.

Dieser Zustand darf nicht mit der freiwilligen Besessenheit, der Inkorporierung eines Spirits, verwechselt werden, deren sich Schamanen und medial Tätige (auch »Channelmedien«) bedienen und die keine Krankheit darstellt, sondern eine Form ihrer beruflichen Praxis. Bei dieser freiwilligen spirituellen Besessenheit hat man spezielle helfende und lehrende Geister in der Oberen oder Unteren Welt (die bei der medialen Arbeit und beim Channeln oft auch als »Geistführer« bezeichnet werden), von denen man einen gezielt anruft, um sich für einen kurzen Zeitraum (zum Beispiel in einer Séance) von dessen Bewusstsein okkupieren zu lassen.

Bei einer unfreiwilligen Besetzung in Verbindung mit einer Erkrankung handelt es sich im Regelfall um die Besetzung des Geistes/Körpers eines Menschen durch den Spirit (die Seele) eines Verstorbenen, der in der Mittleren Welt verblieben ist. Das sind zumeist die Geister von Personen, die einen plötzlichen, traumatischen Tod erlitten haben – mit der Folge, dass die Seele abrupt und verwirrt aus dem Körper geflohen ist. Diese Spirits verfügen zwar noch über ein gewisses Erinnerungsvermögen, sind im Allgemeinen aber doch ganz durcheinander und streifen ziellos umher, wobei ihnen oft nicht einmal bewusst ist, dass sie tot sind. Mehr noch: Dadurch, dass sie sich einem Lebenden anhaften, wird ihre Illusion, selbst noch am Leben zu sein, sogar verstärkt.

Für den Lebenden, der Gegenstand einer solchen Besetzung wird, kann das unter anderem zur Folge haben, dass er eine zweite Persönlichkeit annimmt (oder sogar mehrere, wenn er nicht nur von einem einzigen Spirit besessen ist), was gemeinhin zu erheblicher Verwirrung führt; es kann aber auch zur Folge haben, dass er plötzlich Phobien entwickelt, ein sozial oder anderweitig unangemessenes Verhalten an den Tag legt und einer allgemeinen Demoralisierung unterliegt. Anders ausgedrückt: Die mentalen oder emotionalen Probleme des Verstorbenen können sich auf seine »Wirtsperson« ganz verheerend auswirken. War der Verblichene zum Beispiel alkohol- oder drogenabhängig, wird der von seinem Geist Besessene ähnliche Tendenzen zeigen. Handelte es sich um einen Soziopathen, wird auch der Wirt asoziales Verhalten an den Tag legen. Fälle wie der letztgenannte haben wahrscheinlich zu dem weitverbreiteten Volksglauben geführt, dass es sich bei Besessenheit um den Einfluss eines bösen Geistes handele.

III. Diagnose

Um sich die wichtigen Informationen über den gesundheitlichen Zustand ihrer Patienten zu beschaffen, verlassen sich schamanisch Praktizierende vor allem auf die Divination. Sie gehen in den schamanischen Bewusstseinszustand und wenden eine der folgenden Methoden oder auch beide in Kombination an, um eine Diagnose zu stellen: 1. indem sie ihre helfenden Spirits um Rat fragen; 2. durch das schamanische »Sehen« der spirituellen Krankheitsursache.

A. Die helfenden Spirits um Rat fragen

Mit zunehmender Erfahrung lernt der schamanisch Arbeitende, welche seiner helfenden Spirits bei der Diagnose am erfolgreichsten sind und unter welchen Umständen. Bei diesen Helfern handelt es sich generell um allwissende Beobachter der Mittleren Welt, die nicht mehr hier zu Hause sind, jedoch gerade deshalb Informationen über jeden einzelnen Patienten bereitstellen können. Der Behandelnde braucht also keine Techniken aus der alltäglichen Wirklichkeit anzuwenden. Er muss zum Beispiel nicht die Krankengeschichte seiner Klienten erheben und auch keine Laboruntersuchungen vornehmen (was aber natürlich nicht heißt, dass die Klienten bei ihren Besuchen nicht über ihre Beschwerden sprechen würden).

1. Die schamanische Reise

Um eine Diagnose zu stellen, unternimmt man üblicherweise eine divinatorische Reise in die Obere oder Untere Welt und bittet einen seiner mitfühlenden helfenden Geister um Informationen über Ursache und Wesen der Beschwerden des Klienten. Dabei erfährt man, ob bei dessen gesundheitlichen Problemen Faktoren wie Seelenverlust, Verlust des Schutzgeistes, spirituelle Eindringlinge und unfreiwillige Besessenheit im Spiel sind.

Als Erstes bittet man um spirituelle Hilfe und begibt sich dann in die nichtalltägliche Wirklichkeit. Dafür tritt man in den schamanischen Bewusstseinszustand ein, normalerweise mithilfe eines akustischen Antriebs in der Frequenz von 3,5 bis 4 Hertz, was in etwa dem unteren Bereich der Theta-Wellen des Gehirns entspricht.[9] Diesen akustischen Antrieb kann eine Trommel besorgen, die live von einem Assistenten geschlagen wird, oder man bedient sich einer Tonaufnahme mit Kopfhörern (zum Beispiel der CDs und MP3s mit schamanischem Trommeln, die über die Foundation for Shamanic Studies bezogen werden können). Am effektivsten ist diese Art der Diagnostik, wenn sich der Klient im selben Raum befindet, sie funktioniert aber auch auf die Ferne. Der Coreschamanisch Arbeitende nimmt keine bewusstseinsverändernden Drogen, um sich in den schamanischen Bewusstseinszustand zu versetzen (allerdings wissen wir natürlich, dass in einigen indigenen Gesellschaften Drogen verwendet werden).

Beim Hören des Trommelns und während seiner Reise befindet sich der Shamanic Practitioner normalerweise in einer entspannten Haltung im Sitzen oder Liegen, damit er sein Körperbewusstsein zurücklassen kann, wenn er spirituell in die nichtalltägliche Wirklichkeit reist[10]; allerdings kann er sich auch in beiden Realitäten bewegen (»tanzen«), während er von der Trommel begleitet wird.

2. Objekt-Divination

Eine in der Diagnostik weniger häufig verwendete Methode ist die Divination mit Gegenständen, auch Objekt-Divination genannt. Bei dieser Technik bittet man um die Unterstützung seiner mitfühlenden helfenden Geister. Dann kann man zum Beispiel einen beliebig gewählten Stein betrachten oder das

Schulterblatt eines Tieres, etwa das eines Schafes. (Das Schulterblatt wird klassischerweise in ein offenes Feuer geworfen, dadurch entstehen Risse, die einem die Antwort auf die Frage geben.) Oder man kann ein Objekt (etwa einen Trommelschlägel) oder mehrere (z. B. Steinchen) werfen. Anschließend analysiert man die Ergebnisse entsprechend seiner eigenen Erfahrung im Umgang mit Divinationsobjekten im normalen Bewusstseinszustand. (Dieses Wissen hat man sich zuvor durch schamanisches Reisen und praktisches Anwenden/Experimentieren erworben.)

B. Das schamanische »Sehen« der spirituellen Krankheitsursache

Der sogenannte Röntgenblick mit dem »starken« beziehungsweise »dritten« Auge stellt eine weitere Methode der schamanischen Diagnostik dar. Bei dieser Technik tritt man in den schamanischen Bewusstseinszustand ein und bittet einen helfenden Geist, mit einem zu verschmelzen (»freiwillige Besessenheit«). Auf diese Weise kann man einen schädlichen Eindringling erkennen, den spirituellen Aspekt einer örtlich begrenzten Erkrankung. Dieser Eindringling zeigt sich in der Regel als kleines Wesen, von dem der Shamanic Practitioner aufgrund seiner Ausbildung und aus Erfahrung weiß, dass es dem Klienten schadet.[11] Nimmt man keinen solchen Eindringling wahr, kann man davon ausgehen, dass den Beschwerden keine lokal umrissene spirituelle Ursache zugrunde liegt. Um aber auf Nummer sicher zu gehen, sollte man an mehreren aufeinanderfolgenden Tagen den Klienten mit dem Röntgenblick untersuchen.

IV. Therapie

Schamanisch Arbeitende verstehen ihr Wirken als Teil eines sehr umfassenden Konzepts von Heilung, in dem verschiedene Methoden einander ergänzen. Dieser Ansatz ist nicht neu; auch in den indigenen Gesellschaften sind die Schamanen »nur« für die spirituelle Seite der Behandlung zuständig. Deshalb verweisen sie ihre Patienten manchmal auch an einen Nicht-Schamanen aus ihrem Gemeinwesen, der zum Beispiel Knochen einrichten oder Massagen machen kann. Ja, sie schicken sie sogar zu den Ärzten der Missionsstation, damit sie ihnen Aspirin oder Antibiotika verabreichen beziehungsweise westliche Behandlungsmethoden anwenden.

Sowohl Core-schamanisch Arbeitende als auch indigene Schamanen betrachten diese westlichen Behandlungsmethoden als nichtspirituell, weshalb sie nicht in Konkurrenz zu den schamanischen Therapien stehen. Zudem erkennen viele indigene Schamanen an, dass die westliche Medizin die Symptome einer Erkrankung mitunter lindern kann, allerdings ohne die zugrunde liegenden spirituellen Probleme des Patienten zu lösen. Bei den Salish im US-Staat Washington und in British Columbia, die Zugang zu beiden Behandlungsarten haben, wird die westliche Medizin deshalb oft als »alternative« oder »ergänzende« Heilmethode betrachtet.[12]

Zusätzlich zu ihren spirituellen Behandlungen verabreichen Schamanen oft pflanzliche Heilmittel. Da die Apotheke der Natur in den indigenen Gesellschaften aber zum Allgemeinwissen gehört, kann die Verwendung von pflanzlichen Heilmitteln nicht als typisch für den Schamanismus gelten. Obwohl die westlichen Massenmedien einen anderen Eindruck vermitteln, geben viele indigene Schamanen, zum Beispiel bei den Untsuri-Shuar (Jívaro) am Oberen Amazonas, ihren Patienten traditionell keine pflanzlichen Heilmittel, sondern überlassen dies den Nicht-Schamanen.[13]

Ein wichtiger Eckpfeiler der schamanischen Ethik besteht darin, dass man grundsätzlich nur auf den ausdrücklichen Wunsch des Patienten/Klienten (bei Kindern: der Eltern) hin tätig wird; denn man sollte sich nie anmaßen, darüber zu befinden, was für eine andere Person letztlich das Beste wäre. Philosophisch, vor allem in lebensbedrohlichen Situationen, hat dies den Hintergrund, dass der Sinn des schamanischen Wirkens darin besteht, Leid und Schmerz zu lindern, und es nicht darum geht, das Leben des Patienten in der alltäglichen Wirklichkeit um jeden Preis zu erhalten. Von ihren Reisen wissen die Schamanen schon seit Urzeiten, dass es Schmerzen nur in der Mittleren Welt gibt; und genau wie die Überlebenden einer Nahtoderfahrung (zu denen viele von ihnen selbst gehören) haben sie die Liebe, Schönheit und Ekstase bereits entdeckt, die uns erwarten, sobald wir die Mittlere Welt verlassen haben.

Sollte ein Patient in der alltäglichen Wirklichkeit nicht mehr in der Lage sein, seinen Behandlungswunsch zu äußern, weil er etwa im Koma liegt oder einen Schlaganfall erlitten hat, stehen dem schamanisch Arbeitenden Möglichkeiten zur Verfügung, in der nichtalltäglichen Wirklichkeit mit ihm zu kommunizieren, um herauszufinden, was er möchte.

Ein weiterer Eckpfeiler der Behandlung ist ihr ganzheitlicher Ansatz: Das heißt, alle Erfolg versprechenden Heilsysteme ergänzen einander (es sei denn, eines davon wäre kontraindiziert). Der Core-Schamanismus kennt also kein Entweder-oder. Und wenn wir im Folgenden von »primär« und »sekundär« sprechen, dann nur, um die in der Regel beste Abfolge der Behandlungsschritte zu benennen; wann immer sie zweckmäßig sind, können alle Heilmethoden zum Einsatz kommen, spirituelle wie auch nichtspirituelle.

1. Die Seelenrückholung im Core-Schamanismus

A. Im Falle eines mental-emotionalen Traumas ist die Seelenrückholung (»soul retrieval«) im Allgemeinen das primäre Mittel der Wahl.

Dabei werden der oder die Seelenanteil(e) des Patienten neu integriert, deren er bei dem emotionalen und/oder körperlichen Trauma verlustig gegangen ist, das er erlitten hat.

B. Bei körperlichen Traumata empfiehlt sich die Seelenrückholung gemeinhin als sekundärer Ansatz. Priorität hat gewöhnlich die nichtspirituelle Notfallbehandlung. Doch gleich im Anschluss sollte eine Seelenrückholung erfolgen, um die durch das Trauma entstandenen Probleme zu beheben.

Auch bei Alkohol- und Drogenabhängigkeit ist eine Seelenrückholung sinnvoll. Zusammen mit der Rückholung des Schutzgeistes sollte sie sofort nach der Depossessionsbehandlung (»Befreiung von Besetzungen«, siehe unten) in Angriff genommen werden, um die mögliche Wiederansiedlung eines Spirits zu verhindern.

C. Diese Behandlungen dürfen nur von qualifizierten Shamanic Practitioners vorgenommen werden, die im Rahmen des Core-Schamanismus eigens für die Seelenrückholung ausgebildet wurden.

D. Bei der Seelenrückholung sollte der Shamanic Practitioner genau darauf achten, dass er seinen Klienten nie mitteilt, was er im veränderten Bewusstseinszustand gesehen oder erfahren hat. Im Core-Schamanismus ist dies in puncto Seelenrückholung methodisch von entscheidender Bedeutung.[14] Dem Klienten gegenüber von den visionären Erfahrungen im schamanischen Bewusstseinszustand zu sprechen, ist kontraindiziert; dies gilt auch im Falle von spirituellen Eindringlingen.

2. Depossession (Befreiung von Besetzungen)

A. Als primärer Ansatz eignet sich die Depossession (die Entfernung schädlicher Spirits) vor allem in folgenden Situationen:

Alkohol- und Drogenabhängigkeit
Bei der Behandlung von Alkohol- und Drogenproblemen ist die Depossession als primärer Ansatz sehr nützlich. Damit sie jedoch erfolgreich sein kann, muss der Patient sich 1. dazu verpflichten, seine Abhängigkeit aufzugeben; und 2. muss er eine gewisse Mindestzeit (im Idealfall 72 Stunden) abstinent sein, bevor er sich dieser schamanischen Behandlung, die mehrere Wochen dauern kann, unterzieht.

Geistig-emotionale Erkrankungen
Gewöhnlich hat jede geistig-emotionale Erkrankung, von der Neurose bis hin zur Psychose, auch eine bedeutende spirituelle Komponente. Dabei geht es meistens um eine unterschiedlich starke Besetzung durch einen oder mehrere Verstorbene, deren Bewusstsein in das des Patienten/Klienten eingedrungen ist und dessen Verhalten beeinflusst. Solche Geister unterliegen oft der Illusion, noch am Leben zu sein, und verwechseln ihre Identität deshalb mit der des Klienten. Andere wissen, dass sie tot sind, und entschließen sich ganz bewusst, ihr bisheriges Verhalten durch die Person, in die sie eingedrungen sind, weiter auszuleben. Damit die Depossession anschlagen kann, muss der Klient sich 1. ernsthaft auf diese Behandlung einlassen; und 2. darf er nicht unter dem Einfluss von Beruhigungsmitteln oder anderen stimmungs-

verändernden Medikamenten stehen. Die Depossessionsbehandlungen können mehrere Monate in Anspruch nehmen.[15]

B. Als sekundärer Ansatz verspricht die Depossession gewöhnlich in den folgenden Situationen die besten Erfolge:

Alkohol- und Drogenabhängigkeit
Wenn zunächst akute und andere medizinische Interventionen nötig sind, um es dem Patienten zu ermöglichen, mindestens 72 Stunden lang trocken zu bleiben, muss die schamanische Behandlung als – zeitlich – sekundär betrachtet werden, denn bevor diese Voraussetzung nicht erfüllt ist, läuft die Depossession gewöhnlich ins Leere.

Mentale und emotionale Erkrankungen
Ist der Patient hysterisch oder hat einen psychotischen Schub, so dürften zunächst psychiatrische und psychotherapeutische Notfallmaßnahmen Priorität haben, bevor man mit der Depossession beginnen kann (sofern die unter A genannten Voraussetzungen erfüllt sind).

C. Diese Behandlung sollte nur von qualifizierten Shamanic Practitionern durchgeführt werden.

D. Falls die Behandlung von einem qualifizierten schamanischen Practitioner durchgeführt wird, bestehen keine Kontraindikationen.

3. Die Rückholung des Schutzgeistes

A. Als primärer Ansatz eignet sich die Rückholung des Schutzgeistes generell in Fällen von chronischer Kraft- und Mutlosigkeit bei Depressionen und chronischen Erkrankungen, die nicht auf nichtspirituelle Behandlungen ansprechen. Ebenso, um Patienten/Klienten zu helfen, denen wiederholt Unglück widerfährt. Die Rückholung des Schutzgeistes ist gewöhnlich am effektivsten, wenn sie in Verbindung mit einer Seelenrückholung erfolgt.

Die Rückholung des Schutzgeistes zielt auf die Wiederherstellung der spirituellen Kraft der Patienten ab, um sie bei der Überwindung einer bestehenden geistigen oder körperlichen Erkrankung sowie bei der Heilung von Verletzungen zu unterstützen und die Wahrscheinlichkeit künftiger Erkrankungen und Traumata zu verringern. Die daraus resultierende spirituelle Kräftigung geht im Allgemeinen (wie auch bei der Seelenrückholung) mit einer Verbesserung des Wohlbefindens, der Stärkung des Selbstbewusstseins, mit größeren Erfolgen bei der Verfolgung persönlicher Ziele und einer ethisch vertretbareren Lebensweise einher.

In *Der Weg des Schamanen* werden die Grundlagen der Schutzgeiströckholung anhand der Rückholung des Krafttieres skizziert.[16] Die Rückholung eines tierischen Schutzgeistes ist am häufigsten; mit denselben Methoden kann man aber auch anthropomorphe oder andere Schutzgeister zurückholen.

B. Als sekundärer Ansatz eignet sich die Rückholung des Schutzgeistes generell im Anschluss an eine oder mehrere der folgenden Behandlungen: 1. Seelenrückholung; 2. Extraktion eines spirituellen Eindringlings (davon wird noch die Rede sein); und 3. Depossession.

Die Rückholung des Schutzgeistes empfiehlt sich insbesondere unmittelbar nach einer Depossession oder der Extraktion eines spirituellen Eindringlings, um die nach der Entfernung der unerwünschten Dinge entstandene Leerstelle zu füllen und damit die Wahrscheinlichkeit zu verringern, dass es erneut zu einer Besetzung beziehungsweise zum Eindringen einer Wesenheit kommt. Sie sollte aber auch nach Seelenrückholungen erfolgen, um die Patienten dabei zu unterstützen, dass sie ihre reintegrierten Seelenanteile nicht wieder verlieren, und sie in der Erholungsphase vor erneuten Besetzungen und Eindringlingen zu bewahren.

C. Diese Behandlungen sollten nur von qualifizierten Shamanic Practitionern vorgenommen werden.

D. Kontraindikationen bestehen keine.

4. Extraktion spiritueller Eindringlinge

A. Als primärer Ansatz empfiehlt sich die Extraktion spiritueller Eindringlinge vor allem bei chronischen, lokal umrissenen Schmerzen oder Erkrankungen, die auf Behandlungen in der alltäglichen Wirklichkeit nicht richtig ansprechen und bei denen die schamanische Diagnose ergeben hat, dass ein spiritueller Eindringling im Spiel ist. (Anhand der Beschränkung auf eine bestimmte Körperstelle kann man Eindringlinge im Allgemeinen von einer Besetzung unterscheiden.)

Die schamanische Extraktion eines schädlichen Eindringlings ist eine nichtinvasive Methode der Entfernung des spirituellen Aspekts von Beschwerden und/oder Erkrankungen aus bestimmten Körperstellen des Klienten/Patienten. In den Begriffen der alltäglichen Wirklichkeit wird dessen Haut dabei zu keinem Zeitpunkt verletzt. Und er erfährt auch nicht, welche Eindringlinge der Practitioner in der nichtalltäglichen Wirklichkeit wahrnimmt. Dieser verbindet sich bei der Extraktion mit einem seiner helfenden Geister, um Heilung nach Möglichkeit in beiden Wirklichkeiten zu bewirken. Dafür stehen im Wesentlichen zwei Techniken zur Verfügung:

1. das Herausziehen des Eindringlings mit den Händen; und 2. das Heraussaugen.[17] Im indigenen Schamanismus kommen beide Methoden häufig zum Einsatz. Bei Westlern wird das Heraussaugen von Eindringlingen allerdings selten angewendet, weil es auf sie ja doch etwas exotisch wirken kann. Die Extraktion sollte an mehreren aufeinanderfolgenden Tagen wiederholt werden. Unmittelbar im Anschluss daran empfehlen sich Maßnahmen wie Seelenrückholung und Rückholung des Schutzgeistes.

B. Als sekundärer Ansatz eignet sich die Extraktion spiritueller Eindringlinge insbesondere in Fällen akuter klar lokalisierbarer Schmerzen beziehungsweise Erkrankungen, die auf medizinische Behandlungen in der alltäglichen Wirklichkeit nicht gut ansprechen.

C. Die Extraktion von spirituellen Eindringlingen sollte ausschließlich qualifizierten Shamanic Practitionern vorbehalten bleiben.

D. Mit der unter Punkt C genannten Einschränkung bestehen keine Kontraindikationen.

V. Ausbildung und Praxis

1. Ausbildung

A. Voraussetzungen und Anforderungen
Nur reife, emotional ausgeglichene Menschen, die über Mitgefühl sowie Intelligenz verfügen und Leid und Schmerz lin-

dern möchten, sollten sich zu schamanischen Practicionern ausbilden lassen. Darüber hinaus sollte man selbstständig in der Lage sein, diszipliniert in die nichtalltägliche Wirklichkeit zu reisen und Kontakt mit seinen spirituellen Helfern aufzunehmen. Eine formale Ausbildung in westlicher Medizin und/oder Psychotherapie ist nicht erforderlich.

B. Bausteine des Curriculums

Sobald man einmal gelernt hat, die Mittlere Welt auf schamanischen Reisen zu verlassen, erfolgt die weitere Ausbildung (normalerweise über viele Jahre hin) durch die helfenden (Schutz-)Geister. Interessanterweise sind deren Unterweisungen unabhängig von der jeweiligen Kultur praktisch überall gleich – einer der Hauptgründe, weshalb man den Schamanismus mit Fug und Recht als weltweites System betrachten kann. In manchen indigenen Gesellschaften erwerben die Schamanen-Lehrlinge ihr Wissen fast ausschließlich empirisch von den Spirits; in anderen werden sie von »fertigen« Schamanen in die wichtigsten Heilmethoden eingeführt und ergänzen diese Kenntnisse dann auf Reisen durch empirisches Lernen bei ihren helfenden Spirits. Dieser Ansatz ist auch für die Ausbildung im Core-Schamanismus charakteristisch.

Die Qualifizierung zum Core-schamanischen Practitioner setzt sowohl in der alltäglichen wie auch in der nichtalltäglichen Wirklichkeit ein gründliches Training voraus, unter anderem auf folgenden Gebieten:

1. Das disziplinierte Eintreten in den schamanischen Bewusstseinszustand (und sein Verlassen) mit dem Ziel, in die nichtalltägliche Wirklichkeit jenseits der Mittleren Welt zu reisen und, falls notwendig, auch den nichtalltäglichen Aspekt der Mittleren Welt wahrzunehmen und zu berücksichtigen.

2. Schamanisches Reisen in die Obere und Untere Welt, inklusive Erkundung und Kartierung der verschiedenen Ebenen dort, sowie mithilfe des akustischen Antriebs auch Reisen in der Mittleren Welt. Dabei entdeckt man seine persönlichen Schutzgeister und arbeitet mit ihnen zusammen.
3. Divination (einschließlich der schamanischen Diagnostik).
4. Rückholung von Schutzgeistern.
5. Schamanische Extraktion.
6. Seelenrückholung nach den Prinzipien des Core-Schamanismus (»Core Soul Retrieval™«).
7. Spirituelle Zerstückelung und Neuzusammensetzung.
8. Freiwillige Besessenheit und Verschmelzung zu Heilzwecken.
9. Depossession-Heilarbeit.
10. Psychopompos-Arbeit (Lindern der Leiden von Sterbenden und Dahingeschiedenen, gegebenenfalls auch die »Begleitung« der Seelen in die nächste Welt).
11. Alle Unterweisungen, die man auf empirischem Wege von seinen helfenden Geistern erhält.

C. Dauer und Anforderungen der Ausbildung

Eine genaue Dauer der Ausbildung zum schamanischen Practitioner kann man nicht angeben, weil diese von vielen Faktoren abhängt, nicht zuletzt von der Geschwindigkeit, die die helfenden Geister im Einzelfall für angemessen halten, um die Schüler in die unaussprechlichen Aspekte des Schamanismus einzuführen. Ja, man muss sogar sagen, dass sich selbst die fortgeschrittensten Schamanen oder schamanischen Practicioner noch ständig in Ausbildung befinden. Des ungeachtet können es manche Westler in einem Zeitraum von vier bis acht Jahren beim Heilen schon recht weit bringen. Dies setzt jedoch nicht nur die Hilfe der geneigten Spirits voraus, sondern auch ein gründliches Spezialtraining auf den oben genannten Gebieten.

Eine solche umfassende und seit Jahrzehnten bewährte Vorbereitung bieten die Programmangebote der Foundation for Shamanic Studies (eine gemeinnützige Bildungseinrichtung mit Hauptsitz in Nordkalifornien), die auf dem Gebiet der schamanischen Ausbildung sowohl in Nordamerika als auch in anderen Teilen der Welt Pionierarbeit geleistet hat. Die Kurse können bis zu drei Jahre dauern und setzen die Absolvierung des Basisseminars mit einem autorisierten Lehrbeauftragten der Foundation for Shamanic Studies voraus. Die Foundation behält sich vor, Bewerber für Fortgeschrittenenkurse ohne Angabe von Gründen abzuweisen. Noten und Titel werden nicht vergeben.[18]

2. Qualitätssicherung

A. Lizenz und Zertifizierung

Genau wie bei den Schamanen in indigenen Gesellschaften gibt es auch für schamanisch Arbeitende im Westen keine Zertifikate – das ginge auch gar nicht, und zwar aus dem einfachen Grund, dass sie jederzeit von ihren helfenden Spirits verlassen werden können, und ohne deren Unterstützung ist schamanisches Heilen nicht mehr möglich. Entsprechend gibt es für schamanische Practitioner weder Diplome, Zertifikate noch Lizenzen. Die Foundation for Shamanic Studies stellt den Absolventen ihrer Kurse Teilnahmebestätigungen aus, die jedoch nichts über die erworbenen Heil-Kompetenzen der Einzelnen aussagen.

In indigenen Gesellschaften sprechen sich die Namen von Schamanen herum, die aktuell besondere Erfolge zu verzeichnen haben (denn auch die besten schamanischen Heiler können, wie gesagt, zu jedem Zeitpunkt von ihren helfenden Spirits verlassen werden). In ihrer Zeitschrift *Shamanism* veröffentlicht die Foundation for Shamanic Studies (www.shamanism.org) alljährlich ein nach Orten geordnetes internationales Telefonverzeichnis derjenigen, die auf die eine oder andere Weise mit ihrer Arbeit verbunden sind. So kann man sich wie in der indigenen Dorfgemeinschaft informieren und Empfehlungen erhalten.

In der Foundation gibt es den zertifizierten Harner Shamanic Counselor (HSC). Counseling ist aber keine Heilarbeit und sagt nichts darüber aus, ob der Counselor, der Berater, zusätzlich auch heilend tätig ist oder nicht. Gegenwärtig stellt die Foundation nach Absolvierung eines Ausbildungskurses in »Harner Shamanic Counseling™« eine Teilnahmebestätigung aus. In Europa wird die Ausbildung zum zertifizierten Harner Shamanic Counselor gegenwärtig weiterhin angeboten. Und was die Heilarbeit betrifft, so gibt die Foundation Anfragen von Hilfesuchenden an kompetente Mitglieder ihres Lehrkörpers weiter.

In den westlichen Gesellschaften geben sich heute leider viele Unqualifizierte als Schamanen aus oder behaupten, über schamanische (Heil-)Kompetenzen zu verfügen. So etwas kommt auch in nichtwestlichen Gesellschaften vor, dort jedoch kann man die Schamanen, die in jüngster Zeit gute Heilerfolge erzielt haben, aufgrund ihres Leumunds in der Dorfgemeinschaft und persönlicher Empfehlungen finden. Aber, wie schon gesagt: Auch diese können die Unterstützung ihrer helfenden Spirits jederzeit verlieren, sodass sie dann nicht mehr in der Lage sind zu heilen.

B. Rechtsfragen
In den Vereinigten Staaten existieren unseres Wissens keine Gesetze oder staatlichen Regelungen, die sich explizit auf das schamanische Arbeiten beziehen.

In Europa gibt es höchst unterschiedliche Ansätze mit regionalen Besonderheiten. Erkundigungen bei Behörden werden empfohlen.

C. Ständige Weiterbildung
Die ständige Weiterbildung des schamanischen Practitioners erfolgt hauptsächlich durch die helfenden Spirits und persönliche Erfahrungen.

3. Das Verhältnis zur konventionellen Medizin

Ärzte und Psychotherapeuten, die sich aufgrund eigener empirischer Erfahrungen vom Nutzen der schamanischen Praktiken überzeugt haben, möchten diese in der Regel gern als spirituelle Dimension in ihre Arbeit mit Patienten/Klienten einbringen oder ihnen ergänzend einen schamanischen Practitioner empfehlen. Sie müssen sich jedoch darüber im Klaren sein, dass sich der Schamanismus insofern radikal von der westlichen Psychotherapie unterscheidet, als er auf der Existenz von Geistern beruht. Hinzu kommt, dass die Angehörigen des Gesundheitswesens zum Beispiel in den Vereinigten Staaten aufgrund staatlicher sowie berufsständischer Vorschriften und Regulierungen oft davor zurückschrecken, den schamanischen Ansatz zu verfolgen, weil ihnen Geistheilung und sogar die Empfehlung spiritueller Heiler untersagt sind.

An die Stelle dieses allgemeinen Misstrauens gegenüber spirituellen Heilbehandlungen hat ein Wissen über die einzelnen Methoden und deren Komplementarität zu treten. Um dies zu ermöglichen, müssen klinische Studien vorgenommen und vor allem finanziert werden, in denen die Effizienz schamanischer Praktiken untersucht wird. Ein ganzheitlicher Ansatz im Gesundheitswesen, der die ergänzende Behandlung der spirituellen Aspekte von Krankheiten und Verletzungen nicht blind verbietet, kann nur entstehen, wenn das am längsten erprobte geistig-körperlich-spirituelle Heilsystem, das die Menschheit überhaupt kennt, endlich ernst genommen wird.

Zukunftsperspektiven

Allen Hindernissen zum Trotz lernen immer mehr Menschen aller Schichten die Heilpraktiken des Core-Schamanismus zu schätzen und anzuwenden. Außerdem erfährt der indigene Schamanismus eine weltweite Renaissance, die mit dem Niedergang von Missionierung, Kolonialismus und autoritären Staaten sowie dem Wiedererwachen ethnischen Selbstwertgefühls und indigenem Nationalismus einhergeht.

Weltweit deutet alles darauf hin, dass das schamanische Heilen in dem Maße immer wichtiger wird, indem es seine praktischen Erfolge unter Beweis stellen kann, wie es kulturübergreifend seit Tausenden von Jahren der Fall ist. Unserer Meinung nach findet im Westen gerade ein bedeutender Paradigmenwechsel statt – vom starren, einseitig ethnozentrischen Gesundheitswesen hin zu einem umfassenderen Ansatz in der Medizin, der auch den Schamanismus als spirituelle Ergänzung der nichtspirituellen Heilpraktiken einschließt.

Anmerkung: Dieses Kapitel beruht auf dem Artikel »Core Practices in the Shamanic Treatment of Illness« von Michael Harner und Sandra Harner in: *Shamanism* (2000), Vol. 13, Nr. 1 und 2 (Doppelheft), Seiten 19–30.

Teilnehmer an der Celestia-Study

Rob Ashby
Scott Balderson
Darla Barclay (verstorben)
Katia Bask
Datch Baudisch
Bill Brunton
Sandra Bundy
Mujiba Cabugos
Sally Cantrell
Nancy Dunn
Ken Emerson
Amanda Foulger
Nicolina Halvorson (NH)
Marcia Herman
Terry Jackson
Lora Jansson
Bradford Keeney, PhD
Sharon Kehoe
Irene Lo
Julia Meridith
Joana Morris
Jim Nourse

Ozmo Piedmont
E. Pierson
Diane Polasky
Catherine Rose
Kim Roseland
Pamela Sampel
Karrie Sawyer
Tom Snell
Robbie Staufer
Kappy Strahan
Carol Faulkner Swim
Roger Keith Swim
sowie mehrere anonyme Beiträger
zum unveröffentlichten MONOR Report

Anmerkung: Trotz intensiver Recherchen konnten nicht von allen Teilnehmenden die Adressen ausfindig gemacht werden, um sie schriftlich um die Zustimmung zur Veröffentlichung zu ersuchen. Falls wir in der Liste jemanden übersehen haben, bitten wir um Entschuldigung und berücksichtigen ihn/sie selbstverständlich für die nächste Auflage. Auch wer Änderungen seines Namens in dem Verzeichnis wünscht, setze sich unter info@shamanism.org bitte mit der Geschäftsführerin der Foundation for Shamanic Studies in Verbindung.

Dank

Zunächst möchte ich meine Dankbarkeit gegenüber den Tausenden von Studenten zum Ausdruck bringen, deren schamanische (Aufstiegs-)Erfahrungen in die Archive des Shamanic Knowledge Conservatory (SKC) der Foundation for Shamanic Studies eingegangen sind. Ohne ihre Hilfe wäre dieses Buch nicht möglich gewesen. Insbesondere danke ich allen, die mit ihren Erlebnissen in den letzten Jahren zur Celestia-Study beigetragen haben.

Eigentlich könnte diese Danksagung selbst schon ein ganzes Buch füllen, würde ich wirklich alle erwähnen, die mir auf dem langen Weg zu *Die Wirklichkeit der Schamanen* behilflich waren. Doch aus praktischen Gründen beschränke ich mich, wenn auch widerstrebend, auf die Unterstützung, die mir die Foundation in der Vergangenheit in vielerlei Hinsicht hat angedeihen lassen, sei es in puncto Personal, Archivarbeit (SKC) oder eben bei der Arbeit an diesem Buch.

Von unschätzbarem Wert war die generöse Unterstützung durch meine langjährigen Freunde und Förderer Dr. Baron A.M.F. und Dr. Melinda C. Maxfield (Maxfield Foundation), ohne die es dieses Buch nicht geben würde. Genauso wichtig war mir die Großzügigkeit von Betsy Gordon, Dr. Angeles Arrien und den Stiftungen, die deren Namen tragen. Ich bin ihnen sehr dankbar. Ebenso herzlich bedanke ich mich bei den Mitgliedern des Stiftungsrates für ihre beständige Unterstützung, ihr Engagement und ihre klugen Ratschläge. Dies waren – abgesehen von den drei Direktoren Susan Mokelke, Sandra Harner und mir – in den letzten Jahren Dr. Maxfield, Robert Lee Morris, Dr. Frances E. Vaughan, Ralph M. Field, Heather Burch und Dr. Jeffrey David Ehrenreich.

Zu den Menschen und Institutionen, die die Foundation und ihre Arbeit in dieser Zeit besonders unterstützt haben, gehören auch: Bokara Legendre und der Tara Fund, Elizabeth Marshall, Edgar Brown, Della Clark, Don Ensslin, der Estate of Margaret Cohan, das Fetzer Institute, die Frank Pace Jr. Foundation, Alicia L. Gates, der John Fetzer Memorial Trust, Susan Mokelke, Robert Lee Morris, Claudia Kuntze, die Shared Vision Charitable Foundation, der Sterling Fund, die Community Foundation for Greater Atlanta, John und Jessica Schairer, die Seattle Foundation und der Flow Fund Circle. Auch andere – viel zu viele, als dass sie hier einzeln genannt werden könnten – haben mit Spenden, als Mitglieder der internationalen Fakultät der Foundation for Shamanic Studies, des Circle of the Foundation (einer Vereinigung von Förderern) oder in anderer Funktion geholfen. Ihnen allen fühle ich mich in tiefem Dank verbunden.

Zwei herausragende Persönlichkeiten möchte ich besonders erwähnen. Die eine ist die Vizepräsidentin der Foundation, Sandra Harner – meine Frau, Ratgeberin, Redakteurin, Cheerleaderin, Kritikerin und seit einem halben Jahrhundert Partnerin bei unseren gemeinsamen schamanischen Abenteuern. Und bei allen diesen Aktivitäten legt sie eine Geduld und Bescheidenheit an den Tag, für die ich sie schon lange sehr bewundere. Ohne sie würde dieses Buch nicht existieren. Die andere ist Susan Mokelke, die es mir aufgrund ihrer exzellenten Computerkenntnisse, ihrer Großherzigkeit, Kreativität und ihres unermüdlichen Einsatzes als Geschäftsführerin der Foundation for Shamanic Studies ermöglicht hat, die Zeit zu finden, die ich brauchte, um das Buch zu vollenden. Darüber hinaus hat sie erheblich zu seiner Fertigstellung beigetragen.

Ein großes Dankeschön gebührt auch Noelle Burch, die seit Jahren mit bemerkenswerter Effizienz und Liebenswürdigkeit das Büro der Foundation leitet und dabei für zwei schuftet. Ebenfalls mehrere Jahre lang hat die frühere wissenschaftliche Mitarbeiterin Gizelle Rhyon Berry Bedeutendes geleistet, um die Archive des SKC im Hinblick auf das Projekt der Kartierung der nichtalltäglichen Wirklichkeit (MONOR – Mapping of Nonordinary Reality) zu organisieren. Ihre zeitweilige Nachfolgerin war Coleen Judson. Auch an sie richtet sich mein Dank. Ebenso wie an Louis G. Leeburg, James Harner und Carolyn Fee, die sich sehr um die Foundation verdient gemacht haben.

Meine ganze Anerkennung gilt den hervorragenden Mitgliedern des Lehrkörpers der Foundation, die allesamt nicht nur erfahrene schamanische Practitioner sind, sondern – jetzt unter der Leitung von Susan Mokelke – auch großartige Dozenten und Dozentinnen. Sie sind zu zahlreich, um sie namentlich aufzuführen. Dankbar erwähnen möchte ich jedoch meinen Anthropologen-Kollegen Bill Brunton, den früheren Chefredakteur unserer Zeitschrift *Shamanism*, der bis zu seiner Pensionierung jederzeit bereit war, internationale Missionen zu übernehmen, selbst wenn er dabei seine Gesundheit aufs Spiel setzte.

Einem weiteren Anthropologen und Mitglied unserer Fakultät möchte ich die Ehre erweisen: dem unnachahmlichen Heimo Lappalainen, der leider schon verstorben ist. In Sibirien und Zentralasien hat er namens der Foundation Pionierarbeit geleistet, vor allem bei der erfolgreichen FFS-Expedition nach Tuwa 1993.

Besonders würdigen möchte ich auch den Europa-Direktor der Foundation, Paul Uccusic, der mit seiner persönlichen

Stärke, seinem Großmut und seiner unprätentiösen Art eine echte Säule unserer Arbeit darstellt. Mit Unterstützung seiner Frau Roswitha Uccusic zeichnet er für den Aufbau eines beachtlichen multinationalen Lehrkörpers verantwortlich. Sein Wirken, das sich auch auf die Republik Tuwa erstreckt, stärkt die Foundation auf beiden Seiten der Welt. Anerkennung für ihr Engagement außerhalb der Vereinigten Staaten zolle ich auch Alicia L. Gates in Lateinamerika und Spanien sowie Kevin Turner in Asien.

Mir ist durchaus bewusst, dass viele, die meinen Dank ebenfalls verdient haben, hier nicht erwähnt werden. Euch allen, die ihr auf vielfältige Weise zum Entstehen dieses Buches beigetragen habt, muss ich um etwas Verständnis bitten. Mit über achtzig kann es schon mal passieren, dass man einen wichtigen Namen momentan nicht parat hat. Bitte seht es mir nach.

Allerdings erinnere ich mich gut an diejenigen, deren Vision und Unterstützung in den Anfangsjahren für die Foundation überlebenswichtig waren: Norman und Michael Benzie, Dorothy S. Lyddon und ihre Tochter Martha, David Corbin, Nan Moss, David Rockefeller jun. sowie der ewig junge, weitblickende und mutige Laurance S. Rockefeller.

Schließlich bedanke ich mich von Herzen bei Richard Grossinger, dem Gründer des Verlages North Atlantic Books, und möchte auch Doug Reil, Kathy Glass und die anderen Mitarbeiter dort nicht unerwähnt lassen. Und zu guter Letzt gilt mein anerkennender Dank Wendy Taylor, meiner Lektorin bei North Atlantic Books. Ihre Professionalität und Umsicht habe ich als echtes Geschenk empfunden.

Nach Drucklegung hat mir mein Anthropologen-Kollege William Lyon ein Exemplar seines neuen Buches *Spirit Talkers* zukommen lassen. Ich freue mich, dass auch er so engagiert dafür plädiert, den Schamanismus ernst zu nehmen.

Anmerkungen

Zur Erinnerung: Die Akronyme MONOR und UMR beziehen sich auf das Projekt »Mapping of Nonordinary Reality« (MONOR) der Foundation for Shamanic Studies beziehungsweise auf »Unveröffentlichte MONOR-Berichte« (UMR). Bei diesem Projekt geht es darum, schamanisches Wissen zusammenzutragen und zu archivieren. Dazu gehören auch an die fünftausend Berichte von Westlern über ihre Erfahrungen in der nichtalltäglichen Wirklichkeit, wie sie sie auf ihren schamanischen Reisen, die im Mittelpunkt dieses Buches stehen, erlebt haben.

Einführung

1 Eliade, *Shamanism*, 135 (die Seitenzahlen hier und im Folgenden beziehen sich auf die englischsprachige Originalausgabe von *Schamanismus und archaische Ekstasetechnik*).

2 M. Harner, *Der Weg des Schamanen*, 57f.

3 In einer Fachzeitschrift für Anthropologie hieß es kürzlich, ich hätte der Anthropologie den Rücken gekehrt, nachdem ich »die ›wirkliche‹ Welt der Shuar, die früher Jívaro genannt wurden, betreten« hätte. (Vgl. Rubenstein, »On the Importance of Visions among the Amazonian

Shuar«.) Doch ich habe nur der Welt der Universitäten den Rücken gekehrt, um deren Grenzen zu überwinden, nie aber der Anthropologie.

4 Gegenwärtig ist das Shamanic Knowledge Conservatory für Außenstehende geschlossen, weil uns das Geld für einen Bibliothekar fehlt.

5 Wenn schon von wissenschaftlicher Arbeit die Rede ist: Einige Leser, die meine Arbeiten über ökologische und ökonomische Faktoren in Bezug auf die gesellschaftliche Entwicklung des Menschen kennen (etwa: M. Harner, »Population Pressure and the Social Evolution of Agriculturalists«), mögen sich darüber wundern, dass ich diese Themen mit meinen Forschungen zum Schamanismus vereinbaren kann. Die Antwort darauf ist einfach: Ich muss sie nicht verbinden (in Übereinstimmung bringen), denn sie haben mit zwei verschiedenen Wirklichkeiten zu tun, mit der alltäglichen und der nichtalltäglichen. Die zwei Wirklichkeiten können einander überschneiden, etwa beim Heilen oder beim Erlangen von Weisheit, und das macht mir Hoffnung für die Zukunft unseres Planeten Erde. Diese zwei Wege sehe ich als wesentlich und als einander ergänzend an, wenn es um die Weiterentwicklung menschlichen Wissens und das Weiterbestehen des Lebens auf der Erde geht.

6 Zum Beispiel Cowan 1996; Ingerman 2004.

1 Spirituelle Kraft und die Höhle

1 de Angulo, »The Background of Religious Feeling«, 354.

2 M. Harner, »Tribal Wisdom«, 163. »Stimmenhören« ist nicht dasselbe wie eine optische Wahrnehmung und als Einstieg in den Schamanismus nicht empfehlenswert.

3 Benedict, »The Concept of the Guardian Spirit«.

4 Cline, »Religion and World View«, 139.
5 M. Harner, *Der Weg des Schamanen*, 33–41.
6 Cline, »Religion and World View«, 133–182.
7 Ebd., 137–142.
8 Ebd., 138.
9 Park, »Paviotso Shamanism«, 98, und *Shamanism in Western North America*, 26–29.
10 Park, *Shamanism in Western North America*, 28.
11 Ebd., 27.
12 Raymond Hoferer, der verstorbene Geistertanz-Leiter der Paiute am Walker River, erzählte mir im Mai 2006, der Power Quest in Höhlen werde nicht mehr praktiziert.
13 Park, *Shamanism in Western North America*, 27.
14 M. Harner, »Wounded Knee«, 1973.
15 Während des gesamten Power Quests nahm ich abgesehen von der beschriebenen Elieth-Erscheinung weder Leuchterscheinungen noch andere Bilder wahr.
16 Im vierten Kapitel gehe ich auf einige Spirits unserer Welt näher ein.

2 Es gibt uns! Die Geister rufen nach Anerkennung

1 Während einer Präsentation von Michael Harner auf der Jahreskonferenz der Transpersonal Psychology Association, Asimolar Conference Center, Pacific Grove, Kalifornien. Anonym, August 1993.
2 Persönliche Mitteilung von Dr. William H. Wilson, 2. August 2012.
3 M. Harner, Unpublished field, experiential, and case data, 1952–2009.
4 M. Harner, Unpublished field, experiential, and case data, 1952–2009.

5 M. Harner, Unpublished field, experiential, and case data, 1952–2009. Im Rahmen des »Three-Year Program of Advanced Initiations in Shamanism & Shamanic Healing«, Amanda Foulger, 2008.

6 Ken Emerson, April 2011, UMR.

3 Die Suche

1 Narby und Huxley, *Shamans through Time.*

2 Vgl. M. Harner, *Der Weg des Schamanen*, 19.

3 Lévy-Bruhl, *Les fonctions mentales.* Vgl. auch Lowie, *The History of Ethnological Theory*, 216–221.

4 Jaynes, *The Origin of Consciousness.*

5 Devereux, »Shamans as Neurotics«, 12. Vgl. auch Silverman, »Shamans and acute schizophrenia«.

6 La Barre, *Ghost Dance.*

7 Jung, *Das rote Buch*, 249.

8 Ebd., 246, 249. Dank an Kevin Turner, der meine Aufmerksamkeit auf diese Textstelle gelenkt hat.

9 Eliade, »Shamanism«, in: *Ancient Religions*, 306.

10 Nähere Informationen über Cushing finden sich in Green, *Zuni: Selected Writings of Frank Hamilton Cushing.*

11 In *The Jívaro* (S. 1–6) von M. Harner gibt es dazu weitere Informationen.

12 Ebd., 84, 90–91, 134–135, passim.

13 Während eines späteren Aufenthalts bei den Shuar hatte ich das Glück, mithilfe machtvoller Pflanzen den Erwerb der spirituellen Kraft an einem heiligen Wasserfall erleben zu dürfen; in *Der Weg des Schamanen* berichte ich darüber.

14 M. Harner, *Der Weg des Schamanen*, 23–31.

15 Dick Kendig ist inzwischen verstorben, Dorothy hat mir jedoch gestattet, ihrer beider Namen zu nennen.

16 Zu der Zeit wusste ich noch nichts von William Burroughs Experimenten mit *yagé*, wie Ayahuasca in Kolumbien genannt wird. Vgl. Burroughs und Ginsberg, *The Yage Letters*, 1963.

17 Für nähere Informationen siehe M. Harner, *Der Weg des Schamanen*, 15ff., 76ff.

18 Ich besuchte sie noch einmal in den Jahren 1964, 1969 und 1973. Über einige Ergebnisse berichte ich in *Der Weg des Schamanen*, 31–44.

19 M. Harner, »The Role of Hallucinogenic Plants in European Witchcraft«.

20 Wasson und Heim, *Les champignons hallucinogènes du Mexique.*

21 Hofmann, *LSD: My Problem Child.* (Deutsch: Albert Hofmann: *LSD – Mein Sorgenkind*).

22 Huxley, *The Doors of Perception.*

23 Vgl. Metzner, *Birth of a Psychedelic Culture.*

24 Zum Beispiel Wasson und Heim, *Les champignons hallucinogènes du Mexique.*

25 Zum Beispiel Castaneda, *The Teachings of Don Juan.* (Deutsch: *Die Lehren des Don Juan*).

26 Wasson und Wasson, *Mushrooms, Russia, and History.*

27 Eine Bodentrommel besteht üblicherweise aus Brettern, die über ein Loch im Boden gelegt werden, das als Resonanzraum wirkt. Im Allgemeinen können drei Personen gleichzeitig darauf tanzen und trommeln.

28 Bogoras, »The Chukchee Religion«, 424.

29 Persönliche Beobachtung und Teilnahme, 1994 und 1999.

30 Vgl. Neher, »Auditory Driving«; M. Harner, *Der Weg des Schamanen*, 58f., 81–84; Maxfield, *Effects of Rhythmic Drumming;* Turo, »Auditory Driving as a Ritual Technology«.

31 Siehe zum Beispiel Heick und Mueller, *The Sucking Doctor.*

32 M. Harner, Unpublished field, experiential, and case data, 1952–2009.

33 Vgl. Ridington, *Trail to Heaven.*

34 Vor allem unter den Völkern vom Amur in Ostsibirien. M. Harner, Unpublished field, experiential, and case data, 1952–2009.

35 M. Harner, Unpublished field, experiential, and case data, 1952–2009.

36 Mänchen-Helfen, *Reise ins asiatische Tuwa*, 117.

37 Persönliche Mitteilung eines mongolischen Schamanen, 2012.

38 Persönliche Mitteilung von Ailo Gaup, 1993.

39 Vgl. zum Beispiel M. Harner (Hrsg.), *Hallucinogens and Shamanism.*

40 Neher, »Auditory Driving«.

41 Neher, »A Physiological Explanation«. Vgl. auch ders., »Auditory Driving«.

42 Jilek, *Salish Indian Mental Health and Culture Change*, 74–75.

43 Rouget, *Music and Trance*; Turow, »Auditory Driving as a Ritual Technology«.

44 Zum Beispiel S. Harner, *Immune and Affect Response to Shamanic Drumming*; S. Harner und Tryon, »Psychoimmunulogical Effects of Shamanic Drumming«; Maxfield, »The Journey of the Drum«.

45 Vgl. Townsend, »Individualist Religious Movements«.

4 Schamanen und Geister

1 Ballard, »Mythology of Southern Puget Sound«, 129.

2 Eliade, *Shamanism*, 5.

3 Nähere Informationen über Bewusstseinszustände, alltägliche und nichtalltägliche Wirklichkeit sowie Schama-

nismus finden sich in M. Harner, *Der Weg des Schamanen.*

4 Eliade, *Shamanism*, 85.

5 Baer und Snell, »An Ayahuasca Ceremony among the Matsigenka«, 61, 70.

6 Elkin, *Aboriginal Men of High Degree* (1977), 85.

7 Park, »Paviotso Shamanism«, 103.

8 M. Harner, »The Sound of Rushing Water«, 28; M. Harner, *Der Weg des Schamanen*, 162–178.

9 Rasmussen, *Intellectual Culture of the Iglulik Eskimos*, 113.

10 Zum Beispiel Bogoras, »The Chukchee Religion«, 374, 413.

11 Zum Beispiel Popov, »Sereptie Djarouskin of the Nganasans«.

12 Zum Beispiel Peri und Wharton, »Sucking Doctor«, 30, 34.

13 Thalbitzer, »The Heathen Priests of East Greenland«, 3.

14 M. Harner, *The Jívaro*, 116–125, 154.

15 M. Harner, Field notes, 1960–1961.

16 Vgl. Rasmussen, *Intellectual Culture of the Iglulik Eskimos.*

17 Wallace, *Miracles and Modern Spiritualism* (1896).

18 Gayton, »Yokuts-Mono Chiefs and Shamans«, 390.

19 M. Harner, *The Jívaro*, 134–143.

20 M. Harner, »A Possible Survival of Celtic Shamanism in Ireland«, 3, 9.

21 Zum Beispiel M. Harner, *The Jívaro*, 157–60.

22 M. Harner, Unpublished field, experiential, and case data, 1952–2009.

23 M. Harner, »A Core Shamanic Theory of Dreams«, *Shamanism* 2010:3.

5 Die Reise in andere Welten

1 Vgl. auch Eliade, *Shamanism*, 259ff.

2 Vgl. auch Eliade, *Shamanism*, 269ff.

3 Bogoras, »Ideas of Space and Time in the Conception of Primitive Religion«, 235.

4 Ebd., 205–265.

5 Nur wenigen Ethnografen gelang es, direkte Aussagen von indigenen Schamanen über ihre Erfahrungen beim Reisen zu erhalten. Solche Beschreibungen zu finden, ist immer schwierig und setzt allein schon ein eigenes Großprojekt voraus.

6 Siehe hierzu die Danksagung in diesem Buch.

7 Trotz erheblicher Anstrengungen ist es nicht gelungen, die Anschriften aller Autoren der Reisebeschreibungen zu ermitteln, um sie um die Genehmigung zu ersuchen, ihren Bericht zu veröffentlichen und seinen/ihren Namen zu nennen. Wer übersehen oder nicht gefunden wurde, möge sich bitte an die Geschäftsführerin der Foundation for Shamanic Studies wenden, damit dies für spätere Ausgaben des Buches nachgeholt werden kann. Dies gilt auch, wenn jemand künftig nicht mehr genannt werden möchte. Die E-Mail-Adresse der Foundation lautet: info@shamanism.org.

6 Erste Reisen: Untere Welt und Krafttiere

1 Rasmussen, *Intellectual Culture of the Iglulik Eskimos*, 119.

2 M. Harner, *Der Weg des Schamanen*, 110f., 135.

3 Ebd., 91–105.

4 Zu ihrem Hintergrund im indigenen Nordamerika vgl. Benedict, »The Concept of the Guardian Spirit in North America«.

5 M. Harner, *Der Weg des Schamanen*, 92.

6 Zum Beispiel M. Harner, »The Sound of Rushing Water« und *Der Weg des Schamanen*.

7 Das Parfüm, auf das sie sich beziehen, entstammte kleinen Säckchen mit duftenden Sämereien, die sie sich um den Hals hängten.

8 M. Harner, *Der Weg des Schamanen*, 115–147.

9 Ebd., 48–68.

10 Jung, *Memories, Dreams, Reflections*, 158–161 (Deutsch: *Erinnerungen, Träume, Gedanken*).

11 Persönliche Mitteilung des Pomo-Schamanen Bill Graves, Upper Lake, Kalifornien, 1952.

12 Da wir uns des akustischen Antriebs bedienen und kein Ayahuasca verwenden, sollten Sie nicht damit rechnen, der charakteristischen Reptiliengestalt zu begegnen, die ich an anderer Stelle erwähnt habe (zum Beispiel in *The Jívaro*, 6–7) und deren Wahrnehmung wohl auf die Wirkung dieses Pflanzentrunks zurückgeht. Wird die Ayahuasca-Mischung richtig zubereitet, sehen ihre Konsumenten in der Mittleren und Unteren Welt oft solche Reptilien oder auch katzenartige Gestalten (vgl. Harner, »Common Themes in South American Indian Yagé Experiences« und Naranjo, »Psychological Aspects of the Yagé Experience«). Beim akustischen Antrieb ist dies dagegen normalerweise nicht der Fall.

13 Ohne Namen und Datierung. UMR.

14 Ohne Namen und Datierung. UMR.

15 Eliade, *Shamanism*, 94.

16 Ohne Namen und Datierung. UMR.

17 Anonym, 16. August 1988. UMR.

18 Beveridge, *The Art of Scientific Investigation*.

7 Der Schamanische Aufstieg: Geschichte, Folklore und Wissen

1 Bearbeitung durch Cloutier, *Spirit, Spirit*, 61–63. Copper Beech Press, © 1980 by David Cloutier. Abdruck mit freundlicher Genehmigung.

2 M. Harner, »The Role of Hallucinogenic Plants in European Witchcraft«.

3 Zum Beispiel Manker, »Die lappische Zaubertrommel, II«, 19ff., 61ff., 124ff.

4 Auf beiden Reisen begleitete mich der inzwischen verstorbene Heimo Lappalainen (ein finnischer Ethnologe und Freund, der für mich auch dolmetschte). Bei einer Reise war auch meine Frau Sandra Harner dabei.

5 Unter großen Schwierigkeiten gelang es uns Anfang der Achtzigerjahre, jemanden in Nordnorwegen zu finden, der bereit war, eine klassische samische Trommel in Schalenform aus einer ovalen Baumwucherung herzustellen und ihre Haut mit einer Kosmologie der schamanischen Welten zu bemalen. Zu seiner Arbeit gehörten auch ein Divinations»hammer« (Schlägel) aus Rentiergeweih, ein knöcherner »Zeiger« sowie eine Art Gebrauchsanweisung. 2012 konnte im Norden Finnlands eine weitere samische Schamanentrommel von anderem Typ erworben werden. In beiden Fällen musste die Identität der Trommelbauer streng vertraulich bleiben. Die eine Trommel befindet sich heute im Shamanic Knowledge Conservatory der Foundation for Shamanic Studies in Marin County, Kalifornien, die andere ist Teil einer Privatsammlung.

6 M. Harner, Unpublished field, experiential, and case data, 1952–2009.

7 Ebd.

8 Persönliche Mitteilungen von Ulchi- und Nanai-Schamanen am unteren Amur in Ostsibirien anlässlich ihres Besuches in Seattle, Washington, 1996.

9 Persönliche Mitteilung von Wladimir Basilow, Moskau, 1982.

10 Vgl. auch Walsh, *The World of Shamanism*, 157–164.

11 Außer wo es sich eine Zeit lang unter den Samen erhalten hat, wie auf den Seiten 156–161 erwähnt.

12 Zum Beispiel Wilbert, »Tobacco and Shamanistic Ecstasy«, 63.

13 Schröder, »Zur Religion der Tujen des Sininggebietes«, 225.

14 M. Harner, »The Role of Hallucinogenic Plants in European Witchcraft«.

15 Ebd., 144.

16 Bogoras, »The Chukchee Religion«, 331.

17 Ebd.

18 Vgl. die Samen-Trommel in Abb. 6, die eine Gestalt (einen Gott oder Schamanen) auf einem von einem Rentier gezogenen Schlitten zeigt. Im Entstehungsprozess des Nikolaus-Mythos scheinen die Samen tatsächlich eine Rolle gespielt zu haben. Für die jüngst beliebt gewordene Vermutung, sie hätten vor ihren schamanischen Reisen Fliegenpilz konsumiert, gibt es jedoch keinerlei Beweise. Ein Samen-Schamane, den ich seit Jahren kenne, versicherte mir 2012, für ihn deute in Bezug auf das schamanische Reisen nichts darauf hin, weder historisch noch traditionell. Allerdings räumte er ein, dass *Amanita muscaria* in anderen schamanischen Ritualen durchaus Verwendung fand. Mein Informant zieht es vor, anonym zu bleiben.

19 Irving, *A History of New York*, 81.

20 Zum Beispiel Anisimov, »Cosmological Concepts«, 85–89, 93, 96.

21 Bacigalupo, *Shamans of the* Foye *Tree.*

22 M. Harner, Unpublished field, experiential, and case data, 1952–2009.

23 Zum Beispiel Anisimov, »Cosmological Concepts«, 85–89, 93, 96; Partanen, »A description of Buriat Shamanism«.

24 Vgl. Eliade, *Shamanism*, 259–266, 269–274.

25 Harva, »Der Baum des Lebens«, 41, 57; Harva, »Finno-Ugric [and] Siberian Mythology«, 341; Harva, »Die religiösen Vorstellungen«, 58ff.

26 Polomé, »Germanic Religion«, 524–525; vgl. auch vorhergehende Anmerkung.

27 Zum Beispiel Eriksson, »Saami Shamanism«; M. Harner, »The Role of Hallucinogenic Plants in European Witchcraft«; Rydving, *The End of Drum-Time*, 56–92.

28 Vgl. Baer und Snell, »An Ayahuasca Ceremony«.

29 Persönliche Mitteilung von Dr. Batbayar Conchidorj, Mongolische Nationaluniversität, 2008.

30 Polomé, »Germanic Religion«, 525.

31 Anisimov, »Cosmological Concepts«, 86.

32 Zum Beispiel Birlea, »Folklore«, 365.

33 M. Harner, Unpublished field, experiential, and case data, 1952–2009.

34 G. Turner, *Samoa*, 199.

35 Harva, »Der Baum des Lebens«, 41, 57; Harva, »Finno-Ugric [and] Siberian Mythology«, 341; Harva, »Die religiösen Vorstellungen«, 58ff.

36 Eliade, *Shamanism*, 409.

37 Vgl. Roerich, *Shambhala.*

38 Ebd.

39 Goldman, »The Cubeo«.

40 Mooney, *The Ghost-Dance Religion*, 970. Heute wird dieses Lied mit einer neuen Melodie häufig verwendet, um

den Geistertanz-Propheten Wovoka zu ehren. Nur ein Wort wurde verändert: »Wearing *my* long wing feathers as I fly.«

41 Bogoras, »The Chukchee Religion«, 331.

42 Räsänen, »Regenbogen-Himmelsbrücke.«

43 Eliade, *Shamanism*, 118, 132–143.

44 Elkin, *Aboriginal Men of High Degree* (1945), 139–140.

8 Trommeln über dem Regenbogen: Wie die Westler in die Obere Welt aufsteigen

1 Niedergeschrieben von Mongush Kenin-Lopsan. Kenin-Lopsan, *Calling the Bear Spirit*, 24.

2 Odigan, *Chosen by the Spirits*, 132.

3 Persönliche Gespräche zwischen tuwinischen Schamanen und (auch europäischen) Mitarbeitern der Foundation for Shamanic Studies in Tuwa, 1994–2010.

4 Ridington, *Trail to Heaven.*

5 Bacigalupo, *Shamans of the* Foye *Tree.*

6 M. Harner, *Der Weg des Schamanen*, 81–84, sind Details über den Trommelschlag zu entnehmen.

7 E. Turner, »The Reality of Spirits«, 29. Nachdem sie über die Erfahrungen während ihres Aufstiegs nachgedacht hatte, war ihr klar, dass die Spirits ihr zeigen wollten, dass sie kein Hirngespinst von ihr waren, sondern vollkommen echt.

8 Drury, *The Elements of Shamanism*, VIII–IX.

9 Ebd., IX.

10 Ohne Namen und Datierung. UMR.

11 Persönlicher Bericht von Bradford Keeney, PhD, 2. Februar 2007.

12 Scott Balderson, Juni 1992. UMR.

13 Julia Meredith, 19. November 1984. UMR.

14 Kappy Strahan, 14.–19. Oktober 2001. UMR.

15 Anonym, 1995–1998. UMR.

16 Zum Beispiel Bogoras, »The Chukchee Religion«, 331; Elkin, *Aboriginal Men of High Degree* (1945), 86.

17 Elkin, *Aboriginal Men of High Degree* (1945), und Howitt, *Native Tribes*, 501ff.

18 Vgl. M. Harner, *Der Weg des Schamanen*, 48, 153–158.

19 Ohne Namen und Datierung. UMR.

20 Das patentierte Gerät befindet sich im Shamanic Knowledge Conservatory of the Foundation for Shamanic Studies.

21 E. Pierson, 1995. UMR.

22 Anonym, 1999–2002. UMR.

23 Catherine Rose, 5.–17. Mai 2000. UMR.

24 Ohne Namen und Datierung. UMR.

25 Sally Cantrell, 2011. UMR.

26 Irene Lo, 14. Oktober 2001. UMR.

27 Ohne Namen und Datierung. UMR.

28 Lora Jansson, 21. Oktober 2002. UMR.

29 Datch Baudisch, 28. Oktober–2. November 2001. UMR.

30 Katia Bask, 1998. UMR.

31 Nancy Dunn, 2000. UMR.

32 Marcia Herman, 4. Juni 1996. UMR.

33 Joana Morris, Oktober 1998. UMR.

9 Lehrer – mitfühlende Geister, die Ratschläge erteilen

1 Ridington, *Trail to Heaven*, 93.

2 Popov, »Sereptie Djarouskin of the Nganasans«, 141.

3 Sharon Kehoe, 1987. UMR.

4 Karrie Sawyer, 1992. UMR.

5 Ohne Namen und Datierung. UMR.

6 Ohne Namen und Datierung. UMR.
7 Ohne Namen und Datierung. UMR.
8 Ohne Namen und Datierung. UMR.
9 Ohne Namen und Datierung. UMR.
10 Eliade, *Shamanism*, 93ff., 96ff.
11 Ohne Namen und Datierung. UMR.

10 Lehrer – mitfühlende Geister, die heilen

1 M. Harner, *Der Weg des Schamanen*, 159–184.
2 Zum Beispiel Achterberg, *Imagery in Healing*.
3 Ozmo Piedmont, 19. November 1990. UMR.
4 Ohne Namen und Datierung. UMR.
5 Diane Polasky, 27.–28. Oktober 1990. UMR.
6 M. Harner, *Der Weg des Schamanen*, 155.
7 Ohne Namen und Datierung. UMR.
8 Für weitere Informationen siehe M. Harner, *Der Weg des Schamanen*, 159–178.
9 Zum Beispiel Eliade, *Shamanism*, 202.
10 Ohne Namen und Datierung. UMR.
11 Anonym, 2. November 1993. UMR.
12 Jim Nourse, 14. Mai 1985. UMR.
13 Anonym, 23. November 1992. UMR.

11 Kosmische Zerstückelung, Einssein und Heilkraft

1 Siehe zum Beispiel Eliade, *Shamanism*, 36ff; 53ff.
2 Popov, »Sereptie Djarouskin of the Nganasans«, 84–95.
3 Anonym, August 1987. UMR.
4 M. Harner, *The Jívaro*, 143; M. Harner, Unpublished field, experiential, and case data, 1952–2009.
5 *Eliade, Shamanism, 21.*
6 M. Harner, *The Jívaro*, 138.

7 Rasmussen, *Intellectual Culture of the Iglulik Eskimos*, 112.

8 Ebd., 118–119.

9 Peters, »Mystical Experience in Tamang Shamanism«.

10 Siehe zum Beispiel Elkin, *Aboriginal Men* (1977), 49–50.

11 Métraux, »Le shamanisme chez les indiens«, 216.

12 M. Harner, Unpublished field, experiential, and case data, 1952–2009. Wie ich herausfand, waren Bergkristalle den Rentier-Inuit unbekannt und wurden deshalb von ihren Schamanen auch nicht verwendet.

13 Elkin, *Aboriginal Men* (1945), 94.

14 Ebd., 85.

15 Ksenfontov, *Legendy i Rasskazy u Yakutov*, 44–95, zitiert in Eliade, *Shamanism*, 37.

16 Spencer and Gillen, *The Northern Tribes of Central Australia*, 480–481.

17 Ebd., 487–488.

18 Berndt, »Wuradjeri Magic and Clever Men« (1946), 334–338.

19 Eliade, *Shamanism*, 138.

20 M. Harner, Unpublished field, experiential, and case data, 1952–2009; Elkin, *Aboriginal Men* (1945), 44, 103, 120.

21 Nicolina Halvorson, 17. August 1988. UMR.

22 Spencer and Gillen, *The Northern Tribes of Central Australia*, 480–481.

23 Rasmussen, *The Intellectual Culture of Iglulik Eskimos.*

24 Mujiba Cabugos, 21. August 1987. UMR.

25 Persönliche Mitteilung von Larry Peters, 13. August 2001. Für Hintergrundinformationen über den Tamang-Schamanismus siehe Peters, »Mystical Experience in Tamang Shamanism«.

26 Vgl. Evans-Wentz (Hrsg.), *Tibetan Yoga and Secret Doctrines*, 277–334.

27 Anonym, 6. Juni 2007. UMR.

28 Tom Snell, 21. Oktober 2002. UMR.

29 Catherine Rose, November 1999. UMR.

30 Darla Barclay, 5.–10. Mai 2002. UMR.

31 Robbie Staufer, 12.–16. Oktober 2007. UMR.

32 Kim Roseland, 21.–26. Oktober 2007. UMR.

33 Quasha, »Speech by Essie Parrish«.

12 Geister, Himmel und spirituelle Freiheit

1 Kant, *Vorlesungen über Psychologie*, 132. Vgl. auch M. Harner, »Science, Spirits, and Core Shamanism«.

2 Popper, *The Logic of Scientific Discovery*, 63, 68–69.

3 Sein erstes Buch erschien 1874, weitere Auflagen folgten, die letzte 1896.

4 Wallace, *Miracles and Modern Spiritualism* (1896), XVI.

5 Bush, »Distressing Western Near-Death Experiences«, 81.

6 Tart, »Dialogue with Michael Harner«, Abschrift, 4.

7 Ebd.

8 Ebd., 5.

9 Zum Beispiel Grof, *When the Impossible Happens*. Grof widmet sich in seinem bahnbrechenden Buch »unglaublichen« Phänomenen, deren Zeuge er wurde und die er sich als Synchronizitäten erklärt.

10 Über meine Experimente in Bezug auf das Phänomen des entfesselten Schamanen schrieb ich erstmals 1999 in meinem Artikel »Science, Spirits, and Core Shamanism«. Bis 2003 unterwies ich nur die fortgeschrittensten Studenten in dieser Technik. Ich hatte herausgefunden, dass es umso leichter war freizukommen, je fester die Fesseln saßen –

wahrscheinlich, weil das Mitgefühl der Spirits in dem Maße zunimmt, in dem das Leiden des Menschen schlimmer wird, der um ihre Hilfe bittet. Diese Entdeckung teilte ich zu der Zeit dem Anthropologen Bill Lyon mit, einem Schüler der Yuwipi-Praxis.

11 *Webster's New Universal Unabridged Dictionary.*

12 Walsh, *The World of Shamanism*, 157–164. Auch M. Harner, »Unpublished Lectures in Shamanism«, ab 1990.

13 Anonym, 17. März 1985. UMR.

14 Anonym, 26. August 1982. UMR.

15 Rob Ashby, 2000. UMR.

16 Terry Jackson, 13. Juni 1988. UMR.

17 Eliade (Herausgeber), *Encyclopedia of Religion*, Band 16 (Index), 278.

18 Ebd., Band 11, 188.

19 Widengren, *The Ascension of the Apostle*, 7.

20 Ebd., 40.

21 Harva, »Die religiösen Vorstellungen«, 172.

22 Widengren, *The Ascension of the Apostle*, 22–24.

23 Ebd., 7, passim. Auf Seite 7 schreibt Widengren, das Wort »Buch« anstelle von »Tafel« sei wahrscheinlich verwendet worden, »seit die Tafeln als Schreibmaterial obsolet wurden«.

24 Kein Name, 2. Juli 1981. UMR.

25 Pamela Sampel, 2000. UMR.

26 Kein Name, Januar 1983. UMR.

27 Widengren, *The Ascension of the Apostle*, 80, 80 Nr. 4, 84.

28 Sandra Bundy, 2008. UMR.

29 Persönliche Mitteilungen, 2010, 2011 und 2012.

Nachwort: Noch einmal die Höhle

1 Cline, »Religion and World View«, 137.
2 Ebd., 148.
3 Ebd., 143.
4 Ebd.
5 Ebd., 138 passim, 144.
6 Ebd., 138.
7 Ebd., 136, 138.
8 Guthrie, *The Nature of Paleolithic Art*, 128ff.
9 Duday und Garcia, »L' ichnologie ou la mémoire des roches«.

Anhang B
Der Abstieg in die Untere Welt, um Erfahrungen zu vergleichen

1 M. Harner, *Der Weg des Schamanen*, 50–67.
2 M. Harner, Unpublished field, experiential, and case data, 1952–2009.
3 M. Harner, *Der Weg des Schamanen*, 50f.
4 Ebd., 50ff.

Anhang D
Core-Schamanismus und Heilen: Informationen für Ärzte und Angehörige anderer Heilberufe

Die Zusammenfassung in diesem Anhang beruht auf »Core Practices in the Shamanic Treatment of Illness«, *Shamanism* (2000), 19–30 von Michael Harner, PhD, und Sandra Harner, PhD.

1 M. Harner, *Der Weg des Schamanen.*

2 M. Harner, »A Core Shamanic Theory of Dreams«. (Deutsch: »Wenn Geister Träume schicken«, SCHAMANISMUS 1/2011.)

3 Cowan, *Shamanism as a Spiritual Practice.*

4 Darwin, *Über die Entstehung der Arten.*

5 Darwin, *Die Abstammung des Menschen.*

6 M. Harner, *Der Weg des Schamanen*, 17ff., 46f.

7 E. Turner, »The Reality of Spirits«, 28–32.

8 Dossey, *Healing Words*, 150–155.

9 Siehe zum Beispiel Neher, »Auditory Driving« und »A Physiological Explanation«; Maxfield, »Effects of Rhythmic Drumming« und »The Journey of the Drum«; S. Harner, *Immune and Affect Response*; sowie S. Harner und W. Tryon, »Psychoimmunological Effects«, 196–204.

10 Zum Beispiel M. Harner, *Der Weg des Schamanen*, 58.

11 Ebd., 163ff.

12 M. Harner, Unpublished field, experiential, and case data, 1952–2009.

13 M. Harner, *The Jívaro*, 155.

14 Diese Auffassung der Seelenrückholung für Westler entwickelte sich im Verlauf des letzten Jahrzehnts und führte zum Core Soul Retrieval. Es ist eine andere Methode als die, über die Ingerman in ihrem Buch *Auf der Suche nach der verlorenen Seele* schreibt, und setzt eine spezielle Ausbildung voraus.

15 M. Harner, Unveröffentlichte Vorträge über Schamanismus, 1978–2011.

16 M. Harner, *Der Weg des Schamanen*, 107–111.

17 Zur Saugtechnik siehe M. Harner, *Der Weg des Schamanen*, 159–178.

18 Die Adresse der Foundation lautet:
P.O. Box 1939, Mill Valley, California 94942,
info@shamanism.org; www.shamanism.org
Foundation for Shamanic Studies Europa,
4231 Wartberg ob der Aist, Österreich,
Untere Reitling 26, office@shamanicstudies.net;
www.shamanicstudies.net

Literatur

Achterberg, Jeanne, *Imagery in Healing: Shamanism and Modern Medicine*, Boston: Shambhala Books, 1985

Anisimov, A. F., »Cosmological Concepts of the People of the North« in: *Studies in Siberian Shamanism*, hrsg. v. H. N. Michael, University of Toronto Press/The Arctic Institute of North America, 1963

Bacigalupo, Ana Mariella, *Shamans of the Foye Tree: Gender, Power, and Healing among the Chilean Mapuche*, Austin: University of Texas Press, 2007

Baer, Gerhard, und Wayne W. Snell, »An Ayahuasca Ceremony among the Matsigenka (Eastern Peru)« in: *Zeitschrift für Ethnologie*, Nr. 1/2 (1974): 63–80

Ballard, Arthur C., »Mythology of Southern Puget Sound« in: *Anthropology* (University of Washington) 3, Nr. 2 (1929): 31–150

Benedict, Ruth F., »The Concept of the Guardian Spirit in North America«, *Memoirs of the American Anthropological Association* 29 (1923)

Berndt, Ronald Murray, »Wuradjeri Magic and Clever Men«, *Oceania* 17, Nr. 4 (1946): 327–365

ders., »Wuradjeri Magic and Clever Men (Fortsetzung)«, *Oceania* 18, Nr. 1 (1947): 60–86

Beveridge, William I. B., *The Art of Scientific Investigation*, Toronto: William Heinemann, 1950

Birlea, Ovidiu, »Folklore«, in: *The Encyclopedia of Religion 5*, herausgegeben von Mircea Eliade, 363–370, New York: Macmillan, 1987

Bogoras, Waldemar, »The Chukchee Religion«, *Memoirs of the American Museum of Natural History*, Band 11, herausgegeben von Franz Boas. Band 7, Teil 2 der Jesup North Pacific Expedition, Leiden: Brill, und New York: Stechert, 1907

ders., »Ideas of Space and Time in the Conception of Primitive Religion«, *American Anthropologist*, Band 27, Nr. 2 (1925): 205–266

Breuil, Abbé Henri, *Four Hundred Centuries of Cave Art*, Montignac, Frankreich: Centre d'Etudes et Documentation Préhistoriques, 1952

Burroughs, William, und Allen Ginsberg, *The Yage Letters*, San Francisco: City Lights, 1963 (dt.: *Auf der Suche nach Yage*)

Bush, Nancy Evans, »Distressing Western Near-Death Experiences: Finding a Way through the Abyss« in: *The Handbook of Near-Death Experiences: Thirty Years of Investigation*, herausgegeben von Janice Miner Holden, Bruce Greyson und Debbie James, Santa Barbara: Praeger, 2009

Cäsar, Julius, *The Conquest of Gaul*, übersetzt von S. A. Hanford, London: Penguin, 1951 (*Commentarii de bello Gallico*, 51 v. u. Z.)

Castaneda, Carlos, *The Teachings of Don Juan: A Yaqui Way of Knowledge*, Berkeley: University of California Press, 1968 (dt.: *Die Lehren des Don Juan: Ein Yaqui-Weg des Wissens*)

Cline, Walter, »Religion and World View«, in: *The Sinkaietk or Southern Okanagan of Washington*, herausgegeben von Leslie Spier. General Series in Anthropology, Nr. 6 (Contributions from the Laboratory of Anthropology, 2), Menasha, Wisconsin: Banta, 1938

Cloutier, David, *Spirit, Spirit: Shaman Songs*, Providence: Copper Beech Press, 1973

Cowan, Tom, *Shamanism as a Spiritual Practice for Daily Life*, Freedom: Crossing Press, 1996 (dt.: *Schamanismus. Eine Einführung in die tägliche Praxis*)

Darwin, Charles, *On the Origin of Species by Means of Natural Selection*, London: John Murray, 1859 (dt.: *Über die Entstehung der Arten im Thier- und Pflanzenreich durch natürliche Züchtung oder Erhaltung der vervollkommneten Rassen im Kampfe um's Daseyn*)

ders., *The Descent of Man and Selection in Relation to Sex*, New York: D. Appleton, 1971 (dt.: *Die Abstammung des Menschen und die geschlechtliche Zuchtwahl*)

de Angulo, Jaime, »The Background of Religious Feeling in a Primitive Tribe«, *American Anthropologist* 28, Nr. 2 (1926): 352–360

Devereux, George, »Shamans as Neurotics«, *American Anthropologist* 63, Nr. 5 (1961): 1088–1090

Dossey, Larry, *Healing Words: The Power of Prayer and the Practice of Medicine*, San Francisco, 1993 (dt.: *Heilende Worte: Die Kraft der Gebete als Schlüssel zur Heilung*)

Drury, Nevill, *The Elements of Shamanism*, Shaftesbury, Dorset: Element Books, 1989

Duday, H., und M. Garcia, »L'ichnologie ou la mémoire des roches« in: *Le concept de mémoire*, Bd. 2 (*La mémoire*), herausgegeben von N. Zavialoff, R. Jaffard und P. Brenot, 55–66, Paris: Editions L'Harmattan, 1990

Eliade, Mircea (Hrsg.), *The Encyclopedia of Religion*, 16 Bde., New York: Macmillan, 1987

ders., *Shamanism: Archaic Techniques of Ecstasy*, Bollingen Series 76, New York: Pantheon, 1964 (erweiterte Übersetzung der 1951 auf Französisch erschienenen Originalausgabe, dt.: *Schamanismus und archaische Ekstasetechnik*) ders., »Shamanism«, in: *Ancient Religions*, herausgegeben von Vergilius Ferm, 297–308, New York: The Philosophical Library, 1950

Elkin, A. P., *Aboriginal Men of High Degree*, The John Murtugh Macrossan Memorial Lectures for 1944, University of Queensland, Sydney: Australasian Publishing, 1945

ders., *Aboriginal Men of High Degree*, 2. Aufl., New York: St. Martin's Press, 1977

Eriksson, Jørgen I., »Saami Shamanism: the Noajdie Today«, *The Foundation for Shamanic Studies* Newsletter 1, Nr. 3 (1988–1989): 3–9

Evans-Wentz, W. Y. (Hrsg.), *Tibetan Yoga and Secret Doctrines*, 2. Aufl. London: Oxford University Press, 1958 (Originalveröffentlichung 1951)

Gayton, Anna H., »Yokuts-Mono Chiefs and Shamans«, *University of California publications in American Archaeology and Ethnology* 24 (1930): 361–420

Goldman, Irving, »The Cubeo: Indians of the Northwest Amazon«, *Illinois Studies in Anthropology* 2 (1963), Urbana: University of Illinois Press

Green, Jesse (Hrsg.), *Zuni: Selected Writings of Frank Hamilton Cushing*, Lincoln: University of Nebraska Press, 1978

Grof, Stanislav, *When the Impossible Happens: Adventures in Non-Ordinary Reality*, Boulder, CO: Sounds True, 2006 (dt.: *Impossible. Wenn Unglaubliches passiert*)

Guthrie, R. Dale, *The Nature of Paleolithic Art*, Chicago: University of Chicago Press, 2005

Harner, Michael J., »Common Themes in South American Indian Yagé Experiences«, in: *Hallucinogens and Shamanism*, herausgegeben von Michael J. Harner, 155–175, New York: Oxford University Press, 1973

ders., »A Core Shamanic Theory of Dreams«, *Shamanism* 23 (2010): 2–4 ders., »Dismemberment and Ecstatic Union«, Paper presented at the meeting of the International Society of Shamanistic Research, Nara, Japan, November 1995

ders., *The Jívaro: People of the Sacred Waterfalls*, Garden City, New York: Doubleday/Natural History Press, 1972. Überarbeitete Ausgabe: University of California Press 1984. (Sofern nicht anders angegeben, beziehen sich Zitate auf die Originalveröffentlichung.)

ders., »Population Pressure and the Social Evolution of Agriculturalists«, *Southwestern Journal of Anthropology* 26, Nr. 1 (1970): 67–86

ders., »A Possible Survival of Celtic Shamanism in Ireland«, *Shamanism* 5, Nr. 1 (1992)

ders., »The Role of Hallucinogenic Plants in European Witchcraft«, in *Hallucinogens and Shamanism*, herausgegeben von Michael J. Harner, 125–150, New Oxford University Press, 1973. (Beruht auf einem 1965 im Rahmen des Symposions »Hallucinogens and Shamanism« auf der Jahresversammlung der American Anthropological Association gehaltenen Vortrag.)

ders., »Science, Spirits, and Core Shamanism«, *Shamanism* 12, Nr. 1 (1999): 5–8

ders., »Shamanic Counseling«, in: *Shaman's Path: Healing, Personal Growth, and Empowerment*, herausgegeben von Gary Doore, 179–187, Boston: Shambhala, 1988

ders., »The Sound of Rushing Water«, *Natural History Magazine* 77, Nr. 6 (1968): 28–33, 60–61

»Tribal Wisdom: The Shamanic Path«, in: *Higher Wisdom: Eminent Elders Explore the Continuing Impact of Psychedelics*, herausgegeben von Roger Walsh und Charles S. Grob, 159–177, Albany: State University of New York Press, 2005

ders., Unpublished field, experiential, and case data, 1952–2009 ders., Unpublished Lectures in Shamanism, 1978–2011, Vorträge im Rahmen der Ausbildungskurse der Foundation (zuvor: des Center) for Shamanic Studies

ders., *The Way of the Shaman: A Guide to Power and Healing*, New York: Harper & Row Publishers, 1980, sowie Bantam 1982. Eine überarbeitete Fassung erschien 1990 bei Harper & Row. (Wenn nicht anders angegeben beziehen sich Zitate auf die Originalausgabe; dt.: *Der Weg des Schamanen*)

ders., »Wounded Knee«, *New York Times*, 20. März 1973

ders., *Hallucinogens and Shamanism*, (Hrsg.), New York: Oxford University Press, 1973

Harner, Michael, und Sandra Harner, »Core Practices in the Shamanic Treatment of Illness«, *Shamanism* 13, Nrn. 1–2 (2000): 19–30

Harner, Sandra, *Ēmas Odyssey: Shamanism for Healing and Spiritual Knowledge*, Berkeley, CA: North Atlantic Books, 2014

dies., *Immune and Affect Response to Shamanic Drumming*, Ann Arbor, Michigan: UMI, 1995

dies., »Shamanic Journeying and Immune Response: Hypothesis Testing«, *Shamanism* 16, Nr. 2 (2003): 9–14

dies., »Shamanic Journeying and Psychological Responses: Hypothesis Testing«, *Shamanism* 17, Nr. 2 (2004): 16–23

Harner, Sandra, und W. Tryon, »Psychoiommunological Effects of Shamanic Drumming«, in: *Northern Religions and Shamanism*, herausgegeben von M. Hoppál und J. Pentikäinen, Budapest: Akadémiai Kiadó, 1992

Harva (Holmberg), Uno, »Der Baum des Lebens«, *Annales Academiae Scientarum Fennicae*, series B 16, Helsinki (1922–1923)

ders., »Die religiösen Vorstellungen der altaischen Völker«, *FF Communications* 52, Nr. 125 (1938), Helsinki: Suomalainen Tiedeakatemia (zuerst auf Finnisch erschienen, 1933) ders., »Finno-Ugric [and] Siberian Mythology, in: *The Mythology of All Races*, Band 4, herausgegeben von John Arnott MacCullog, Boston: Archaeological Institute of America, Marshall Jones Co., 1927

Heick, William, und Gordon Mueller, *The Sucking Doctor* (DVD), Regie: William R. Heick, David Wayne Peri und Robert Walter Wharton, Mill Valley, CA: The Foundation for Shamanic Studies 2009 (ursprünglich ein 16-mm-Film aus dem Jahr 1963)

Hofmann, Albert, *LSD: My Problem Child*, London: McGraw-Hill, 1980 (dt.: *LSD. Mein Sorgenkind: Die Entdeckung einer »Wunderdroge«*)

Howitt, A. W., *Native Tribes of South-East Australia*, London: Macmillan and Co., 1904

Huxley, Aldous, *The Doors of Perception*, New York: Harper, 1954 (dt.: *Die Pforten der Wahrnehmung*)

Ingerman, Sandra, *Shamanic Journeying: A Beginner's Guide*, Boulder, Colorado: Sounds True, 2004 (dt.: *Die schamanische Reise: Ein spiritueller Weg zu sich selbst*)

dies., *Soul Retrieval: Mending the Fragmented Self*, San Francisco: Harper, 1991 (dt.: *Auf der Suche nach der verlorenen Seele. Der schamanische Weg zu innerer Ganzheit*)

Irving, Washington (unter dem Pseudonym Diedrich Knickerbocker), *A History of New York from the Beginning of the World to the End of the Dutch Dynasty*, New York: George P. Putnam, 1848

Jaynes, Julian, *The Origin of Consciousness in the Breakdown of the Bicameral Mind*, Boston: Houghton Mifflin, 1976

Jilek, Wolfgang G., *Salish Indian Mental Health and Culture Change: Psychohygenic and Therapeutic Aspects of the Guardian Spirit Ceremonial*, Toronto: Holt, Rinehart and Winston, 1974

Jung, C. G., *Memories, Dreams, Reflections*, aufgezeichnet und herausgegeben von Aniela Jaffe, Übersetzung aus dem Deutschen, New York: Pantheon, 1961 (*Erinnerungen, Träume, Gedanken von C. G. Jung*)

ders., *The Red Book. Liber Novus*, herausgegeben von Sonu Shamdasani, New York: W. W. Norton, 2009 (dt.: *Das rote Buch*)

Kant, Immanuel, *Vorlesungen über Psychologie*, Pforzheim: Rudolf Fischer, 1864

Katz, Richard, *The Straight Path of the Spirit: Ancestral Wisdom and Healing Traditions in Fiji*, Reading, MA: Addison-Wesley, 1993

Kenin-Lopsan, M. B., *Calling the Bear Spirit: Ancient Shamanic Invocations and Working Songs from Tuva*, herausgegeben von Anna Kjellin und Aldynai Seden-Khuurak, Borange, Schweden: Kjellin, 2010

Ksenofontov, G. V., *Legendy I Rasskazy u Yakutov, Buryat I Tungusov*, zweite Auflage Moskau: Bezbozhnik, 1930

La Barre, Weston, *Ghost Dance: The Origins of Religion*, Garden City, NY: Doubleday, 1970

Lévy-Bruhl, Lucien, *Les foncions mentales dans les sociétés inférieures*, Paris: Librairie Felix Alcan, 1910 (dt.: *Das Denken der Naturvölker*)

ders., *La mentalité primitive*, Paris: Librairie Felix Alcan, 1922 (dt.: *Die geistige Welt der Primitiven*)

Lowie, Robert H., *The History of Ethnological Theory*, New York: Farrar & Rinehart, 1937

Mänchen-Helfen, Otto, *Reise ins asiatische Tuwa*, Berlin: Der Bücherkreis, 1931

Manker, E., »Die lappische Zaubertrommel: eine ethnologische Monographie. II: Die Trommel als Urkunde geistigen Lebens«, *Acta Lapponica* 6, Stockholm: Almqvist & Wiksell, 1950

Maxfield, Melinda C., »Effects of Rhythmic Drumming on EEG and Subjective Experience«, Dissertation am Institute of Transpersonal Psychology, 1990. Liegt auch als Mikrofilm der Universität vor: Ann Arbor, Michigan: UMI No. DPI 4292

dies., »The Journey of the Drum«, *ReVision* 16 (1994): 148–156

Métraux, Alfred, »Le Shamanisme chez les Indiens de l' Amérique du Sud tropicale, I«, *Acta Americana* 2 (1944)

Metzner, Ralph, *Birth of a Psychedelic Culture: Conversations about Leary, the Harvard Experiments, Millbrook, and the Sixties*, Santa Fe, New Mexico: Synergetic Press, 2010

Mooney, James, *The Ghost-Dance Religion and the Sioux Outbreak of 1890*, Bureau of American Ethnology, 14. Jahresbericht, 1892-1893, Teil 2, Washington, DC: Smithsonian Institution, 1896

Naranjo, Claudio, »Psychological Aspects of the Yagé Experience in an Experimental Setting«, in: *Hallucinogens and Shamanism*, herausgegeben von Michael J. Harner, 176–190, New York: Oxford University Press, 1973

Narby, Jeremy, und Francis Huxley (Hrsg.), *Shamans through Time: 500 Years on the Path to Knowledge*, New York: Tarcher/Putnam, 2001

Neher, Andrew, »Auditory Driving Observed with Scalp Electrodes in Normal Subjects«, *Electroencephalography and Clinical Neurophysiology* 13, Nr. 3 (1961): 449–451

ders., »A Physiological Explanation of Unusual Behavior in Ceremonies Involving Drums«, *Human Biology* 34 (1964): 151–160

Odigan, Sarangerel, *Chosen by the Spirits: Following Your Shamanic Calling*, Rochester, VT: Destiny Books, 2001

Park, Willard Z., »Paviotso Shamanism«, *American Anthropologist* 36 (1934): 98–113 ders., *Shamanism in Western North America: A Study of Cultural Relationships*. Northwestern University Studies in the Social Sciences 2. Evanston: Northwestern University Press, 1938

Partanen, Jorma, »A description of Buriat shamanism«, Übersetzung des Textes Nr. VIII in Pozdneyevs *Mongolian Chrestomathy*, Helsinki: Société finno-ougrienne, 1941

Peri, David, und Robert Wharton, »Sucking Doctor – Second Night: Comments by Doctor, Patient, and Singers«, unveröffentlichtes Manuskript o. D.

Peters, Larry, »Mystical Experience in Tamang Shamanism«, *ReVision* 13, Nr. 2 (1990): 71–85

Polomé, Edgar C., »Germanic Religion«, in: *The Encyclopedia of Religion*, Band 5, herausgegeben von Mircea Eliade, New York: Macmillan, 1987

Popov, A. A., »How Sereptie Djarouskin of the Nganasans (Tavgi Samoyeds) Became a Shaman« (1936), in: *Popular Beliefs and Folklore Tradition in Siberia*, herausgegeben von V. Diószegi, 141. Von Stephen P. Dunn durchgesehene Übersetzung ins Englische, Indiana University Publications, Uralic and Altaic Series 57, herausgegeben von Thomas A. Seboek, Bloomington: Indiana University, 1968

Popper, Karl R., *The Logic of Scientific Discovery (Logik der Forschung)*, New York: Harper & Row, 1959 (Erstveröffentlichung 1934).

Quasha, George, »Speech by Essie Parrish, Recorded March 14, 1972«, *Alcheringa: Ethnopoetics* 1 (1975): 27–29

Räsänen, Martti, »Regenbogen-Himmelsbrücke«, *Studia Orientalia* 14, Nr. 1 (1947)

Rasmussen, Knud, *Intellectual Culture of the Iglulik Eskimos*, Bericht über die fünfte Thule Expedition 1921–24, Band 7, Nr. 1, Kopenhagen: Gyldendalske Boghandel, Nordisk Forlag, 1929

Ridington, Robin, *Trail to Heaven: Knowledge and Narrative in a Northern Native Community*, Vancouver: Douglas & McIntyre, 1988

Roerich, Nicholas, *Shambhala*, New York: F. A. Stokes, 1930 (dt.: *Shambala. Das geheime Weltzentrum im Herzen Asiens*)

Rouget, Gilbert, *Music and Trance: A Theory of the Relations between Music and Possession*, Übersetzung aus dem Französischen, Chicago: University of Chicago Press, 1985

Rubenstein, Steven Lee, »On the Importance of Visions among the Amazonian Shuar«, *Current Anthropology* 53, Nr. 1 (2012)

Rydving, Hakan, *The End of Drum-Time: Religious Change among the Lule Saami, 1670s–1740s*, Acta Universitatis Upsaliensis. Historia Religionum Nr. 12, dritte (überarbeitete) Auflage (Original: 1993), Uppsala: 2004

Schröder, Dominik, »Zur Religion der Tujen des Sininggebietes (Kukunor)«, *Anthropos* 48 (1953): 202–259

Silverman, J., »Shamans and acute schizophrenia«, *American Anthropologist* 65 (1967): 21–31

Spencer, Baldwin, und Frances James Gillen, *The Northern Tribes of Central Australia*, London und New York: Macmillan 1904

Tart, Charles T., »Dialogue with Michael Harner«, Foundation for Shamanic Studies Annual Council Meeting (Januar 2009), Abschrift einer Videoaufnahme

Thalbitzer, W., »The Heathen Priests of East Greenland«, Verhandlungen des XVI Internationalen Amerikanisten-Kongresses (1910): Nachdruck, versehen mit Kommentaren von Michael Harner in *Newsletter of the Foundation for Shamanic Studies* 2, Nr. 3 (1990): 1–6

Townsend, Joan B., »Individualist Religious Movements: Core and Neo-shamanism«, *Anthropology of Consciousness* 15, Nr. 1 (2004): 1–9

Turner, Edith, »The Reality of Spirits«, *ReVision* 15, Nr. 1 (1992): 28–32

Turner, George, *Samoa, a Hundred Years Ago and Long Before*. Mit einem Vorwort von E. B. Tyler. London: Macmillan, 1884

Turow, Gabe, »Auditory Driving as a Ritual Technology: A Review and Analysis«, Religious Studies honors thesis, Stanford University, 2005

Wallace, Alfred Russel, *Miracles and Modern Spiritualism*, London: George Redway, 1874

ders., *Miracles and Modern Spiritualism*, überarbeitete Neuauflage, London: George Redway, 1896

Walsh, Roger, *The World of Shamanism: New Views of an Ancient Tradition*, Woodbury, MN: Llewellyn, 2007 (dt.: *Der Geist des Schamanismus*)

Wasson, R. Gordon, und Roger Heim, *Les champignons hallucinogènes du Mexique*, Paris: Muséum national d'Histoire naturelle, 1958

Wasson, Valentina Pavlovna, und Gordon Wasson, *Mushrooms, Russia and History*, New York: Pantheon, 1957

Webster's New Universal Unabridged Dictionary, New York: Random House, 1996

Widengren, Geo, *The Ascension of the Apostle and the Heavenly Book*, Uppsala Universitets Arsskrift, Nr. 7, Uppsala: A. B. Lundequistska, 1950

Wilbert, Johannes, »Tobacco and Shamanistic Ecstasy among the Warao Indians of Venezuela«, in: *Flesh of the Gods: The Ritual Use of Hallucinogens*, herausgegeben von Peter T. Furst, New York: Praeger, 1972

Über den Autor

Michael Harner, der international renommierte Anthropologe und Wegbereiter der Renaissance des Schamanismus im Westen, ist der Begründer des Core-Schamanismus, einer auf den weltweit verbreiteten kulturübergreifenden Praktiken und Prinzipien der Schamanen beruhenden Methodik. 1979 gründeten er und seine Frau Sandra Harner das Center for Shamanic Studies (die spätere gemeinnützige Foundation for Shamanic Studies), um das verloren gegangene Wissen des Schamanismus wieder in den Alltag zu integrieren und die Kenntnisse der verbliebenen indigenen Schamanen zu bewahren. Harner ist seit 1961 praktizierender Schamane. Der berühmte sibirisch-burjatische Schamane Bo Bair Rintschinow sagte einmal: »Michael Harner ist ein großer Schamane. Und der beste Beweis dafür, dass man Wissenschaftler und Schamane in einer Person sein kann.«

Harner promovierte 1963 an der University of California, Berkeley. Dort war er später auch als Dozent tätig, genau wie an der Columbia und an der Yale University. An der Graduierten-Fakultät der New School for Social Research hatte er die Leitung des Fachbereichs Anthropologie inne. Zu den zahlreichen Auszeichnungen, die er erhielt, gehören der vom Institute for Health & Healing des California Pacific Medical Center 2009 verliehene Auszeichnung »Pioneers in Integrative Medicine Award« und die Ehrendoktorwürde in Shamanic Studies des California Institute of Integral Studies. Eine besondere Anerkennung seines Wirkens wurde Harner 2009 auf der Jahrestagung der American Anthropological Association zuteil, auf der er für seine Rolle im Prozess des exponentiellen Wachstums der anthropologischen Erforschung des Schamanismus ausgezeichnet wurde. Sein Buch *Der Weg des Schamanen* gilt seit Langem als führendes Standardwerk über den modernen Schamanismus.

Register

H

N

O

P

R

T

Ü

V

W

Y

Z